本书由黑龙江大学"十四五"规划教材项目资助出版

信息检索教程

第 2 版

黄丽霞　周丽霞　赵丽梅　迟玉琢　牛晓宏　主编

知识产权出版社
全国百佳图书出版单位
—北京—

图书在版编目（CIP）数据

信息检索教程/黄丽霞等主编．—2版．—北京：知识产权出版社，2024.12．— ISBN 978-7-5130-9674-4

Ⅰ．G254.9

中国国家版本馆CIP数据核字第2024065MJ8号

内容提要

本书基于现代社会信息素养的基本理念，主要阐述了科技信息资源类型、信息检索基本原理及方法、信息检索模型、信息检索语言、计算机信息检索、网络信息检索、网络免费学术信息资源检索、国内外主要综合性检索工具及特种信息检索工具、信息检索效果评价等内容，具有较强的科学性、系统性、创新性和实用性。

本书可作为大中专院校信息管理与信息系统、图书馆学、档案学等相关专业的教材或参考书，也可做为信息工作者、经济工作者、图书情报工作者、企事业管理者的参考用书。

责任编辑：许　波　　　　　　　　　　　　责任印制：孙婷婷

信息检索教程（第2版）

XINXI JIANSUO JIAOCHENG（DI-ER BAN）

黄丽霞　周丽霞　赵丽梅　迟玉琢　牛晓宏　主编

出版发行：知识产权出版社有限责任公司		网　　址：http://www.ipph.cn	
电　　话：010－82004826		http://www.laichushu.com	
社　　址：北京市海淀区气象路50号院		邮　　编：100081	
责编电话：010－82000860转8380		责编邮箱：laichushu@cnipr.com	
发行电话：010－82000860转8101		发行传真：010－82000893	
印　　刷：北京中献拓方科技发展有限公司		经　　销：新华书店、各大网上书店及相关专业书店	
开　　本：720mm×1092mm　1/16		印　　张：18.5	
版　　次：2024年12月第1版		印　　次：2024年12月第1次印刷	
字　　数：405千字		定　　价：88.00元	

ISBN 978-7-5130-9674-4

出版权专有　侵权必究

如有印装质量问题，本社负责调换。

前　言

　　进入21世纪,信息技术的迅猛发展为人们展现了一个绚丽缤纷的信息世界,特别是近年来人工智能、大数据、云计算、物联网、社交网络等新型服务的兴起,使人类社会的数据种类和规模正以前所未有的速度增长,人们惊呼"大数据"时代到来了。面对浩瀚无垠的信息海洋,如何快速准确地获得自己所需要的信息,特别是获得有价值的学术信息显得尤为重要。

　　本书立足当前网络时代背景,以提高大学生信息素养为目标,在综合和借鉴国内众多优秀教材的基础上,力争做到以下几点。

　　(1)内容新颖。信息检索是与信息技术紧密相关,是与时代同步发展的一门课程。本书在阐述信息资源的种类及分布规律,信息检索的原理、方法、模型,检索语言,系统评价等基本理论的基础上,推陈出新,加大了对信息检索最新技术的引入,增加实践案例,以便使学生感到耳目一新、生动有趣。

　　(2)编排合理。本书在体例结构的设置上,努力做到融传统与现代中英文检索工具于一体,理论研究与实际应用相结合,展现当下信息检索之风貌,突出体现网络环境下信息检索的新特点,适应当前信息检索的实际需要。

　　(3)图文并茂。根据学习内容和教学的需要,书中配有许多检索工具的图例,并附有相关的解释说明、使用方法、步骤要点等提示。充分发挥"一幅图胜似千言万语"的图表直观性作用,便于读者阅读使用。

　　(4)实用性强。信息检索是一门实用性很强的课程,着重培养学生获取信息的实际能力,本书的撰写重在体现这一宗旨,突出实用性和可操作性。使学生和读者在看过该书后,能够很快将基本理论应用到实践中去,能够快速准确地构建检索策略,正确分析课题的内容,准确找出检索词,确定最佳检索途径。

　　本书于2014年7月第一次出版,本次是第一次修订,在成书过程中,对部分章节进行了更新,如第一章增加了信息素养相关内容,第三章增加了语义网与元数据,删除了原第五章联机检索与光盘检索部分,充实了网络免费学术信息资源检索的内容使之独立成第六章,对第七章至第九章中文和外文的检索系统进行了全新阐述,全书其他部分也进行了不同程度的更新。

　　目前全书共分十章。

　　第一章阐述了信息素养及其构成要素、评价标准,科技信息资源常见类型及其特点;

　　第二章从理论层面上阐述了信息检索的基本原理和基本检索途径,包括信息检索的概念、类型、作用、起源与发展、工具、方法、策略、基本步骤等内容;

第三章在系统分析了传统检索语言的基础上阐述了分类主题一体化检索语言，增加了语义网与元数据内容；

第四章阐述了计算机信息检索原理、特点、服务模式、发展方向、系统构成及技术、策略、步骤等内容；

第五章着重阐述了网络检索工具、元搜索引擎、多媒体检索及网络信息检索的新发展；

第六章阐述了网络免费学术信息资源的概念、类型、特点及检索途径；

第七章至第八章对国内外重要的综合性检索工具进行阐述，兼顾传统与现代相结合；

第九章阐述了国内外主要的特种信息检索工具；

第十章包括信息检索效果评价活动的起源、评价方法与程序、评价指标、国内外主要的信息检索评测活动等内容。

本书由黄丽霞、周丽霞、赵丽梅、迟玉琢和牛晓宏五位同志共同撰写完成，由黄丽霞对全书的大纲、结构、内容等做统一斟酌和制定。其中第一章、第二章、第五章由黄丽霞撰写；第三章、第四章、第七章由周丽霞撰写；第十章由赵丽梅撰写；第八章、第九章由迟玉琢撰写；第六章由牛晓宏撰写。在本书写作过程中，郭路颖、徐莹、康宇豪、金铭雪、张倩、陈欢等同学给予了大力支持和帮助，在此表示衷心的感谢！

限于时间仓促和作者水平有限等原因，本次成书过程中难免有不妥和错误之处，恳请广大读者批评指正！

黄丽霞
2024 年 11 月

目 录

第一章 信息素养与信息资源概述 ·· 1
    第一节 信息素养概述 ·· 1
    第二节 科技信息资源常见类型及其特点 ································ 6

第二章 信息检索基本理论 ·· 18
    第一节 信息检索基本原理 ·· 18
    第二节 信息检索方法、途径与步骤 ······································ 26
    第三节 信息检索模型 ·· 30

第三章 信息检索语言 ·· 37
    第一节 分类法 ··· 37
    第二节 主题法 ··· 47
    第三节 语义网 ··· 58
    第四节 元数据 ··· 68

第四章 计算机信息检索 ··· 75
    第一节 计算机信息检索概述 ·· 75
    第二节 计算机信息检索系统构成 ·· 82
    第三节 计算机信息检索技术 ·· 88
    第四节 计算机信息检索策略与步骤 ····································· 95

第五章 网络信息检索 ·· 99
    第一节 网络信息检索工具 ·· 99
    第二节 多媒体信息检索 ·· 109

第三节　网络信息检索的新发展 ··· 115

第六章　网络免费学术信息资源检索工具及平台 ·· 126
　　第一节　网络免费学术信息资源概述 ·· 126
　　第二节　网络免费学术信息资源检索 ·· 127

第七章　国内主要综合性信息检索工具 ··· 146
　　第一节　综合性文献数据库资源 ·· 146
　　第二节　电子图书数据库 ·· 167
　　第三节　常用专业数据库 ·· 176

第八章　国外主要数据库检索工具 ·· 188
　　第一节　ProQuest Dialog 数据库检索 ·· 188
　　第二节　OCLC FirstSearch 数据库检索 ·· 189
　　第三节　EI 数据库的主要产品 ·· 191
　　第四节　Web of Science 数据库 ··· 196
　　第五节　INSPEC 数据库 ·· 199
　　第六节　Elsevier ScienceDirect 数据库 ·· 201
　　第七节　EBSCO 数据库 ·· 204
　　第八节　Scopus 数据库 ·· 207

第九章　国内外主要特种信息检索工具 ··· 210
　　第一节　科技报告的检索 ·· 210
　　第二节　专利信息的检索 ·· 212
　　第三节　标准信息检索 ·· 222
　　第四节　会议文献检索 ·· 229
　　第五节　学位论文检索 ·· 232
　　第六节　档案信息检索 ·· 237

第十章　信息检索效果评价 ··· 244
　　第一节　信息检索效果评价概述 ·· 244

第二节　信息检索效果评价方法 ·· 247

第三节　信息检索效果评价程序 ·· 253

第四节　信息检索效果评价指标 ·· 255

第五节　信息检索评测 ·· 260

参考文献 ··· 272

第一章 信息素养与信息资源概述

第一节 信息素养概述

一、从信息素养到数字素养

20世纪70年代,随着信息产品和传播渠道的日益多样化及计算机技术的普及,信息查询和获取的过程日益专业化。1974年,美国信息产业协会(Information Industry Association,IIA))主席保罗·泽考斯基(Paul Zurkowski)首次提出"信息素养"(Information Literacy)这一概念,意指个人在其工作中利用信息资源和工具解决问题的能力,这一概念引发了社会广泛关注和传播。1989年,美国图书馆协会(American Library Association,ALA)对信息素养进行了定义,将其界定为"个体能够认识到何时需要信息,能够检索、评估和有效地利用信息的综合能力",是业界公认比较权威的概念,即具备信息素养的人能够清晰地认识到自己的信息需求,并了解如何获取和有效利用信息。

随着以互联网为代表的数字媒介强势崛起,通过数字媒介获取、传递信息的能力越来越重要,"数字素养"(Digital Literacy)的培养受到各国高度重视,以色列学者阿尔卡莱(Alkalai)于1994年首次提出这一概念。1997年,保罗·吉尔斯特(Paul Gilster)认为数字素养主要包括获取、理解与整合数字信息的能力,强调在数字化社会中生存和发展所必需的综合能力,如网络搜索、超文本阅读、数字信息批判与整合等技能。2004年,阿尔卡莱对"数字素养"概念进行了扩展,认为它不仅包括技术层面的数字设备操作技能,还涵盖了认知和社会情感的维度。2006年,艾伦·马丁(Allan Martin)进一步细化了这一概念,提出了一个更为全面的视角,包括在数字环境中使用数字设备进行信息的识别、获取、管理、整合、评估和创新。从2006年开始,中国学者对"数字素养"的关注逐渐增多,并随着数字信息技术的发展而深化,认为数字素养不应仅限于技术技能,还应包含认知技能、情感技能和社交技能等。

2013年,欧盟联合研究中心(Joint Research Centre,JRC)对"数字素养"进行了重新界定,强调了自信、批判性和创造性地使用信息和通信技术的能力。2015年,美国大学与研究图书馆协会(Association of College and Research Libraries,ACRL)提出《高等教育信息素养框架》,将信息素养定义为信息的发现、生产、评估及再创造,新增了数字素养相关内容,体现了数字素养教育的发展趋势。该框架强调信息素养是一个与学科紧密相关、逐步发展的进程,要求学生在不同学科领域中运用和发展信息素养能力,为高校和图书馆在教育和培养信息素养方面提供了指导。

2018年,联合国教科文组织(UNESCO)将"数字素养"定义为一种综合性能力,包括计算机素养、通信技术素养、信息素养和媒介素养,强调了安全并适当地使用数字技术进行信息的访问、管理、理解、整合等。2021年,中央网络安全和信息化委员会办公室在《提升全民数字素养与技能行动纲要》中对"数字素养"进行了较为规范的表述,定义为"数字社会公民学习工作生活应具备的数字获取、制作、使用、评价、交互、分享、创新、安全保障、伦理道德等一系列素质与能力的集合"。这表明从信息素养到数字素养的转变是信息时代发展的必然趋势,作为一个跨学科、动态发展的领域,其定义随着技术进步而日益丰富,在学术和实践界的核心地位越发凸显,深刻影响着个体在现代社会中的适应与成长,同时,数字素养教育将更加注重培养学生的批判性思维、创新能力和终身学习能力,以适应不断变化的数字化环境。

二、信息素养的构成要素

通过对国内外信息素养构成要素有关框架及数字素养、信息与交流技术(Information and Communications Technology, ICT)素养等框架中的信息素养相关内容进行梳理后可知,尽管各机构与学者在研究信息素养时侧重点各异,但普遍共识是将焦点放在信息的获取、应用和评价过程上,普遍认同信息素养是一个全面的概念,涵盖了使用信息工具进行信息的搜集、评估、分析、传递、创新及实践应用,以解决各类实际问题的综合技能。因而信息素养主要包括信息意识、信息知识、信息能力与信息伦理四大要素,其中,信息意识居于先导地位,信息知识是前置基础,信息能力是关键要求,信息伦理则是"导向标"或"调节器"。具体内涵如下。

(1)信息意识涵盖了个体在信息活动中形成的认知和需求,不仅包括对信息在当代信息时代核心作用的深刻理解,也包括对信息的内在需求和主动追求,以及敏锐地洞察信息并将其与实际问题解决联系起来的能力。

(2)信息知识构成了信息素养的基石,要求个体不仅要掌握信息的基本概念和属性,还要理解信息化对个人及社会的深远影响。此外,个体还需具备特定领域内信息的设计、开发、应用、管理和评估等方面的专业知识。

(3)信息能力是运用信息知识进行实践活动的能力,涉及有效利用信息工具、从不同信息源中提取关键信息、对信息进行辨识与分析、评估与筛选、整合与创新,以及提升信息价值和传播信息的能力。

(4)信息伦理是指在信息的整个生命周期中,包括识别、获取、使用、整合、评估和传播等环节,所应遵循的道德准则。它强调建立信息责任感,规范信息行为,恪守信息道德规范,并主动防范和抵制信息滥用和信息污染。

综上所述,信息素养作为现代社会成员的一项关键素质,信息意识、信息知识、信息能力和信息伦理这四个要素相互依存、相辅相成,共同构成了信息素养的有机体,塑造了一个全面的信息能力框架,确保个体在信息社会中的有效参与和发展。

三、信息素养的评价标准

美国较早制定了信息素养评价标准,1998年美国图书馆协会(American Library Association, ALA)与美国教育传播与技术协会(Association for Educational Communications & Technology，AECT）发布的《信息能力：创建学习的伙伴》（Information Power: Building Partnerships for Learning）一书中第一部分提出面向学生的信息素养标准；2000年，美国ACRL制定的《高等教育信息素养能力标准》包括5项标准、22项绩效指标和87个具体表现；2015年，ACRL在此基础上修订并发布《高等教育信息素养框架》，列举了6个阈值概念。美国锡拉丘兹大学（Syracuse University）的梅根·奥克伍德（Megan Oakleaf）依据此框架的内容，给出了评价学生信息素养的10个步骤。

英国国立与大学图书馆学会（Society of College, National and University Libraries, SCONUL）于1999年正式发布《高等教育信息素养技术》，关注高校信息素养教育，并于2011年发布更新后的《SCONUL信息素养七支柱：高等教育核心模型》，在宏观层面根据新的形势提出了信息素养的7项标准。2004年澳大利亚和新西兰信息素养学会（Australian and New Zealand Institute for Information Literacy, ANZIIL）发布《澳大利亚与新西兰信息素养框架：规则、标准和实践》，提出识别信息需求、发现信息、评价和搜寻信息、管理信息、将新旧信息融入新知识、符合伦理道德地利用信息的能力组合6项核心标准。国外较早针对数字素养开展实证研究和测量的是著名学者阿尔卡莱，他将数字素养划分为5个方面的重要指标，分别是：视觉图像素养、再创造素养、分支素养、信息素养、社会情感素养，随后又补充了实时思考能力这一指标。2014年欧盟委员会联合研究中心建构一种涵盖更广研究领域的通用分析框架——DigComp，以动态视角根据实际情况对数字素养的衡量指标进行动态更新，截至2022年年底，框架已更新至第四版，评价方面包括：信息与数字素养、沟通与合作素养、数字内容创作素养、数字安全素养、问题解决素养。2021年UNESCO数字素养划分为数字工具的使用、理解数字身份、识别数字权利、评估人工智能议题、改进数字化通信方式、管理数字健康、保卫数字安全7个方面。

国内信息素养评价标准较倾向于通用类型。1999年中共中央、国务院发布的《关于深化教育改革全面推进素质教育的决定》中提出了培养高中、初中、小学学生信息素养能力的6项标准；2000年教育部印发的《中小学信息技术课程指导纲要（试行）》，提出了包括信息获取能力、信息分析、信息加工、信息创新、信息利用及信息意识和信息交流能力6个方面的要求。2000年陈文勇、杨晓光提出了高等院校学生信息素养能力的9个标准，2005年北京高教学会图书馆工作研究会提出了《北京地区高校信息素质能力指标体系》，由7个维度、19项二级指标和61项具体指标组成，已是较为完整、系统的区域性大学生信息素养相关标准。2021年，教育部发布《高等学校数字校园建设规范（试行）》，从宏观层面对我国高校信息素养教育进行指导。

此外，针对特定群体的数字素养测量研究正逐渐深入。田丰、王璐等研究者针对青少年群体，将数字素养细化为7个维度：基本技能、时间管理、娱乐休闲、社会交往、网络交易、自我约束、效能感知；王伟军等则从意识与认知、适应与发展、参与与互动3个维度，为中小学生群体构建了数字素养的测量指标；苏岚岚、张航宇等人专注于农民群体，提出了包括数字化通用素养、社交素养、创意素养、专门素养和安全素养在内的测量指标。杨江华对国内外数字素养测量框架进行了系统梳理，指出数字素养测量框架主要围绕基础技能、信息能力、社交能力和数字态度4个维度构建。随着研究的深入,蒋敏娟、翟云等学者在借鉴国外框架的基础上,提出了基于认知逻辑的数字素质"五力"模型:感知力、融通力、吸纳力、实践力和发展力,这一模型在国内学界引起了广泛关注。

通过对国内外信息素养标准进行深入研究,在理解信息素养内涵和结构的基础上,以美国ACRL《高等教育信息素养框架》为参考,本书认为通用层次的信息素养能力评价指标体系应包括7个一级指标和49个二级指标,其中一级指标是信息素养标准的7个要素,即信息意识、信息获取、信息利用、信息评价、信息伦理、信息创新和信息安全,二级指标是对一级指标的解释和补充说明,标准建立的过程中既有对《高等教育信息素养框架》的借鉴,也有对其的分解和阐释,见表1-1。

表1-1　通用层次的信息素养能力评价指标体系

信息素养能力一级指标	信息素养能力二级指标
信息意识(9)	能够认识到信息需求
	能够准确描述信息需求
	能够具有一定的信息敏感度,捕捉有价值的信息
	能够认识到在信息社会中信息的重要性
	能够认识到信息素养能力的作用和价值
	能够认识到信息素养对学术能力和终身学习的重要价值
	能够具有数据价值的敏锐性
	能够了解数据的格式、类型、特点等
	能够科学定位人工智能和智能化
信息获取(9)	能够根据信息需求选择适当的信息源
	能够确定信息选择的范围
	能够选择合适的信息获取渠道
	能够选择合适的信息搜寻工具和信息媒介
	能够选择合适的关键词、逻辑语言和检索技术提高信息检索效率
	能够掌握最新的获取信息资源的技术和工具
	能够利用高校图书馆及公共图书馆资源获取信息
	能够收集各类公开的数据
	能够利用人机协同和计算思维获取信息
信息利用(8)	能够对获取的信息进行加工和处理
	能够对数据进行有效的管理、组织和更新
	能够借助工具对信息进行复杂性计算
	能够提取出信息中的重要思想和观点
	能够从获取的信息中挖掘出有价值的信息

续表

信息素养能力一级指标	信息素养能力二级指标
信息利用(8)	能够将获取的信息应用到自己的科研之中
	能够将获取的信息与已有的知识相融合
	能够将获取的信息以一定的形式展现出来
信息评价(6)	能够具有自身的信息评价标准
	能够对信息的真伪进行甄别
	能够准确判断出检索信息的质量
	能够识别不完整或者错误的数据
	能够从获取的信息中提取要点
	能够评价信息的可用性和相关性
信息伦理(4)	能够了解与信息利用有关的法律知识和道德准则
	能够合理地获取、传播科研信息、数据、实验设计等
	能够合法地引用他人的科研成果
	能够拒绝发布虚假的科研结果、实验数据等
信息创新(5)	能够从获取的信息中构建新的概念
	能够将自身已有的知识与新的信息相结合，形成新的知识结构
	能够利用新的信息提供新的信息产品
	能够利用智能运算和编程设计对数据进行开发
	能够有效地与他人进行信息交流甚至合作
信息安全(8)	能够认识到信息安全的重要性
	能够认识到信息社会中信息安全的严峻形势和挑战
	能够了解信息安全保护的职责与义务
	能够了解威胁信息安全的各类因素
	能够了解信息安全保护的基本概念和知识
	能够多渠道地获得解决信息安全问题的技术和手段
	能够在存取信息的同时保证信息安全
	能够了解信息安全的相关法律规定和政策

（1）信息意识是信息素养的基础，它的强弱决定了人们捕捉、判断和利用信息的自觉程度，敏锐的信息意识才能产生具体的信息行为。信息意识包括两个内涵，一是信息的重要性，二是信息的敏感度，二者相互依存，共同构成信息意识。学生能否从大量的、公开的社会信息中发现重要的信息价值并迅速捕捉，能否意识到信息对个人制定决策、学习及发展具有重要作用，能否将自己的感受和分析判断等意识内化为信息需求并积极获取信息，这些信息意识都影响着信息的利用和效果，影响着整个信息素养标准体系。

(2) 信息获取是学生根据自身的信息需求利用一定的信息获取手段及时获取所需的或者有价值的信息的过程。在信息爆炸的时代，要获取所需的信息需要一定的信息技能和方法，才能从海量的信息资源中找出质量最高的信息。从信息素养的培养来看，信息获取可以帮助学生制定和选择获取信息的策略，确定信息选择的范围，准确、高效地获取所需信息。

(3) 信息利用是学生信息素养能力的核心，学生通过对信息进行处理和转化，通过数据的分析和加工将信息为己所用。信息的利用既需要学生具有信息的统计和分析能力，还需要学生具有信息的编辑加工能力和信息重组能力。同时，信息利用还需要具有信息表达能力，能够将加工后的高质量信息通过一定的形式表达出来，这是信息利用的重要环节。

(4) 信息评价是对获得的信息的有效性和权威性进行评估判断，分析出信息的优劣和准确度，然后再有针对性地从中挑选可用的信息。信息评价是学生剔除无用或者冗余信息的一个环节，需要学生具有较强的学科专业背景，对自己所需解决的问题有明确的了解。信息评价是学生信息素养能力的关键，也是学生理解能力、创新精神和独立学习的一个重要体现。

(5) 信息伦理是学生在获取信息、利用信息等活动中用来规范自己的道德标准。信息伦理是信息利用的根本准则，可以细化为信息守法性和信息规范性，包括法律、知识产权及信息安全等多个方面，既有法律标准也有道德标准，是个体信息素养的导向，指引着学生信息素养的发展方向。

(6) 信息创新是学生通过对获取的信息进行整合和分析，生成和创造出具有利用价值的新的信息。学生既是信息的利用者，也是信息的发布者，信息的创新需要具有信息的整合处理能力和创造能力，不断吸收和分享新的信息产品，推动信息资源的进步和发展。

(7) 信息安全是学生通过一定的技术和手段保护获取的信息免受各类因素的威胁、干扰和破坏。通常情况下信息安全包括信息的完整性、保密性、可靠性和可用性几个方面，信息安全是信息素养教育中尤为重要的环节，需要学生掌握信息安全相关的管理内容和法律条款，掌握先进的信息保护技术等，不断提高安全意识，保护信息安全。

第二节 科技信息资源常见类型及其特点

一、科技图书

图书是一种论章成册的公开出版发行物，是记录和保存知识、表达思想、传递信息的最古老、最主要的手段。它历史悠久，流传广泛，信息承载量大，便于存放、携带，影响深远，至今仍然是主要的文献类型。一般来讲，图书是指内容比较成熟、资料比较系统、有完整定型的装帧形式的出版物。

科技图书是一种重要的科技信息源，大多是对已发表的科技成果、生产技术知识和经验的概括论述。科技图书的范围较广,主要包括:学术专著、参考工具书(手册、年鉴、百科全书、辞典、字典等)、教科书等。它往往以原始记录、档案、论文、研究报告、实验记录等为基本素材,内容比较成熟,系统性强,有利于读者从中获得系统的、全面的知识,是人们学习各学科的基础知识和查找各种事实、数据、资料来源与出处等知识的主要源泉。但科技图书出版周期较长,传递信息速度较慢。

二、科技期刊

期刊(Periodical)也称杂志(Journal 或 Magazine),是一种有固定名称、定期出版的连续出版物。与图书相比,期刊的历史只有300年左右,但它已成为各种文献中内容丰富、情报价值高的一种文献信息源,是当今人们传递信息、交流思想最基本的途径之一。

科技期刊的种类很多,包括学报、学刊、通报、普及性刊物、年报、进展、评论、译丛、研究、索引、目录等。科技期刊中的论文多数是一些原始发表的第一手材料,许多新的成果、观点往往首先在期刊上发表。科研人员一般都习惯阅读期刊,借以了解动态、掌握进展、开阔思路、吸取已有成果。

科技期刊在科技情报来源方面占有重要地位,约占整个科技信息来源的65%~70%。它与专利文献、科技图书三者被视为科技文献的3大支柱,也是科技查新工作利用率最高的文献源。

科技期刊的特点是:每种期刊都有固定的名称和版式;有连续的出版序号;有专门的编辑机构编辑出版;与图书相比,它出版周期短、刊载速度快、数量大、内容较新颖、丰富。

三、科技报告

1. 概述

我国国家标准《科技报告编写规则》(GB/T 7713.3—2014)认为,科技报告是科学技术报告的简称,是用于描述科学或技术研究的过程、进展和结果,或描述一个科学或技术问题状态的文献。它的内容范围主要是尖端学科的重大课题,由国家主管部门组织较强的专家学者参加研究,代表一个国家有关专业的科研水平,科技报告是一种非常重要的信息源。

科技报告的历史可追溯到20世纪初。第二次世界大战期间,西方国家的科研活动,特别是那些与战争关系密切的领域的研究活动得到加强,由于保密的需要和纸张短缺,大量研究成果以内部报告的形式出现。当时美国的许多大学实验室和工业公司也与政府机构签订合同进行科学研究,并向主办机构提供科研进展报告。第二次世界大战结束时,美、英等国派往德、日等国的专家组获取了大量科技资料,然后整理成科技报告。

科技报告按储存方式可分为:报告书、技术札记、论文、备忘录、通报、技术译文等;按报告所反映的研究进展程度可分为:初步报告、进展报告、中间报告和终结报告;按流通范围可分为:绝密报告、机密报告、秘密报告、非密报告、解密报告和非密限制发行报告。

科技报告的特点包括以下几个方面。

(1)在形式上,每份报告自成一册,有连续编号,在版发行不规则,具有保密性和时间性。

(2)在内容上,一般比较新颖、详尽、专深,结论来源于实践,数据、资料准确可靠。

(3)在传递速度上,所报道的科研成果要比期刊论文快得多,情报价值高。

(4)在流通范围上,具有保密性,大量科技报告都与政府的研究活动、高新技术有关,使用范围控制较严。

世界上较著名的科技报告系列有美国政府的四大报告(PB报告、AD报告、NASA报告、AEC/ERDA/DOE报告)、英国航空委员会(ARC)报告、英国原子能管理局(UKAEA)报告、法国原子能委员会(CEA)报告、联邦德国航空研究所(DVR)报告、日本的原子能研究所(JAERI)报告、东京大学原子核研究所(KEK)报告、三菱技术通报(MTB)、苏联的科学技术总结(STC)和中国国家科技成果网(NAST)管理的科技成果报告等。

2. 美国四大报告

(1)PB报告。1945年6月美国成立商务部出版局,负责整理、公布从第二次世界大战战败国获取的科技资料,并编号出版,号码前统一冠以"PB"字样。20世纪40年代的PB报告(10万号以前),主要为战败国的科技资料。20世纪50年代起(10万号以后),则主要是美国政府科研机构及其有关合同机构的科技报告。PB报告的内容绝大部分属于科技领域,包括基础理论、生产技术、工艺、材料等。20世纪70年代以后,侧重于民用工程技术。1970—1975年,每年发表PB报告约8000件,至1978年总共发表报告约30万件。

(2)AD报告。凡美国国防部所属研究所及其合同户的技术报告均由当时的美国武装部队技术情报局(Armed Services Technical Information Agency,ASTIA)整理,并在规定的范围内发行。AD报告即为该情报局出版的文献。PB、AD报告的主要检索工具为美国《政府报告通报及索引》。

(3)NASA报告。美国航空航天局拥有的研究机构产生的技术报告。主要内容为:空气动力学、发动机及飞行器结构、材料、试验设备、飞行器的制导及测量仪器等。主要检索工具为《宇航科技报告》(STAR)。

(4)AEC/ERDA/DOE报告。1946年美国建立原子能委员会,简称AEC,AEC报告即为该委员会所属单位及合同户编写的报告。1975年该委员会改名为能源研究与发展署,简称ERDA,AEC报告于1976年改称ERDA报告。1977年该署又改组扩大为美国能源部,简称DOE,1978年7月起,ERDA逐渐改为冠以DOE的科技报告,内容仍以原子能为重点。其主要检索工具为《核子科学文摘》,继之为《能源研究文摘》。

四、专利文献

1. 专利概述

专利(Patent)是由 Royal Letters Patent 一词演变而成的,原义为"皇家特许证书",系指皇帝或王室颁发的一种公开的证书,通报授予某人某种特权。现代意义的专利是知识产权的一种,是从法律上保护知识创造发明的一种专有的权利,包含3层含义:一指专利法保护的发明,这是专利的核心;二指专利权;三指专利说明书等专利文献。

各国的专利法不同,专利的种类也不尽相同。美国的专利分为发明专利、外观设计专利和植物专利。中国、日本、德国等国的专利分为发明专利、实用新型和外观设计专利。

专利的种类具体分为以下几类。

(1)发明专利:是国际上公认的应具备新颖性、先进性和实用性的新产品或新方法的发明。"发明"是对产品或方法或其改进所提出的新的技术方案,包括产品发明和方法发明。

(2)实用新型专利:是对机器、设备、装置、器具等产品的形状构造或其结合所提出的实用技术方案。其审查手续简单,保护期较短,主要涉及产品的功能。

(3)外观设计专利:指产品的外形、图案、色彩或其结合作出的富有美感而又适于工业应用的新设计,只涉及产品的外表。

专利受国界与时间的限制。在一个国家授予的专利,只在该国家有效、受法律保护,如果想在其他国家受到保护,需要另行申请并批准;各国法律均规定了知识产权的保护期限,超过保护期自动失效,进入公共领域无偿使用。

不是所有的发明都可以取得专利权,各国对授予专利权的领域都有限制。我国不授予专利权的发明有:①科学发现;②智力活动的规则和方法;③疾病的诊断和治疗方法;④动物和植物品种;⑤原子核变换方法以及用原子核变换方法获得的物质;⑥对平面印刷品的图案、色彩或者二者的结合作出的主要起标识作用设计。

2. 专利信息检索中的常见概念

(1)专利信息中的几种"人"。

①申请人:对专利权提出申请的单位或个人。关于申请和获得专利权的权利归属问题,又分为职务发明创造和非职务发明创造。职务发明创造是指执行本单位的任务或者主要是利用本单位的物质技术条件所完成的发明创造,职务发明创造申请专利的权利属于该单位,申请被批准后,该单位为专利权人。非职务发明创造是指排除上述情况下完成的发明创造,非职务发明创造申请专利的权利属于发明人或者设计人,申请被批准后,该发明人或者设计人为专利权人;利用本单位的物质技术条件所完成的发明创造,单位与发明人或者设计人订有合同,对申请专利的权利和专利权的归属做出约定的,从其约定。

②发明人(设计人):完成发明创造的人。专利法上的发明人必须满足如下条件:第一,发明人必须是直接参加发明创造活动的人;第二,发明人必须是对发明创造的实质性特点有创造性贡献的人。

③专利权人:对专利具有独占、使用、处置权的人。专利权人可以通过订立专利实施许可合同许可其他人使用其专利技术;专利权人还可以向其他人转让其专利技术;专利权人应当按时向国家知识产权局缴纳年费,以维持其专利权的有效性;当有人提出宣告专利权无效的请求时,专利权人将作为被请求人出庭应诉;当国家知识产权局颁发强制许可或政府有关部门发放"计划许可"时,专利权人也将作为当事人参与该法律关系等。

④代理人:就是接受别人的委托为其办理专利申请的一切相关事务。主要是为委托人撰写专利申请文件及为委托人办理专利申请程序中的一切事务,以及可能发生的关于专利权的诉讼。

(2)专利信息中的几种"号"。

①申请号(Application Number):发明专利申请号,即专利行政部门收到发明或者实用新型专利申请的请求书、说明书和权利要求书,或者外观设计专利申请的请求书和外观设计的图片或照片后,给予申请人的申请号就是专利申请号。

②文件号:在公布专利申请或专利文件时为每件专利申请或专利编制的序号称文件号。

③公开号:申请专利的发明在公开时给予的号码,即为《发明专利申请公开说明书》的编号。

④公告号:申请专利的发明在授予专利权并公告时给予的号码,即对《发明专利说明书》《实用新型专利说明书》的编号及对公告的外观设计专利的编号。

⑤专利号(Patent Number):专利号是专利申请人被正式授予专利权时,在专利证书上反映出来的一种数据号码。

⑥国际专利分类号(IPC):国际上公认的按专利文献的技术内容或主题进行分类的代码。

(3)专利信息中的几种"日"。

①申请日:指申请人向专利行政机关提出申请的日期。

②公开日:指专利部门收到发明专利申请后,经初步审查认为符合专利法要求的,自申请日起满十八个月,即行公布的日子,可以根据申请人的请求早日公布。公开日是针对发明专利而言,实用新型和外观设计没有公开日。

③授权公告日:授权公告日是指专利行政部门作出授予专利权的决定,发给专利证书,同时予以登记和公告的日子。专利权自公告之日起生效。

④优先权日(Priority Date):《巴黎公约》规定,专利申请人就同一项发明在一个缔约国提出申请之后,在规定的期限内(12个月)又向其他缔约国提出申请,申请人有权要求以第一次申请日期作为后来提出申请的日期,这一申请日就是优先权日。

3. 专利文献及其特点

专利文献是实行专利制度的国家及国际性专利组织在审批专利过程中产生的官方文件及其出版物的总称。从广义上讲,专利文献包括专利说明书、专利公报、专利检索工具、专利分类表及其他与专利有关的法律文件及诉讼资料等;从狭义上讲,专利文献就是专利说明书,是专利申请人向专利局递交的说明发明创造内容及指明专利权利要求的书面文件,既是技术性文献,又是法律性文件。

专利文献的特点包括以下几个方面。

(1)内容广泛、详尽、新颖实用、先进。如根据专利文献所报道的优先权日期、发明人及专利所有者的名称、研究单位的地址等,将技术发展与工业结构联系起来,了解国外工业生产的水平。

(2)统一的出版形式,出版及时迅速,分类标引标准化,文字严谨。按周定期出版专利公报、报道新公布(公开、公告、授权等)的专利申请或专利目录、文摘索引。

(3)集技术、法律、经济信息于一体。每一件专利说明书都记载着解决一项技术课题的新方案,包含发明的所有权、权利要求的有效期、地域性等法律信息及市场、产品信息。

(4)局限性。各国专利法几乎都规定一项发明申请一件专利的单一性原则,但单件文献有时只能解决局部问题,如果要了解某项产品或某项技术,就必须查阅该项目涉及的各个环节的专利说明书。

五、标准文献

1. 标准的含义

标准是对重复性事物和概念所做的统一规定,以科学、技术和实践经验的综合成果为基础,按照规定程序编制并经过一个公认的权威机构(主管部门)批准,以特定形式发布,供一定范围内广泛使用,作为共同遵守的准则和依据我国国家标准《标准化基本术语》(GB 3935.1-83)。

标准的新陈代谢非常频繁。随着经济条件与技术水平的不断提高,标准必须进行不断地修改或补充,以满足现时的要求。

2. 标准的种类

(1)按使用范围,可以划分为:国际标准、区域标准、国家标准、部门标准和基础标准,具体如下。

①国际标准:指国际通用的标准,如ISO、IEC标准等。

②区域标准:指世界上某一地区通过的标准,如"全欧标准"等。

③国家标准:由国家标准化机构批准颁布的标准,我国的国家标准号是GB。

④部门标准:由某个部门和企业单位等制定的适用于本部门的标准,如"部标准""企业标准"等。

⑤基础标准:在一定范围内,普遍适用或具有指导意义的标准。

(2)按内容及性质,可以划分为技术标准和管理标准,具体如下。

①技术标准包括:基础标准、产品标准、方法标准、安全与环境保护标准;

②管理标准包括:技术管理标准、生产组织标准、经济管理标准、行政管理标准、业务管理标准、工作标准。

(3)按成熟程度,可划分为正式标准和试行标准两类(或称做强制性标准和推荐性标准)。

3. 标准文献的含义

标准文献是指经公认的权威当局(一般指各国国家标准局)批准的,以文件形式固定下来的标准化工作成果。

标准文献,特别是产品标准,是收集产品信息的重要来源。通过这类文献,可以对产品的分类、品种等所做的统一规定有所了解,也可以知道对原材料的品种、规格、物理性能、化学成分、试验方法及工艺、试验、分析、测定、检验、验收等的规则和方法所做的规定。

4. 标准文献的特点

标准文献的特点包括以下几个方面。

(1)由各国主管标准化工作的权威机构(如标准局、技术监督局、标准协会等)主持制定和颁发,有生效、未生效、试制、失效等状态之分。

(2)时效性强,新陈代谢频繁,各种标准都将随着科学技术的发展而不断地修订和补充。

(3)数量多,篇幅小,文字简练,一般只有二、三页,内容完整,通常一件标准只解决一个问题,适合于直接应用。

(4)采用专门的技术分类体系。

(5)主要靠专门的工具——标准目录查找技术标准。

六、学位论文

1. 学位论文的含义及历史

学位论文是高等院校或研究机构的学生为获得学位资格而提交并通过答辩委员会认可的学术性研究论文,是在学习和研究中参考大量文献、进行科学研究的基础上完成的。它是随着学位制度的实施而产生的,英国习惯称为Thesis,美国则称为Dissertation。

学位制度起源于中世纪的欧洲,1180年巴黎大学授予第一批神学博士学位。学位论文答辩制度是由德语国家首创的,以后各国相继效仿。凡经答辩通过的学位论文,一般都是具有独创性的研究成果,能显示论文作者的专业研究能力。由于各国教育制度规定授予学位的级别不同,学位论文也相应有学士学位论文、硕士(或副博士)学位论文、博士学位论文之分。其中博士学位论文具有较高的学术价值。20世纪中后期,世界上每年产生的博士和硕士学位论文约10万篇。学位论文除少数在答辩通过后发表或出版外,多数不公开发行,只有一份副本被保存在授予学位的大学的图书馆中以供阅览和复制服务。

2. 学位论文的类型

（1）根据所申请的学位不同，可分为学士论文、硕士论文、博士论文3种。

①学士论文是合格的本科毕业生撰写的论文。毕业论文应反映出作者能够准确地掌握大学阶段所学的专业基础知识、基本学会综合运用所学知识进行科学研究的方法，对所研究的题目有一定的心得体会，论文题目的范围不宜过宽，一般选择本学科某一重要问题的一个侧面或一个难点。

②硕士论文是攻读硕士学位研究生所撰写的论文。它应能反映出作者广泛而深入地掌握专业基础知识，具有独立进行科研的能力，对所研究的题目有新的独立见解，论文具有一定的深度和较好的科学价值，对本专业学术水平的提高有积极作用。

③博士论文是攻读博士学位研究生所撰写的论文。它要求作者在博士生导师的指导下，能够自己选择潜在的研究方向，开辟新的研究领域，掌握相当渊博的本学科有关领域的知识，具有相当熟练的科学研究能力，对本学科能够提供创造性的见解，论文具有较高的学术价值，对学科的发展具有重要的推动作用。

（2）根据研究方法不同，学位论文可分理论型、实验型、描述型3类。

①理论型论文运用的研究方法是理论证明、理论分析、数学推理，用这些研究方法获得科研成果；

②实验型论文运用实验方法，进行实验研究并获得科研成果；

③描述型论文运用描述、比较、说明等方法，对新发现的事物或现象进行研究而获得科研成果。

（3）按照研究领域不同，学位论文又可分为人文科学学术论文、自然科学学术论文两大类，这两类论文的文本结构具有共性，而且均具有长期使用和参考的价值。

3. 学位论文的特点

学位论文的特点包括以下几个方面。

（1）探讨问题比较专一，对问题的阐述比较详细和系统，对其所进行研究的学科专业背景有所回顾，在参考文献方面收集得比较齐全，具有科研论文的科学性、学术性、新颖性，特别是博士、硕士论文因为能反映某一学科当前水平而成为科学研究的重要学术信息源。

（2）学位论文不公开出版，一般以打印本的形式存储在规定的收藏地点，且每篇论文打印的数量也有限，因此收藏、查阅学位论文原文比较困难。

4. 学位论文的文献价值

学位论文的文献价值包括以下几个方面。

（1）较高价值的一次文献：写作不受篇幅限制，论述详尽，从研究背景、技术线路、实验方法到数据获取、分析结论论述翔实。

（2）珍贵的信息资源价值：能集中反映所在单位的科研领域、学术活动、研究进展和最新成果，论文的使用者可以跟踪名校导师的科研进程。

（3）综述性二次文献：对相应研究领域有系统深入的讨论，拥有详尽的参考文献，可得到课题研究现状综述。

（4）写作技巧的启发蓝本：通过对学位论文的阅读，可大致梳理出作者的写作思路和研究方法，学习学位论文的写作方法。

七、会议文献

1. 学术会议及会议文献的含义

学术会议（Academic Conference）是指各种学会、协会、研究机构、学术组织等主持举办的各种研讨会、学术讨论会等与学术相关的会议，是科技信息交流的主要场所。学科领域中的最新发现、发明等重大事件经常在学术会议上首次报道。随着科学技术的发展、交流活动的日益频繁，科技会议的数量也在不断增加。据有关统计，全世界每年召开的重大科技会议约1万场，正式发行的专业会议文献有5000多种。就其性质而言，科技会议有：全体会议（General Congress）、代表大会（Convention）、学术讨论会、报告会（Symposium, Colloquium）、专题研讨会（Thematic Seminar）、研讨班（Seminar）等。

会议文献是指各种科学技术会议上所发表的论文、报告稿、讲演稿等与会议有关的文献，是报道科学技术研究成果的一种主要形式。会议文献专业性和针对性强、内容新颖、论题集中、传递信息迅速、出版发行方式灵活，往往代表某一学科或专业领域内最新学术研究成果，基本上反映了该学科或专业的学术水平、研究动态和发展趋势，是科技查新中十分重要的信息资源，其利用率仅次于科技期刊。

2. 会议文献的类型

会议文献出版形式多样，按出版发行的时间先后可分为：会前文献、会间文献、会后文献3种。

（1）会前文献（Pre-Conference Literature）是指在会议前预先印发、出版的会议资料，主要包括以下几种。

①会议论文预印本（Preprint Advance Conference Paper，简称Paper），是会上即将宣读的论文的全文，一般在会议前3~5周出版，在开会前分发给与会者。预印本比会后正式出版的会议录要早得多，但内容不够精确、成熟。大多数预印本出单行本，有连续性编号，大约有50%的会议只出版会议预印本；

②会议论文摘要（Advance Abstract），是会议论文文摘的汇集；

③会议预告（Forthcoming Conference），预告将要召开的会议，包括会名、会址、会期、使用语言、截稿日期等信息。

（2）会间文献（Conference Materials）是那些开会期间发给与会者的文献，包括开幕词、闭幕词、演讲稿、讨论记录、会议决议、行政事务和情况报道信息等会议资料。

（3）会后文献（Post-Conference Literature）是指会议结束后，经会议主办单位等机构正式出版的会议论文集（Colloquium Papers、Papers、Records），也称会议录（Proceedings）、会议出版物（Publications）、会议论文汇编（Transactions）、会议摘要（Digest）等。

3. 会议文献的特点

会议文献主要以图书和期刊方式出版，部分会议文献也被编入科技报告。会议论文集一般都采用图书出版形式,会议常有届次,因此就有定期或不定期出版的连续性出版物。这些图书通常以会议名称作为书名或副书名,并按会议届次编号。会后文献有不少发表在有关学会的期刊上,有些学会如电气和电子工程师协会(Institute of Electrical and Electronics Engineers,IEEE)等出版有固定的期刊,专用来刊登科技会议论文,有的以汇刊(Transaction)命名。另外,还有不少期刊通过出版专辑(Special Series)或增刊(Supplement Series)来报道有关会议的重要文献。期刊的报道速度比图书快,但内容不如图书形式的会议录集中、系统和完整,但从期刊来检索会议论文不失为一种方法,有2/5的会议论文会出版在期刊上。

4. 会议文献的检索途径

根据会议文献自身的特点,用户在使用会议检索类工具时,主要通过以下两种途径来检索:一是直接根据会议文献的特征检索某篇会议论文,常用的检索途径包括论文题名、关键词、摘要、作者、分类号、会议名称、主办单位、会议时间、会议地点、出版单位等;二是通过某届会议的举办特征检索这届会议上的相关信息和文献,通常使用分类号、会议名称、主办单位、会议时间、会议地点、出版单位等特征信息进行检索。

会议名称、主办单位、会议时间、会议地点、出版单位等检索入口,要求用户对会议的举办及会议文献的出版事项比较了解。一般来说,如果关注某些学术会议,会了解一些关于会议的举办及出版事项,使用这些字段检索也会得心应手。需要注意的是:"主办单位"和"出版单位"不一定是一个单位。若用户对这些事项不了解,又想检索关于某学科方向的会议论文时,建议使用论文题名、关键词、摘要、作者、分类号等入口。

八、政府出版物

1. 政府出版物的含义及历史

政府出版物是由政府机构制作出版或由政府机构编辑并授权指定出版的文献。它的内容几乎无所不包,涉及人类生活的各个领域,但重点主要在经济、社会、财政、工业、统计、教育和历史等方面。

政府出版物最早的法律记载见于美国第29届国会在1847年3月通过的法律,当时规定凡由国会两院中任何一院决定出版、购买或通过其他途径获得的出版物都可称为政府出版物。1962年美国政府又规定,政府出版物这一名称表示"由政府出资或根据法律需要作为一个单独文献出版的情报资料"。UNESCO对其下的定义是:"根据国家机关的命令,并由国家负担经费而出版的一切记录、图书、刊物等,均称政府出版物。"该定义内容较为宽泛,包容性较强。

2. 政府出版物的类型

政府出版物根据出版方式主要分两种:一种是行政性文献(包括宪法、司法文献),主要涉及政府法律、经济方面的会议记录、议案、决议、司法资料、听证记录、法令、规章制度等;另一种是科学技术文献,主要指政府部门出版的科技报告、标准、专利文献、科技政策文献、公开后的科技档案、经济规划、气象资料等。后者约占政府文献的30%～40%。随着科学技术的迅速发展，各国政府出版物日趋增多。据不完全统计，美、英、日、法等国的政府出版物每年达数万种。政府出版物在科学研究中具有独特的作用，对于了解各国的政治、经济、科技政策和科技发展的情况提供了较好的参考价值。

3．政府出版物的特点

政府出版物的特点包括以下几个方面。

（1）内容广泛，可靠真实。政府出版物涉及社会科学和自然科学许多领域，尤其是经济、管理和统计方面，文献涉及国家宏观和微观管理的有关政策、方针、计划、发展战略、进展预测等方面，内容可靠真实，具有权威性。

（2）数量较大，反应及时。以美国政府出版物为例，每年收录在《美国政府出版物每月目录》中的文献达3万种以上，而且不是美国政府出版物的全部，不包括法案、专利和保密资料等。由于政府出版物反映官方的意志，因此出版迅速、反映及时、宣传广泛。

（3）出版形式与载体多样。常见的政府出版物有报告、通报、文件汇编、会议记录、统计数据、地图集、官员名录、政府工作手册、政府机关指南等。它们除了以传统的印刷型的图书、连续出版物、小册子形式出现外，还以各种载体的非书资料形式出版，如数字出版形式。

（4）价格低廉，重复较大。政府出版物纯属工作性文献，不为营利，不计成本，有些甚至免费供应，所以搜集成本较低。有些文献在列入政府出版物前，已经由相关机构出版过，因而重复现象较多，选择时要多加注意。

九、档案文献

1．档案文献的含义

档案文献是国家机构、社会组织及个人的政治、军事、经济、科学、技术、文化、宗教等活动直接形成的具有保存价值的各种文字、图表、声像等不同形式的历史记录，是完成了传达、执行、使用或记录现行使命而备留查考的文件材料。档案文献以其集记录性和原始性于一体的特点而区别于遗物，又因其可靠性和稀有性而区别于一次文献，这就使相当一部分档案文献在一定时间内是受到保护的，在利用上有特殊的要求和价值。

2．档案文献的特点

档案文献的特点包括以下几个方面。

（1）内容的原生性。档案文献应是人们在社会实践活动中直接产生和形成的，既不是有意写给后人看的，也不是事后编写的，真实地记载着社会实践活动中所留下的一切信息和痕迹。

（2）历史性。档案信息是一种原始记录，是人们在社会实践活动完成之后才整理归档的。正在进行的活动记录，不能称为档案文献的内容是过去活动的记载，因此，它是一种历史的遗留物和记载物。

(3)确定性。档案文献的信息内容是确定的,不会产生歧义。如结绳、刻契中的结和道,可以代表牛,也可以代表羊,没有确定的意义,其确切的含义需要书写的人进行解答,因此,不能视为档案信息。

(4)知识性。档案文献的留存应是前人经验和知识的积累,能帮助后人深化对自然和社会的认识,从而促进人类文明的发展。

十、其他

1. 报纸

报纸主要刊登新闻,是出版周期最短的连续出版物。它以时事政治、经济现实新闻为主,并兼容其他内容,具有宣传、报道、评论、教育、参考、咨询等多种社会职能。它的特点有:及时性,内容丰富及能体现信息传播的连续性和完整性。

报纸有日报、双日报、三日报、周报、旬报等不同出版周期的形式;有综合性、专业性不同内容形式;有不同行业、不同学科、不同单位、不同对象等类型。

2. 产品样本

产品样本是生产厂商为宣传其企业形象、展示推销其产品而制作的一种商业资料。产品样本一般图文并茂,主要介绍产品与厂家概况,具有产品与生产设备或部件的实物照片、产品技术参数、产品外形尺寸图,有的还有技术测试图表与曲线、检测报告、结构图、装配程序图、线路图、产品专利号、国内外权威机构认证证书等,配以简要的产品用途、性能、使用说明等文字介绍,使产品的技术内涵和技术信息及厂家情况得以直观、简要地展现。

产品样本文献按照所记载的信息内容,可划分为以下几种。

(1)产品样本。主要介绍产品的品种、样式、规格、型号、商标、等级、性能、质量和各种技术数据,有些还提供了产品的标准、专利号、设计手册和报价单等。它们是获取产品情报信息的最主要资料,其价值最高,数量也最多。

(2)产品说明书。较好的产品说明书一般含有产品图片、相关数据表格等,对产品的构造、性能、规格尺寸、安装及操作程序、维修办法等均有较详细的介绍,是获取产品情报信息的另一主要资料,多随产品一起提供给用户。

(3)产品目录。只介绍产品名称、型号、性能、用途和主要技术数据,一般不附图和照片。

(4)企业名录。主要介绍生产厂家、企业或公司的概况,其内容包括母公司和子公司名称、地址、电话、发展简史、组织机构、固定资产、业务范围、主要产品、人员资金、销售和服务网点及服务项目等。

(5)广告资料。以宣传、评价公司企业形象及产品为主,技术数据资料含量较少,广告占有较大篇幅,但大多含有产品图片及简单说明,也可以算是一种不太严谨的产品样本资料。

第二章 信息检索基本理论

第一节 信息检索基本原理

一、信息检索的含义与原理

1. 信息检索的含义

信息检索,简单地说就是信息的有序化识别和查找。广义的信息检索是指将信息按一定的方式组织、存储起来,并根据信息用户的需要找出有关信息的过程,包括信息的存储和检索两个过程;而狭义的信息检索仅指有序化信息的检索查找。通常人们所说的信息检索是指后一过程,即信息查找过程,也就是狭义的信息检索(Information Search)。

2. 信息检索的原理

从一般意义上讲,信息检索的过程就是一种信息搜寻查找的过程,这是一种广泛的社会活动,比如考古学家的实地考察过程、论文撰写过程中的资料收集过程等都是一种信息搜寻的过程。信息检索的原理,就是将检索者的检索提问标识与存储在检索工具中的信息特征标识进行相符性比较,凡是信息特征标识与检索提问标识相一致或者信息特征标识包含着检索提问的标识,具有该特征的信息就从检索工具中输出,输出的信息就是初步命中检索所需的信息,即从已存储的信息资源中检索出与用户提问相关的文献、知识、事实、数据的逻辑运算和技术操作过程的总和。

信息检索的全过程包括存贮和检索两个过程。存贮过程主要是利用检索语言对文献进行标引,形成文献特征标识并输入检索工具,为检索提供有规律的检索途径;检索过程主要是利用检索语言对检索提问进行标引,形成检索提问标识,再按照存贮所提供的检索途径,将检索提问标识与文献特征标识进行比较,两标识相符或基本相符则命中检索结果。由此可见,检索过程实际上是存贮过程的逆过程。因此,检索者只有在全面了解了存贮者是怎样把文献存入到检索工具中去以后,才能知道应该怎样从检索工具中把所需要的信息检索出来。

二、信息检索的发展历史

信息检索源于图书馆的参考咨询和文摘索引工作,从19世纪下半叶开始发展,至20世纪40年代,索引和检索已成为图书馆独立工具和用户服务项目。随着1946年世界上第一台计算机的问世,计算机技术逐步走进信息检索领域,并与信息检索理论紧密结合起来,脱机批量情报检索系统、联机实时情报检索系统相继研制成功并商业化。20世纪60年代至80年代,在信息处理技术、通信技术、计算机和数据库技术的推动下,信息检索在教育、军事和商业等各个领域获得快速发展,得到了广泛利用。

伴随着计算机进入多媒体时代,信息科技也步入了多媒体发展时期。手工检索靠手翻、眼看、大脑判断的检索方式已难以全面适应当今信息的发展,计算机信息检索必然进入应用与发展阶段,以Internet为代表的全球化网络的实际应用更进一步推动了这一发展,这既是对手工检索的扩展,也是时代的需要。信息检索的研究则是伴随着科学技术的发展和信息数量的剧增而兴起的研究领域,其研究范围包括:信息检索理论、信息检索语言、信息检索系统的构建与评价、信息检索技术与方法等。就信息检索的发展来说,主要包括以下阶段。

1. 手工检索阶段

信息检索源于参考咨询和文摘索引工作。较正式的参考咨询工作是由美国公共图书馆和大专院校图书馆于19世纪下半叶发展起来的。到20世纪40年代,咨询工作的内容又进一步丰富,包括对事实性咨询、编目书目、文摘进行专题文献检索,提供文献代译。"检索"从此成为一项独立的用户服务工作,并逐渐从单纯的经验工作向科学化方向发展。

2. 脱机批量处理检索阶段

1954年,美国海军兵器中心使用IBM 701型计算机,初步建成了计算机情报检索系统,预示着以计算机检索系统为代表的信息检索自动化时代的到来。

单纯的手工检索和机械检索都或多或少显露出各自的缺点,因此极有必要发展一种新型的信息检索方式。

3. 联机检索阶段

1965年美国系统发展公司研制成功ORBIT联机情报检索系统,开始了联机情报检索系统阶段。与此同时,美国洛克西德公司研制成功了著名的DIALOG信息检索系统。20世纪70年代卫星通信技术、微型计算机及数据库产生的同步发展,使用户得以冲破时间和空间的障碍,实现了国际联机检索。计算机检索技术从脱机阶段进入联机信息检索时期。远程实时检索多种数据库是联机检索的主要优点。联机检索是计算机、信息处理技术和现代通信技术三者的有机结合。

4. 网络化联机检索阶段

20世纪90年代是联机检索发展进步的一个重要转折时期。随着互联网的迅速发展及超文本技术的出现,基于客户/服务器的检索软件的开发,实现了将原来的主机系统转移到服务器上,使客户/服务器联机检索模式开始取代以往的终端/主机结构,联机检索进入了一个崭新的时期。

三、信息检索类型

1. 根据检索对象的不同来划分

信息检索可以分为事实检索、数据检索、文献检索3种。进行事实检索所得到的检索结果是事实结论。凡查询某一事物(事件)的性质、定义、原理及发生的时间、地点、过程等,都属于事实检索的范畴;进行数据检索得到的检索结果是数据,以及有关计算公式、数据图表、化学分子式等都属于数据检索范畴;进行文献检索得到的最终结果是文献资料。凡是查找某一课题、某一著者、某一地域、某一事物的有关文献的出处和收藏单位等，均属于文献检索的范畴，例如要系统地收集有关"信息资源共享"方面的文献资料，即属于文献检索范畴。

2. 根据检索方式的不同来划分

信息检索可以分为直接检索、间接检索两种类型。直接检索具有简便易行、易于掌握文献的实质内容的优点。但在目前文献数量庞大、高度分散的情况下，仅靠直接检索难以达到快速、准确、全面地获取所需要的信息，还要同时配以间接检索。间接检索不仅可以提供广泛的信息源，加速检索过程，消除语言障碍，还可以使盲目的分散检索成为有目的的集中检索，从而大幅度提高效果。

3. 根据系统中信息的组织方式来划分

信息检索可划分为全文检索、超文本检索和超媒体检索。

（1）全文检索是把文献中出现的每一个词（或字）都作为检索入口的、基于全文标引的检索过程和技术。在全文检索系统中，文献中任何有检索意义的词或字串都可被检索出来。全文检索主要分为两类：基于关键词匹配的精确检索和基于内容的概念检索。

（2）超文本检索是因信息在系统中的组织方式不同而言的。从组织结构上看，超文本的基本组成元素是结点和结点间的逻辑连接链，每个结点中所存储的信息及信息链被联系在一起，构成相互交叉的信息网络。

（3）超媒体检索是对超文本检索的补充。其存储对象超出了文本范畴，融入了静、动态图像及声音等多种媒体信息。信息的存储结构从单维发展到多维，存储空间范围不断扩大。

4. 根据操作方式的不同来划分

信息检索可以分为手工检索和计算机检索。

（1）手工检索是利用以书本式和卡片式检索工具为基础的检索系统进行的信息检索，是一种基本的检索方法。它操作简便，反馈迅速，费用低廉，图书馆和文献收藏单位都有比较完整的检索工具可供利用，随时可以查找。手工检索的主要缺点是检索效率低，查全率低。

（2）计算机检索是利用计算机系统进行信息的存储和检索的过程，简称机检。它产生的背景是信息资料的不断增长和人们检索要求的不断提高，尤其是计算机软件技术的不断发展。从工作方式来看，机检可分为脱机检索、联机检索、网络检索3大类。

四、信息检索的策略

检索策略有广义和狭义之分，从广义上说，检索策略是在充分分析课题内容实质的基础上，选择检索工具与检索途径、发掘检索点、确定检索词及其相互间的逻辑关系，直到给出检索顺序的最佳实施方案等一系列的科学措施。狭义上则是指针对检索提问、运用检索方法和技术而设计的信息检索方案。高效的信息检索过程应以一份完善的信息检索策略为基础，好的检索策略能使检索过程达到最优。

影响检索策略的要素包括以下几方面。

(1)检索课题的分析与理解。一个成功的信息检索策略的关键是要在明确用户实际信息需求的基础上,发掘检索点、构造出尽可能精确的检索表达式。实现这一关键环节的首要任务是对检索课题的合理分析与充分理解。检索课题的分析与理解是正确选择检索工具、发掘检索点、确定检索词和构造检索式的先决条件,也是使检索策略的质量和效果达到最优化的基础。

(2)检索工具特征的识别与确定。分析与理解检索课题之后的重要环节就是根据课题特征选取合适的信息检索工具,而检索工具的正确选取则离不开对各类型检索工具特征的了解与熟悉。总体来看,检索工具的检索特征包括查找的文献类型,及检索工具包含的专业范围、存储年限、检索费用、使用方法等诸多方面。

(3)检索式的制定与优化。检索式的制定是在分析检索课题、发掘检索点、确定检索词的基础上,灵活运用检索运算符构造的能够代表用户信息需求的表达式。其中利用检索式检索而获得的查全率和查准率是判断信息检索质量的两个重要的指标。用户的信息检索过程是一个不断循环、不断完善、不断优化检索策略的过程。检索者需要根据自己的检索目的不断调整查全率和查准率,最终确定满意的检索结果,进一步获取原文信息。

五、信息检索工具

1. 检索工具的功能

检索工具是指以压缩形式存贮、报道和查找信息的工具。它按一定的规则和方式,将分散、无序、数量庞大的信息著录款目集合起来。检索工具的功能可用存储、浓缩、有序化、检索、报道来概括。

(1)存储。即将大量分散的不同类型的文献以篇、种或词语为单位进行加工整理,使文献中的知识信息流变成一条条的文献线索,集中于一体,成为情报信息系统。

(2)浓缩。检索工具存储的是一批文献的情报信息特征,而非文献原文,故具有高度浓缩性。

(3)有序化。检索工具对文献进行了由广到精,由分散到集中的组织工作,并将其按一定体系组织起来,使众多的文献信息具有系统性、条理性和被利用的可能。

(4)检索。检索工具都具有特定的结构,以供读者从不同的角度查找。有的可通过手工检索,有的可利用机械化及各种现代化手段进行检索。检索者只要是选用了熟悉的检索工具,并按一定的方法和途径进行,就可以在所选择的检索工具中找到所需文献的线索,进而去获取所需的原文。

(5)报道。检索工具总是集中了某学科、某专业或多学科的大量的文献线索,读者只需用较少的时间和精力就可以通过它了解和掌握有关学科或专题的发展水平、成就和发展趋势,从而确定所需文献。

2. 检索工具的构成

检索工具就是人们用来对文献信息进行存储、报道和查找的工具。它是在对大量一次文献进行加工、整理的基础上形成的有序的,能对一次文献进行有效管理和利用的,可供检索的二次文献。一部完整的文献检索工具,应由编辑说明与使用凡例、分类表和主题词表、正文、辅助索引、资料来源目录与附录等部分组成。

(1)编辑说明与使用凡例。各检索工具为使用户了解该工具的适用范围和使用方法,都以简练的文字介绍检索工具的编辑方针、选题原则、学科范围、出版沿革、检索示例、各部分的功能和体例、查阅方法及注意事项等,有的还介绍原始文献的订购渠道、方法、价格等。这一部分是编制者为检索工具使用者提供的必要指导,使用前应仔细阅读,以便能有效地利用检索工具。

(2)分类表和主题词表。分类表用于检索工具正文的编排和浏览性检索,它通常与目次表合为一体。主题词表用于主题索引的编制和检索,帮助控制词汇并提示各主题词间的关系,它们是编制和使用检索工具时必备的辅助工具。

(3)正文。正文是检索工具的主体,它由大量对一次文献各种特征(内容特征和外表特征)详细描述的款目组成,这些款目要按一定的次序编排。不同的检索工具,其正文的排序方式可能会不同。多数检索工具正文都采用分类次序编排,其分类体系有的比较简略,有的比较精细,排序方法或按分类号顺序,或按分类类目名称字顺排列,少数检索工具正文按主题词字顺编排。

(4)辅助索引。为了提高检索效率,检索工具的编制者总是设法给使用者多提供一些检索途径,因此一般的检索工具除主体部分的款目按一定的体系编排外,都会另附辅助索引。辅助索引是用户查阅正文的主要工具,通过设置多种索引,可以为用户提供多种查找文献的途径。

完整的索引由一批索引款目和参照系统组成。索引款目即索引的条目,由三项内容组成:标目、说明语、地址。标目就是原文献可供检索的标识,又称索引词。什么样的标目就决定了是什么样的索引,例如,标目是作者姓名,则索引就是著者索引;若标目是主题词,则索引就是主题索引等。说明语是对标目内容进行的补充和说明,可帮助用户正确理解标目的含义。可以直接采用原文篇名作说明语,也可以重新编写一个说明语句或一组关键词等,说明语可有可无。地址是指该文献的描述款目在检索工具正文中的位置,一般用文摘号表示。

参照系统由各种参照、标目注释、索引使用说明等内容构成,对检索工具来说,它可以帮助读者全面、快速地检索。"参照"是参照系统的主要部分。从本质上讲,参照是反映标目之间语义关系的一种指示物,也是连接相关标目的一种媒介,它把读者从现在查找的地方指引到应该查找的地方或同样应该查找的地方,以便查找出相关的全部标目的款目。

(5)资料来源目录与附录部分。资料来源目录又称"引用期刊一览表"或"来源出版物索引",是检索工具的一次文献的清单,主要是期刊。一般包括出版物名称缩写、全称、代号、编辑出版机构、出版沿革、出版周期、收藏单位等事项。它一方面帮助用户准确了解检索工具的收录范围情况;另一方面帮助用户准确鉴别文献的来源及出处,以便在需要时顺利获得原文。附录部分是对检索工具内容的必要补充,它包含了检索工具中许多必不可少的内容。如各种缩略语表、符号对照表和字母音译对照表、引用刊名表、文献收藏单位代号等，以便用户识别这些缩写与符号在检索工具中的含义。

检索工具这五个部分是相互关联、不可分割的。需要说明的是，检索工具大多是连续出版的，第一、五部分可能不会在每期中都出现，为节省篇幅和纸张，有些检索工具只在每年(或每卷)的第一期中刊印这两部分内容。第二部分的主题词表一般都单独出版，且不断修订。

3. 检索工具的类型

检索工具按不同的标准或方法进行划分，可以得到不同的划分结果。

(1) 按加工文献和处理信息的手段分为以下几种类型。

①手工检索工具。手工检索工具是指用手工方式来处理和查找文献的工具，如目录、索引、文摘等。

②机械检索工具。机械检索工具是指人们借助于光、电、声等手段来检索文献而使用的工具，如卡片机电检索工具、胶卷胶片式光电检索工具和磁盘磁带式计算机检索工具等。

③计算机检索工具。计算机检索工具是以计算机为手段来完成信息的采集和搜索，如网络信息检索。

(2) 按照载体形式分为以下几种类型。

①书本式检索工具。书本式检索工具类同于单卷、期刊和附录式检索工具，是以纸张印刷成图书的形式出版的。

②卡片式、缩微式、胶卷式检索工具。

③磁性材料式检索工具。磁性材料式检索工具是一种用计算机阅读查找的检索工具，以数字形式出版发行。有些磁性材料式检索工具是书本式检索工具的数字版，如工程索引(Engineering Index，EI)。

(3) 按著录格式分为以下几种类型。

①目录型检索工具。目录主要是记录具体出版或收藏单位情况的工具。它以一个完整的出处或收藏单位为著录单位，即对出版物的整体进行摘录报道，其报道单位是一个完整的出版物。它摘录的内容比较简单，一般包括著录文献的名称、著者、文献出版(含出版单位、卷期、出版年月等)。所以目录的检索功能不强，主要作用是供人们查检某种出版物的收藏、出版和发行情况。目录的种类很多，对于检索文献信息来说，国家书目、联合目录、馆藏目录等尤其重要。

a. 国家书目是出版物的国家登记制度的产物，是有关一个国家全部出版物的现状和历史的记录。国家书目是记载一个国家出版的全部图书的书目，为用户提供了某个国家最权威的图书出版情况，可以反映一个国家的文化、科学和出版水平，是进行图书采购、整理、利用及开展信息查询和咨询服务的重要工具。我国的国家书目是《全国总书目》《全国新书目》。

b. 联合目录是汇总若干个图书馆或其他收藏单位所藏文献而编制的目录。它反映了书刊在全国或某些地区若干图书馆或其他收藏单位的收藏情况,便于开展馆际互借和复制,有利于实现资源共享。如《1833—1949全国中文期刊联合目录》等。

c. 馆藏目录是用来反映一个图书馆文献收藏状况的目录,代表了收藏单位实有的文献,是馆藏文献的缩影,这种目录比较常见。

②题录型检索工具。题录是对书刊等出版物中所包含的各篇文献,如图书中的章节、期刊中的论文进行摘录报道,主要描述文献的外部特征(文献题名、著者姓名、文献出处等),无内容摘要,是快速报道文献信息的一类检索工具。题录报道的内容与目录相似,也很简单,只摘录其题目、著者、文献出处等外表特征,所以两者容易混淆。实际上,两者是有明显区别的,目录的摘录对象是整个出版物,而题录的摘录对象则是出版物内的一个部分——单篇文献。当然,在某些类型的出版物中,如科技报告、专利文献等,它们是每件自成一册,这时,目录与题录也就没有区别,但这毕竟只是在个别文献中的巧合而已。由于题录仅仅著录文献的篇名、著者、文献出处等外表特征,因此具有加工容易、报道量大、出版迅速等特点,是查找最新文献线索的重要工具。

③索引型检索工具。索引,是将出版物中的知识单元,如主题、人名、地名、书名、词语等分析摘录出来,作为检索词,注明出处,并按一定的方式进行编排,供人们查检的检索工具。它既用于揭示文献的内容,也用于各种书刊,借以从各个不同角度揭示正文内容。索引的形式多种多样,有直接附在书刊后面的,也有单独成册附在卷末或多卷集图书的后面,如检索刊物的卷索引及百科全书的索引卷等;也有独立出版的,如《毛泽东选集索引》《十三经索引》及检索刊物的多年度累积索引等。但不管形式如何,都是附属于某一特定的出版物,作为查检该出版物内容的工具。它不具备作为检索工具的必要条件,不能供读者查检所需书刊及各种文献资料。索引的功能是检索,所以也算是一种检索工具,但它绝不是那种通常所说的用来查找各种文献资料的独立的检索工具,而是一种依附于某一特定出版物,作为专门查检该出版物内容的附属性工具,可称之为附属性检索工具,但其作用和意义绝不亚于其他检索工具。

索引的类型是多种多样,在检索工具中,常用的索引类型有。

a. 分类索引。分类索引是以表示文献内容特征的分类号码作为检索标识,按照特定分类法的类目体系进行编排的一种索引。不同的检索工具可能采用不同的分类法来组织分类索引。使用分类索引检索文献的关键在于:掌握分类法,正确地从分类表中查出所需要的分类号。

b. 主题索引。主题索引是将文献中具有实质性意义的语词或能揭示文献主题概念的语词抽出来,除关键词外,一律要经过规范化处理,然后再按字顺排列起来组成标识系统,或在各个主题词的下面给出副标题词、文摘和文献出处,或在各主题词的下面给出篇名性的说明语,或关键词的说明语,然后在说明语的后面列出文献号而编制的索引。使用主题索引检索文献时,关键在于选准所需主题内容的主题词,所以对于检索者来说,熟悉主题词表是很重要的。

c. 关键词索引。所谓关键词是指文献的篇名、摘要或正文中出现的具有实质意义的词语。关键词索引就是将文献中的一些主要关键词抽出,然后将每个关键词分别作为检索标识,按字顺排列起来的一种索引。

d. 著者索引。著者索引是以文献中著者的姓名作为检索标识,并按其字顺编排的一种索引,主要包括:个人著者索引、团体著者索引、专利发明人索引及专利权人索引等。

e. 其他索引。为了适应某些专业的特殊需要或某些文献的特点,有些检索工具还编制有一些专用索引。如分子式索引、杂原子索引、生物系统索引、生物属名索引、专利号索引、标准号索引、报告号索引、合同号索引等。

由于索引能够提高文献检索的检索效率,并且能满足多种途径检索的需要,因此应给予高度重视。

④文摘型检索工具。文摘是在索引的基础上发展起来的。它是以简明扼要的文字来描述文献的主要内容和原始数据,向读者报道最新的研究成果,传递文献信息和查找文献线索的一种工具。文摘是系统报道、积累和检索文献的重要工具,是二次文献的核心,与索引相比,除了含有索引的外部特征以外,还具有内容摘要。所以,文摘型检索工具是以简练的文字将文献的主要内容准确、扼要地摘录下来,并按照一定的著录规则和编排方式系统地组织起来的检索性工具书。

文摘是原始文献的浓缩,概括地陈述其内容,并注明出处,目的在于报道新的科学成果,是传播文献情报的重要方式,使人们能以较少的时间和精力,掌握有关文献的现状及其基本内容,了解本专业的发展水平和最新成就,从而吸取和利用他人已有的科研成果。

a. 文摘的类型。按照文摘的编写人文摘可分为:著者文摘和非著者文摘;按照文摘对文献内容的压缩程度文摘可分为:报道性文摘和指示性文摘。

著者文摘指的是由原文著者编写的文摘,往往同原文一起出现,内容可信度较高。

非著者文摘是由专门的、熟悉本专业的文摘人员编写而成,一般在文摘后注有文摘员的代号,各种文摘性检索工具中收录的文摘几乎属于此类,其可信度不及著者文摘高。

报道性文摘是用来概述原文的内容要点(尤其是内容的创新点),向读者提供原文中的定量信息和定性信息的一种文摘。报道性文摘是原文的浓缩,基本上能反映原文的技术内容,信息量大,参考价值高。读者通过阅读这种文摘,一般可代替原文。报道性文摘的长度一般在200~300字,长的可达500字以上。

指示性文摘就是把原文献的主题范围与目的概略地指示给读者,一般不涉及原文献的具体事实、结论等内容,实际上是对文献的补充说明,以使读者不对文献内容产生误解,仅为读者选择文献提供线索。指示性文摘的长度一般在100字左右。

b. 文摘的作用具体如下。

第一,可以在一定程度上消除自然语言所造成的障碍。文摘仅使用一种文字对所收录的不同语种的文献进行报道,而且覆盖面和摘录率通常比较高。读者只要掌握某种文献所使用的文字,就可以读懂许多种不同语种文献的摘要。

第二,可以节约读者的阅读时间,避免阅读一些无关紧要的原文。阅读和浏览文摘对于决定是否要进一步查阅原文比直接从原文中选择更节约时间。

第三,报道性文摘在许多情况下就是原始文献的代用品。报道性文摘的编写要求以精练的语言概述出原文所包含的主要内容和关键点。

第四,便于相关文献集中阅读。对于自学和浏览来说,各种专业性文章太多,据估计,世界上定期出版物在15万种以上,每年大约发表论文1500万篇。文摘通常将散见在各种期刊上的文献以文摘的形式重新分类编排报道,便于读者集中阅读。

第五,便于读者进行回溯性检索。目前,科技人员通过各种报告和期刊直接进行广泛知识领域的检索是不可能的。文摘可以帮助读者进行回溯检索,还可以帮助读者判断检索的内容是否合乎需要,避免漏检和误检。

c. 文摘性检索工具的结构包括。

·检索工具的编辑说明与范例;

·所用的分类表和词表:分类表放在文摘部分的前面,是编排和组织文献款目的依据,词表一般单独发行;

·文摘部分;

·辅助索引;

·资料来源目录及其他附录性材料。

文摘在国外很是兴盛发达,如美国的《化学文摘》(CA)、《生物工程学文摘》(BA),英国的《科学文摘》(SA),俄罗斯的《文摘杂志》(AJ)等都是国际上有名的文摘刊物。

第二节 信息检索方法、途径与步骤

一、信息检索方法

(1)顺查法:是一种以信息检索课题起始年代为起点,按时间顺序由远而近地查找信息的方法。查找前需摸清课题提出的背景及其简略的历史情况,了解和熟悉问题概况,然后选用适宜的检索工具,从课题发生的年代开始查起,直到信息够用为止。此法的优点是查全率高,缺点是费时费力。

(2)倒查法:是一种逆时间顺序由近而远地查找信息的方法。这种方法多用于查找新课题或有新内容的老课题,需要的是最近发表的文献,因此,一旦掌握了所需的文献信息即可中止检索。此法的优点是节约时间,缺点是漏检率较高。

(3)抽查法:是一种针对研究课题发展的特点,抓住学科发展迅速、发表文献较多的年代进行查找的方法。由于学科发展兴旺时期,不但其文献数量远远高于其他时期,而且新的观点、新的理论也会在这个时期产生,因此,抽查法能以较少的检索时间获得较多的文献。使用此法必须以熟悉学科发展特点为前提,否则难以取得预期的效果。

(4)追溯法:又叫回溯法,是以某一篇文献末尾所附参考文献为依据,由近及远进行逐一追踪的查找方法。此法直观、方便,不断追溯可查到某一大型专题的大量参考文献。在不具备检索工具的情况下,是一种扩大信息源的好办法。缺点是检索效率低,查全率低,漏检率高。

(5)循环法:利用检索工具查出一批有用文献,然后再利用这些文献末尾所附参考文献的线索进行追溯查找。此法的优点在于检索工具缺年、缺卷时,也能连续获得所需年限内的文献资料。

二、信息检索途径

在进行文献检索时,人们可以利用文献存贮时按其外部特征或内容特征进行排序的方法进行检索。文献的内容特征是指文献所论及的事物、所提出的问题、涉及的基本概念,即主题及文献内容所属的学科范围。文献的外部特征是指题名、作者、作者单位及某种特殊文献具体的标识。

1. 内部特征途径

(1)分类途径:是一种按照文献资料所属学科(专业)类别进行检索的途径。检索工具的分类表提供了从分类角度进行检索的途径。

分类途径检索文献关键在于正确理解检索工具中的分类表,将待查课题划分到相应的类目中去。如《科学文摘》的正文是按照分类编排的,因此可利用每期前面的分类目次表,按分类进行查找。另外,有些检索工具附有分类索引或累积分类索引,也可以利用它们来查找所需文献。

(2)主题途径:是通过文献资料的内容主题进行检索的途径,主题途径依据的是各种主题索引或关键词索引。主题索引或关键词索引按检索词的字顺排列,检索者只要根据课题确定了检索词(主题词或关键词)便可以像查字典那样,按照字顺去逐一查找,从检索词下的索引款目,找到所需文献的线索。

主题途径检索文献关键在于分析课题、提炼主题概念,运用词语来表达主题概念。对于主题索引,需要把自拟的语词同相应的词表核对。主题途径是一种主要的检索途径。

2. 外部特征途径

(1)题名途径。题名途径是根据文献的题名来查找文献的途径,依据的是题名索引,它的标识就是书、刊、篇名本身,款目按标识字顺排列,利用它可以检出一篇特指的文献。常用的检索工具有《书名目录》《馆藏期刊目录》等。

(2)著者途径。著者途径是根据已知文献著者来查找文献的途径,依据的是著者索引,包括个人著者索引和团体索引。因为从事科技研究的个人或团体都是各有所长的,同一著者在一定时期所发表的论文在内容上常常于某一学科或某一专业范围之内,因此,通过著者,可以检索出内容相近或相关的一类文献。可见,著者途径也包含着内容途径的特点,但在利用著者索引检索文献时,需要注意姓名的构成。

(3)文献编号途径。文献编号途径是以文献的编号作为特征编排和检索文献的途径,如专利文献的检索可根据"专利号索引"进行检索。在已知这些文献编号的前提下,利用文献编号索引检索文献是比较方便、快速的,但局限性很大,不能作为主要的检索途径。

(4)目录检索途径。目录检索途径就是利用目录来检索信息的方法。目录检索法与目录编排方式是一致的。其编排方式可分为字顺目录、分类目录、报告号码目录、专利号码目录、标准目录等。

(5)机构检索法。研究机构是重要的信息源,是真正产生信息的机构。研究机构的专利、标准、科技报告、工程图纸等,都是重要的科技信息。

国外的检索工具都有机构索引,是按机构字顺排列的索引;很多信息机构的馆藏目录,也有机构字顺目录,查找非常方便。机构检索法可以分为:文献的机构索引、机构年度报告、机构指南、百科全书,特别是专业百科全书检索机构信息。

信息机构检索方法的专指性特别强,信息用户如掌握与自己所需信息有关的全部机构,则可迅速查出自己所需的大量信息,对科研选题、技术改进、预测论证、规划计划、宏观决策有极其重要的作用。

(6)引文检索途径。引文检索法是利用文献间的引证关系来检索文献的方法。30年来的实践证明,引文检索法是一种成功、有效的检索方法,其在报道、检索文献方面都具有自己独特的功能,是其他检索方法所无法取代的,因而受到了广泛的重视。如《中国科学引文索引(CSCI)》是由中国科学技术信息研究所推出的基于期刊引用的检索评价数据库,CNKI的引文数据库则为用户提供了引文检索功能。

三、信息检索步骤

1. 分析研究课题,明确检索要求

分析检索课题的目的是使用户搞清楚其课题要解决的问题,即它所包含的概念和具体要求及它们之间的关系。这是制定检索策略的根本出发点,也是检索效率高低或成败的关键。

(1)分析课题的主题内容。分析课题的主题内容、所属学科性质,明确研究课题所需的信息内容,从而提出能准确反映课题核心内容的主题概念。

(2)确定课题的文献类型。通过对课题进行主题分析后,确定所需信息的文献类型。如果属于基础理论性探讨,则要侧重于查找期刊论文、会议论文。如果是尖端技术,则应侧重于科技报告。如属于发明创造、技术革新,则应侧重于专利文献。如为产品定型设计,则需利用标准文献及产品样本。明确课题对检索深度的要求,弄清用户是需要提供题录、文摘还是原始文献。

(3)确定检索时间范围、学科范围、语种范围。根据课题研究的起始年代和研究的高峰期确定检索的时间范围;明确检索课题内容涉及的学科范围和语种范围。

(4)分析用户的检索评价要求。分析用户对检索评价指标是查新、查准还是查全。一般来说,若要了解某学科、理论、课题、工艺过程等最新进展和动态,则要检索最近的文献信息,强调一个"新"字;若要解决研究中的某个具体问题,找出技术方案,则要检索有针对性、能解决实际问题的文献信息,强调一个"准"字。若要撰写综述、述评或专著等,则强调一个"全"字。

2. 选择信息检索系统,确定检索途径

根据检索课题的要求,选择最能满足检索要求的检索系统。在选择系统时,要考虑以下问题。

(1)从内容上和时间上,考虑检索系统对课题的覆盖和一致性,如综合考虑数据库收录的齐全、编制的质量、使用的方便等因素。

(2)在手段上和技术上,有机检条件一般就不选择手检工具,机检无疑有较高的效率。

(3)考虑价格和可获性,选择容易获得的检索工具,注意数据库的价格,权衡价格效益比。

选用具体的检索工具后,就要确定检索点,以便具体进行检索。各种检索工具提供的检索途径不同,归结起来,有两类检索途径:反映文献信息内容特征的检索途径和反映文献外部特征的检索途径。前者有主题和分类,由于学科的特点,它们又可能分为若干检索途径;后者有著者、篇名、会议名称、机构、出版物类型及号码等。

3. 选择检索词

选择规范化的检索词;使用各学科在国际上通用的、国外文献中出现过的术语作检索词;找出课题涉及的隐性主题概念作检索词;选择课题核心概念作检索词;注意检索词的缩写、词形变化及英美的不同拼法;联机方式确定检索词。

4. 制定检索策略

在手工检索系统中,每次检索只能从一个检索点出发,而且只能从其中的一个属性值,如利用主题检索,只能从某个概念出发(或参照其他一些说明),检索范围比较宽。

计算机检索系统适应多点检索、多属性值的检索,对课题所涉及的方方面面及包含的多种概念或多个限定都可以作出相应的处理,检索一次完成,检索结果的精度较高。

检索式是检索策略的表述,它能将各检索单元(其中最多的是表达主题内容的检索词)之间的逻辑关系、位置关系等用检索系统规定的各种组配符(也称算符)连接起来,成为计算机可识别和执行的命令形式。

5. 处理检索结果

将所获得的检索结果加以系统整理,筛选出符合课题要求的相关文献信息,选择检索结果的著录格式,辨认文献类型、文种、著者、篇名、内容、出处等项记录内容,输出检索结果。

6. 原始文献的获取

(1)传统文献的获取方式。根据检索结果中提供的文献来源,如二次文献检索工具、馆藏目录和联合目录、文献出版发行机构、文献著者等获取原始文献。

(2)数字文献的获取方式。

①利用全文数据库直接获取。现在有许多全文数据库,通过检索均可直接获得原文,如中国期刊全文数据库、万方数字化期刊、书生之家、超星数字图书馆等。

②利用文献传递系统获取。如国家科技图书文献中心(NSTL)(成立于2000年6

月,网址为:http://www.nstl.gov.cn/),它是一个虚拟的科技文献信息服务机构,用户通过NSTL可获取中国科学院图书馆、中国科学技术信息研究所、机械工业信息研究院、冶金工业信息标准研究院、中国化工信息中心、中国农业科学院图书馆、中国医学科学院图书馆收藏的中外文期刊、会议文献、科技报告等资源。其文献传递速度较快,如果采用E-mail方式,一般可在两天内得到文献,而且该系统为用户提供了用于文献传递的专用信箱。

③利用文摘数据库的原文服务。许多文摘型数据库虽不能直接得到原始文献,但能够提供其收录文献的全文链接,许多著名的文摘型数据库如Ei Compedex Web(工程索引网络版)、PQDD(ProQuest Digital Dissertations,数字化博硕士论文文摘数据库)等,可向数据库商提出索取原文申请。

④利用OPAC(Online Public Access Catalogues,联机公共目录)检索系统,进行馆际互借。读者可利用馆藏目录查找本馆文献,而许多本馆未收藏的文献,就需要进行馆际互借。利用OPAC检索系统查到所需文献的收藏单位,向其提交文献借阅、复印请求,也是获取文献的重要途径。许多图书馆开发了基于Web的馆际互借及文献传递系统,缩短了馆际互借周期。

第三节 信息检索模型

信息检索系统从最初的纯手工检索系统,已发展到现在的以信息技术为支撑的网络化、智能化的检索系统。在这一过程中,适应新的信息资源、信息技术这些检索环境,提高信息检索系统的查全率、查准率和系统响应时间是永不变更的主题。

一、布尔逻辑模型

布尔模型是一种简单的检索模型,它建立在经典集合论和布尔代数的基础上。鉴于集合论中"集合"概念的直观性及布尔表达式所具有的准确语义,布尔模型很容易被用户理解和接受。在早期的大多数商业化书目检索系统中,布尔模型得到了广泛的关注和应用。

1. 布尔运算

布尔检索模型的理论和基础是集合理论和布尔逻辑。用D_1和D_2分别表示两个有限集合,则它们的布尔逻辑运算:与(AND)、或(OR)、非(NOT)取得的集合范围即为图2-1中阴影部分。

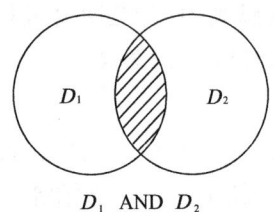
D_1 AND D_2

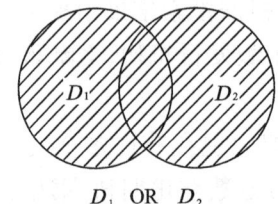
D_1 OR D_2

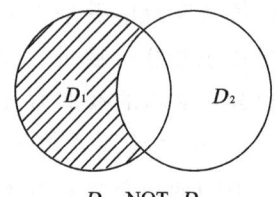
D_1 NOT D_2

图2-1 布尔运算的图示

2. 传统布尔检索模型

（1）文献表示。

总的来说，根据文献是否包含某个主题来决定该文献是否需要标引。文献与主题词之间的关系非"0"即"1"，前者表示某个主题词不在文献中，后者表示在文献中。

在传统的布尔检索中，将文献表示成一个集合，集合中的每个元素都为一个二元变量，取值非"0"即"1"，表示该元素所表示的主题词是否包含在该篇文档之内。如果包括在文档中，则元素值为1，反之取0。

给定一个文献集合 D，包含 m 篇文献，分别用 $d_1, d_2, d_3, \cdots, d_m$ 表示。再给出一个标引词集合 T，包含 n 个标引词 $t_1, t_2, t_3, \cdots, t_n$。假定对文献集 D 的描述完全是基于该标引词集合的，则文献集 D 中的任意一篇文献 d_i 就可以表示为 $(d_{i1}, d_{i2}, \cdots, d_{in})$，其中 $d_{ik}(k=1,2,\cdots,n)$ 的值为

$$d_{ik} = \begin{cases} 1 & (\text{如果该文献中包含词} t_k) \\ 0 & (\text{如果该文献中不包含词} t_k) \end{cases} \quad (2-1)$$

（2）查询表示。

根据用户提出的检索需求，选取适当的检索标识，与布尔运算符（与、或、非）共同构成与查询相符的检索提问式，也即相应的布尔表达式。如针对某特定提问 Q，可表示为

$$Q_j = (t_1 \text{ AND } t_2) \text{ OR } [t_3 \text{ AND } (\text{NOT } t_4)] \quad (2-2)$$

根据布尔运算，系统将检索出被标引词 t_1 和 t_2 标引的所有文献，或含有标引词 t_3 但不含有标引词 t_4 的所有文献。

3. 布尔模型的分析与评价

（1）优点。

布尔模型是最早提出的一个信息检索模型。1957年，巴·希列尔（Y. Bar-Hille）就对布尔逻辑应用于计算机检索的可能性进行了探讨。20世纪60年代末期，布尔模型正式被大型文献检索系统所采用。20世纪70年代逐渐成为各种商业性联机检索服务系统的标准检索模式。尽管最近的网络搜索引擎采用了新的信息检索策略，但大部分主要运行的信息检索系统采用的仍然是布尔检索策略。其优点如下：

①简单，形式简洁，易于理解。

②可操作性强，应用广泛。

③构成的逻辑提问式可以表达与用户思维习惯相一致的查询要求，提供非常精确的语义概念。

④能处理结构化提问。

（2）存在的不足。

①表达用户复杂需求效果欠佳。用布尔表达式表达用户的信息需求，在很多情况下并不容易实现。特别是遇到复杂的检索课题，提问式既不易构造也不易理解。

②准确匹配无法提供定量比较。布尔模型采用准确匹配策略,认为一篇文献对于某一提问要么是"相关的",要么是"不相关的"。这种"非此即彼"的二值判断标准无法根据对用户的重要性排序输出检索结果,不能提供定量的相关程度比较。在输出的文献中,排在第一位的不一定是文献集中最满足用户需要的文献。

③匹配标准不尽合理。在传统布尔系统中,文献不能"过高"地满足查询需求。例如,在查询某个用"AND"连接的提问式(A AND B)时,系统只输出同时含有提问词A和B的文献;而对于只含有一个提问词A或B的文献,系统会把其与不含这些提问词的文献一样对待。

④检索结果不易控制。由于检索输出完全依赖于布尔提问式与倒排文档中文献的精确匹配,所以对于一个特定的用户查询,可能检索到许多的文献,也可能一篇文献也检索不到,使输出较难控制。

二、向量空间模型

20世纪60年代末期,信号处理专家、美国著名学者萨尔顿(Salton)鉴于布尔模型"准确匹配"策略所造成的检索缺陷,提出了一种基于"部分匹配"的新型检索模型——向量空间模型(Vector Space Model, VSM),并在其开发的试验性检索系统SMART(System for the Mechanical Analysis and Retrieval of Texts)中得到应用。

1. 向量空间模型的原理

向量空间检索是将文献和查询表示为由一组正交基词向量构成的向量,通过比较两个向量,计算它们之间的相似度,根据求得的相似度大小对文献检索结果进行排列。

(1)文献表示。在向量空间模型中,检索系统中的每一篇文献和每一个提问均用等长的向量表示为

$$D_i = (T_1, T_2 \cdots, T_k \cdots, T_m) \tag{2-3}$$

式中,D_i为文献集合中第i篇文献,T_k表示文献向量中的第k个分量,即文献表示中所含的第k个标引词。

(2)查询表示。在向量空间模型中,检索系统中的每一篇文献和每个提问均可用等长向量表示为

$$Q_j = (T_1, T_2 \cdots, T_k \cdots, T_m) \tag{2-4}$$

其中,Q_j为提问集合中的第j个提问,T_k表示提问向量中的第k个分量,即提问式中所含的第k个检索词。

(3)匹配函数。传统的向量空间模型将T_k取值为0或1,现在大多在[0,1]区间取值。这样就可以构成一个向量空间,把检索过程中文献与提问的匹配处理过程转化为向量空间中文献向量与提问向量的相似度计算问题。某一文献与某一提问的相关程度通过计算该向量对之间的相似度来测定。

计算相似度的函数有几十种,最简单的计算方法就是用点积函数,它把文献向量与提问向量的相似度定义为

$$S(D_i,Q_j) = \sum_{k=1}^{m} T_{ik} \cdot T_{jk} \qquad (2\text{-}5)$$

式中，$S(D_i,Q_j)$ 表示文献向量 D_i 与提问向量 Q_j 的相似度，T_{ik} 和 T_{jk} 分别表示 D_i 或 Q_j 中第 k 个分量的值。这种方法的实质就是计算文献与提问式之间所共有的标引词数量。

较常采用的相似度计算指标是两个向量夹角的余弦函数，如图2-2所示。

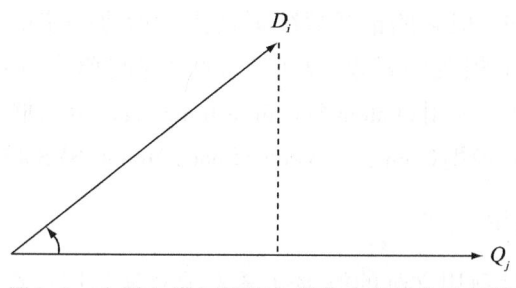

图2-2 文献向量与提问向量的夹角及余弦函数

它按照将两个向量夹角余弦的计算含义，可以将相似度定义为

$$S(D_i,Q_j) = \frac{\sum_{k=1}^{m} T_{ik} \cdot T_{jk}}{\sqrt{\sum_{k=1}^{m}(T_{ik})^2 \cdot \sum_{k=1}^{m}(T_{jk})^2}} \qquad (2\text{-}6)$$

这种方法的实质就是计算 m 维空间中文献向量与提问向量之间的夹角余弦。当两个向量完全相同时，它们在该空间中相互重叠，夹角为0，函数（相似度）达到最大值。式中的分母作为某种标准化因子起作用。若向量之间夹角很小，且采用的是标准化向量，则向量之间的夹角余弦近似等于对应向量的端点之间的距离。

当全部文献向量与某个提问向量的相似度都计算完毕后，检索处理不仅能判断文档是否相关，而且还可以定量化地判断系统所有文档与某一提问的相关度大小，并能按照其相关度值的降序排列方式输出命中的结果文档。

2. 向量空间模型的评价

（1）向量空间模型的优点如下。

①能将非结构化的文献表示成向量的形式，使得各种数学处理成为可能；

②采用自动标引技术为文献提供标引词；

③采用部分匹配策略，使得在算法层面上基于多值相关性的判断处理得以实现；

④采用排序输出原理，使对检索结果数量的控制与调整具有相当的弹性与自由度，提高了检索的灵活性；

⑤检索不以标准的倒排档技术为基础，而是基于聚类文档，通过计算文献之间的相似度，使属性相似的文献尽量聚拢在一起，提高了检索效率；

⑥通过相关反馈技术自动修正提问向量，改进检索结果。

(2)存在的不足如下。

①相似度计算的工作量巨大;

②文献向量中各分量的值(标引词权值)较难确定;

③对标引词两两正交的假设过于僵硬,这一正交假设在实际的文本信息处理环境中一般是很难满足的;

④不能处理布尔表达等结构化查询,从而限制了向量模型在商业系统中的作用。

尽管传统向量空间模型具有简洁的形式化表示,有效的匹配算法设计及已取得的较为满意的处理结果,但它的诸多缺陷促使人们做进一步的探索和改进。在随后的研究中,相继推出了相关的模型,如广义向量空间模型(Generalized Vector Space Model,GVSM)、潜在语义标引(Latent Semantic Indexing,LSI)、概率向量处理模型及基于语义分析的向量空间模型(Sentence Vector Space Model,SVSM)等。

三、概率检索模型

概率检索模型就是利用文献的概率性来表示文献与用户查询的相关性程度及整个检索过程的具体描述。它是利用概率论原理,通过赋予标引词某种概率值来表示这些词在相关文献集合或无关文献集合中的出现概率,然后计算某一给定文献与某给定提问相关的概率,最后系统据此作出检索决策。概率检索模型基本上是一种基于Bayes决策理论的自适应模型。与前两种模型不同的是,它的提问式不是由用户直接编写的,而是由系统通过某种归纳式学习过程(相关反馈)构造的一个决策函数来表示信息提问。

1. 概率模型的基本假设前提和理论

(1)相关性独立原则。文献对一个检索式的相关性与文献集合中的其他文献是独立的。

(2)词的独立性。标引词和检索式中词与词之间是相互独立的。

(3)文献相关性是二值的,即只有相关和不相关两种。

(4)概率排序原则。由罗伯逊(Robertson)1977年提出。该原则认为,如果一个检索系统对用户的每个检索提问的反应是以文献集合中的文献按相关性递减的顺序排列的,那么系统的总体效果是最好的。

(5)贝叶斯(Bayes)定理,用公式表示为

$$P(R|d) = P(d|R) \cdot P(R)/P(d) \qquad (2-7)$$

2. 概率模型的一般形式

概率信息检索的目的是估计$P(R|q,d)$,即文献d对检索式q来说被用户判断为相关的概率。其基本方法是:每一篇文献根据有没有标引词将文献表示为二值向量$d = (d_1,d_2,\cdots,d_n)$,n是标引词的数量,$d_i = 0$或1表示文献中没有或有第i个标引词。再由文献相关性独立假设:用R表示文献相关,$\bar{R}$表示文献不相关,对每一篇文献计算$P(R|X)$和$P(\bar{R}|X)$来决定哪个是相关的,哪个是不相关的。由于不能直接估计

$P(R|X)$ 和 $P(\bar{R}|X)$ 的值，因此要用已知的量来进行估计。根据贝叶斯定理可得 $P(R|d) = P(d|R)P(R)/P(d)$ 和 $P(\bar{R}|d) = P(d|\bar{R})P(\bar{R})/P(d)$，其中 $P(R)$ 和 $P(\bar{R})$ 表示某一给定文献相关和不相关的先验概率，$P(R|d)$ 和 $P(\bar{R}|d)$ 与给定的文献 d 相关和不相关的先验概率成正比。在决定文献是否相关时，最简单的决策判断是 $P(R|d) > P(\bar{R}|d)$，即文献相关概率大于不相关概率时，认为文献 d 是相关的，否则认为文献 d 不相关。当两者相等时，人为地认为它是不相关的。

3. 三个经典的概率模型

(1) 模型 1。

1960 年马龙 (Maron) 和库恩斯 (Kuhns) 最早提出的概率模型，其主要思想是计算文献按用户查询认为相关的概率。这一思想在当时没有能很快得到发展，而利用集合论、布尔逻辑代数和向量空间理论建立的情报检索模型在实际工作中得到了应用，但很快又发现这种传统思想与实际偏离较大。

如果定义 D_i 为获得的第 i 篇文献并且它是相关文献，I_j 为以第 j 个词为标引词的某一主题领域的文献，则根据贝叶斯逆概公式，文献的相关概率为：

$$P(I_j|D_i) = P(D_i)P(D_i|I_j)/P(I_j) \tag{2-8}$$

其中，$P(I_j|D_i)$ 表示当用户要求获得有关 I_j 的情报时，文献 D_i 满足需要的概率；PD_i 表示文献 D_i 的一个先验概率，可通过某一途径（如图书馆）的统计数据获得；$P(D_i|I_j)$ 表示当某用户需要获得 D_i 所含的情报时，其用 I_j 做检索词的概率；而对于给定的提问 I_j 来说，$P(I_j)$ 是一个常数。

在模型 1 中，马龙和库恩斯没有对排序原则作出必要的假设，此外，标引词的相关概率也很难估计。

(2) 模型 2。

1976 年由罗伯逊 (Robertson) 和斯帕克-琼斯 (Spärck Jones) 提出的，其主要思想是标引阶段不对标引词加权，而是在检索阶段才导入概率检索机制。检索操作重复若干次，每重复一次，用户就对检出的文献进行相关性判断。然后利用这种反馈信息，根据每个词在相关文献集合和非相关文献集合的分布情况来计算它们的相关概率。标引词的权值计算可用下面的公式：

$$词的相关权值 = \log \frac{p/(1-p)}{p'/(1-p')} \tag{2-9}$$

式中，p 和 p' 是该模式的参数，分别表示某词在相关文献集合或非相关文献集合中出现的概率。某一文献的权值是它所含的标引词权值之和，决定了该文献在排序输出中的位置。模型 2 在常规的检索系统中较易实现。

(3) 模型 3。

1982 年由马龙、罗伯逊和库珀 (Cooper) 提出，他们将两个模型有机地结合起来。在模型 3 中要同时做出两种预测：标引员选词标引时要预测文献对具有不同特征的用户的相关概率;用户选词检索时要预测某词对具有不同特性的文献的相关概率。模型3可用图2-3表示。

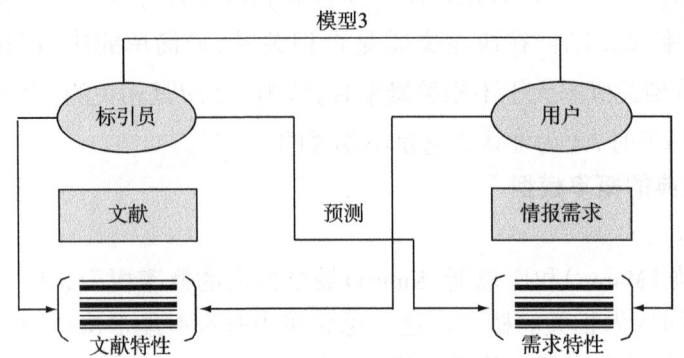

图2-3　3个概率模型之间的关系示意图

图2-3中的文献特征和需求特征可以看作是标引词和检索词,也可以是其他特征,如用户所属的机构,文献中的词频、共现模式等。

此外,还有人提出了各种具体的概率模型,如二元独立模型、二项分布模型、2-泊松分布模型、树型相依模型等。

4. 概率检索模型的评价

(1)概率检索模型的优点如下。

①采用严格的数学理论为依据,为人们提供了一种基于数学理论来进行检索决策的途径;

②采用相关反馈原理,可开发出理论上更为坚实的方法;

③其中没有应用用户难以运用的布尔逻辑方法;

④在操作过程中使用了词的依赖性和相互关系;

⑤文献可按用户的期望值来排序输出。

(2)存在的不足如下:

①增加了存储和计算资源的开销,系统的检索性能提高不明显;

②与前两种模型一样,关键词之间是假设相互独立的;

③在没有获得样本文档之前,即没有相关的文档之前,无法估计词条的相关性;

④各种参数估计的难度较大。

第三章　信息检索语言

信息检索的历史可以追溯到4000年以前，一开始，人们为了更好地利用信息，简单地将信息进行组织，一本书的目次表就是最初的例子。随着信息量的激增，建立专门的检索语言对信息的快速利用变得十分必要。检索语言的概念发展到现在已经趋于稳定，张琪玉先生认为情报检索语言是为了达到较佳的检索效果而创制的人工语言；赖茂生先生认为，检索语言是用于信息内容表示、存储和检索等过程的语言，或者是上述语言与给定检索软件所特有的命令组合。信息检索语言是应文献信息的加工、存储和检索的共同需要而编制的专门语言，是表达一系列概括文献信息内容和检索课题内容的概念及其相互关系的一种概念标识系统。按照构成原理，信息检索语言可分为分类语言(又称分类法)、主题语言(又称主题法)和代码语言，随着信息技术的发展和网络环境的成熟，语义网和元数据逐步渗透到信息检索领域。

第一节　分类法

分类法按学科、专业集中文献信息，从知识分类角度揭示各类文献信息在内容上的区别和联系，提供从知识分类的角度检索文献信息的途径。

一、分类法的内涵

分类检索语言是以学科范畴和学科体系为基础来划分事物的一种检索语言，它是指以数字、字母或字母与数字结合作为基本字符，采用字符直接连接并以圆点(或其他符号)作为分隔符的书写法，以基本类目作为基本词汇，以类目的从属关系来表达复杂概念的一类检索语言。以知识属性来描述和表达信息内容的信息处理方法称为分类法。著名的分类法有《国际十进分类法》《国际专利分类表》《中国图书馆分类法》(原称《中国图书馆图书分类法》)、《美国国会图书馆分类法》等。

二、分类法的类型

按照分类方式的不同，分类语言又可以分为体系分类法、组配分类法和混合分类法，其中混合分类法是一种体系分类法和组配分类法相结合的方法，故本书只对体系分类法和组配分类法进行系统介绍。

1. 体系分类法

体系分类法是基于概念的划分与概括，以学科分类为基础，把概括文献内容与事物的各种类目组成一个层层隶属、详细列举的等级结构体系。具有代表性的体系分类法有《中国图书馆分类法》《杜威十进分类法》《美国国会图书馆分类法》《中国人民大学图书馆图书分类法》等。

（1）体系分类法的结构。体系分类法的结构包括微观结构和宏观结构，如图3-1所示。

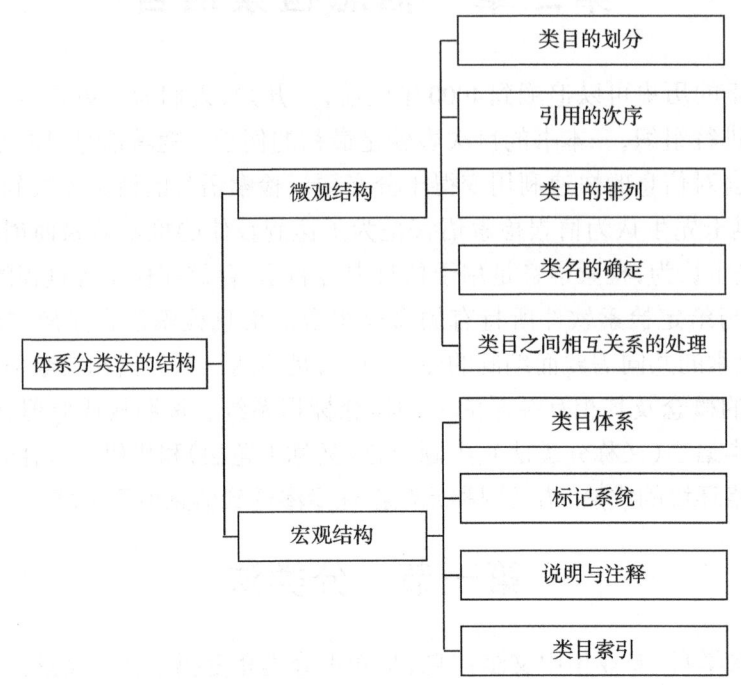

图3-1　体系分类法的结构

微观结构包括如下5项内容。

①类目的划分：把一个类目分为若干个小类，从而揭示这个类目的外延。被分的类目称为母类或上位类，分出来的类目称为子类或下位类。类目划分的标准是事物属性，包括内容标准和形式标准两种，内容标准包括论述的对象、范围、所属学科、涉及的地区或国别、时代、民族等；形式标准包括编写体裁、语言文字、出版形式等；

②引用的次序：体系分类法中表现为分类标准的使用次序。即当某一类事物连续划分需要采用几种分类标准时，分类标准的使用顺序要得当；

③类目的排列：类目的排列应体现系统性、整体性、等级性、逻辑性、连续性和一致性；同位类的排列应反映客观事物本身的发展和联系；

④类名的确定：类名是表达类目含义的语词，类名的选择和确定应坚持确切性和简洁性；

⑤类目之间相互关系的处理：体系分类法中类目间的基本关系有从属关系、并列关系、交替关系和相关关系。

宏观结构包括如下4项内容。

①类目体系：按照类目之间的关系建立起来的类目集合。《中国图书馆分类法》分为5个基本部类，22个大类以及若干三级、四级、五级类目；

②标记系统：分类语言所有标记符号的集合。分类号有纯数字的也有字母数字

混合的。《中国图书馆分类法》采用混合式号码,如"G27"表示三级类目"档案学";

③说明与注释:对分类表结构及使用方法的揭示,阐述分类法的编制原理、特点和使用方法,明确类目之间的关系,确定类目的性质和范围,确定类分图书时的方法等;

④类目索引:从类目名称字顺查找相应分类号的类表辅助工具。

(2)体系分类法的标记制度。标记制度是由标记符号构成分类标记的基本方法,分为顺序制、层累制、混合制和分面标记制。具体如下。

①顺序制:在分类体系确定后,对全部类目不分等级给予顺序号码的编号方法,如《美国国会图书馆分类法》;

②层累制:分类号位数与类目等级相对应的标记制度。一般用一位数字或一个字母表示一个大类,再加一位数字或一个字母表示下一级类目,如此层层累加,如《中国图书馆分类法》;

③混合制:将顺序制和层累制结合起来的标记制度。这种制度一部分用顺序制,一部分用层累制,如《中国科学院图书馆图书分类法》;

④分面标记制:一种显示类目组配结构的标记制度,有基本分面公式,不同的主题方面都有相应的标识符和固定的位置,共同组配成一个完整的主题类号。

(3)体系分类法的特点如下。

①优点:按学科专业集中文献,适合族性检索;采用等级列举式的概念标识系统来揭示概念间的相互关系,方便用户掌握;采用分类号作为主题的标识,不受语种的限制;

②不足:修订不便,无法及时增加反映新知识主题的类目;先组定组式标识,组配不灵活;分类号不具有感情色彩,缺乏直观性;按学科集中文献不适用于特性检索。

2. 组配分类法

组配分类法采用分面分析法,将整个知识领域或某一知识领域按其不同属性分解为若干个不同的分面,每个分面再分若干个亚面,每个亚面还可分解为若干个更小的子面,面内列出所属各子目。

(1)组配分类法的特点如下。

①通过简单主题概念的组配,表达各种复杂主题,并揭示主题因素之间的相互关系;

②实现多途径检索;

③及时增补新的主题概念,类表修订灵活。

(2)《冒号分类法》简介。

《冒号分类法》由印度图书馆学之父希雅里·拉马姆里塔·阮冈纳赞(Shiyali Ramamrita Ranganathan)提出,因1933年第一版首先采用":"作分面连接符号而得名。《冒号分类法》实现了立体多维组配和动态分类的理论,其本身倾向于单元词,使用分列式代替了单线式分类结构,这样任一类目就可朝向多个方向发展,从而打破了以往分类表的局限性。

①《冒号分类法》的组织方法。

《冒号分类法》的组织方法是建立在数学和哲学的方法之上的。数学和哲学的理论在《冒号分类法》中随处可见,如哲学中的范畴、概念、划分、时间、空间无限等原理,数学中高维空间理论等。《冒号分类法》的基本组织方法是面的划分和面内点的组配。面的划分是多种的,不同的划分定义出不同的面,如根据分类的程序定义出3个假设的结构平面——概念平面、词语平面和标记平面。在概念平面中,根据主题的共性划分出文献分类的5个基本范畴,即5个基本平面——本体P、物质M、能量E、空间S、时间T。不同的定义划分出的平面在类分文献的过程中的作用是不同的。3个结构平面规定了该情报语言中概念与词语之间的关系及该语言的编码规则,由此规定了类分文献的过程。5个基本平面是冒号分类法分类表结构空间组成的基本面。

《冒号分类法》的基本大类与《中国图书馆分类法》一样,也是建立在科学分类基础之上的。在基本大类以下就不再按科学分类进行层层划分了,而是将各个基本大类中的所有主题概念都分别归入5个基本平面,形成每个基本大类中的一个个分面类表,并规定出5个基本平面的组配规则和组配顺序,在每个大类中有分面组配公式规定文献分类标识的构成形式。用《冒号分类法》标引文献主题,是将文献主题分解为各个基本平面中的类目,再按照分类规则进行组配。

②《冒号分类法》的词汇语义。

检索语言中分类语言的词汇,是指在分类表中的全部标识即类号。类号是语词在情报语言中的编码符号,但类号最终揭示的不是语词,而是文献的主题概念。语词与概念既有联系又有区别,语词是语言现象,概念是思维现象。语词和概念之间,存在着形式和内容的对应关系,语词是概念的表达形式,概念是语词的思想内容,它们之间的联系非常紧密。有的概念可以用一个词表示,有的概念则要用多个词组合成的短语表达。

《冒号分类法》中类目的类号对应的词不一定是完整的概念,大多数类号要经过组配才能反映文献的主题概念,如V 44,31O v2:3标识符号的概念为:印度上议院与最高行政官职能的比较。但在《冒号分类法》的类表中是没有V 44,31O v2:3这个类号的,它是由V历史类中的四个类号及"比较类列内相关系"的符号OV和分面前置符号","":"组配而成的,这四个类号分别为历史类P分面中的44(印度),$P2$分面中的31(上议院)及2(最高行政官),E分面中的3(职能)。这里的"印度""上议院""最高行政官""职能"相对于"印度上议院与最高行政官职能的比较"而言,不是一个完整的概念。

③《冒号分类法》的语法规则。

检索语言中分类语言的语法,就是分类表编制规则和类分文献程序及方法规则的总和。它包括类目划分的规则、类目排列的规则、类目之间相互关系处理的规则、标记制度及文献分类的基本规则、一般规则、特殊规则等。

《冒号分类法》将学科分类和文献研究的主题同时作为划分类目的主要标准。《冒号分类法》类目之间相互关系处理的规则主要采用"相关系"组配和分面组配方法。

《冒号分类法》的标记符号采用字母与数字混合的分类号,采用的标记制度为合成法,即根据文献主题概念,从分类表的各个分面中查出相应的每个分面类号,在各分面类号之前置代表该分面的符号,还采用"相关系"连接符号、表示特定用途的符号等,按规定的分面组配次序组合成一个完整的文献标识。

《冒号分类法》采用号码标识系统排列文献,在字母与数字混合的分类标识中,规定字母按 ABCD……递升顺序排列,数值则视作十进小数制按小数制排列,《冒号分类法》的分类号采用分段形式,其分类表的序列与文献标识系统的序列不一致。

《冒号分类法》的语法包括概念平面、词语平面、标记平面的 32 条规则(Canon),11 条原则(Principle)和 12 种方法(Method),规定了文献分类的过程和具体方法。《冒号分类法》标引文献主题概念的程序为:首先确定文献主题所属的大类;其次将文献主题概念分析成若干语词;再次用一个个分面类号来分别表达那些语词;最后再依据分面公式,把若干个分面类号连接起来,构成一个文献主题的完整分类号。《冒号分类法》的类号不直接反映文献的主题概念,只是一个个高度抽象的主题单元,经过组配后,反映的不是分类表中的类目概念,而直接是文献主题概念。

三、分类法的特征

分类检索语言最明显的特点是系统性,具有族性检索的功能,有利于人们从学科专业的角度进行全面性的检索。但分类检索语言是用字母或数字表示的,不具有感情色彩,需要用户进行概念转换。

分类法具有如下优势。

①分类法具有强大的浏览功能,类目显示能够使人们触类旁通,鸟瞰全貌;
②类目的展开与收缩能够方便人们进行扩检与缩检;
③给出上下文语境,使类目名称的含义明确;
④提供多语种交流,扩大用户交流范围;
⑤完善系统的分类体系,有专门的机构维护更新,具有广泛的用户基础;
⑥传统分类法的聚类功能及其标识能用于组织非文本信息;
⑦使用传统的分类法,即使不知道词形也可以检索;
⑧有机读形式,便于对网络信息资源的利用。

四、《中国图书馆分类法》简介

1. 历史沿革

《中国图书馆分类法》(以下简称《中图法》)是中华人民共和国成立后编制出版的最具代表性的、国内图书馆使用最广泛的一部大型综合性分类法,在不同历史时期产生了用户不同、文献类型不一、专业深度不等的各种版本,它的前身可追溯到《中小型图书馆图书分类表草案》(以下简称《中小型表》)。中华人民共和国成立后,党和政府非常重视图书分类法的编制工作,早在 1950 年,我国政府部门就主持召开了有关图书分类法问题的座谈会。1956 年 4 月底,中华人民共和国文化部社会文化事业管理局主持召开了"全国中小型图书馆图书分类法座谈会",讨论编制统一的中小型图书馆图书分类法问题,随即成立了编辑工作小组。1957年8月,经广泛征求意见后,以《中小型图书馆图书分类表草案》的名称,由中华人民共和国文化部社会文化事业管理局予以公布。《中小型表》的问世,标志着我国图书分类法初步走上了由政府领导下集体编制的道路,并为编制统一的大型分类法打下了基础。它所确立的"五分法"基本体系和混合制标记符号为《中图法》所继承。

《中小型表》公布后,由于种种原因未能有组织地进行修订,致使其实用性受到很大的影响,在此基础上扩编成大型表的设想也未能实现。与此同时,各大型图书馆和专业图书馆迫切要求编制一部适合需要的图书分类法。这一议题在1959年举办的"全国省市图书馆馆长进修班"上进行了集中的讨论,随后在中华人民共和国文化部和教育部的主持下,由北京图书馆(现国家图书馆)牵头组成了图书分类法编辑组,着手编制《中国图书馆图书分类法》(后俗称《大型法》)。1964年图书分类法编辑组内部出版了《中国图书馆图书分类法草案》(下册),下册中包括自然科学和附表部分。1966年3月初又油印公布了其上册的未定稿,内容包括哲学和社会科学部分。由于"文化大革命"的原因,草案与未定稿都没有最终结果。《大型法》虽然是一部未完成的图书分类法,但其体系结构、标记制度及编表技术为《中图法》所借鉴。

1971年2月,在文化部国家文物事业管理局(国务院原图博口领导小组)的关怀和支持下,北京图书馆倡议以大协作的方式编辑一部新的图书分类法,这一倡议随即得到全国各系统图书馆的积极响应,先后参加编表工作的有省、市、自治区图书馆,高校图书馆及中国科技情报所等36个单位(其中包括28个省、市、自治区图书馆,5所高等院校图书馆,2所高校及1所情报机构),经过两年多时间的努力,于1973年3月完成草表并由北京图书馆以试用本的形式印出。1974年7—11月,由编辑组在京6个单位共同参加,在广泛征求各地图书馆意见的基础上,对该试用本进行了修订、补充,于1975年10月由科学技术文献出版社正式出版,产生了《中图法》第一版。

《中图法》1975年出版后,陆续为全国许多图书馆和情报文献单位所采用,较好地解决了大型图书馆的图书分类问题。但是由于当时的客观条件所限,特别是当时很大程度上受政治形势的影响,致使分类表中出现了相当多的政治口号乃至在后来可视为政治性错误的问题。鉴于分类表中这一情况,1979年在长沙召开了有关《中图法》修订的工作会议。会上确定了修订方针、原则和修订重点,并成立了经文化部国家文物事业管理局批准的《中国图书馆图书分类法》编辑委员会(简称《中图法》编委会),以接替原来的《中图法》编辑组,负责对《中图法》第一版进行修订,同时修订了《中图法》(中小型馆试用本),将其称为《中图法·简本》(以下简称《简本》)。第一版修订工作始于1979年4月,具体由《中图法》编委会下设的《中图法》修订组承担,修订组用4个月时间完成修订稿,后经《中图法》编委会全体会议审定通过,由书目文献出版社于1980年6月出版,此为《中图法(第二版)》。

1980年12月在南宁召开了"全国分类法、主题法检索体系标准化会议"。会议期间,全国文献标准化技术委员会第五分会建议"以《中图法(第二版)》为基础,通过修订完善、充实提高,以作为国家标准分类法",国家标准总局采纳这一建议,以国标发字304号文通知有关单位。从1983年开始,《中图法》编委会着手分阶段地对《中图法(第二版)》进行修订。为此,先后在全国分区召开座谈会,收集汇总"《中图法》修订意见",确定了《中图法(第二版)》修订方针、原则、重点、方法、步骤,随后成立了55个专业修订小组。各专业小组积极工作,于1986年上半年陆续完成了各类的修订初稿,于1987年8月至1988年6月,主、副编终审定稿交出版社付印。至1990年2月由书目文献出版社正式出版,该版即为《中图法(第三版)》。

根据国内外分类法修订更新的一般周期要求和计算机编目发展的现状,《中图法》从1996年起着手修订,成立了《中图法》第五届编委会,确立了《中图法(第三版)》修订思想,制定了《中图法(第三版)》修订原则,历经了统筹部署、研讨分工修订、审定草稿、征求意见、主副编审稿等阶段,由北京图书馆出版社于1999年3月出版,形成了《中图法(第四版)》。经编委会讨论,决定将《中国图书馆图书分类法》更名为《中国图书馆分类法》。中华人民共和国文化部社会文化图书馆司给予批准后,《中国图书馆图书分类法》编辑委员会也相应更名为《中国图书馆分类法》编辑委员会。2001年4月,《中图法(第四版)》电子版由北京图书馆出版社正式出版。

2006年8月,正式启动《中图法(第四版)》修订工作,确定了《中图法(第五版)》编制的指导思想、修订原则、修订重点和主要技术及分工方案,后经修订、审稿、征求意见、审查修改等阶段,《中图法(第五版)》于2010年9月由国家图书馆出版社正式出版发行,并普遍应用于全国各类型图书馆。《中图法(第五版)》,也于2012年9月委托国家图书馆出版社正式向互联网用户发布。

2.《中图法(第五版)》特点

《中图法(第五版)》的修订幅度较大,新增1631个类目,停用或直接删除约2500个类目,直接修改类约5200多个。第五版共计51 630个类目,比第四版少1080个。其特点如下。

(1)以知识、科学技术发展水平和文献出版的实际为基础,将分类法的科学性、实用性有机统一,强调《中图法》的实用性和工具性;

(2)在兼顾文献分类排架(把图书按分类规则或其他顺序摆放在书架上,以方便管理和查找)需要的前提下,也能满足分类检索工具和分类检索系统的需求;在贯彻《中图法》连续性和稳定性的前提下,又充分反映学科专业的发展带来的类目及类目体系的变化;

(3)在保证综合性分类法的基本前提下,照顾到专业图书馆文献分类和网络信息组织的需要,处理好集中与分散的关系及各学科专业类目深度;

(4)标记系统在满足分类法类目体系编制和发展需要的基础上,保持较好的结构性,并力求简明、易懂、易记、易用、易于扩充;

(5)保持《中图法》作为列举式分类法基本属性不变,保持《中图法》的基本部类和基本大类设置及序列基本不变,保持《中图法》字母—数字混合制的标记符号与层累小数制的标记制度基本不变。在此前提下,有选择地对《中图法》个别大类的体系做较大幅度的调整完善,其他大类重点补充新学科、新事物、新主题;并在保持《中图法》类目细分程度的同时,视文献保障程度,适当调整类目划分详略程度;

(6)《中图法》对第四版修订时,考虑尽量减少对文献改编的影响,保障用户从旧版平稳过渡到新版。

总之,《中图法》是一部既可以组织藏书排架又可以分类检索的列举式等级式体系组配分类法,该分类法主要供大型综合性图书馆及情报机构类分文献、编制分类检索工具、组织文献分类排架使用,同时也可供其他不同规模和类型的图书情报单位根据自己的需要调整使用。

3.《中图法》的构成

《中图法》是依据科学分类组织类目体系的。其基本大类是建立在科学分类的基础上的,首先按知识门类分类,同时根据我国国情和文献分类的特点,将其分为5个基本部类和22个基本大类。《中图法》主要由分类表和标识符构成。

(1)分类表的结构组成。《中图法》分类表的结构组成是:基本部类、大类、简表、详表。具体如下。

① 基本部类有5大类:马克思主义、列宁主义、毛泽东思想,哲学,社会科学,自然科学,综合性图书;

② 基本部类下分为22个基本大类,它们的标识符和类名如表3-1所示;

表3-1 基本部类标识符及类名

基本部类标识符	类名
A	马克思主义、列宁主义、毛泽东思想、邓小平理论
B	哲学、宗教
C	社会科学总论
D	政治、法律
E	军事
F	经济
G	文化、科学、教育、体育
H	语言、文字
I	文学
J	艺术
K	历史、地理
N	自然科学总论
O	数理科学和化学
P	天文学、地球科学
Q	生物科学
R	医药、卫生

续表

基本部类标识符	类名
S	农业科学
T	工业技术
U	交通运输
V	航空、航天
X	环境科学、劳动保护科学(安全科学)
Z	综合性图书

③22个基本大类下细分构成简表,简表细分又构成详表。

举例,如G大类分为:G0(文化理论)、G1(世界各国文化与文化事业)、G2(信息与知识传播)、G3(科学、科学研究)、G4(教育)、G8(体育)。每一类下还有细分,如G4(教育)下又分为:G40(教育学)、G41(思想政治教育、德育)等;G5(世界各国教育事业)、G6(各级教育)、G7(各类教育)每一类下又有细分,如G6(各级教育)下细分为:G61(学前教育、幼儿教育)、G62(初等教育)、G63(中等教育)、G64(高等教育)、G65(师范教育),每一类下又细分;依此类推。

(2)标识符号。《中图法》采用汉语拼音字母与阿拉伯数字相结合的混合制号码。例如,《高中英语教学参考书》分类号为G633.41,《Internet短期培训教程》分类号TP393.4。在图书馆的实际工作中,为了便于排架,一般还需要依据书名或作者或其他(如流水号)另增加一个号码,通常采用作者的四角号码,形成"分类号/四角号码"的形式。这一符号形式,通常作为图书馆排架管理和读者检索图书的途径。

4.《中图法(第五版)》Web版(http://clc.nlc.cn/)

随着检索语言工具在互联网环境中的表现形式和具体应用等问题的出现,国家图书馆《中图法》编委会开展大量的相关研究,借鉴了国外分类法、词表的先进研制经验,于2011年12月在国际互联网上发布《中图法(第五版)》Web版(图3-2),2014年1月更新为《中国分类主题词表》(Chinese Classified Thesaurus,CCT)2.1版(图3-3),在此基础上至今进行了6次更新,最后一次更新时间为2021年9月,新增入口词近1万条,类目也有增删改。经过十几年的发展,Web版《中图法》已走向成熟。

(1)Web版《中图法》提供的服务和功能如下。

①提供各类知识内容的在线浏览、互动显示和多途径检索服务;

②为广大读者和参考咨询人员提供文献检索服务,可与多个Web OPAC(联机公共检索目录)连接,提供文献信息内容的多库实时检索和学科导航服务;

③为分类标引用户提供利用分类号标引发送服务,把所需分类号粘贴到剪贴板上供分类标引系统使用;

④为广大读者等各类用户提供评论注释服务,可从任何角度针对类目添加评注,方便用户建立个人书签、公共使用文档,也使该网站能快速掌握读者及用户使用信息,以便提高《中图法》服务质量,更好地开展知识服务;

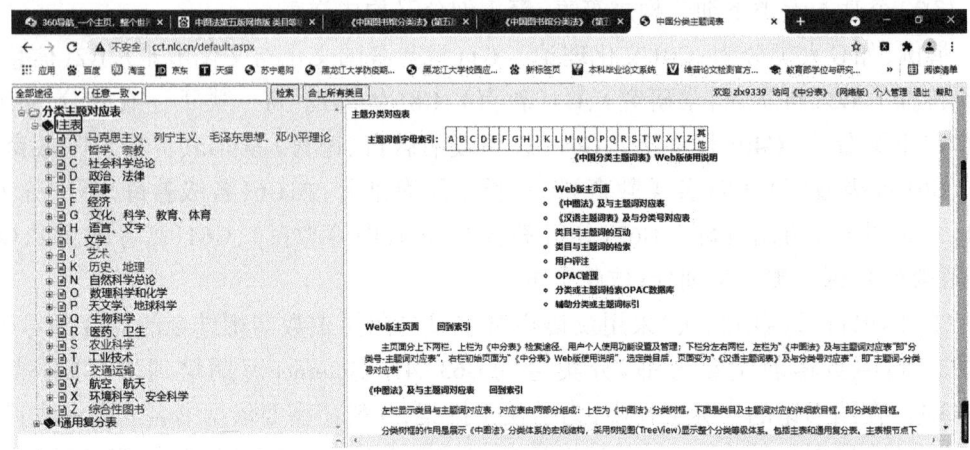

图 3-2 《中国法(第五版)》Web 版主页

图 3-3 《中国分类主题词表》Web 版

⑤为业界提供《中图法(第五版)》的实时更新数据服务,利用更新系统和评注系统可实时更新《中图法(第五版)》的数据,缩短《中图法》维护修订周期,在《中图法(第五版)》印刷版基础上,Web版包含《中图法(第五版)》出版后的所有修订刊物信息(同时刊载在该网站修订快讯第1期、第2期中),共计180多个类目的更新;

⑥其他特殊服务及使用说明。

(2)《中国分类主题词表》(Chinese Classified Thesaurus, CCT)提供的服务和功能如下。

①提供各类知识内容、主题词的在线浏览、互动显示和多途径检索服务;

②为广大读者和参考咨询人员提供文献检索服务,可与多个Web OPAC(联机公共检索目录)连接,提供文献信息内容的多库实时检索和学科导航服务;

③为分类标引用户提供利用分类号和主题词标引发送服务,把所需分类号或主题词粘贴到剪贴板上供标引系统使用;

④为广大读者等各类用户提供评论注释服务,针对知识款目或主题词或类目从任何角度添加评注,方便用户建立个人书签及使该网站快速掌握读者及用户使用信息,提高CCT质量,更好地开展知识服务;

⑤为图书馆业界提供CCT第二版和数据实时更新服务；利用其网络更新系统、检索词统计系统和评注系统可实时更新CCT的数据，缩短CCT维护修订周期，在CCT第二版基础上Web版已增补7000多条学科主题、个人名称、地理名称、机构名称等概念款目，并更新所有数据的关联系统；

⑥为《中国分类主题词表》Web版修订和维护提供用户检索词的频率统计功能，以便系统增删改主题词或类目；

⑦其他特殊服务等。

第二节　主题法

主题语言从描述事物的特性角度出发，按文献所论述的事物集中文献，其中，主题是信息组织中指信息资源所论述的主要对象，包括事物、问题对象等；主题词是经过选择用来表达信息资源主题的语词。

一、主题法的内涵

主题法又称主题检索语言，直接以表达主题内容的语词作检索标识，以字顺为主要检索途径，并通过参照系统等方法揭示词间关系的标引和检索信息资源的方法。

主题语言是指采用描述文献主题的语词标识并按字顺排检的信息检索语言。主题语言具有如下基本特点。

（1）专指性高。以特定的事物、问题、现象，即主题为中心集中信息资源，经过规范化的名词术语不受学科限制，可独立表达事物概念；

（2）直观性好。语词具有感情色彩，易读、易记、易理解，以字顺为主要检索途径；

（3）灵活性强。主题词组配灵活，适合特性检索，通过详尽的参照系统等方式揭示主题词之间的关系。

二、主题法的类型

按照不同的划分方法，主题语言可以划分成不同的类型。

（1）按选词方法划分，可分为标题法、单元词法、叙词法、关键词法。

（2）按语词标识的组配特点划分，可分为先组式主题法和后组式主题法。先组式主题法又可分为先组定组式和先组散组式两种，先组定组式主题法是指复杂主题的标识，在词表中已经组配好了，使用时直接从词表中选取；先组散组式主题法是指复杂主题的标识在词表中并未组配，而是在标引阶段根据标引文献资源的主题需要进行组配。后组式主题法是指用户检索前，主题检索系统中的主题词是单立的，用户实施检索后才根据检索需要进行组配。

（3）按使用控制与否可划分为受控主题法和非受控主题法。受控主题法是指依据特定词表或类表揭示文献信息的整序方法；非受控主题法是指自然语言检索系统，是直接使用文献或用户检索使用的自然语言语词进行整序的方法。

下面将重点讲解按选词方法划分的4种主题法。

1. 标题法

标题法又称标题语言,是以标题词作为主题标识,以词表预先确定的组配方式标引和检索的主题法。标题词是指经过词汇控制,用来标引文献的词或词组,通常为比较定型的事物名称。

(1)特点:采用列举式词表,形式直观;采用定组式标题结构固定,含义明确;按照词表列举的标题和副标题进行标引,操作简便;主要通过参照方式对词汇进行控制,并揭示标题之间的相关性。

(2)不足:由于采用列举方式,往往造成收词量巨大、专指度相对不足、修订量大等问题;大量采用定组式标题,使用手工检索工具时只能从规定的组配顺序入手进行查找,无法从多个因素、角度检索,必然会影响检索效果。

2. 单元词法

单元词法是以单元词作为主题标识,通过字面组配的方式表达文献主题的主题法。单元词是指用来标引文献主题的、最基本的、字面上不能再分的语词。

(1)特点:词表体积小,标引专指度高,便于从不同主题词角度检索,适合对专指主题进行标引。

(2)不足:直接性差,不适宜用于查找论述基本单元主题的文献,按字面组配容易产生歧义。

3. 叙词法

叙词法是以从自然语言中精炼出来的、经过严格处理的语词作为文献主题标识,通过概念组配方式表达文献主题的主题法。叙词是指经过规范化处理的、以基本概念为基础的表达文献主题的词和词组。

(1)特点:结构完备,词汇控制严格,可以根据检索系统的需要对词汇进行有效控制;组配准确,标引能力强,能够准确、专指地标引和揭示各种主题内容;检索效率高,可以通过灵活组配方式进行多途径检索,达到更好的检索效果;检索系统适应能力强,可以同时适用于标识单元和文献单元检索方式,既能较好适应计算机检索系统的要求,又能适应手工检索的要求。

(2)不足:由于词汇控制要求严格,词表编制和管理的难度大,需要花费较多人力、物力;文献标引须在概念分析的基础上进行,标引难度大,要求高。

4. 关键词法

关键词法是将文献原来所用的、能描述主题概念的那些具有实质意义的词抽出,不加规范或只做极少量的规范化处理按字顺排列,以提供检索途径的方法。关键词是那些出现在文献的标题以至摘要、正文中,对描述文献主题内容具有实质意义的语词,亦即对揭示和描述文献主题内容来说是重要的、带关键性的语词。

(1)特点:标引时无须主题分析和查看词表,简便易行,因而降低了对标引人员的要求,节省了大量人力;标引和索引编制易于实现自动化,从而显著节省时间,大幅缩短了检索系统信息组织和报道时差,保证信息报道和传递的及时性;关键词是文献中使用的自然语词,表达主题比较直观、专指,可以保证较高的查准率。

(2)不足：由于关键词法直接采用文献中的自然语词作关键词，对自然语言中大量存在的等同关系词不加规范统一，也不显示等同关系，使相同主题文献常常因作者用词不同而被分排各处且无联系，漏检的可能性较大；关键词法不显示关键词之间的等级关系和相关关系，难以进行族性检索，特性检索的查全率也不高；为了加速和简化检索工具的编制过程，关键词多限于从文献中抽取，但由于一些标题对文献内容的表达不充分或不准确，会使关键词检索有一定的漏检和误检；在机编索引情况下，由于机械地抽词和轮排，其中有不少关键词款目是不起检索作用而徒增篇幅的。

三、主题检索语言的特征

1. 概念性

由于主题法描述文献主题内容是采用自然语言中经过规范控制的语词作为标识，达到事物、概念、语词的统一。语词是事物的表达形式，概念是事物的内在含义。概念之间存在各种各样的逻辑关系。作为概念含义的外在形式的语词，自然也存在各种关系，主题法正是利用建立语词和各种概念关系来揭示文献内容的。

2. 规范性

规范性也可称为控制性。主题语言来源于自然语言，自然语言中存在许多同义词、同形异义词、多义词，若不进行规范和控制，很容易造成标引误差和检索误差。词汇控制包括词形、词义、词量、词间关系、词的专指度和词组程度等方面的控制。控制的目的是克服检索者、标引者之间的"语言障碍"，提高标引和检索的准确性和全面性。规范性或控制性是主题法的重要特性之一。

叙词法是主题语言的高级形式，下面就从叙词角度来理解主题语言的规范性。叙词法规范包括：词类规范、词形规范、同义词规范、多义词规范和对词义范畴的规范5个方面。

(1)词类规范。自然语言中的词类分为实词和虚词两种。实词包括名词、动名词和某些形容词；实词以外的词类称虚词，充当叙词的词类必须是实词。

(2)词形规范。词形规范是指对词义相同而词形不同的词进行优选，如汉字的"繁体、简体、异体"优选，西文的一义多词优选。

(3)同义词规范。同义词规范包括真同义词规范和准同义词规范两种。真同义词是指含义完全相同的词，如自行车、单车、脚踏车等；准同义词是指本身含义并不相同，只是为了控制词量，方便检索而按同义词处理的人为性关系词（如反义词、近义词等）。对同义词进行规范的目的是保证语词的唯一性和规范化。其方法是在一义多词的情况下选择其中一个词为叙词，叙词和非叙词均被收入叙词表，通过参照系统，将非叙词引向叙词。这样既可以从叙词入手，也可以从非叙词入手检索文献，增加了检索途径。

(4)多义词规范。多义词具体包括两种情况：一词多义和同形异义。一词多义的特点是一个词语具有多种含义，并且彼此之间具有相关性，如路线，既可指思想上、政治上、工作上所遵循的方法，又可指运动比赛中行进的方向等。同形异义是指一个词语所具有的多种含义彼此之间各不相关,如"词"既可指最小语言单位,也可指一种文学体裁。无论是一词多义还是同形异义,都是同一个语词表达多个概念,如果不加处理,便会造成误检。

(5)词义范畴的规范。有些词的外延不是十分明确,由此造成误标或误检,如特大城市、大城市等,可采用加注释或限定词的办法来明确其含义。

3. 组配性

文献的检索过程中,多数主题都需要用两个或多个主题词进行描述,因而主题语言是一种组配性语言。所谓组配,就是通过词表中两个或多个主题来表达和描述文献主题的过程。

主题词之所以具有这种功能,是因为主题词是建立在概念的基础上的,组配的优越性在于:①可以较少的主题词的组合表达体系分类法的结构主题尤其是专指度较高的复合主题;②可以灵活地表达描述新主题,增强主题词表的适应性;③用比较泛指的主题词组配表达极为专指的主题概念,提高了主题法特指性检索的功能;④只有组配法的大量运用,可使组配的各种因素实行轮排充当入口词,提供多途径检索的可能性。组配性是主题法区别于分类法的优越性所在。

4. 语义性

主题词的语义性是指主题词之间存在含义上的相互关系,如同义、属分关系和相关关系。通过这种语义关系的表达,既对主题词进行控制和规范,又对主题词的含义进行科学具体的限定,使其形成一种暗含的网络结构,从而达到满足族性检索的要求。主题词的这种语言关系称为参照系统。主题词的语义关系是通过制定各种符号来加以联系和反映的。

(1)同义关系。又称等同关系或代用关系,是指两个或多个词所表示的概念相同或相近,并且彼此可以互换的关系,包括同义词和准同义词两种,是控制和规范同一概念的重要手段。同义关系的规范化处理是从同义词中选出一词作为正式主题词,其他则作为引导词,关系符号是采用"用(Y)"和"代(D)"来表示。例如:

中等学校 Y 中学　　　　逻辑代数 Y 布尔代数
中学 D 中等学校　　　　布尔代数 D 逻辑代数

(2)属分关系。又称等级关系,是指专指度深浅不同的两个叙词之间的关系,包括属种关系、整体与部分关系和包含关系。属分关系采用"属(S)"和"分(F)"两个参照符号来表示,"属"用于下级叙词指向上级叙词,"分"则用于从上级叙词指向下级叙词,"属"与"分"互为反参照。例如:

图书馆　　　　　　　　儿童图书馆
　　分　儿童图书馆　　　　　　属　图书馆
　　　　公共图书馆　　　　公共图书馆
　　　　学校图书馆　　　　　　属　图书馆
　　　　国家图书馆　　　　学校图书馆
　　　　专业图书馆　　　　　　属　图书馆

(3)相关关系。相关关系是指主题词之间除了同义关系和属分关系之外的某种比较密切的关系。相关关系采用"参(C)"符号来表示。例如:

图书馆学　　　　　　　人工智能
　参　情报学　　　　　　参　仿生

5．动态性

主题语言是一种动态的语言,随着事物不断发展变化和人们对客观世界认识的不断深入,主题词表需要不断地增删修改。

四、汉语主题词表

主题词表是由自然语言中优选出的语义相关、族性相关的科学术语所组成的一种规范化词典。在文献标引和信息检索过程中,它是用以将文献、标引人员及用户的自然语言转换成统一的系统语言的一种术语控制工具。

《汉语主题词表》由中国科学技术情报研究所和北京图书馆联合主编,科学技术文献出版社1980年出版,共3卷10分册,是我国第一部大型综合性叙词型检索语言词表。按社会科学与自然科学两个系统分别编列。全书包括主表(字顺表)、附表、词族索引、范畴索引和英汉对照索引,收录正式主题词91 158条,非正式主题词17 410条。主表(字顺表)是标引、检索和组织目录的主要工具,1991年又出版"自然科学(增订本)"。2009年启动了重新编制工作,分为工程技术卷、自然科学卷、生命科学卷和社会科学卷。工程技术卷已于2014年完成,包含13册,收录了19.6万个概念和36万条词汇。为了适应网络环境,该词表还建立了服务系统(图3-4),提供在线概念检索和辅助标引服务,通过可视化技术展示概念关系,成为图书馆、档案馆等专业工作者的必备参考书。

图3-4　《汉语主题词表》服务系统

资料来源 https://ct.istic.ac.cn/site/organize/welcome。

1.《汉语主题词表》选词原则与范围——以自然科学部分为例

该词表作为一部大型综合性科技检索工具,收词范围包括自然科学、医学、农业、工程技术等各学科领域的主要名词术语,适合对各种科技书刊、研究报告、学术论文、会议记录、专利、标准及产品样本等图书情报资料进行叙词标引与检索。由于考虑到手工检索中一般使用组配的级别有限,该词表在选定词时,对词组型主题词的数量做了适当的提高。

(1)选词原则。该词表依据下列基本原则选定主题词。

①选定的主题词,主要是各学科领域文献中经常出现、在情报检索中有使用价值和一定的使用频率、能作为主题汇集一定量文献或具有叙词组配功能的名词术语。

②选定的主题词,必须词形简练、词义明确、严格遵守一词一义原则,并且通过概念组配应能表达文献或用户查询的特定主题。

③选定的主题词,应符合我国科技发展的实际需要,尽量与国内外主要科技主题词表相兼容,并应注意主题词的科学性与思想性。

(2)选词范围。该词表收录的主题词包括下列类型。

①表示具体事物名称的名词术语,如汽车、变压器、反应堆、水稻、坐标仪等。

②表示事物的状态或现象的名词术语,如强度、失真、土壤熟化、日冕、船舶过载等。

③表示科学分类的名词术语,如数学、物理学、中医学、电子学、建筑工程、水利工程等。

④表示研究方法、技术方法的名词术语,如分析(化学)、针刺手法、有限元法、结构功能法、力学性能试验等。

⑤表示工艺方法、加工技术的名词术语,如铸造、锻造、热处理、焊接、酿造、离心钻进、爆破成型、激光切割等。

⑥表示化学元素、化合物、金属材料与合金的名词术语,如钠、氧原子、ⅣA族元素、钠化合物、硅化物、硫酸、钛络合物、丁胺、呋喃、吡啶、醇聚四氟乙烯、丁二酸(P)及如金属板耐蚀钢、耐蚀合金等。

⑦表示国家名称、地名、组织机构名称及人名的专有名词,以及文献类型、文献载体的名词术语,此部分主题词,包括在原《汉语主题词表》第三卷附表内及第一卷社会科学部分内,增订本内未专门收录。

2.《汉语主题词表》结构

(1)字顺表。字顺表又分为主表和附表,是将全部的叙词和非叙词按字顺排列,将每个叙词款目依次组织起来,叙词款目和非叙词款目是其基本构成单位,其中标注各种事项。利用字顺表可以先不考虑概念之间的相互关系,而完全从词的字面形式出发,直接找到叙词和非叙词,再通过参照系统,利用其语言环境找到更恰当的词。主表是叙词表的核心部分,收录了各学科专业最基本的词汇。附表是主表的特殊形式,是为了控制主表的篇幅,将某些特殊范畴领域的叙词收录在一起,也按字顺排列,在使用上与主表无异,可以作主表看待。

字顺表的基本结构单元是主题词款目,由款目主题词及其汉语拼音字母、英译名、范畴分类号、注释项和6种参照关系(参照项)等组成。款目主题词按汉语拼音字顺排列。

所谓主题词款目,是指以规范化词为单元,在款目中起标目作用的条目。即每一个查找单位称之为主题款目。示例如下:

Shifan daxue　　　　　　款目主题词的汉语拼音
08E　　　　　　　　　　范畴分类号
师范大学　　　　　　　　款目主题词
Normal univesty　　　　 英文译名
注:……款目主题词的含义注释或观点注释
D师范学院…(代项)
S大学…(属项)
Z学校…(族项)
C师范教育…(参项)

师范学院、大学、学校、师范教育,均与师范大学(款目主题词)发生各种语义关系的主题词,称之为关系词。它们之间的语义关系采用参照符号(关系符号)Y、D、F、S、Z、C等加以联系,与关系词共同组成该款目主题词的参照项。

(2)辅助索引。辅助索引又称为辅助表,它将字顺表中的叙词根据不同的检索需要而重新组织编排,作为使用主表的辅助性工具,不能直接标引文献。辅助索引包括范畴索引、词族索引和英汉对照索引。

①范畴索引:又称范畴表、分类索引。它吸收了分类表的优点,把主表与附表中的全部主题词按其学科及词义范畴以汉语拼音为序编成的分类系统,即对主题词的分类,为从分类途径查主题词提供方便。范畴索引共设置58个大类、672个二级类、1080个三级类。其中,社会科学15个大类、173个二级类、311个三级类。与《中图法》的大类序列基本一致。其中,经济大类分设21个二级类,93个三级类。如表3-2所示。

表3-2　《汉语主题词表》范畴索引与《中图法》对比

《汉语主题词表》类目	《中图法》类目
01 马克思主义、列宁主义	A 马克思主义、列宁主义、毛泽东思想、邓小平理论
02 哲学	B 哲学、宗教
03 政治	D 政治、法律
04 国际关系	D 政治、法律
05 经济	F 经济
06 军事	E 军事
07 文化事业	G 文化、科学、教育、体育

续表

《汉语主题词表》类目	《中图法》类目
08 教育	G 文化、科学、教育、体育
09 体育	G 文化、科学、教育、体育
10 语言文字	H 语言、文字
11 文学艺术	I 文学　J 艺术
12 历史	K 历史、地理
13 民族	K 历史、地理
14 心理学	B 哲学、宗教
20 社会科学一般概念	C 社会科学总论

对多重属性或跨学科的主题词,则重复列入相应的类目。其中,社会科学类目的重复主题词共569个,归入两类至四类的各为536个、32个、1个。如"民族解放战争"一词,分别归入政治、军事、历史和民族4个大类。

范畴索引的类目标记采用数字与字母混合制,大类用两位数,下属二、三级类目再加上1~2个拼音字母以示区别。

②词族索引:又称族系索引、词族表,是指具有同义、属分和相关等语义关系的一组主题词。其中概念最大的主题词称为族首词,居于同族词之首,即只有参照项"分(F)",而没有参照项"属(S)"的主题词。

一个词族就是以族首词为中心的所有下位主题词及它们的同义词和相关概念的主题词,逐级向下、等级阶梯式排列和向左右展开的完整的等级语义系统,如图3-5所示("→"表示上位概念到下位概念的属分语义关系符号)。

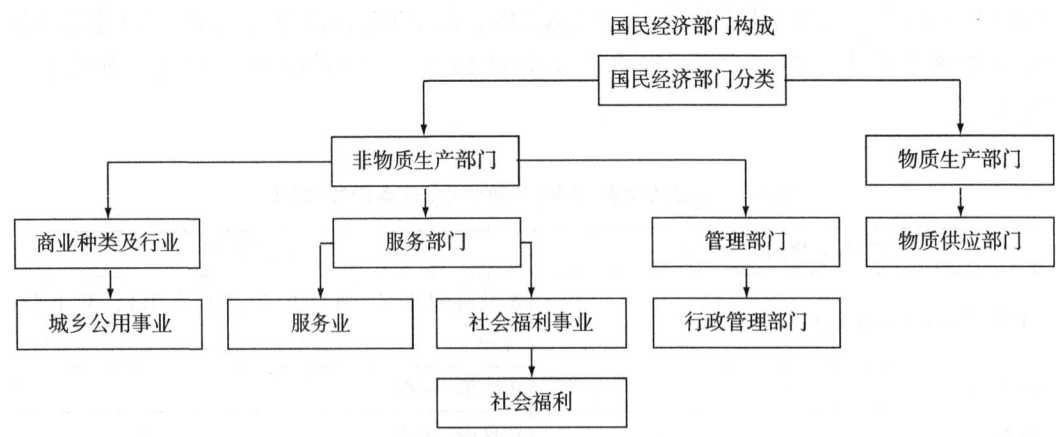

图3-5　《汉语主题词表》词族索引

③英汉对照索引:是一种将中英文对照的款目主题词,按英文字顺排列而成的辅助工具,主要提供按英译名检索主题词的检索途径。如:

商业区	Business capital 05QF
商业资金	Business area 05QD
商业中心	Business Center 05QD
工商统一税	Business conslidated tax 05QK
交易磋商（Y贸易谈判）	Business consultation 05RA

五、分类主题一体化

1. 分类主题一体化检索语言的发展

所谓检索语言的分类主题一体化，是指对分类表和叙词表的术语、参照、标识及索引实施统一的控制，使两者有机地融合为一体，从而发挥其最佳的整体效应。分类主题一体化是研究分类语言和主题语言相互之间的对应关系，属于不同检索工具相互对应和转换的研究范围。这种对应和转换的研究，可将主题语言直观性的优势引入分类语言，方便用户使用分类语言和方便标引员进行分类标引。即对用户而言，不需掌握分类语言，直接用主题词，就可通过分类主题词表进入分类系统，检索到其所需要的文献信息。对标引人员来说，可降低分类标引的难度，有助于提高分类标引的速度和提高分类标引的准确性和一致性。分类主题一体化的作用，除因其具有直观性而便于使用外，还有另一个更重要的作用：为计算机自动抽出的关键词提供关键词—主题词—分类类目对应关系，实现计算机自动分类标引。

1969年，世界上第一部分类主题一体化词表是由英国情报学家琼·艾奇逊（Jean Aitchison）等编制的《分面叙词表：工程及相关学科的叙词表及分面分类法》，在它的影响下，《国际十进分类法》（Universal Decimal Classification，UDC）、《美国国会图书馆分类法》（Library of Congress Classification，LCC）、《杜威十进分类法》（Dewey Decimal Classification，DDC）的编制者都对其分类法进行了一体化的研究，如《杜威十进分类法》编辑组2000年发布的"视窗杜威"2.10版的内容之一，是将《杜威十进分类法》与《美国国会图书馆主题词表》进行了链接对照，使其利于自动分类和网上传播。我国图书情报界1983年和1987年编制了首批一体化词表《常规武器工业分面叙词表》和《教育分面叙词表》，1994年我国第一部大型综合性分类主题一体化语言《中国分类主题词表》出版，标志着我国基本上完成了传统印刷型手工检索工具情报语言一体化的研究和编制，进入了新的更高一级的研究阶段——电子版和网络版一体化语言的研究。

2.《中国分类主题词表》简介

《中国分类主题词表》是在《中图法》编委会的主持下，从1987年开始由全国40个图书情报单位共同参加编制，1994年出版的一部大型文献标引工具书，在我国图情界特别是情报检索领域具有划时代的意义，具有较高的学术性和实用性。《中国分类主题词表》是我国20世纪90年代以来对检索语言进行应用研究的产物，是我国文献信息资源组织整序的主要工具。现《中国分类主题词表》第三版印刷版已于2017年4月出版，在Web 2.1版数据基础上，为《中国分类主题词表》词串增加了1个或1个以上入口短语,即类目概念短语,约66 400条。

(1)《中国分类主题词表》的结构。《中国分类主题词表》从我国文献检索语言实践出发,选择了"分类法——叙词表对照索引式"的分类主题一体化检索语言体系结构,由以下两个表组成。

①第一卷:为"分类号——主题词对应表"部分,是《中国分类主题词表》从分类到主题、从类号到叙词的对照索引体系,包含了《中图法》《中国图书资料分类法》(以下简称《资料法》)所有类目和对应的叙词款目、对应的注释。该卷分左右两栏编排,左栏是《中图法》的类表,右栏是相对应的主题词和主题词串构成的先组式标题。其主要功能是文献分类标引和通过分类的途径查找主题词,进而进行主题标引。

②第二卷:为"主题词——分类号对应表"部分,是《中国分类主题词表》从主题词到分类号,从标题到分类号的对照索引体系。它按主题词款目和主题词串标题的字顺排列,其后列出对应的分类号。主题词款目结构与《汉语主题词表》大体相同,但在族首词下进行全显示。其主要功能是文献主题标引和通过主题查找相关的分类号,为分类标引的辅助手段。

(2)《中国分类主题词表》的修订。

1988年,《中国分类主题词表》的编制立项成为国家社会科学基金重点科研项目,在文化部图书馆司、国家图书馆领导和《中图法》编委会的助力下,先后组织全国图书情报界160多位专家与工作者,历经6年完成,1994年6月由华艺出版社出版,此为《中国分类主题词表》第一版。随着《中图法》的更新,《中国分类主题词表》也在《中图法》不同版本的基础上进行了修订。《中国分类主题词表》在其先前发布的2.1版及《中图法》第五版的基础上,现已于2017年4月修订出版了《中国分类主题词表(第三版)》印刷版。

2000年4月《中图法》第六届编委会成立,正式开启《中国分类主题词表》的修订工作,并确立了《中国分类主题词表》修订的指导思想和原则。2001年5月在国家社会科学基金委员会批准立项为"数字信息资源组织工具的研发与应用",《中国分类主题词表(第二版)》和电子版是该项目的主要研制成果,于2005年9月由北京图书馆出版社出版。《中国分类主题词表(第二版)》是以《中国分类主题词表》第一版编制规则和"主题词机读规范数据库""《中图法》第四版机读数据库"为基础,以满足电子版功能为主,兼顾手工印刷版需求的分类与主题、标引与检索一体化的实用工具。第二版对《中国分类主题词表》第一版进行了全面系统的修订,其中增补新学科、新事物、新概念的主题词20 000多条,删除无使用频率的旧词包括修改为入口词的有12 000多条,增补自然语言形式的入口词共21 000多条,对《中图法(第四版)》类目做了部分修订和调整。

2008年,编委会申请立项国家社会科学基金项目"知识组织系统构建与知识服务研究",开展了《中目分类主题词表》Web版的研制及基于《中目分类主题词表》一体化创建维护系统、知识服务系统的研究。2010年3月,《中国分类主题词表》Web版通过国家图书馆验收,并委托国家图书馆出版社在互联网上正式发布。2012年起,编委会组织全体委员参与更新《中国分类主题词表(第二版)》与《中图法(第五版)》对应工作,《中国分类主题词表》Web版于2014年更新升级为2.1版,除更新《中图法(第五版)》对应内容外,还包括增补1万余条正式词即优选主题词,1万余条非优选主题词即入口词。

《中国分类主题词表(第三版)》印刷版于2017年4月出版,在Web 2.1版数据基础上,为《中目分类主题词表》词串增加了1个或1个以上入口短语,即类目概念短语,约66 400条。该数据主要来源于科技部"中文数字资源处理用字与主题概念揭示基础平台建设"子项目。

《中国分类主题词表》目前仍然是我国规模最大的分类主题一体化标引工具,共收录主题词120 818条、优选主题词120 818条、非优选主题词(入口词,指向单个优选主题词)46 434条,增补与类目对应的主题词组配式(即词串)6200余条。它包括哲学、社会科学和自然科学、工程技术等各领域的学科和主题概念,应用范围广泛,可适用于图书馆、档案馆、情报所、书店、电子网站等进行各种类型、各种载体文献数字信息资源的分类主题一体化标引和检索。它不仅适用于综合性文献标引和检索的需要,而且也照顾到了专业文献信息资源标引和检索的需要。同时《中国分类主题词表》的电子版为实现机助标引和自动标引提供了知识库和应用接口。

(3)《中国分类主题词表》的使用。

《中国分类主题词表》是分类与主题、先组式检索语言与后组式检索语言相结合的一体化检索语言体系。使用该表不仅可以使分类标引、主题标引在经过同一主题分析、采用同一标引工具的一次完成,而且能够降低主题标引的难度,提高标引的一致性。同时,由于分类号与主题词之间建立了对应联系,有利于在检索系统中实现分类号与主题词之间的相互转换,从而提高检索效率。

为方便各图书情报单位学习、掌握和使用《中国分类主题词表》,提高文献主题标引和文献分类标引质量,《中图法》编委会曾组织编写了3部《中国分类主题词表》手册,分别于1994年、1998年、2005年出版。手册的主要内容包括分类主题一体化检索语言、《中国分类主题词表》的编制及使用、文献标引的一般方法、各种主题形式和主题因素文献的标引、各类型文献的标引、各学科文献的标引等。

《中国分类主题词表(第二版)》和电子版出版后,新手册又全面论述了《中国分类主题词表》的编制理论、体系结构及功能,系统归纳了它在文献信息标引和检索中的应用方法和技术,重点地介绍了《中国分类主题词表》的修订原则、程序和方法,修订技术和规范,并总结了《中国分类主题词表》修订的重点。同时,对修订重点之一的《中国分类主题词表》管理系统和电子版的研制理论、技术和使用方法做了详尽的分析和阐述。从计算机应用角度全面论述了文献信息标引工作中的基本问题,同时还结合文献信息机读标引工作的实际,详细分析了利用《中国分类主题词表》对各类型主题、各类型文献信息、各类学科文献信息进行标引的方法。

《中国分类主题词表》手册是《中国图书馆分类法》使用手册的姊妹篇,但其阐述的重点是文献分类主题一体化标引和利用电子版标引的问题,手册附有大量的机读标引实例，对正确进行主题分析、主题标引很有帮助。该手册还从信息资源组织工具的编制理论、编制实践与应用实践三方面紧密结合进行了总结，希望能对检索语言的数字化理论发展与信息资源组织工具的实践应用起到指导性作用，成为图书情报机构从事信息资源组织与检索工作的必备手册。

第三节 语义网

语义网可通过XML词语、RDF概念和本体系统对万维网信息资源进行概念标引，语义网的建成可以使目前不可企及的概念标引和概念匹配变为现实，由此从根本上改变现在网络信息检索的低查全率和高噪声现象。

一、语义网概述

1. 语义网的基本概念

万维网创始人蒂姆·佰纳斯-李（Tim Berners-Lee）在1998年首次提出了语义网（Semantic Web）的概念。从概念定义的角度来说，蒂姆·博纳斯-李对语义网做了如下的描述："语义万维网并不是一个孤立的万维网，而是对当前万维网的扩展，语义万维网上的信息具有定义良好的含义，使得计算机之间及与人类能够更好地彼此合作。"语义万维网实际上是基于多种已有技术的，也依赖于后来与文本与标记（text-and-markup）技术及知识表示理论的综合。其渊源甚至可以追溯到20世纪60年代末期的柯林斯（Collins）、奎廉（Quillian）、洛夫图斯（Loftus）等人的研究，还有之后20世纪70年代初西蒙（Simon）、尚克（Schamk）、明斯基（Minsky）等人陆续提出的一些理论上的成果。其中西蒙在进行自然语言理解的应用研究时提出了Semantic Network（不是现在的Semantic Web）的概念。当时人们甚至发明了以逻辑为基础的程序设计语言Prolog。

语义网是基于当前万维网的，是建立在当前万维网上的一种扩展形式，而并非独立于当前的万维网的另一种网络。对于语义网中的信息所做的定义都是完整且无二义性的，因此语义网是能够根据语义进行判断的智能网络，实现人类与计算机或者计算机与计算机之间的无障碍沟通，让用户在万维网上的海量资源中找到所需要的信息，将一个个现存的信息孤岛发展成一个巨大的数据库，从而提高用户与计算机的交互性及计算机信息检索的效率。

从语义万维网的发展起源来看，语义网是人工智能领域和Web技术相互结合的产物。语义网的建立极大地促进了人工智能领域的发展，与Web 3.0智能网络的理念不谋而合，因此语义网的初步实现也作为Web 3.0的重要特征之一，但是想要成为网络上的超级大脑，需要长期的研究。这意味着语义网的相关实现会占据网络发展进程的重要部分，并且延续于数个网络时代，逐渐转化成"智能网"。

2. 语义网的体系结构

可以说目前的语义网研究多数都是基于互联网创始人蒂姆·佰纳斯-李在2000年

XML 世界大会上提出的语义网层次体系结构,蒂姆·博纳斯-李认为语义网的体系结构中,功能自下而上逐层增强,下层向上层提供支持,将语义信息加入 Web。语义网的体系结构由 7 个层次组成,如图 3-6 所示。

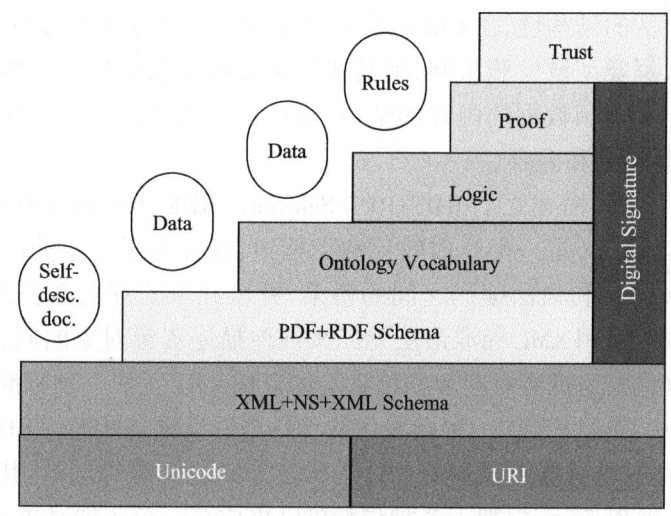

图 3-6　语义网体系结构

语义网的体系结构由 7 个层次组成:最底层的 URI(Uniform Resource Identifier)和 Unicode 是标识语义网对象和统一使用国际字符集的基本手段;XML、NS 和 XML Schema 定义了语义网上语法互操作的标准;RDF(Resource Description Framework)和 RDF Schema 用来描述和定义语义网上的资源;本体层(Ontology Vocabulary)用来定义不同概念之间的关系,以支持词汇的演化;逻辑层(Logic)为基于规则的系统提供了一个描述公理的框架;证明层(Proof)执行规则并作出相应的评估;信任层(Trust)为应用程序是否信任一个给定的证明提供检测机制。7 层中贯穿 4 个层次的数字命名的主要工作是监控文档的动态变化情况,也是增强 Web 安全性的重要手段。

(1)第一层:"字符集"层。Unicode 和 URI。最底层的 URI 和 Unicode 是标识语义网对象和统一使用国际字符集的基本手段,是整个语义网的基础,其中 URI 负责资源的标识,Unicode 负责资源的编码,它们成功地解决了万维网上资源的定位和跨地区字符编码的标准格式的问题。Unicode 是一个字符集,这个字符集中所有字符都用两个字节表示,可以表示 65 536 个字符,基本上包括了世界上所有语言的字符。采用 Unicode 作为其字符编码方案,可以从根本上解决跨地区、跨语言字符编码的格式标准问题。URI 即统一资源定位符,用于唯一标识网络上的一个概念或资源。URI 是 URL(Universal Resource Locator)的超集,支持语义网上对象和资源的精细标识,从而使精确信息检索成为可能。

(2)第二层:根标记语言层。XML+NS+XML Schema。在第一层的基础之上,该层是 XML 及相关技术层。XML 是一个精简的标准通用标记语言,综合了标准通用标记语言的丰富功能与 HTML 的易用性,它允许用户在文档中加入任意的结构,而无须说明这些结构的含义。NS(Name Space)即命名空间,由URI索引确定,目的是避免不同的应用使用同样的字符描述不同的事物。XML Schema(XML模式,XMLS)是文档类型定义(Document Type Definition,DTD)的替代品,它本身采用XML语法,但比DTD更加灵活,提供更多的数据类型,能更好地为有效的XML文档服务并提供数据校验机制。正是由于XML灵活的结构性、由URI索引的NS而带来的数据可确定性及XML Schema所提供的多种数据类型及检验机制,使其成为语义网体系结构的重要组成部分。本层负责从语法上来表示数据的内容和结构,通过标准的语言使用来分离网络信息中的数据结构、表现形式和内容。

(3)第三层:资源描述层。RDF+RDF Schema。RDF(Resource Description Framework)即资源描述框架,是一个开放的元数据框架,通过基于语法的明确定义的模型来帮助建立语义协定和语法编码之间的桥梁,并以此来实现元数据的互操作能力。RDF解决的是如何采用XML标准语法无二义性地描述资源对象的问题,使得所描述资源的元数据信息成为机器可理解的信息。如果把XML看作一种标准化的元数据语法规范,那么RDF就可以看作一种标准化的元数据语义描述规范。RDF Schema(RDF模式,RDFS)使用一种机器可以理解的体系来定义描述资源的词汇,其目的是提供词汇嵌入的机制或框架,在该框架下多种词汇可以集成在一起实现对Web资源的描述。

(4)第四层:"本体"层。Ontology Vocabulary(本体词汇)。本体是语义网的核心,其本质是一种共享词表,是对一个领域内一组概念及其概念间相互关系的形式化表达,为语义网提供了语义。该层是在RDF(S)基础上定义的概念及其关系的抽象描述,用于描述应用领域的知识,描述各类资源及资源之间的关系,实现对词汇表的扩展。在这一层,用户不仅可以定义概念,而且可以定义概念之间丰富的关系。

(5)第五层:逻辑层(Logic)。逻辑层用以提供公理和推理规则,为智能推理提供基础。

(6)第六层:证明层(Proof)。证明层用于提供认证机制,执行逻辑层产生的规则。该层执行已经描述过的规则,并对推理效果进行验证和评估,是语义网的重要认证手段。

(7)第七层:信任层(Trust)。信任层主要负责提供信任机制,保证资源的交互安全可靠。该层对证明结果建立的检验机制,是一种可以方便不同的应用程序判断某个证明结论是否可以被信任的一种手段。

二、语义网的核心技术

语义网是Web的延伸,沿用了很多Web的技术,在语义Web体系结构中,底层技术都是超文本网络技术,包括HTTP、Unicode、XML、XML Name Space等。中间层主要使用了W3C颁布的语义Web核心技术,包括RDF、RDFS、OWL及SPARQL等。除此之外,还有一些语义Web相关技术,如SKOS、RIF、GRDDL等。目前,实现语义Web的核心技术(RDF、RDFS、OWL及SPARQL等)已由W3C标准化,这些技术虽然还不足以构建语义Web,但可以用于构建一些语义的应用程序。

1. XML/XMLS 技术

如果说设计 HTML 的目的是用来显示数据，焦点在于数据的外观，那么 XML 的目的则在于传输和存储数据。XML 没有固定的标签集，用户通过 XML 模式来自定义标签集。文档类型定义（DTD）和 XMLS（XML Schema）是两种常用的 XML 模式，但 DTD 相对陈旧并且限制较多。XMLS 是基于 XML 的 DTD 的替代者，支持数据类型和命名空间，可针对未来的需求进行扩展，XMLS 也因此得到广泛应用。XML 严格遵守 DTD 或 Schema 定义的语法约束，具有良好的数据存储格式、可延展性、高度结构化等优点，故成为了语义网的支撑技术。

2. RDF/RDFS 技术

1999 年，针对 XML 不能准确描述每个标签的含义的缺陷，W3C 提出资源描述框架（RDF）的概念，该框架于 2004 年成为 W3C 的正式标准（修订版 RDF 1.1 于 2014 年完成）。可用 RDF 来描述万维网上的资源信息，如描述有关网页的信息，这些信息包括内容、作者及被创建和修改的日期等。RDF 包含 RDF 数据模型、RDF Schema 和 RDF 语法。RDF 数据模型包括三方面，即资源、属性和陈述。资源（Resource），即一切能够用 RDF 表示的对象，包括网上的所有信息、虚拟概念及现实事物等；属性（Property），即用来描述资源特征或资源间的关系，每一属性都有其意义；陈述（Statements），一条陈述包括三部分，是一个由主语、谓语和宾语构成的三元组，其中主语是资源，谓语和宾语分别表示其属性和属性值。Web 上的资源都能够以三元组的形式描述；每个三元组也都可以用一个有向图表示，主语或宾语用结点表示，谓语用有向边表示。若一个资源既是某一三元组中的主语，又是另一个三元组中的宾语，则这两个三元组之间可以进行连接。在互联网的知识结构中，所有的 RDF 三元组均可转化为图结构。RDF 三元组这种描述资源的方式，不提供资源的语义信息。为此，RDF 使用 RDFS（RDF Schema）定义 RDF 三元组中描述资源时的词汇或术语，使得用户定义的 RDF 三元组具有语义特征。RDF 语法即描述 RDF 陈述（三元组）的语法。可以使用 Turtle 类语言、基于 JSON 的 RDF 语法、RDF（aHTML 和 XML 相嵌）及 RDF/XML（用 XML 语法描述 RDF）这 4 类 RDF 语法描述 RDF 陈述，它们在逻辑和功能上完全等价。从语义 Web 的体系结构来看，W3C 建议在语义 Web 中使用 XML 语法描述 RDF 陈述。

3. **本体及其描述语言**

蒂姆·伯纳斯-李构建的语义的体系结构中的第四层，即为"本体词汇层"，是语义网技术最关键的部分。RDF 描述资源对象时基于 XML 的标准语法，能够表达一定的语义，因此机器可理解这些描述信息。但由于 RDF(S) 的表达能力的局限性，无法表达词汇间的关系。为进一步提高 Web 信息资源的描述能力，将本体（Ontology）原本属于哲学领域的概念应用于计算机科学领域中，尤其是语义 Web 领域，其非常适用于描述概念和概念之间的关系。

（1）本体。在计算机领域，本体可以认为是形式化的，能够明确而详细地对共享概念进行说明。某领域的术语可用本体来描述，这些术语按照层次结构组织在一起，其可以作为某个领域知识库的骨架。从内涵来看，本体提供某领域的共享词表。本体为某个领域内的不同主体(人、机器等)之间进行交流提供语义支持,使用户之间能够在交流时达成共识。在语义Web中,本体是一种概念建模工具,用来描述语义Web中的概念与概念间的相互关系,使计算机能更好地处理网页上的信息资源。本体对概念的描述能在知识层及语义层上进行,能够描述实体间的联系及约束,为Web上的信息交换和资源共享提供支撑。描述资源采用的语言是形式化的,在计算机理解的基础上,使应用平台能够智能、准确地处理Web的信息资源。总之,语义Web实现和本体构建是关键,语义标注所需的词汇和语义由本体提供。

(2)本体描述语言OWL。在语义Web中,本体对领域的概念及其概念之间的关系进行显式定义。描述本体需要标准的语言,目前用于描述本体的语言有许多种,其中被W3C推荐的语言有RDF、RDFS及OWL(网络本体语言,Web Ontology Language)。RDF数据模型中使用的词汇由RDFS定义,但RDFS不能描述词汇与词汇之间的关系,这导致了Web本体语言OWL的出现。OWL以RDF和RDFS为基础,采用RDF/XML语法,通过增加额外的词汇及形式化的语义,使机器更好地解释Web内容。2004年,OWL成为W3C标准;2012年,W3C发布最新修订版OWL2。依据OWL的表达能力,OWL提供了3种子语言:OWL Full、OWL DL和OWL Lite。

4. SPARQL(RDF查询语言)

SPARQL是用于查询RDF数据的语言,由W3C的数据访问工作组(Data Access Working Group)提出,其可以被映射到RDF数据库的应用中。SPARQL本体查询语言的检索形式有多种,其中三元组形式最简单。目前,一些拥有本地数据的大型数据集都可使用SPARQL的查询服务,查询结果一般通过应用程序使用SPARQL进行查询。2008年1月,SPARQL成为W3C推荐标准,目前大部分的语义Web应用都采用SPARQL技术。RDF、RDFS、OWL和SPARQL这些被W3C标准化了的语义网技术,虽然还不足以实现语义Web,但这些技术的应用使得构建基于语义的应用程序,如语义搜索引擎、语义推荐系统等成为可能。

三、语义网的资源语言

目前Web模型主要支持对文本内容的浏览和搜索。语义网需要新的模型,XML模型可用于数据的表示和交换,但缺乏描述语义信息的能力。而RDF是一个网络资源对象和其间关系的数据模型,拥有简单的语义,且可以通过XML编码。RDF Schema是一个用来描述RDF资源的属性和类型的词汇集描述语言,并提供了关于这些属性和类型的语义。资源描述框架的目标就是克服XML的语义限制,提供一种简单的模式来表示各种类型的数据,实现机器可以理解的网络资源描述。

1. RDF的内涵

RDF的含义就是描述资源的框架(Resource Description Framework),它是W3C推荐的一种信息描述方式,目的是克服XML的语义限制,提供一种简单的模式来表示各种类型的数据。RDF的基本思想很简单,即任何网络资源都可以唯一地用URI来表示。在这里,可以简单地将URI理解成网址URL。将RDF一词拆开来看,资源(Resource)

指所有在Web上被命名、具有URI的对象,如网页、XML文档中的元素等;描述(Description)是指对资源属(Property)的一个陈述(Statement),以表明资源的特性或者资源之间的联系;框架(Framework)即与被描述资源无关的通用模型,以包容和管理资源的多样性、不一致性和重复性。综合起来,RDF就是定义了一种通用的框架,其基本单位是三个一组,由主语(资源标识符)、谓语(特性、属性或关系)和宾语(另一个资源或文字数据)组成。即"资源—属性—值"的三元组,以不变应万变,来描述Web上的各种资源。前面RDF以XML作为表示语法,其基本的语法包括:Description元素包含属性元素集,about属性指示描述的资源,rdf:type表示资源是给定类的成员。

2. RDF 的特点

(1)易控制。RDF使用简单的"资源—属性—值"三元组,所以很容易控制,即使是数量很大的时候。

(2)易扩展。在使用RDF描述资源的时候,词汇集和资源描述是分开的,所以可以很容易扩展。

(3)包容性。RDF允许任何人定义自己的词汇集,并可以无缝地使用多种词汇集来描述资源,以根据需要来使用,使其各尽其能。例如,在上个例子里描述网页资源时用Dublin Core描述其作者属性,而在描述作者的姓名时又使用了另外一个专门描述人的词汇集来描述。

(4)可交换性。RDF使用XML语法,可以很容易地在网络上实现数据交换;另外,RDF Schema定义了描述词汇集的方法,可以在不同词汇集间通过指定元数据关系来实现含义理解层次上的数据交换。

(5)易综合。在RDF中资源的属性是资源,属性值可以是资源,关于资源的陈述也可以是资源,都可以用RDF来描述,这样就可以很容易地将多个描述综合,以达到发现知识的目的。

3. RDF 语法

RDF数据模型是一个抽象与概念的框架,需要通过具体的语法来承载和交换元数据。RDF规格提供了两种XML语法:序列语法(Serialization Syntax)和简略(Abbreviation Syntax)。前者以形式化的方法描述了RDF模型的全部功能;而后者以较精简的形式来表示RDF数据模型的一部分。理想的状况是希望RDF解释器(Interpreter)能够支持这两种语法,让元数据的作者能自由混合使用。

为了避免不同词表的名字冲突,RDF为每个词表分配单独的XML名字空间,词表称为schema,由RDFS定义。为了创建可控制、可共享和可扩展的RDF词表,RDF工作组开发了RDF规范,允许用户使用RDF创建标准类和属性的schema。为此该规范定义了一系列具有特殊语义的类和属性。

4. RDF 的构成

RDF由RDF Data Model、RDF Schemal和RDF Syntax 3个部分组成。

(1)RDF Data Model。RDF定义了一种通用的数据模型,即RDF Data Model(RDF数据模型),通过资源、属性和值来描述特定信息资源。其中,资源是指所有在Web上被命名的、具有统一资源描述符(URI)的对象。资源可以是一个完整的网页集合,也可以是网页中的一部分,或者是XML文档中的元素等。属性(Property)是用来描述资源的特定特征关系,每一个属性都有特定含义。与资源相关的属性被定义为属性类型(Property-type),用来定义它的属性值和所描述资源形态,以及和其他属性的关系。值(Value)可以是由文本字符串、数字等表示的字面值,也可以是其他资源。

特定的资源以一个被命名的属性与相应的值来描述,则称为"RDF陈述"(Statement),可理解为"资源R具有值为V的属性P"。在RDF中,每个陈述的基本结构都是一个以主语、谓语、宾语这样的次序的三元组。其中,主语(Subject)是资源,谓语(Predicate)是属性,宾语(Object)是值,RDF的基本数据模型如图3-7所示。RDF数据模型的具体应用如图3-8所示,对某型雷达这一作战资源的RDF数据模型中部分内容举例进行了描述。

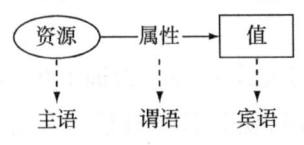

图3-7 RDF的基本数据模型

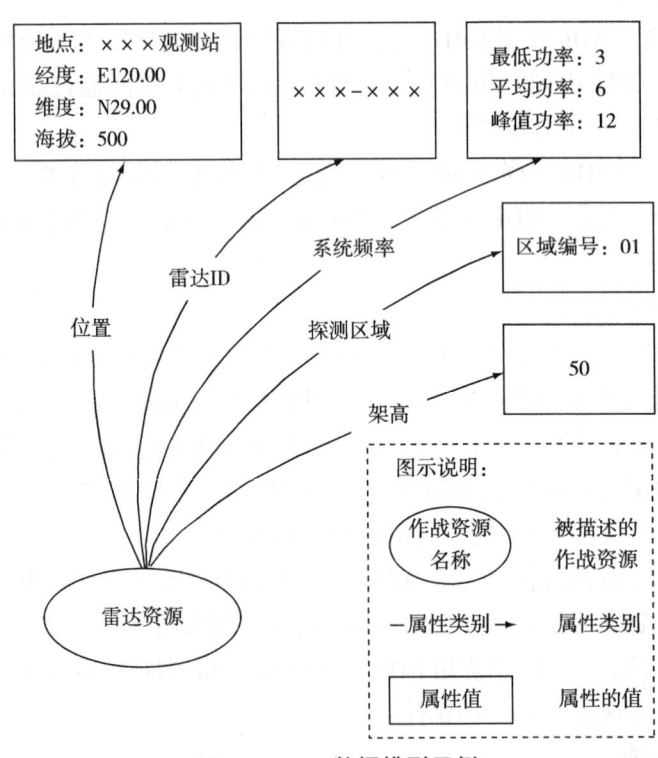

图3-8 RDF数据模型示例

(2)RDF Schema。RDF Schema是RDF的语义扩展,它使用一种机器可理解的体系来定义描述资源的词汇,提供了描述相关资源及这些资源之间关系的机制。其基本作用包括：定义资源的属性类、语法、属性值的类型，定义资源类及属性所应用到的资源类，声明由一些机构定义的元数据标准的属性类。

RDF Schema 提供了核心类（Core Class）、核心属性（Core Attribute）和核心限制（Core Constraint）等机制来定义资源的类、属性、资源和资源之间的继承关系等，资源的类（Class）类似于面向对象中"类"的概念，指的是事物的一类。某一类中的一个具体事物称为"实例（Instance）"。在 RDF Schema 中的核心属性有"rdfs：type""rdfs：sub-Classof""rdfs：sccAlso"等。

（3）RDF Syntax。RDF Schemal XML 为其宿主语言，通过 XML 语法实现对各种元数据的集成。目前最新的语法规范是 2004 年 W3C 推荐的 RDF/XML 语法规范。

RDF/XML 能够表达由多个陈述语句所组成的 RDF 图（即 RDF 数据模型），其基本思想是将 RDR 图编码为元素、属性、元素内容和属性值，其基本方法是：RDF/XML 使用 XML 限定名（XML QNames）来标识数据模型中请语句的 URI 引用（URIreferences，简写为 URIrefs）。限定名有一个命名空间名称，由一个 URI 引用和一个短的本地名称组成。此外，限定名可以有一个短前提，或者有默认的命名空间声明。再把主语的 URIrefs 写作 XML 属性值（宾语的 URIrefs 有时也可能被写作属性值），字面值结（一般是宾语结）则作为原始文本内容或者属性值。

四、人工智能驱动的语义搜索

在大数据时代，高效检索相关信息至关重要。人工智能驱动的语义搜索已成为一种至关重要的工具，使系统能够理解和处理自然语言，具有高精度的查询功能。人工智能驱动的语义搜索是一种先进的信息检索技术，它结合自然语言处理、机器学习、本体论等人工智能技术，超越了基于关键词匹配的搜索方法，能够通过理解用户查询的意图和上下文信息，提供更加准确和相关的搜索结果，满足企业、研究人员和日常用户在数据密集型环境中的信息需求。

1．核心技术及方法

人工智能驱动的语义搜索过程中，人工智能（AI）作为其核心力量，通过多种技术及方法来理解自然语言查询的深层含义，并提供高精度的检索结果，主要包括自然语言处理、深度学习、知识图谱等技术方法。

（1）自然语言处理。自然语言处理（Natural Language Processing，NLP）是人工智能领域中重要的研究方向，融合了语言学、计算机科学、数学、认知心理学等多个学科领域的知识，主要目标是使计算机能够深度理解并精确处理人类语言，实现自然的人机交互、高效的信息处理和智能化的文本分析。自然语言处理主要包含两个方面：自然语言理解（Natural Language Understanding，NLU）和自然语言生成（Natural Language Generation，NLG）。

①自然语言理解。自然语言理解是指计算机程序能够理解人类语言的含义和意图，主要包括语义分析、句法分析、意图识别、实体识别、情感分析等方面。

②自然语言生成。自然语言生成是指计算机程序能够生成自然语言文本，是将

数据、信息或知识转换成人类可读和理解的文本形式的过程,包含数据理解、内容规划、文本结构语言实现等多个步骤。

(2)机器学习与深度学习。

①机器学习。机器学习(Machine Learning)作为人工智能的分支,主要研究计算机如何模仿人类的学习行为,获取新的知识或经验,并重新组织已有的知识结构,不断提高自身性能。机器学习能够通过计算机在海量数据中学习数据的规律和模式,从中挖掘出潜在信息,广泛用于解决分类、回归等问题。机器学习可以分为监督学习和无监督学习两大类,监督学习通过训练数据集来预测未知数据的输出,而无监督学习则用于发现数据中的模式和结构深度学习。

②深度学习。深度学习(Deep Learning 或 Deeper Learning)属于机器学习的领域,是一种深层的机器学习模型,它通过构建具有多层结构的神经网络来模拟人脑处理信息的方式,从而实现对数据的高效学习和特征提取,实现系统的端到端学习。经典的深度学习模型包括卷积神经网络(Convolutional Neural Networks,CNN)、长短期记忆网络(Long Short-Term Memory,LSTM)、生成对抗网络(Generative Adversarial Networks,GAN)、深度强化学习(Deep Reinforcement Learning,DRL)模型等,这些模型用于文本的层次化特征提取和表示学习,帮助理解词汇和句子之间的复杂关系。

(3)知识图谱。知识图谱(Knowledge Graph)是以图的形式表现客观世界中的实体(概念)及其之间关系的知识库,是一种由结点(实体)和边(关系)组成的图结构,包含实体、关系、属性三个要素。知识图谱作为增强语义搜索能力的一种工具,能够应用于实体链接、关系映射及上下文增强等方面。

在人工智能驱动的语义搜索过程中,AI 技术是相互关联、相辅相成的。例如,NLP 技术的应用能够使深度学习模型更好地理解语言,深度学习模型又可以反过来帮助 NLP 技术更准确地解析用户的意图。各项 AI 技术在检索过程中结合起来,才得以构建出一个强大的搜索平台,提供更精准的搜索结果,满足用户的需求。

2. 检索过程

人工智能驱动的语义搜索过程通常包括以下7个主要阶段。

(1)信息预处理包括以下几个方面。

①文本采集:从各种数据源收集文本数据;

②文本清洗:去除无关信息,如 HTML 标签;

③分词:将文本分割成单词或短语。

(2)自然语言处理包括以下几个方面。

①词法分析:识别单词的形态,如词根、词尾等;

②句法分析:分析句子结构,确定单词之间的关系;

③语义分析:理解单词和句子的含义。

(3)特征提取包括以下几个方面。

①使用深度学习模型(如 CNN、RNN、LSTM、Transformer)提取文本的特征表示;

②将文本转换为向量表示,这通常称为词嵌入(Word Embeddings)。

(4)构建知识图谱包括以下几个方面。

①从文本中提取实体和关系；

②构建实体之间的图结构，以表示它们之间的语义联系。

(5)查询理解包括以下几个方面。

①解析用户查询，提取关键信息；

②识别查询中的实体、关键词、短语和上下文。

(6)检索与匹配包括以下几个方面。

①使用查询的向量表示与文档库中的向量表示进行匹配；

②应用相似性度量(如余弦相似度)或最近邻搜索(如K近邻算法)来找到最相关的文档。

(7)结果排序与优化包括以下几个方面。

①根据匹配分数对检索结果进行排序；

②使用机器学习算法来优化结果排序；

③根据用户反馈和行为数据进行搜索结果的持续优化。

以上7个阶段构成了人工智能驱动的语义搜索过程，确保了搜索过程中能够理解用户意图，提供高度相关的搜索结果，满足用户的需求。

3．应用场景

人工智能驱动的语义搜索正在逐步改变人们搜索信息的方式，也可以解决传统搜索的痛点，并正被广泛应用于多个领域，以下是一些应用场景。

(1)搜索引擎优化。搜索引擎优化(Search Engine Optimization，SEO)是一种通过改进网站内容和结构，使其在搜索引擎结果页面中排名更靠前的技术和策略，主要目的是提高网站的在线可见性，从而吸引更多用户访问网站。通过语义搜索技术，能够理解查询的意图以得到更相关的搜索结果。例如，在谷歌搜索中，即使检索词中包含错误拼写或不同词汇，也能够返回与用户意图相匹配的相关搜索结果。百度搜索也能够通过深度学习算法优化搜索结果，提供更加个性化的搜索体验。

(2)数字图书馆和信息检索。人工智能驱动的语义搜索技术在数字图书馆中的应用能够极大提升信息检索的效率和用户体验。①AI驱动的语义搜索技术能够理解用户的查询意图，提供更相关的搜索结果，对于用户的复杂问题也能够返回准确的答案。②系统中通常提供高级搜索选项，支持复杂的研究查询，允许用户根据关键词、作者、出版物等标准进行筛选和搜索，提供相关度更高的搜索结果。③数字图书馆可以通过自然语言处理和机器学习自动分类和标签化文献，提高文献管理效率，减轻工作人员的工作负担。④文本挖掘、机器学习等技术可以帮助用户分析文献，识别研究热点并发现新的研究趋势，促进知识创新。谷歌学术(Google Scholar)、IEEE Xplore、SpringerLink、Project MUSE等数字图书馆与数据库已经应用了此项技术，能够提供更精准、更深入的搜索体验。

(3)聊天机器人。人工智能聊天机器人(Chat)是一种人工智能语义检索工具，Chat结合了自然语言处理(NLP)、自然语言理解(NLU)、自然语言生成(NLG)等技术，不仅能够进行信息检索,还包括对话管理、意图识别、实体抽取等方面,Chat侧重于通过对话来实现信息检索的功能,能够为用户提供更加丰富的互动体验。Chat GPT是由OpenAI于2022年11月推出的一个人工智能聊天机器人程序,该程序基于大型语言模型GPT-3.5,使用指令微调和基于人类反馈的强化学习技术训练而成,是由一种人工智能技术驱动的自然语言处理工具。SciBite Chat是由爱思唯尔(Elsevier)推出的一款人工智能语义检索工具,专为生命科学领域的研究和发展设计,这款工具结合了语义搜索和大型语言模型(LLMs)来解释自然语言问题并生成答案,SciBite Chat的核心理念是通过生成式人工智能(GenAI)和基于本体的语义搜索,使用户能够与数据对话,保证了数据的可溯源性和可信度。

(4)新闻聚合与媒体内容管理。AI驱动的语义搜索应用于新闻聚合与媒体内容管理,一方面,可以自动分类和标签化新闻内容,便于用户检索;另一方面,能够提供个性化的新闻推荐,使用户能够更加方便地发现和阅读感兴趣的新闻。Flipboard是一个新闻聚合和内容发现平台,使用自然语言处理和机器学习自动分类和标签化新闻内容。Facebook News Feed是Facebook提供的新闻聚合服务,通过深度学习分析用户的阅读习惯和偏好,对用户进行个性化推荐。

(5)电子商务。在电子商务领域,AI驱动的语义搜索技术的应用不仅能够提高用户体验,也能够提高在线零售商的服务能力。在各类电商网站中,可以通过智能推荐、搜索优化、智能客服等方式大大增加用户的消费体验。亚马逊网站的推荐系统利用AI和语义搜索分析用户的购物行为和偏好来进行商品推荐。阿里巴巴集团的AI系统能够提供智能客服服务,通过语义分析理解用户的问题并提供准确的答案或解决方案。

3. 发展前景

在信息社会,随着技术不断更新迭代,我们迎来了数智时代。人工智能的飞速发展催生了AI搜索技术,极大地提高了信息检索的效率和质量,让信息检索领域进入了一个新的发展阶段。AI搜索技术通过自然语言处理、深度学习等算法,能够精准学习用户意图,从大量数据中筛选相关的内容,为用户提供高精确度的搜索结果,并不断学习用户反馈和行为,不断优化搜索结果。自2022年起,以ChatGPT为代表的生成式AI产品涌现,给信息检索与内容生成方式带来了新的变革,同时也引发了学界的热烈讨论。AI搜索技术能够大大改善信息检索效率和用户体验,但也是一把双刃剑,例如,AI搜索能够分析用户偏好并满足个性化需求,但同时可能会产生信息茧房,限制了用户的视野。此外,AI搜索还面临着信息准确性、数据源质量、垂直领域专业性、隐私问题等方面的挑战。AI搜索,尤其是生成式AI,作为一种新兴的检索工具,不仅需要精进自身的算法,也要对各个层面进行全面的考量,以应对其面临的挑战。

第四节 元数据

元数据作为一个概念,在不同的背景下被用来指代关于特定事物的信息,如已出版材料或博物馆物品的目录,寻找档案材料的辅助工具,期刊文章索引等,这些是图书馆、档案馆和博物馆中常见的元数据示例。广义上讲,元数据封装了描述任何信息承载实体的信息。

在过去的几十年里,由于学科和技术领域的发展,元数据的概念和指导方针发生了迅速的变化,核心概念和元数据原则在元数据相关项目的开发中至关重要。"元数据"通常被理解为"关于数据的数据",关于数据收集背景有价值的信息。如数据来源、收集日期、涉及人员及用于收集的方法等,可以帮助分析师更好地了解数据及其质量,并能够安全地作出决定。

一、元数据概述

1. 元数据的概念

元数据(Metadata),又称中介数据、中继数据,是关于数据的组织、数据域及其关系的信息。随着信息化进程的推进,网络信息资源呈指数级增长,为了对庞杂无序的网络信息进行有效的描述、组织、管理,实现信息资源的存储及检索利用,元数据应运而生。在不同领域,元数据的定义也各有不同,如在图书馆与信息界,元数据被定义为:提供关于信息资源或数据的一种结构化的数据,是对信息资源的结构化的描述;而在软件构造领域,元数据被定义为:在程序中不是被加工的对象,而是通过其值的改变来改变程序的行为的数据。

虽然元数据在各领域的细化定义有所差别,但各界对其的普遍认识为"用来描述数据的数据"。因此,元数据就是关于数据的数据,是为了描述数据的相关信息而存在的数据,例如记录数据的存储位置、模型定义、生命周期、血缘关系等信息。元数据算是一种电子式目录,为了达到编制目录的目的,必须描述并收藏数据的内容或特色,进而达成协助数据检索的目的。元数据通过表达语义的规范性字段数据,以及表达数据结构、数据关系和数据逻辑的 XML/XMNS/RDF/RDES/OWL 形式化描述,使计算机信息系统能够对资源数据所携带的语义信息完成认知和理解,从而赋予数字资源丰富且唯一的标识信息,实现信息系统对数字资源的高效检索。

2. 元数据的特点

(1)元数据是关于数据的结构化的数据,它不一定是数字形式的,可来自不同的资源。

(2)元数据是与对象相关的数据,此数据使其潜在的用户不必先具备对这些对象的存在和特征的完整认识。

(3)元数据是对信息包裹(Information Package)的编码描述。

(4)元数据包含用于描述信息对象的内容和位置的数据元素集,促进了网络环境中信息对象的发现和检索。

(5)元数据不仅对信息对象进行描述,还能够描述资源的使用环境、管理、加工、保存和使用等方面的情况。

(6)在信息对象或系统的生命周期中自然增加元数据。

（7）元数据常规定义中的"数据"是表示事务性质的符号，是进行各种统计、计算、科学研究、技术设计所依据的数值，或是说数字化、公式化、代码化、图表化的信息。

3. 元数据的结构

（1）内容结构，包括描述性元素、技术性元素、管理性元素、复用性元素。

（2）句法结构，包括元素的分区分层分段组织结构、元素结构描述方法、DTD描述语言、元数据复用方式、与被描述对象的捆绑方式。

（3）语义结构，包括元素内容编码规则定义、元素定义、元素语义概念关系、元数据版本管理。

二、元数据的类型

网络中的信息资源纷繁复杂，因此对于这些资源描述的详细程度也有所不同，如对于具有学术性或商业性价值的资源需有较详细的描述，而对于只是满足使用者暂时性的需要的信息，仅简单描述即可。因此，存在着不同类型的元数据，并且存在着多种分类标准。由于使用视角不同会影响对元数据的分类，所以具体的分类标准也并不严格，本书从以下几个方面对元数据进行了分类。

1. 根据元数据的不同功能分类

参照1998年美国Getty信息研究所对元数据的专项研究成果，可按功能将元数据划分为管理型元数据、描述型元数据、保存型元数据、技术型元数据和使用型元数据5种类型，如表3-3所示。

表3-3 元数据类型及功能

类型	定义	举例
管理型元数据	在管理信息资源利用中的元数据	·采购信息、权利和复制品追踪、法定检索所要求的文献 ·位置信息 ·用于数字化的挑选标准 ·版本控制
描述型元数据	用来描述或识别信息资源的元数据	·编目记录 ·查找帮助 ·特殊化索引 ·资源之间超链接的关系 ·用户的注解
保存型元数据	与信息资源的保存管理相关的信息	·资源实体条件方面的文献 ·保存资源物理和数字版本，如数据更新和移植方面的文献

续表

类型	定义	举例
技术型元数据	与系统如何行使职责或元数据如何发挥作用相关的元数据	·硬件和软件文献 ·数字化信息，如格式、压缩比例、缩放比例常规 ·系统反应次数的追踪 ·真实性和安全性数据，如密码、口令
使用型元数据	与信息资源利用的等级和类型相关的元数据	·展览记录 ·使用和用户追踪 ·内容再利用和多个版本的信息

2. 根据元数据在组织信息资源的功能分类

(1)知识描述型元数据(Intellectual Metadata)。知识描述型元数据是用来描述、发现和鉴别数字化信息对象的元数据，如 MARC、DC，主要描述信息资源的主题、内容特征。

(2)结构型元数据(Structural Meiadata)。结构型元数据是用来描述数字化信息资源的内部结构的元数据，如目录、章节、段落的特征。

(3)存取控制型元数据(Access Control Metadata)。存取控制型元数据是用来描述数字化信息资源的内部结构的元数据，如目录、章节、段落的特征。

(4)评价型元数据(Critical Metedata)。评价型元数据是用来描述和管理数据在信息评价体系中的位置的元数据。

3. 按照不同应用领域分类

(1)技术元数据。技术元数据的主要功能是存储数据仓库的技术细节内容，主要供系统建设的技术人员使用。技术元数据主要是用来记录业务数据从源数据库加载到目标数据库的流动过程，在这个过程中，数据的来源、数据的存储数据库及存储时间、存储技术和规则都会被技术元数据记录下来，各个企业的相关人员可以跟踪和分析上述流程，来更容易地扩展和维护数据仓库技术。

常见的技术元数据如下。

①物理数据库表名称、列名称、字段长度、字段类型、约束信息、数据依赖关系等；

②数据存储类型、位置、数据存储文件格式或数据压缩类型等；

③字段级血缘关系、SQL 脚本信息、ETL 抽取加载转换信息、接口程序等；

④调度依赖关系、进度和数据更新频率等。

(2)业务元数据。业务元数据主要是对 IT 系统的数据实体和数据处理的业务化描述，包括系统的分析方法、报表和公式的信息；用户业务的数据模型及属性和对象名等，它从业务的角度对数据仓库中的数据进行描述，在用户和数据仓库数据之间架起了一座桥梁，提供语义上的解释，使得用户易于理解数据仓库中的数据。

常见的业务元数据有。

①业务定义、业务术语解释等；

②业务指标名称、计算口径、衍生指标等；

③业务规则引擎的规则、数据质量检测规则、数据挖掘算法等；

④数据的安全或敏感级别等。

(3) 操作元数据。操作元数据描述了数据的操作属性,如管理部门、管理责任人等。数据操作属性的明确,有助于将数据管理责任落实到部门和个人,是数据安全管理的基础条件。常见的操作元数据有数据所有者、使用者等,数据的访问方式、访问时间、访问限制等,数据备份、归档人、归档时间等。

常见的操作元数据有。

①数据所有者、使用者等；

②数据的访问方式、访问时间、访问限制等；

③数据访问权限、组和角色等；

④数据处理作业的结果、系统执行日志等；

⑤数据备份、归档人、归档时间等。

4. 其他分类方式

除以上三种元数据的分类方式外,下面简要介绍了其他几种分类方式。

(1) 根据电子文件通用元数据规范,元数据可分为信息描述元数据、信息管理元数据、信息利用元数据。从元数据内容含义的角度考虑可以将其分为面向语法信息的和面向语义信息的,分别称为结构性元数据和描述性元数据。

(2) 根据元数据的状态,可以分为静态元数据和动态元数据。静态元数据描述了业务规则、域、类别、索引、来源、格式、名称等；动态元数据描述了处理、存储大小、存储位置、状态、数据质量根据使用情况,可以分为技术元数据和业务元数据。

(3) 根据使用情况,可以分为技术元数据和业务元数据。技术元数据是为了从操作性环境向数据仓库转换而建立的元数据,包含源数据库名称等信息,并描述数据仓库技术细节的数据,包括了数据仓库中的表结构、属性、维度、数据转换的映射规则等。业务元数据从业务的角度描述了数据仓库中的数据,提供了一个语义层,便于用户理解数据仓库中的数据,还包括一些进行决策支持的工具等信息。

三、元数据的应用

元数据是公认的数据管理中的核心要素,做好元数据管理,更容易地对数据进行检索、定位、管理、评估。用哲学的思维理解元数据的话,元数据其实解决的是:我是谁、我在哪里、我从哪里来、我要到哪里去等问题。元数据是建设数据仓库的基础,是构建企业数据资源全景视图的基础,清晰的血缘分析、影响分析、差异分析、关联分析、指标一致性分析等,是数据资产管理的重要基础。

1. 元数据的应用目的

(1) 确认和检索(Discovery and Entification),主要致力于如何帮助人们检索和确认所需要的资源,数据元素往往限于作者、标题、主题、位置等简单信息,Dublin Core是其典型代表。

(2)著录描述(Cataloging),用于对数据单元进行详细、全面的著录描述,数据元素囊括内容、载体、位置与获取方式、制作与利用方法,甚至相关数据单元方面等,数据元素数量往往较多,MARC、GILS和FGDC/CSDGM是这类Metadata的典型代表。

(3)资源管理(Resource Administration),支持资源的存储和使用管理,数据元素除比较全面地著录描述信息外,还往往包括权利管理(Rights/Privacy Management)、电子签名(Digital Signature)、资源评鉴(Seal of Approval/Rating)、使用管理(Access Management)、支付审计(Payment and Accounting)等方面的信息。

(4)资源保护与长期保存(Preservation and Archiving),支持对资源进行长期保存,数据元素除对资源进行描述和确认外,往往包括详细的格式信息、制作信息、保护条件、转换方式(Migration Methods)、保存责任等内容。

2. 元数据的应用场景

从行业应用角度说,元数据最早应用于图书管理系统,因此目前数字图书馆领域对元数据研究和应用更成熟,已形成了一系列应用规范。随着互联网技术的发展,各行各业均出现了以网络为中心的复杂的巨型系统,数字图书馆关于元数据标准的成果进一步推广,成为网络中心化系统的标准规范。目前,在电子政务系统、电子商务系统、科学数据管理系统和军事综合电子信息系统等领域内的信息资源管理系统建设中,元数据已成为系统内及系统间数据共享和互操作的标准。

(1)元数据在数字图书馆中的应用。

2013年,国家图书馆以"合作共建"和"合理共享"为原则,将各地区分散、异构的资源有效集中与整合,有重点地共建一批主题明确、特色鲜明、类型丰富、组织有序的优秀数字资源库。通过数字图书馆推广工程资源联合建设项目,首先在全国31家副省级以上图书馆开展了元数据仓储建设工作,将多年以来国家图书馆关于元数据的研究成果在全国图书馆范围内应用。目前,全国各级图书馆都不同程度地开展了元数据建设与应用,也形成了较为成熟的图书馆数字资源元数据建设与应用模式。

元数据在数字图书馆中的应用主要表现在以下几个方面。

①对信息资源进行组织与检索。要有效利用数字图书馆的数字收藏,必须对其进行著录与标引,得到提示其内外部特征的元数据,科学地将其组织起来,以便用户快速、准确地找到所需信息。

②作为设计与维护数据库的工具。在进行数字图书馆的数据库设计时,设计人员须查看每个可能成为数据来源的系统的物理结构、逻辑模型和业务规则,这个进程就是元数据的收集进程。

③作为用户使用数字图书馆的向导。通过公布描述数据库的元数据,可使用户无须浏览信息对象本身,就能对信息对象有基本了解和认识,从而作为取舍的标准。

(2)元数据在数据治理中的应用。

元数据管理是数据治理的基础,用于定义和描述数据、数据之间的关系,以及数据如何管理、如何使用。元数据在数据治理中的主要应用如下。

①定义和描述业务域、业务主题和数据实体；

②描述数据结构和数据关系；

③描述源系统、目标系统、表、视图、存储过程和字段属性；

④定义和描述数据资产目录；

⑤定义和描述主数据模型的属性；

⑥管理数据标准；

⑦描述数据质量规则和数据质量检核结果；

⑧识别和定义数据集中的敏感数据、敏感属性；

⑨血缘分析和影响分析；

⑩描述数据流向,数据来自哪里、流向哪里；

⑪描述数据管理,谁负责管理数据、在哪里管理；

⑫描述数据的使用,谁有权使用数据、在哪里使用。

（3）元数据在数据仓库中的应用。

数据仓库是用于数据分析、支持管理决策的系统。一个数据分析图表的诞生并不是一帆风顺的,需要经过多次的数据抽取、清洗、转换、汇总,才能将数据的结构、数据依赖关系、数据层次关系等梳理清晰,统一数据口径,将复杂的问题简单化,让设计者和使用者明确感知到数据的整个生命周期,以支持数据分析。

数据仓库是一个典型的分层设计的数据架构,其分层设计反映了数据在数据仓库中的加工处理过程。元数据作为数据仓库的核心组成部分,主要用于记录和管理数据在数据仓库中的整个流转过程,实现对数据仓库各层级数据进行统一管理。

元数据在数据仓库中的应用如下。

①描述数据源的库表结构、数据关系及每个数据项的定义；

②描述数据源中每个数据项的值域范围和更新频率；

③描述数据源与数据仓库之间的数据映射关系；

④描述数据仓库中有哪些数据及它们来自哪里；

⑤描述数据在数据仓库各层中的加工处理过程；

⑥元数据管理工具为数据管理者和使用者提供了理解和查询数据的一致语言；

⑦利用元数据管理工具的元数据变更和版本管理功能,管理数据仓库的数据模型,支持将元数据恢复到某一版本；

⑧利用元数据管理工具的血缘分析、影响分析等功能,对数据仓库中的数据问题进行快速查找和定位；

⑨利用元数据管理工具的开放式元数据交换标准,实现数据仓库中数据的交换和共享。

第四章 计算机信息检索

随着现代计算机技术的崭露头角及科学技术的日益进步,人们的生活和工作方式正在经历着深刻的变革。计算机技术、通信技术及信息处理技术正逐渐渗透到信息检索领域,这导致了信息存储、处理、传递、检索和利用方式的重大变化。在此背景下,自动生成大规模索引已经成为可能。自动索引方法提供了一种新的检索问题视角,即将检索问题部分与系统相关联,而不仅仅是与用户需求有关。这种视角基于以计算机为核心的观点,认为信息检索问题主要涉及以下几个方面:首先是构建高效的索引结构,以便能够高性能地处理用户的查询请求;其次是开发排序算法,以提升搜索结果集的质量。

随着计算机信息检索技术的广泛应用和不断发展,检索方式发生了巨大的变革。从过去耗费时间和精力的手动检索,转变为高效省时的计算机辅助检索,这使得工作效率大幅提升,为信息获取和利用带来极大便利。

第一节 计算机信息检索概述

计算机信息检索系统的发展经历了3个主要时期,每个时期都具有不同的特点和技术背景。

(1)1971年之前的信息检索系统时期:在这个时期,信息检索主要采用传统的批处理检索方式。由于当时的数据存储和通信能力有限,信息检索过程相对较为烦琐。系统无法实时处理用户查询,因此主要采用离线批处理的方式来处理查询并返回结果。

(2)1971年之后的联机情报检索系统时期:在这个时期,信息检索开始进入联机时代,系统能够实现在线对数据库进行管理和检索。虽然数据库联机检索功能相对完善,但由于当时的数据通信能力限制,用户仍然需要面对相对较慢的数据传输速度。

(3)IT出现后的时期:随着信息技术的发展,系统逐渐转向分布式和网络化管理。此时,信息资源不仅仅以数字形式存在,还包括多媒体内容。管理这些多样化的信息资源变得更加复杂,规范化和结构化的要求也变得更加重要。同时,内容特征的抽取变得更为复杂,因为多媒体信息的内容分析更加烦琐。这一时期对用户界面的要求也变得更高,以提供更好的用户体验。

计算机信息检索是一种利用计算机和人的协同作用,通过特定的方法组织、存储和检索信息的过程。在这个过程中,信息以计算机系统的形式存储起来,然后通过人机对话的方式,从大量存储的数据中自动提取出用户所需的信息。这实际上是借助计算机信息检索系统的技术来进行的,这种系统结合了计算机硬件、系统软件、检索软件及数据库等多个要素,以实现对信息的存储、查找和显示。这样的系统能够根据用户的需求,从海量数据中迅速找到并显示最相关的信息,为用户提供更高效的信息获取体验。

一、计算机信息检索原理

信息检索的核心在于协调信息集合与需求集合之间的选择与匹配过程。这种匹配与选择的机制通过比较需求集合与信息集合的相似性来实现,然后根据特定标准筛选出与需求相符的信息。

实现有效的匹配与选择需要进行以下步骤:首先,需要收集并加工处理大量的信息,使其变得有序并将原本隐含的、难以识别的特征呈现出来。这确保了信息集合可以被系统有效地管理和处理。其次,针对用户提出的信息需求,对其进行加工处理,分析所需信息的内容,提取主题概念和其他相关属性。同时,还要运用与信息集合相同的标识系统,来表示需求中包含的各种概念和属性。

通过这种方式,系统能够将信息集合和需求集合的内容以统一的标识方式表示,从而使得匹配与选择过程更加准确和高效。这种信息的预处理和标准化,以及匹配与选择机制的结合,使计算机信息检索系统能够根据用户需求,从大量数据中迅速找到相符的信息,从而满足用户的信息获取需求。

计算机信息检索是指利用计算机对信息进行存储与检索,可知计算机信息检索系统分为存储过程和检索过程。

(1)存储过程:大量的数据按一定的格式输入到计算机中,经过计算机的加工处理,以一定的结构有序地存储在计算机的存储介质上。信息的存储就是按照既定的方针、目的和标准,对大量的信息进行收集、加工、处理,使之从无序变为有序、从分散变为集中、从广泛性变为针对性(如针对某一学科或某一特定人群)、从不易识别变为特征性(如标出原始信息的名称、主题、作者等),并用计算机可以识别的代码进行表示,用便于计算机快速存取的方式进行存储,构成可供检索的数据库。

(2)检索过程:用户的需求输入到计算机中,由计算机对其进行处理,并与已存储在计算机中的信息进行查询与匹配,最后按要求的格式输出检索结果。信息的检索就是用户对检索课题加以分析,明确检索范围,弄清主题概念,然后用特定的检索指令来表示主题概念,形成检索提问标识,输入到计算机进行查找。查找的过程实际上是一个比较、匹配的过程,检索提问标识只要与数据库中信息的特征标识及其逻辑组配关系一致,则属于"检索命中",即找到了符合要求的信息。检索结果可以由终端设备显示或打印输出。

计算机信息检索的基本原理如图4-1所示。

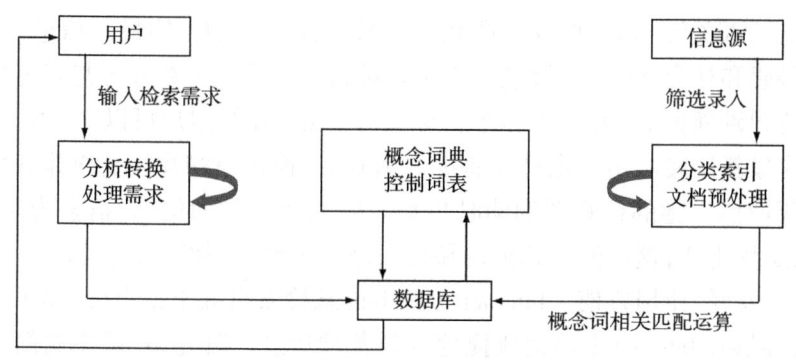

图 4-1　计算机信息检索的基本原理

二、计算机信息检索特点

手工检索是人们长期以来采用的文献信息检索的传统方法。人们直接凭头脑进行判断，借助简单的机械工具，对记录在普通载体上的资料来进行相应的检索。现代计算机检索已经逐步取代手工检索。虽然手工检索也有其优点，即直观性强、灵活性高、费用低等，但随着信息数量的迅速增长，人们对信息需求的快速扩展，手工检索的不足也日益明显，如检索速度较慢、时空的限制强、更新周期长、新颖性和时效性差、检索途径少等方面。计算机信息检索的应用和普及弥补了手工检索的缺陷，提高了信息检索的效率。其特点表现为以下几点。

（1）检索范围广、内容丰富。互联网是全球最大的信息数据库，几乎每台个人计算机都可以成为信息源，内容包罗万象。联机检索系统通常可以提供数十个到数百个数据库的检索，涉及的主题比较广泛，如 DIALOG 系统装载多达 450 多个数据库，几乎覆盖了人类社会生活的各个领域，可以迅速方便地浏览相关学科或主题的所有数据库中的记录。计算机信息检索的广泛性和内容丰富性是由互联网的广泛覆盖、数字化内容的增加、用户生成内容、大数据技术、信息采集和索引技术，以及多样化的搜索引擎共同推动的结果。这些因素相互作用，为用户提供了在各种主题和领域中获取丰富信息的能力。

（2）检索效率高、速度快、反馈及时。计算机信息检索与手工信息检索相比，检索速度提高，只需数分钟便可从成千上万的记录中检索到需要的信息。联机系统的中央主机主要采用分时技术，主机巨大的处理能力轮流分配给每个用户，系统对用户指令的响应通常只需要几秒钟，检索等待的时间短，反馈快。用户可以根据系统的反馈，随时调节检索的深度、改变检索的范围或者调整检索的策略。利用互联网，用户可从浏览器向 Web 服务器发送请求，Web 服务器可在数秒内将数据传送给用户的浏览器，用户可随意浏览，得到有效信息。

（3）数据更新快，可获得最新的信息。计算机信息检索之所以数据更新快、能够提供最新信息，是因为现代搜索引擎运用了高效的爬虫技术，定期或持续地浏览互联网上的内容。互联网上每时每刻都有新的信息出现，内容更新快，这些爬虫技术不断监控网站的变化，并将新发布的信息迅速添加到搜索引擎的索引中。因此，当用户在搜索引擎上输入关键词时,可以立即获得与其关注领域相关的最新信息,对金融、商业、市场、科研和社会动态方面的数据库,更新周期往往只有数分钟甚至更短。此外,搜索引擎还跟踪新闻源、社交媒体平台等实时内容,确保用户可以随时获取新闻、事件和观点的最新发展。用户也可以通过订阅服务、推送通知及社交媒体分享等方式,定制化地获取感兴趣的信息源的即时更新。以使用光盘为例,光盘多为季更新或月更新,甚至是周更新,这样的信息报告和检索是手工检索系统不能完成的。

(4)页面友好、使用方便。Internet 的 Web 信息检索页面丰富友好,易于操作,检索相当方便,能够在 Internet 上迅速快捷地查到各种信息。首先,页面布局简洁明了,搜索框醒目易找。用户可以直接输入关键词,无须烦琐操作,即可获得所需信息。搜索结果以清晰列表显示,带有摘要、链接和来源信息,让用户一目了然。其次,搜索引擎提供智能建议,帮助用户优化搜索关键词,准确获取信息。自动完成和相关搜索建议提供了即时的搜索选项,减少了用户的猜测和尝试。此外,筛选和分类功能使用户更精准地获取信息。用户可以根据发布时间、媒体类型、地理位置等条件进行过滤,得到更符合需求的结果。例如,光盘信息检索系统一般采用菜单的方式,即使普通的用户也可以很容易掌握。此外,联机信息检索系统通常都有成熟的辅助功能和联机帮助,指导用户使用检索工具查找到所需的信息。

(5)检索途径多、功能强。计算机信息检索采用布尔逻辑运算,各类检索词之间可以通过逻辑组配符灵活地组配起来进行检索。许多计算机信息检索系统可对词间位置关系及词的片段(截词)等进行模糊检索,检索方便灵活,能够满足多途径检索的要求,对于复杂的多元检索更为有利。例如,计算机信息检索系统提供了手工检索工具以外的检索途径,内容更为丰富,检索功能更强。

(6)检索输出方式灵活多样。计算机信息检索的输出方式之所以多样灵活,是因为它需要适应用户不同的需求和偏好。用户可以根据自己的目的和习惯,选择最合适的输出方式。系统可以呈现文本、图片、音频、视频等多媒体内容,满足不同类型信息的获取。搜索结果可以通过图表、表格、列表等形式显示,使用户更直观地理解数据。用户还可以根据需要进行数据的排序、统计、加工等操作,以获得更深入的分析。此外,用户可以将搜索结果打印、保存、分享,甚至直接订购文献原文,使输出过程更加方便。这种灵活多样的输出方式,使用户能够根据实际需求,以最适合自己的方式获取信息,提高了检索效率和体验。

(7)检索不受时空限制。计算机信息检索不受时空限制,主要因为它依赖于互联网和数字化技术。首先,互联网使全球范围内的信息变得无处不在,用户可以通过搜索引擎随时获取世界各地的内容,不受地理位置的束缚。其次,数字化技术使信息以数字形式存储,便于传播、存储和访问。用户可以随时从不同设备访问互联网,如计算机、手机、平板等,无需特定的时间或地点。

三、计算机信息检索服务模式

计算机信息检索服务模式的发展过程是与计算机技术及其他现代科学技术的发

展过程紧密相关的。计算机用于信息检索始于20世纪50年代初,发展于20世纪80年代中期,20世纪90年代后随着国际互联网技术的发展而进入了一个崭新的时期。

1. 脱机检索服务模式

脱机检索服务模式存在于20世纪50年代中期到60年代中期。自1946年2月世界上第一台电子计算机问世以来,人们一直设想利用计算机查找文献。进入20世纪50年代后,在计算机应用领域"穿孔卡片"和"穿孔纸带"数据录入技术及设备相继出现,以它们作为存储文摘、检索词和查询提问式的媒介,使计算机开始在文献检索领域中得到了应用。在利用计算机进行信息检索的早期,人们只是用单台计算机的输入/输出装置进行检索,用磁带作存储介质,一般为连续的顺序检索方式。检索部门把许多用户的检索提问汇总到一起,进行批量检索,然后把检索结果通知各个用户,用户不直接接触计算机。

1954年,美国海军兵器中心图书馆首先采用IBM 701型计算机建立了世界上第一个科技文献检索系统,实现了单元词组配检索,检索逻辑只采用"逻辑与",检索结果只是文献号,1958年,美国通用电气公司将其加以改进,输出结果增加了题名、作者和文献摘要等项目。20世纪50年代末,IBM公司利用一台IBM 650计算机成功地编制出关键词索引,并建立了世界上第一个主题情报检索系统,为用户定期检索和提供一定主题的文献,并很快得到了推广应用。在这一时期,人们主要利用单台计算机进行过期文献的回溯检索和新文献的定题检索,批量检索是计算机信息检索的主要方式。批量检索虽然比手工检索快捷、方便,但用户不能与系统进行实时对话,不能及时修正检索策略,而且检索结果不能立即得到,必须等待成批处理或定期检索处理。因此,人们开始研制更便利的联机检索系统。

1964年,美国化学文摘服务社建立了文献处理自动化系统,使编制文摘的大部分工作实现了计算机化,以后又实现了计算机检索。同年,美国国立医学图书馆建立了计算机数据库,即医学文献分析与检索系统,不仅可以进行逻辑"或""与""非"等运算,而且还可以从多种途径检索文献。这一阶段主要以脱机检索的方式开展检索服务,其特点是不对一个检索提问立即作出回答,而是集中大批提问后进行处理,且进行处理的时间较长,人机不能对话,因此,检索效率往往不够理想。但是,脱机检索中的定题服务对于科技人员却非常有用,定题服务能根据用户的要求,先把用户的提问登记入档,存入计算机中形成一个提问档,每当新的数据进入数据库时,就对这批数据进行处理,将符合用户提问的最新文献提交给用户,可使用户随时了解课题的进展情况。

2. 联机检索服务模式

联机检索服务模式是从20世纪60年代中期到20世纪70年代初期较盛行的。由于计算机分时技术的发展,通信技术的改进,以及计算机网络的初步形成和检索软件包的建立,用户可以通过检索终端设备与检索系统中心计算机进行人机对话,从而实现对远距离之外的数据库进行检索的目的,即实现了联机信息检索。

这个时期,计算机处理功能的加强、数据存储容量的扩大和磁盘机的应用,为建立大型的文献数据库创造了条件。例如，美国的DIALOG系统（商业信息检索系统）、ORBIT系统（书目情报分时联机检索系统）、BRS系统（书目检索服务系统）、欧洲的ESA-IRS系统（欧洲航天局联机情报检索系统）等都是在此时期开始研制并逐步发展起来的，并且均在国内或组织范围内得到实际应用。可以说，联机检索是科技信息工作、计算机、通信技术三者结合的产物，它标志着20世纪70年代计算机检索的水平。

1965年，美国系统开发公司（SDC）进行全美范围的联机网络实验，研制了ORBIT信息检索软件，并建立了ORBIT国际联机信息检索系统。1966年，美国洛克希德公司（后来的美国DIALOG情报服务公司）建立了DIALOG联机信息检索系统，并于1969年投入应用。在欧洲，1965年建立的欧洲空间研究组织空间文献服务处（SDS）是提供联机检索设施的首批情报中心之一。

20世纪60年代末，由于计算机软、硬件技术的不断提高，出现了一台主机带多个终端的联机信息检索系统。大容量计算机分时系统、带终端的远程处理系统和强功能检索软件研制成功及数据库生产的迅速发展，特别是空间技术和远程通信技术的发展，使计算机检索进入"信息—计算机—卫星通信"三位一体的新阶段，即不受地区、国家限制而真正实现以全世界资源共享为目标的国际联机信息检索阶段。联机检索是用户利用终端设备，通过通信网络或通信线路与检索系统联机，进行"人机对话"，从检索中心的数据库中及时查找所需要的文献信息过程。

20世纪70年代初，联机书目系统在美国和欧洲得到了广泛的利用，这一时期出现了其他一些联机检索系统，如IBM公司的"文献处理系统"，欧洲空间组织的ESA-IRS系统等。同时这些联机检索系统开始向公众提供商业性服务，如DIALOG、ESA-IRS、ORBIT、BRS等许多世界著名的联机检索系统相继投入商业性运营。

20世纪80年代，发达国家的一些计算机信息联机检索系统，通过卫星通信网络和计算机专用终端，在世界范围内提供联机信息检索服务，形成国际联机检索服务业。联机检索服务是计算机检索走向实用化、规模化、产业化的重要的标志。

21世纪以来，联机检索服务依托互联网开展，联机检索系统得以更加高效、稳定地运行。高速网络、光纤通信、卫星通信等技术的应用，使得联机检索的响应时间大大缩短，信息传输更加可靠。

3. 网络化联机检索服务模式

网络化联机检索服务模式是从20世纪70年代初出现的，到现在一直沿用。由于电话网、电传网、公共数据通信网都可为情报检索传输数据，特别是卫星通信技术的应用，使通信网络更加现代化，也使信息检索系统更加国际化，信息用户可借助国际通信网络直接与检索系统联机，从而实现不受地域限制的国际联机信息检索。尤其是世界各大检索系统纷纷进入各种通信网络，每个系统的计算机成为网络上的节点，每个节点连接多个检索终端，各节点之间以通信线路彼此相连，网络上的任何一个终端都可联机检索所有数据库的数据。这种联机信息系统网络的实现，使人们可以在很短的时间内查遍世界各国的信息资料，使信息资源共享成为可能。

可以说，联机网络和检索终端几乎遍及世界所有国家和地区，使国际联机信息检索的发展达到了相当高的水平，开展商业性国际联机检索服务的大机构已达200余家，像美国的DIALOG公司已成为全世界最为著名的联机检索服务机构。

4. 光盘检索服务模式

光盘检索服务模式是从20世纪80年代中期开始的，到现在仍是用户的选择之一。由于信息存储技术的发展，1978年，小型化和高密度化的信息媒体——光盘诞生了。它具有信息存储高密度、容量大、读取速度快、存储信息类型多等优点，备受人们的青睐。1983年出现了一种新的存储器——CD-ROM光盘。光盘作为计算机的外部存储设备引起了世界信息界的极大兴趣，1985年第一张CD-ROM数据产品——Biblio-File《美国国会图书馆机读目录》诞生，从此，光盘检索以其设备存储量极大而体积微小、要求设备简单可随地安装、使用方便、易于操作、检索费用低、可随时修改检索策略并且具有很高的查全率、查准率等优点盛行一时，但很快随着网络的出现而淡出信息检索领域。

光盘是20世纪80年代发展起来的激光存储载体，继纸张感光材料、磁性载体之后问世的又一种新型的信息存储介质。其能存储数据、文字、图形、图像、声音、动画等各种信息。一张普通的光盘信息存储量约为2.47G。

为确保数据安全，很多部门都不得不每隔几年进行数据迁移，这是一项既昂贵又耗时的工作，而且数据迁移容易引起数据丢失。据预测，到2025年全球生成的数据总量预计达到175ZB，需要大容量存储设备。《科学》（Science）杂志子刊《科学进展》（Science Advances）发表了上海理工大学未来光学实验室人工智能纳米光子学中心顾敏院士团队的一项科研进展——《基于上转换共振能量转移的纳米级光学写入技术（Nanoscale Optical Writing Through Upconversion Resonance Energy Transfer）》，使700TB最大容量光存储问世。

5. 网络检索服务模式

互联网（Internet）是一组全球信息资源的总汇。有一种粗略的说法，认为互联网是由许多小的网络（子网）互联而成的一个逻辑网，每个子网中连接着若干台计算机（主机）。互联网以相互交流信息资源为目的，基于一些共同的协议，通过许多路由器连接，并依托公共网络得以形成，它是一个信息资源和资源共享的集合。计算机网络只是传播信息的载体，而互联网的优越性和实用性则在于本身。

网络检索服务模式是从20世纪90年代初兴起，到现在一直受到用户的青睐，随着卫星通信、公共数据通信、光缆通信技术及信息高速公路事业在全世界的迅速发展，特别是20世纪90年代，互联网的迅猛发展及超文本技术的发展，基于客户端、服务器的检索软件的开发，使客户端、服务器网络检索模式开始取代以往的终端、主机结构，成为信息检索的发展趋势，使得信息检索进入了一个崭新的时期，网络信息检索越来越成为现代信息检索的主流。

计算机信息检索的实现，大大方便和加速了信息资源的交流和利用，并对社会经济的发展和人们的科研方式产生了深刻的影响，从而也极大地促进了科技的进步。

现在互联网已经成为世界上最大的信息资源库,全文本、超文本、多媒体技术日趋完善。

四、计算机信息检索技术发展方向

由于信息结构从结构化到非结构化,系统功能从单纯信息检索到综合信息管理和服务等,这些变革促进了信息检索技术的进一步发展,且能够满足更多用户对信息利用的需要。就目前情况来看,计算机信息检索技术主要发展方向有2个:①传统信息检索向全文文本、多媒体、多载体、多原理等新型信息检索的发展;②信息资源的网络化和分布化。在第一个发展方向中,信息检索的方式新型化突出,能够实现自动抽词、自动检索和数据挖掘等大量的新功能,能够使管理和组织信息的能力得到提升;在第二个发展方向中,信息资源主要是集中于"广度"上发展,使资源的检索范围更加广阔。

第二节　计算机信息检索系统构成

计算机信息检索系统就是把信息及其检索标识转换成计算机可阅读的二进制编码,存储在磁性载体上,由计算机根据程序进行查找并输出结果的系统,即利用计算机,根据信息提问,从经过加工并已存储在计算机主数据库和存储介质内的信息中查出所需信息的系统。计算机信息检索系统能存储大量的信息,并对信息条目进行分类、编目或编制索引,还具有根据用户要求从已存储的信息库中抽取特定的信息,并提供插入、修改信息的能力。

一、计算机信息检索系统的物理构成

计算机信息检索系统从物理构成上来说,通常由信息检索中心、通信设备、检索终端3部分组成。

(1)信息检索中心。信息检索中心是计算机信息检索系统的中枢部分,是检索系统的核心部分,包括软件和硬件。通过一定的检索软件,它们能够进行信息的存储、处理、检索及整个系统的运行和管理。它是在其软件包的支持下,提供用户终端检索用的各个数据库,并把检索结果及时反映到客户终端。检索中心由中央计算机及外部设备、数据库、软件组成。

①中央计算机及外部设备。中央计算机又简称"主机",是计算机信息检索系统硬件的核心。它包括中央处理机、中央存储器、通信部件、控制部件和连接外围设备的输入/输出子系统。中央计算机一般是大型计算机,具有分时和实时操作能力,可以在同一时间里支持几十个甚至几百个终端对其进行查找,在系统软件和检索软件的支持下完成信息的存储、处理和检索操作,对整个系统运行进行控制。

②数据库。数据库是系统的核心组成部分,是在计算机存储设备上按一定方式存储的相互关联的数据集合。它是检索系统的信息源,也是用户检索的对象,也是检索操作的直接使用对象,提供检索用的数据库存储在磁盘里。这些数据库一般是由

数据库生产者提供、系统自建或与他人合建。一个计算机信息检索系统一般可提供数十个到数百个数据库。

③软件。软件是计算机检索系统中有关程序和各种文件资料的总称,包括系统软件和应用软件。系统软件一般包括操作系统、编译系统与汇编程序、诊断程序等;应用软件是根据具体工作需要设计的数据库管理系统、词表管理系统、检索软件和阅读软件等。其中,数据库管理系统(Database Management System,DBMS)的主要功能是对数据库的管理。一般来说,DBMS具有建库、自动维护、保护数据库、方便查询、保证独立性等功能。检索软件是用户与系统的页面工具,用户通过检索软件进行检索,检索软件功能的强弱直接决定整个系统的检索能力。

(2)通信设备。通信设备是联系检索终端与中央计算机的桥梁,主要起到确保信息传递畅通的作用。通信设备一般包括通信网络和各种通信设备。

①通信网络是支持计算机信息检索网络化的基础,是联系计算机系统和检索终端设备的桥梁,起着传递信息的作用。用户使用终端设备,通过通信网络查找远隔重洋的数据库中的信息。通信网络有几种类型:一是公用电话网,用户通过拨号和租用专线与中央计算机连接,按时计费,通信质量较差。二是专用数据通信网,由于这种网络的线路设备利用率低,不能实现公用的数据交换,正逐渐被公用数据网取代。三是公用数据网(又称分组交换网),由于采用分组交换技术,线路利用率高、可靠性好、灵活性强,因此得到了广泛的应用。

②通信设备主要包括:路由器、网关、调制解调器或网络适配器等。

(3)检索终端。检索终端是用户向信息检索中心发送和接收信息的设备,是用户与计算机信息检索系统传递信息进行"人机对话"的装置。通常的终端可分为非智能终端和智能终端两类。非智能终端没有处理信息的能力,只是发送或接收信息,如只有显示器、键盘和打印机构成的标准终端或电传终端,现在使用不多。智能终端内装有处理器,可用来处理接收的数据,如微型机只要加上通信设备与软件便可作为终端使用,实现与计算机信息检索系统的连接。

二、计算机信息检索系统的逻辑构成

计算机信息检索系统的逻辑构成就是指其包括的功能模块及相互关系。一个完整的计算机信息检索系统至少应包括以下4个功能模块。

(1)信息采集子系统。信息检索系统中的数据主要来自各种公开文献,如一次文献中的图书、期刊、会议论文、学位论文、政府出版物等;二次文献中的索引、目录和文摘;三次文献中的百科全书、词典、指南、手册等。有些系统还收录各种研究报告、统计资料等。

这个模块的主要任务是根据系统的经营方针和服务对象的需要,以快速、经济的手段,广泛地、连续不断地采集各种信息源,为系统提供充足而适用的数据来源。随着通信技术与网络的发展,信息采集的内容与方法在很大程度上发生了变化,表现为两个方面:一方面,从内容上看,采集的对象在原有的基础上有了扩展,除原有的对象外，还增加了网络信息资源。另一方面，从方法上看，信息采集不再全部由工作人员完成，而是更多地借助计算机，特别是对网络信息的采集，编制出一种机器人程序，可以自动地在网页间收集信息。

（2）标引子系统。标引是根据一定的规则和程序，对文献内容进行分析，然后赋予每篇文献以一定数量的内容标识，作为存储与检索的依据。其作用是为信息存储与检索两个环节提供链接，为特定的提问提供快速准确的检索途径。标引通常与文献编目和文摘工作一起进行，然后把标引结果和其他描述事项填入系统表格，录入计算机。此模块共完成3项功能，分别为：自动分词、选出标引词、转换。即由计算机软件将文献中包含的词汇进行自动分割，再按照实词出现频率抽取标引词，最后将抽出的标引词转换为主题词。

（3）建库子系统。建库子系统的实质是将采集系统所采集的无序信息进行有序化组织的过程。其主要任务是对采集的信息进行组织，建立并维护可直接用于计算机检索的数据库。此模块完成3项功能：数据评价与转换、数据录入、数据库的维护与更新。

（4）用户接口子系统。用户接口子系统全称"系统—用户接口（System-User Interface）"，是面向系统用户的一种人—机接口。它承担用户与系统之间的通信功能，负责用户与系统之间的通信。此模块完成6项功能：识别用户、接收提问、提问校验、转化提问式、检索、结果输出。其中，用户模型是系统建立的用户认知模型，可以用来增强人—机接口的生动性，使系统能考虑不同用户的不同需要、技能和经验等；命令语言是系统提供给用户的检索命令集合，包括基本命令（如检索开始、结束、显示、打印等）和扩充命令（如截词运算、限制检索等）；信息显示是系统以屏幕显示形式提供给用户的各种信息，如菜单、窗口、帮助信息、错误信息等。

三、计算机信息检索系统的种类

1. 根据检索系统的工作方式划分

按照检索系统的工作方式可将计算机信息检索系统分为脱机信息检索系统、联机信息检索系统、光盘信息检索系统和网络信息检索系统4种类型。

（1）脱机信息检索系统。这是一种最早应用批处理方式的计算机信息检索系统，利用单台计算机的输入/输出装置进行检索，用磁带作为存储介质，为连续的顺序检索方式，适合大批量的定题检索。检索人员把众多的各种信息需求编成"用户提问单"，按要求一次性输入到计算机中进行检索，并将检索结果整理分发给用户。这种检索方式适用于大量检索而不必立即获取检索结果的用户。

脱机检索系统的数据处理和储存能力有限，检索的执行由专职检索员统一处理，而且不提供任何实际浏览的可能性，用户无法与系统进行交互，所以就要求检索者必须制定完备的检索策略才能保证较好的检索效果。

（2）联机信息检索系统。联机信息检索系统是计算机技术在情报检索中应用的结果，是由通信网络将计算机检索终端与系统主机远程连接构成的主从结构式的信息检索系统,用户从检索终端输入检索指令直接与系统进行会话式检索。一台主机带多个终端,有分时操作能力,相互独立的终端可同时进行检索,联机信息检索系统不仅能够使许多相互独立的检索终端同时与主机进行"对话",而且能对用户的提问及时处理,即刻回答。用户还可以浏览有关的信息,及时修改检索提问,调整检索策略,直至获得满意结果。

(3)光盘信息检索系统。从20世纪80年代中期至今,自光盘产生后,因其存储容量大、价格低廉、使用方便、保存时间长,成本低廉而发展成为一种主要的信息载体,光盘信息检索系统得到迅速发展。光盘信息检索系统是利用计算机和光盘驱动器读取与检索存储在光盘上的信息的计算机信息检索系统。光盘信息检索系统主要有两种类型:单机光盘检索系统和网络光盘检索系统。

(4)网络信息检索系统。网络信息检索系统是以互联网为平台,以互联网上的信息资源作为检索对象而形成的检索系统,系统采取客户机/服务器结构,彼此之间的关系对等,这样可以互相访问和利用对方的资源。由于互联网上的信息资源丰富、类型繁多,因此作为检索这些资源的网络信息检索系统也呈现多样化。早期的网络信息检索工具有 Archie(针对FTP资源)、WAIS(Wide Area Information System,网上文本信息资源)、Veronica(针对Gopher资源)等。目前针对WWW(World Wide Web,万维网)资源的检索系统是网络信息检索系统的主力,搜索引擎、门户网站、网络资源指南等都是检索网络信息的主要检索工具。

2. 根据检索系统存储信息的内容划分

(1)数值检索系统。主要用于搜索和检索与数值数据相关的信息,如统计数据、实验数据、经济指标等。这种方法通常在需要获取数值信息的学术研究、市场分析、科学实验等领域中得到应用。在数值检索系统中,用户通常会指定特定的数值范围、数据类型、单位、时间等条件,以便从数据库或数据集中筛选和获取所需的数值信息。这种方法需要更多的定量数据,而不是传统的文本检索。数值检索系统的优点在于它能够帮助用户从大量的数值数据中迅速筛选出与其需求相关的信息。这种方法对于需要进行统计分析、数据对比和趋势分析的任务非常有用。在数值检索系统中,技术方面涉及数值匹配、范围过滤、单位转换等功能。用户可以通过设定各种数值条件来精确获取所需的数据。这种方法有助于提高数据分析的效率,帮助用户更好地理解和应用数值信息。

(2)事实检索系统。该系统侧重于搜索和检索特定领域中的事实性信息,如历史事件、科学实验结果、统计数据等。这种方法通常在需要获取准确事实信息的学术研究、商业分析、法律案件等场景中得到应用。在事实检索系统中,用户通常需要提供明确的事实描述、关键词、时间等信息,以便从数据库或信息集合中精确地检索相关的事实性内容。与一般性的文本检索不同,事实检索更强调信息的准确匹配和真实性。事实检索系统的优点在于能够帮助用户获取与特定事实相关的信息,减少了需要浏览大量不相关内容的时间。这种方法对于需要快速获取特定领域的准确事实信息的任务非常有用。在事实检索系统中,技术方面涉及关键词匹配、准确性排除、时间过滤等功能。用户可以通过提供详细的事实描述来获取准确的信息。这种方法有助于提高信息的可信度和应用价值,帮助用户更好地获取所需的事实性内容。

(3)文献检索系统。是一种用于搜索、获取和管理学术文献的计算机系统。它通常用于学术研究、论文撰写、文献综述等场景,帮助用户找到与特定主题、领域或问题相关的学术出版物,如期刊文章、会议论文、学位论文等。文献检索系统通过建立和维护数据库,收录了大量的学术文献,并提供了各种检索功能来满足用户的信息需求。用户可以根据关键词、作者、期刊、出版年份等条件进行检索,从而找到与自己研究领域相关的文献。这种系统通常提供各种搜索工具和筛选功能,如高级检索、分类浏览、引用分析等,帮助用户更精确地获取所需的文献。一些文献检索系统还支持文献管理功能,如添加书签、导出引用、创建文献库等。一些知名的文献检索系统包括PubMed、IEEE Xplore、Google Scholar等。这些系统对于学术研究者和学生来说,是获取和管理相关学术文献的重要工具,有助于提高研究效率和质量。

3. 根据检索系统存储信息内容的时间跨度进行划分

(1)定题检索系统。是为了满足特定主题或课题的研究需求,根据预定的主题或问题来获取相关信息。这种方法通常在学术研究、论文撰写、项目策划等情境中被广泛使用。在定题检索系统中,用户需要明确地指定检索的主题、课题或问题。用户会提供相关的关键词、主题词、问题描述等,然后系统根据这些信息从数据库或信息源中检索相关的文献、论文、资料等。这种方法更强调信息的精确匹配和涵盖面,通常用于需要深入研究和详细了解特定主题的场景。定题检索系统的优点在于可以帮助用户获取与特定主题紧密相关的信息,减少了需要浏览大量无关内容的时间。然而,由于它通常需要用户提供更详细的主题描述,可能需要用户对主题有更深入的了解。这种方法在学术界、科研机构、图书馆及市场调研等领域都得到了广泛的应用。定题检索系统有助于在海量信息中筛选出与特定主题相关的内容,从而满足用户的研究和信息需求。

(2)回溯检索系统。允许用户在已有的数据库中根据某一特定时间点的检索条件,获取该时间点之前或之后的相关信息。这种方法通常用于研究历史信息、跟踪事件发展等情境中。在回溯检索系统中,用户需要指定一个特定的时间点作为检索的起始点。系统会根据用户提供的时间点及其他相关的搜索条件,搜索数据库中在该时间点之前或之后产生的相关文献、资料或信息。这样,用户可以获取特定时间段内的信息变化和发展情况。回溯检索系统的优点在于可以帮助用户了解某一事件、主题或问题在一段时间内的发展历程,从而更全面地理解信息的演变。这种方法在历史研究、新闻报道分析、科研追踪等方面具有重要应用。回溯检索系统通常会使用时间过滤、关键词匹配等技术来实现。用户可以通过设定不同的时间范围和关键词来获取所需的历史信息。这种方法有助于更好地理解事件的演变、趋势和影响。

4. 根据检索系统信息数据库的文档结构划分

(1)顺排文档检索系统。顺排文档(Sequential File)又称主文档,是按文献存储在数据库中的先后次序,即存取号的大小顺序排列的文档。顺排文档是数据库的基础,集中了所有文献的基本特征。但顺排文档的存储方式决定了对记录的存取只能按顺序进行。虽然顺排文档结构简单明了、加工方便,但检索速度慢、费时费力,难以有效满足用户需求。

(2)倒排文档检索系统。倒排文档(Inverted File)是将顺排文档中各个记录中具有检索意义的字段分别提取出来,并附上存取号,按某种顺序排列起来的文档。按不同类型的字段分为组织不同的倒排文档,可把不同的字段组成一个混合倒排文档,如基本索引倒排文档、辅助索引倒排文档等。但从倒排文档中查到的文献,不知其题名、著者等,还必须依赖顺排文档。

顺排文档和倒排文档的主要区别是:顺排文档以完整的记录为处理和检索单元,是主要文档;倒排文档以记录中的字段为处理和检索单元,是索引文档。倒排文档包括记录的标识、文献篇数及文献存取号,因此在其具体索引时,必须和顺排文档配合使用。计算机进行检索时,先进入倒排文档查找有关信息的存取号,然后再进入顺排文档按存取号查找记录。

5. 根据检索系统检索词控制方式划分

(1)先控式检索系统。对所有的原始信息进行标引,检索时将提问式转化为词表中规范词,而不能使用自然语言或非规范化的词进行检索的系统。先控式检索系统侧重用户提供检索条件以筛选和匹配信息,然后由计算机系统根据这些条件来找到相关的文档或信息。这种检索方法通常用于数据库检索、图书馆目录查询等情境中。在先控式检索系统中,用户需要在检索界面中输入关键词、搜索条件或者查询表达式,系统会根据用户提供的这些信息去搜索数据库或信息集合。用户可以使用关键词、属性、日期范围等来限定搜索范围,以便获取更符合自己需求的结果。这种方法的优点在于用户有更大的灵活性,可以自由定义搜索条件,从而更精准地获取所需信息。然而,对于不熟悉检索语法和逻辑的用户来说,可能需要一些学习和训练,以充分利用这种检索方式。

(2)后控式检索系统。在输入原始信息阶段使用自然语言,不对信息进行控制,而在检索输出阶段才对检索词进行控制的检索系统。后控式检索系统侧重于用户通过不断地浏览、点击、排除和迭代来逐步找到满足需求的信息。这种方法通常在现代网络搜索引擎和大部分在线信息检索系统中被广泛应用。在后控式检索系统中,用户首先输入初始的搜索关键词或查询表达式,然后系统会返回一系列搜索结果。用户可以从这些结果中选择、点击和进一步浏览具体的内容。根据浏览的结果,用户可以更精准地了解自己的需求,然后不断地调整和优化检索条件,以获取更符合要求的信息。这种方法的优点在于用户不需要事先精确定义搜索条件,而是在浏览的过程中逐步调整搜索,使检索结果更加符合实际需求。然而,由于后控式检索需要用户不断地进行筛选和迭代,可能需要更多时间和交互。后控式检索强调用户的主动参与和反馈,帮助用户更好地理解和满足其信息需求。相对于先控式检索系统,后控式检索系统更适合那些对搜索目标不太确定,需要在搜索过程中逐步细化需求的用户。

第三节　计算机信息检索技术

计算机信息检索技术是指利用现代信息检索系统(如光盘、联机和网络信息检索系统)检索有关信息而采用的相关技术。常用的计算机信息检索技术有以下几种。

一、布尔逻辑检索

布尔逻辑检索是利用布尔逻辑算符对检索词或代码的逻辑组配进行检索,是计算机信息检索中最常用、最基本的一种技术。在检索过程中用于表达词与词之间的逻辑关系的算符就称为布尔逻辑运算符。常用的布尔逻辑算符有3种,分为3种逻辑关系:逻辑与、逻辑或、逻辑非;分别用 AND、OR、NOT 表示。

(1)逻辑与。用"AND"或"×"表示,检索式写作"A AND B"或"$A \times B$",表示检索结果应同时含有检索词 A 和 B 的文献信息。逻辑与可增强检索的专指性,有助于明确限定检索范围、提高查准率。逻辑与示意图如图 4-2 所示。

例如:查找有关"档案管理"的文献,检索式可写成:

Archive and management　　　　档案 and 管理

(2)逻辑或。用"OR"或"+"表示,检索式写作"A OR B"或"$A + B$",表示检索结果中含有检索词 A 或 B,或同时有 A 和 B 的文献信息。使用逻辑或可连接同一检索式的多个同义词、近义词和相关词,扩大检索范围,有助于提高查全率。逻辑或示意图如图 4-3 所示。

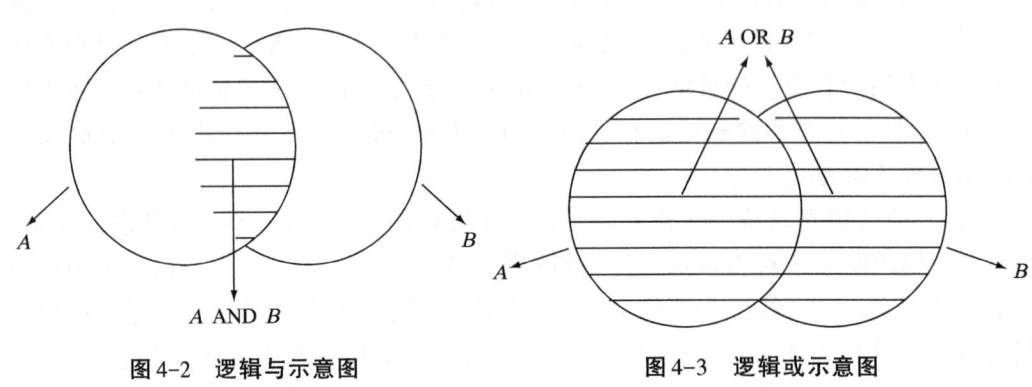

图 4-2　逻辑与示意图　　　　　　图 4-3　逻辑或示意图

例如:查找有关档案方面的文献,检索式可写成:

Archive or 档案

(3)逻辑非。用"NOT"或"—"表示,检索式写作"A NOT B"或"$A—B$",表示检索结果中凡是有检索词 A 而不含检索词 B 的文献信息。使用逻辑"非"可以排除不希望出现的概念,缩小检索范围,提高查准率。常用于在主题概念去除年份的文献、某个语种或去除某种类型的文献。逻辑非示意图如图 4-4 所示。

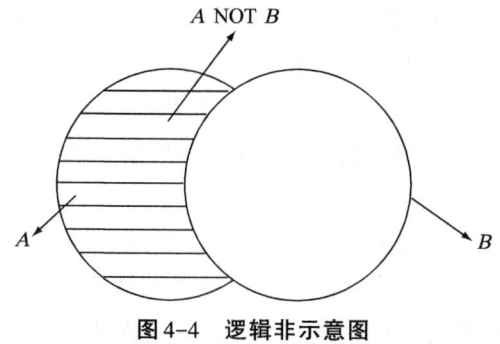

图 4-4 逻辑非示意图

例如,查找有关"非法律文书"的文献,检索式可写成:文书 not 法律

布尔逻辑算符的运算次序为:NOT > AND > OR,()号里的部分运算优先。

例如:(A OR D) AND B,表示先执行"A OR D"的检索,再与 B 进行 AND 运算。

利用布尔逻辑算符进行检索词或代码的逻辑组配,是现代信息检索系统中最常用的一种方法。常用的布尔逻辑算符有 3 种,分别是逻辑或 OR、逻辑与 AND、逻辑非 NOT。用这些逻辑算符将检索词组配构成检索提问式,计算机将根据提问式与系统中的记录进行匹配,当两者相符时则命中,并自动输出该文献记录。

下面以"计算机"和"信息检索"两个词来解释 3 种逻辑算符的含义。

①计算机 AND 信息检索,表示查找文献内容中既含有"计算机"又含有"信息检索"词的文献。

②计算机 OR 信息检索,表示查找文献内容中含有"计算机"或含有"信息检索"以及两词都包含的文献。

③计算机 NOT 信息检索,表示查找文献内容中含有"计算机"而不含有"信息检索"的那部分文献。

布尔逻辑检索能够把复杂的提问按照概念关系通过这 3 个算符明确地表达出来,它的优点就是简单明了、表达能力强。因此,几乎所有的计算机信息检索系统都支持布尔逻辑检索,检索中逻辑算符使用是最频繁的。用布尔逻辑表达检索要求,除要掌握检索课题的相关因素外,还应在布尔算符对检索结果的影响方面引起注意。另外,对同一个布尔逻辑提问式来说,不同的运算次序会有不同的检索结果。它也有局限,其是一种二值逻辑,其结果只有两种,要么真要么假,不能区分命中文献在重要性上的差异,就是说无法按照相关性对命中文献进行排序,因而必须结合其他的检索技术一起使用。

二、位置检索

位置检索也叫全文检索、临近检索,就是利用记录中的自然语言进行检索,词与词之间的逻辑关系用位置算符组配,对检索词之间的相对位置进行限制。这是一种可以不依赖主题词表而直接以全文本信息作为主要处理对象,使用自由词进行检索并根据数据资料的内容而不是外在特征来实现的信息检索手段。它的基本工作方式是能够将所有包含检索词的文献检索出来,不管这个词出现在文献的什么位置,或者说文献中的任意一个词都可以作为检索到该文献的条件。位置检索提供存取全文文本(指原始记录)的空间,文本中任何字符和字符串均可作为检索的入口点,位置检索是以原始记录中的检索词、字间的特定位置为对象的运算,对文献不做标引,故没有标引用词。

从基本概念、实现条件和实际应用中可以看出,位置检索技术具有包含信息的原始性;信息检索的彻底性;所用检索语言的自然性和数据相对稳定性的特点。这些使得位置检索具有其他检索无法比拟的灵活、简便的优势。但是由于自然语言缺乏规范的固有特点,也存在误检现象多的缺陷。

(1)相邻位置算符(nW word)。表示在此算符两侧的检索词必须按输入时的前后顺序排列,而且所连接的词之间最多插入 0~n 个其他单元词。如 second(w)war 可检出 second world war,而检不出 the second war in the world。

相邻位置算符(nN near):表示在此算符两侧的检索词必须紧密相连,所连接的词间插入 n 个单词或字母,且这两个检索词词序可变。如 environment(2N)protection 就可检索出包含 protection of the environment, protection of water environment 等内容的结果。

(2)句子位置算符(S subfield)。表示其两侧的检索词只要出现在文献记录的同一子字段中即为命中,两个词的词序不限,两词之间可间隔若干个词。

(3)字段算符(F field)。表示此算符两侧的检索词必须同时出现在数据库记录的同一个字段中,词序可变。

字段算符(L link)。表示此算符连接的两检索词之间有一定的从属关系。

三、短语检索

短语检索是一种使用短语作为检索关键字来查询文档的数据库检索方法,在使用时需要某些特定的检索符号来表达组成短语的不同字词之间的逻辑关系。被广泛应用于各领域的文献类数据库,如检索图书馆资源。研究发现,这种搜索方式比使用单个关键词更加有效果。

短语检索的符号包括:AND、OR、NOT、NEAR、W/N、SAME

(1)AND。是短语查询中最常见的符号,表示两个短语或词语间的所有关系都要满足,如 apple AND orange,表示文献中必须同时包含 apple 和 orange 两个单词才会检索出来。

(2)OR。是短语查询中另一个常用符号,表示两个短语或词语间的任意一个满足就可以检索,如 apple OR orange:表示文献中只要有 apple 或 orange 其中之一就可以检索出来。

(3)NOT。主要用来排除某些不想被检索出来的关键词,如 apple OR orange NOT yellow,表示检索出来的文献里有 apple 或 orange 两个单词,但不要出现 yellow 这个单词。

(4)NEAR。是一种较为特殊的检索符号,表示两个短语或词语间的最近距离。

由于搜索结果可能会根据最近距离的不同而有所不同。最常见的检索符号是 NEAR/n，n 表示的是这两个短语的最近距离，如 apple NEAR/5 orange，表示 apple 和 orange 两个单词在文献里的距离在 5 以内。

（5）W/n。是短语查询中的另一种特殊符号，用来表示关键词之间的大致距离，其中 W 代表单词 word，n 代表一个数字，表示两个关键词之间允许出现多少个自由词语，如 apple W/2 orange，表示 apple 和 orange 两个单词之间最多可以出现 2 个其他单词，如果出现 3 个就会被过滤掉。

（6）SAME。这是一种变体，使用这个符号表示两个关键词是一样的词语，如 apple SAME orange，表示 apple 和 orange 两个词语完全一样，可以检索出来。

短语检索的符号主要有以上 6 种，它们的组合可以更加精准地检索出所需要的文献，并且也广泛应用于图书、刊物等文献类资源的检索，有效提高检索效率，可以大量节省时间。此外，了解贴切的符号，还有助于检索出正确的文献，比如 apple W/2 orange 就会过滤掉出现超过 2 个自由单词的情况。当然，它也能够帮助圈定合适的文献内容。

四、截词检索

截词检索就是用截断的词的一个局部进行的检索，并认为凡满足这个词局部中的所有字符（串）的文献，都为命中的文献。其作用是减少检索词的输入而保证相关检索概念的涵盖，同时也方便解决语言文字拼音方面的差异（如词干相同、词义相近的检索词，或者同一词的单数、复数形式，动词、名词形式，英美拼音等）。截词检索可以扩大检索范围，提高查全率，避免漏检，主要用于检索词的单复数、词性的词尾变化、词根相同的一类词，以及同一词的拼法变异等。按截断的位置来分，截词可有后截断、前截断、中截断、复合截断 4 种类型。不同的系统所用的截词符也不同，根据截断的数量不同，可分为有限截词（一个截词符只代表一个字符）和无限截词（一个截词符可代表多个字符），常用的有"?""$""*"等。"?"代表一个字母，是有限截断；"*"代表两个或两个以上字母，是无限截断。

（1）后截断，前方一致：又称右截断，是将截词符放在一个字符串的右边，满足截词符左方所有字符的记录都为命中记录。从性质上讲，这是一种前方一致的检索。例如：comput? 表示 computer、computers、computing 等。

（2）前截断，后方一致：又称左截断，是将截断符放在一个字符串的左方，满足截词符右方所有字符的记录都为命中记录。从性质上讲，这是一种后方一致检索。如 ?computer，表示 minicomputer、microcomputer 等。

例如：检索"计算机在图书馆应用"的文献。

若用 computer*library 来查，那么 microcomputer，minicomputer 等其他词干相同的"计算机在图书馆应用"的文章就会漏检，这时可采用前截断，写成 ?computer*library。

（3）中截断，中间一致：是将截词符放在一个字符串的中间，满足截词符两侧所有字符的记录都为命中记录。从性质上讲，这是一种前后方一致检索，这种方法对于解决英美不同拼法、不规则的单复数变化很有用。如?comput?表示mini computer,micro-computers等。

（4）复合截断,又称前后截断:是将前截断和后截断结合使用,即中间一致检索。如?cognit?表示为cognition,cognitive,recognition等。

截词检索也是一种常用的检索技术,是防止漏检的有效工具,尤其在西文检索中,更是广泛应用。截断技术可以作为扩大检索范围的手段,具有方便用户、增强检索效果的特点,但一定要合理使用,否则会造成误检。

五、字段限制检索

字段限制检索是一种在数据库或信息检索系统中常用的查询方法,它允许用户指定只搜索特定字段（列）中的内容,而不是在整个文本或数据集中进行搜索。这种方法可以帮助用户更精确地定位所需的信息,避免不必要的搜索结果。

在数据库或搜索引擎中,通常会有许多字段（列）,每个字段都包含特定类型的信息。例如,在一个包含图书信息的数据库中,可能会有书名、作者、出版日期、ISBN号码等字段。如果用户只想查找特定作者的书,可以使用字段限制检索来仅搜索作者字段,从而排除其他不相关的结果。

字段限制检索的优势如下。

（1）精确性。通过只搜索特定字段,可以获得更准确、相关的结果,避免了可能在其他字段中出现的噪声或不相关信息。

（2）效率。限制搜索范围可以减少搜索的数据量,从而提高查询的速度和效率。

（3）可过滤性。用户可以根据特定条件过滤结果,只获取满足条件的信息,从而更好地满足他们的需求。

（4）确定焦点。在某些情况下,用户可能只关心特定领域的信息,通过字段限制可以将搜索结果集中在这个领域。

（5）减少混淆。如果搜索的关键词在多个字段中都有出现,通过字段限制可以避免出现模糊或混淆的结果。

六、区分大小写检索

区分大小写检索是指在搜索或查询过程中,对于字母的大小写敏感,即将大写字母和小写字母视为不同的字符。这意味着在执行区分大小写检索时,大写字母和小写字母被视为不同的字符,搜索将严格匹配所输入的大小写形式。例如,假设有一个包含以下两个词的文本:apple和Apple。在区分大小写检索中,如果搜索apple,只会匹配到小写的apple,而不会匹配到大写的Apple。

区分大小写检索的特点如下:①区分大小写检索可以提供更精确的搜索结果,因为它不会将大小写不同的词混为一谈。②这种方法允许用户明确地选择要搜索的特定大小写形式,从而更精细地控制搜索范围。③由于大小写被视为不同,搜索结果只会返回严格匹配大小写的内容,这有助于避免不必要的匹配。

然而，有些情况下，区分大小写检索可能会带来一些挑战：首先，用户可能会因为大小写输入错误而导致搜索失败，因为输入的大小写必须准确匹配。其次，对于某些情况，用户可能不太关心字母的大小写，而只是想找到相应的内容。这种情况下，区分大小写可能会造成不便。最后，有些系统支持区分大小写检索，而有些可能默认不区分大小写。这可能会导致在不同系统之间的搜索结果不一致。

总之，区分大小写检索在某些情况下可以提供更准确和更精细的搜索结果，但在其他情况下可能会引入复杂性和用户体验上的问题。选择是否使用区分大小写检索通常取决于特定的需求和使用情景。

七、加权检索

加权检索是某些检索系统中提供的一种定量检索技术。加权检索同布尔检索、截词检索等一样，也是文献检索的一个基本检索手段，但与它们不同的是，加权检索的侧重点不在于判定检索词或字符串是不是在数据库中存在、与别的检索词或字符串是什么关系，而是在于判定检索词或字符串在满足检索逻辑后对文献命中与否的影响程度。加权检索的基本方法是：在每个提问词后面给定一个数值表示其重要程度，这个数值称为权；在检索时，先查找这些检索词在数据库记录中是否存在，然后计算存在的检索词的权值总和；权值之和达到或超过预先给定的阈值，该记录即为命中记录。

加权检索有其优点，它只需要接触检索词，不需编制提问式，通过加权可以明确各检索词的重要性，是一种缩小检索范围、提高检准率的有效方法，但并不是所有的系统都能提供加权检索技术，能提供加权检索的系统，对权的定义、加权方式、权值计算和检索结果的判定等方面，又有不同的技术规范。

随着计算机技术的不断发展和信息数量的快速增长，计算机信息检索技术也不断地发展起来。目前，信息检索技术正向两个方向发展：一是在深度上提高管理和组织信息的能力，从传统信息检索正向全文本、多媒体、多载体、跨平台等新型信息检索发展。二是在广度上提高管理和组织信息的能力，信息资源的网络化和分布化存储，面向因特网的无限资源。在信息检索技术的研究中，已取得了突破性的发展，基于概念、超文本信息和多媒体信息的检索技术越来越活跃。

八、模糊检索

模糊检索是一种在信息检索系统中常用的搜索方法，其主要目标是允许用户在输入关键词时，获取与其输入相似但不完全匹配的结果。与严格的精确匹配不同，模糊检索允许系统在搜索时考虑词语的拼写错误、同义词、近义词、词形变化等因素，从而更全面地满足用户的信息需求。

在模糊检索中，系统使用各种技术来识别可能的变体，并将它们与数据库中的文本进行比较，以找到与用户输入最相似的结果。这种方法有助于解决以下问题：①是拼写错误，用户输入可能包含拼写错误，但模糊检索可以找到与错误拼写相似的正确词汇,并给出相应的结果。②是同义词和近义词的问题,模糊检索可以将用户输入的关键词映射到其同义词或近义词,从而确保相关的内容也能被搜索到。③是词形变化,词汇在不同语法形式下可能变化,如动词的时态和人称。模糊检索可以处理这些变化,使得搜索结果更全面。④是语言变体,在不同的语言环境下,词汇可能存在不同的拼写和语法变化。模糊检索可以处理多种语言变体。⑤是模糊的用户意图,有时用户可能不确定如何准确地表达自己的意图,模糊检索可以帮助用户找到相关的内容。

尽管模糊检索提供了更宽松的匹配标准,但也可能引入一些挑战。例如,它可能会导致搜索结果中包含大量不相关的信息,从而降低搜索质量。因此,在设计和实现模糊检索系统时,需要权衡搜索结果的准确性和广泛性。

模糊检索在信息检索中具有重要意义,帮助用户在输入有限或不完全准确的关键词时,仍能获得相关的信息,提升了搜索的灵活性和用户体验。

九、概念检索

概念检索是指:通过对被检索项信息进行语义层面上的自然语言处理,析取各种概念信息形成知识库,并根据对用户查询的理解,检索知识库中相关信息以确定检索结果的一种检索方法。它与传统的关键词检索方法不同,更加注重理解文本的语义和上下文,以便更准确地匹配用户的意图和信息需求。在概念检索中,不仅仅是通过关键词的匹配来获取结果,还会考虑文本中包含的概念、主题、语境等因素。

概念检索的核心思想是通过深入理解用户的查询意图和文本的语义来提供更准确、相关的搜索结果。概念检索系统可以使用自然语言处理技术分析用户查询和文本内容的语义,以便更好地理解查询意图。同时通过分析文本中的主题和语境,可以识别出文本涉及的主要概念,从而提供更深入的搜索结果。除了关键词匹配,概念检索系统还会考虑文本中的语境,以确保搜索结果与用户的查询意图更加一致。再使用语义相似度计算,将相关度更高的文本排在前面,使用户更容易找到感兴趣的内容。概念检索在处理复杂的查询和需要更深入理解语义的情况下特别有用。它可以提供更全面、更准确的搜索结果,减少了传统关键词检索中因为词汇不准确、多义性等问题导致的信息匹配误差。

然而,概念检索也有一些挑战,包括语义理解的复杂性、语料库的规模和质量等问题。为了实现有效的概念检索,需要结合自然语言处理技术、机器学习算法及大规模语料库的支持,以提高搜索的质量和用户体验。

十、聚类检索

聚类检索是一种信息检索方法,旨在将文档、数据或信息集合分成不同的组(或称为簇),使得每个组内的成员在某种意义上相似,而不同组之间的成员则相对较不相似。这种方法的目标是通过将相似的内容分组,帮助用户更好地理解和浏览大量信息,并更有效地定位所需的内容。

1. 聚类检索的主要步骤

（1）特征提取。从文档或数据中提取关键特征，这些特征可以是词汇、主题、语义等，以便比较和评估相似性。

（2）相似度计算。使用相似度度量方法来比较不同文档或数据之间的相似性，通常通过计算特征之间的距离或相似度来衡量。

（3）聚类算法。应用聚类算法将相似的文档或数据分组成簇。常见的聚类算法包括K均值聚类、层次聚类、DBSCAN（基于密度的聚类算法）等。

（4）簇的表示。对每个簇进行合适的表示，可能是使用簇内代表性文档或数据来描述簇的主题或内容。

（5）结果展示。将聚类的结果呈现给用户，通常以簇为单位显示，让用户能够浏览和选择感兴趣的簇。

2. 聚类检索的优点

（1）结构化信息。可以帮助整理信息，使用户更容易理解和浏览大量数据。

（2）发现隐藏模式。聚类检索可以揭示数据中的潜在模式、主题和关联。

（3）快速导航。用户可以通过查看簇来迅速了解不同主题或领域的内容，从而更快速地找到感兴趣的信息。

然而，聚类检索也可能有一些挑战，如合适的特征提取、选择合适的聚类算法、簇的标识和展示等问题。合理的参数选择和领域知识的引导可以帮助提高聚类检索的效果。

第四节　计算机信息检索策略与步骤

计算机信息检索策略是针对用户信息需求，运用一定的检索技术和方法而设计的信息检索方案，是影响检索效果的关键因素。计算机信息检索的实质就是计算机将用户输入的检索策略和检索系统中存储的文献特征标识及逻辑组配关系进行类比、组配，把完全匹配的文献记录查找出来的过程。因此，检索之前必须制定出全面的检索策略。

一、计算机信息检索策略

1. 含义

检索策略即检索的基本思路，是根据检索要求选择便捷的方法、适当的工具，在适宜的地方查找需要的资料。计算机信息检索策略有狭义和广义之分，狭义的计算机信息检索策略是指检索提问式的构建，即运用系统特定的检索技术，确定检索词之间的逻辑关系，形成表达用户信息需求的检索提问式。广义的计算机信息检索策略是指在分析检索课题的实质内容和明确检索目标的基础上，选择检索工具，确定检索途径与检索用词，以及检索词之间逻辑关系与查找步骤最佳方案的一系列科学安排。

为了制定科学合理的检索策略，检索者需要了解检索系统的特性和功能，熟悉系统数据库的记录结构、特定的文献标引规则、检索方法与技术等方面。

检索策略是为实现检索目标而制定的全盘计划或方案,指导检索过程。不同的检索目的应使用不同的检索策略,不同的检索策略会产生不同的检索结果,检索策略考虑得是否周全,直接影响信息的查全率和查准率。用户在平时的检索中应有一种"不达目的誓不罢休"的毅力,可以通过更换检索词、更换检索字段、更换数据库和更换检索方法等修改检索策略,最终达到检索目的。

2. 类型

美国人鲍纳(Bourne)曾经提出5种计算机检索策略:最专指面优先(Most Specific Face First)、最低登录量面优先(Lowest Posting Face First)、积木型(Build-Block)、引文珠型增长(Citation Pearl-Growing)和逐次分馏(Successive Fractions)。

(1)最专指面优先策略。最专指面优先策略指在检索时,首先选择最专指的概念组面进行检索,如果检索命中的文献较少,那么其他概念组面就不加到检索提问式中;如果检索命中的文献较多,其他概念组面就加到检索提问式中,以提高查准率。

例如:Digital Information Resources and Government Macro-management.

从数字信息资源建设入手,如果获得文献较多,再用逐次分馏法加入其他概念进行二次检索。

(2)最低登录量面优先策略。最低登录量面优先策略与最专指面优先策略类似,即从估计命中的文献记录数量最少的概念组面入手,如果命中的文献数量较少,就不必检索其他概念组面;反之,则将其他概念组面加到检索提问式中,以提高查准率。

例如:属于美国童子军的学生在高等教育中的成功率,"美国童子军"的登录量显然比"高等教育"低,所以从此入手查准率高。

(3)积木型策略。积木型策略是把检索课题剖析成若干概念组面,在每个概念组面中尽可能列举同义词、近义词、相关词,并用布尔逻辑算符OR连接成子检索式;再用布尔逻辑算符AND连接不同概念组面,构成一个总检索式,提供一个比较明确的逻辑检索过程,便于以后保留和理解。

例如:肺癌与吸烟(cancer or carcinoma)and(smokers or cigarette)

(4)引文珠型增长策略。引文珠型增长策略从直接检索课题中最专指的概念组面开始,以便至少检出一篇命中文献;再从这一条或数条记录中找到新的规范词或自由词,补充到检索式中去,然后重新检索,检索出更多的文献。

例如:查找基于几何模型的信息检索,查到一篇文章:Algebra-Based Retrieval Model and Its Extension(5 references),阅读后又得到 semantic structural(语义结构)和 semantic analysis(语义分析)这两个概念,然后再通过这两个新概念继续查找。

(5)逐次分馏策略(在命中文献中二次检索)。逐次分馏策略是先确定一个较大的、范围较广的初始文献集,然后逐步提高检索式的专指度,从而逐步缩小命中文献集,直到得到数量适宜、用户满意的命中集合为止。

例如:上例中可以先查找 models of information retrieval,然后在命中文献中再查找含有 algebra 一词的文献。

二、计算机信息检索步骤

(1)根据课题内容,选择合适数据库,并确定检索途径。

在全面分析检索课题的基础上,根据用户要求得到的信息类型、时间范围、课题检索经费支持等因素综合考虑后,选择检索系统和数据库。正确选择数据库,是保证检索成功的基础。

(2)分析课题内容,进行概念分析,拟出检索词。

① 从以下几方面分析检索课题。

a. 弄清用户信息需求的目的和意图。

b. 分析课题涉及的学科范围、主题要求。

c. 课题所需信息的内容及其特征。

d. 课题所需信息的类型,包括文献类型、出版类型、年代范围、语种、著者、机构等。

e. 课题对查新、查准、查全的指标要求。

② 从以下几方面确定检索词。

a. 选用主题词。

b. 选用数据库规定的代码。

c. 选用常用的专业术语。

d. 选用同义词与相关词。

(3)用逻辑运算符构造提问表达式。

检索提问式是计算机信息检索中用来表达用户检索提问的逻辑表达式,由检索词和各种布尔逻辑算符、位置算符、截词符及系统规定的其他组配连接符号组成。

(4)进行检索,对检出的文献进行相关性分析、评价。

(5)对检索词进行反馈调整,直至检出结果符合要求。检索时,应及时分析检索结果是否与检索要求一致,根据检索结果对检索提问式做相应的修改和调整,直至得到比较满意的结果。

(6)查找原文。根据检索系统提供的检索结果输出格式,选择需要的记录及相应的字段(全部字段或部分字段),将结果显示在显示器上、存储到磁盘或直接打印输出,网络数据库检索系统还提供电子邮件发送,至此完成整个检索过程。

例1. 检索档案管理近十年国内外研究进展。

(1)分析课题内容,选择相关数据库。

中文:中国知网(2013—2023);

外文:Web of Science(SCIE)(2013—2023)。

采用主题途径和自由词途径检索。

(2)提炼主题概念:档案(Archive)/管理(Management)。

艾滋病又称为获得性免疫缺陷综合征(Acquired Immunodeficiency Syndrome)。

(3)列出检索表达式:

档案管理工作 OR 档案 OR Archive。

(4)浏览检索结果,修改检索式。

(5)重新检索。

(6)查找原文。

例2. 查找档案馆在文旅融合发挥作用方面的近十年的文献。

(1)分析课题,选择相关数据库及检索途径。

中文:中国知网(2013—2023);

外文:Web of Science(SCIE)(2013—2023)。

(2)提炼主题概念:档案馆、文化、旅游、文旅融合。

(3)采用主题途径和自由词途径结合进行检索。

自由词:档案;档案馆;文旅融合;

主题词:档案馆/all;文旅融合/all。

(4)浏览检索结果,修改检索式。

(5)老年人作为特征词检索。

(6)浏览题录,查找原文。

第五章 网络信息检索

第一节 网络信息检索工具

2024年8月29日,中国互联网信息中心(China Internet Network Information Center, CNNIC)发布第54次《中国互联网络发展状况统计报告》,显示截至2023年12月,我国网民规模近11亿人,较2023年12月新增网民742万人,互联网普及率达78.0%。人类已步入网络时代,网络信息资源与人类的生存发展越来越密切,已成为三大战略资源之一——信息资源的一种新类型。人类社会的信息化、网络化进程也随着互联网的发展而大大加快。与之相适应,信息检索的主流方式已由传统检索转向网络检索;信息检索的对象也由相对封闭、稳定一致、由独立数据库集中管理的信息内容扩展到开放、动态、更新快、分布广泛、管理松散的Web内容;信息检索的用户也由原来的专业人员扩展到普通大众,信息检索智能化成为网络环境下信息检索的发展趋势。

一、网络信息检索的标准(Z39.50)

1. Z39.50概述

Z39.50是国际通用的网络信息检索标准和协议,即信息检索——开放系统互联的应用服务定义与协议说明(信息检索应用服务定义和协议规范,ANSI/NISO Z39.50-1195-Information Retrieval: Application Service Definition and Protocol Specification),最初由美国国会图书馆等机构开发。Z39.50的目的是促进信息系统之间的开放互联,用于客户端从服务器数据库中检索信息。该标准定义了两个系统间以数据库查询和信息检索为目的而进行的通信、交流的规则和程序,使得用户可以在一台计算机(Client)上检索存储在另一台计算机(Server)中的信息,而不必关心这些信息是如何存储和组织的。Z39.50支持多种记录格式,包括MARC、OPAC、SUTRS(Simple Unstructured Text Record Syntax)、HTML等。

1988年美国国家信息标准化组织(National Information Standards Organization, NISO)推出Z39.50的版本1(Z39.50:1988),主要定义了Z39.50的核心服务;1992年推出的版本2(Z39.50:1992)制定了信息检索的7项服务机制;1995年推出的版本3(Z39.50:1995)是版本2兼容超集,将其中的信息检索机制扩增至11项;关于版本4的讨论一直在进行中,它与版本3(Z39.50-1995)不兼容,可能包含新的模型、机制及新功能,并尝试解决未来10年左右的系统间搜索需求;目前最新的是2003年的版本5(Z39.50:2003),是版本3的兼容超集。随着Z39.50的不断完善和Internet的普及,现在全世界Z39.50的服务器和客户程序数量众多。

协议规范由客户机(Z-client)实现的协议过程及由服务器(Z-server)实现的协议过程两个部分组成。源端(Origin)和目的端(Target)通过应用联动(A-association)中的Z39.50联动(Z-association)进行通信。

2. Z39.50工作原理

Z39.50是有状态的面向连接的协议,基于Client/Server模型。Z39.50是通过客户端和服务器之间的信息交换来执行的,信息包括请求和响应。其工作原理为Client源端向Server目的端发出建立连接的请求,目的端作出回应,连接建立成功;源端发出检索请求,服务器端分析检索式,并从后台数据库中找到满足检索条件的记录,将所有满足条件的记录的标识组成结果集返回源端;源端发出显示某个记录的内容的请求,并给定在结果集中的编号,服务器端找到对应的记录标识,将记录返回源端;源端发出停止连接的请求,目的端作出回应,连接结束。

Z39.50可以被看作对一个数据库的更抽象的描述。它不涉及数据的具体结构、名称、也不考虑数据库的具体实现。它与用户界面和服务器端数据库的管理也不相关。Z39.50这种独立的逻辑结构,能适用于网络环境下不同数据源提供的不同格式的数据,便于信息的检索。

3. Z39.50包含的主要机制

(1)初始(Initialization)。

(2)查找(Search)。

(3)检索(Retrieval)。

(4)删除结果集(Result-set-delete)。

(5)存取控制(Access Control)。

(6)结算/资源控制(Accounting / Resource Control)。

(7)分类排序(Sort)。

(8)浏览(Browse)。

(9)其他扩展服务(Extended Services)。

(10)终止(Termination)。

其中,比较核心的机制包括初始、查找、检索等功能,它们共同构成了Z39.50协议的基础,使得客户端能够与服务器进行有效的信息检索交互。

4. Z39.50技术的主要应用

(1)在图书查询系统中的应用。联机公共目录检索系统(Online Public Access Catalogue,OPAC),是指用户通过网络直接在图书馆进行书目数据馆藏情况的检索,是Z39.50最主要的应用领域。目前世界上有几百家图书馆提供了基于Z39.50的OPAC,而且大部分图书馆自动化系统软件产品提供了基于Z39.50的OPAC服务,只要支持Z39.50协议就可以访问。通过广播式查询,可以在一次查询中同时对多个独立的数据源进行查询,而这一过程是完全对用户透明的。Z39.50协议在OPAC的文献馆藏信息查询、图书借阅记录查询、期刊目次检索、到馆资源通报、网上报订、联合目录及联合馆藏的检索等方面的应用中发挥了作用。

(2)在集中编目中的应用。目前,网上提供Z39.50服务的数据库很多。利用Z39.50客户端程序,编目人员只要选择一个功能较完备的客户端软件,就可以检索全球众多图书馆的书目数据资源,就可以很方便地得到一本已经编制好的MARK记录书籍,这就使利用Z39.50协议辅助编目工作,尤其是西文书刊的编目工作成为可能,从而大大简化了编目人员的工作,减少了重复劳动,提高了效率。无论对于公共图书馆或个体图书馆而言,都在很大程度上节省了人力、物力资源,使全国文化信息资源得以最大程度地发挥,同时有助于更好地实现业内编目的标准化与规范化。

(3)在馆际互借中的应用。馆际互借是和文献共享紧密相连的,其实现的前提是要知道对方图书馆有何种书目,从而发出馆际互借的请求。因此,一个完整的馆际互借系统应该由基于Z39.50协议的检索模块、基于ISO10160/10161协议的馆际互借模块和文献传输模块组成。利用Z39.50协议采用统一的检索界面实现对所有参加馆际互借图书馆的馆藏文献信息的查询和资源的定位,通过馆际互借协议实现用户的互借请求,通过Z39.50协议的扩展服务实现电子文献的直接投递。

(4)在采购协调中的应用。通过Z39.50协议,各成员图书馆可以充分了解其他各馆的馆藏信息,从而辅助本馆采购的决策。通过协作,各馆可以建设自身的特色馆藏,再通过馆际互借使得各馆馆藏得到充分利用。这一点对外文书刊来说十分重要,可以说如果协调得好,可以使用更少的经费获得更多的书刊资源。随着网上采购、电子商务及Z39.50协议本身的普及,采购员可以检索网上各书商的书目数据,特别是由出版商提供的在版编目数据,并将已订购的书目数据套录到本馆的采购系统中。

二、搜索引擎及其工作原理

搜索引擎是网络信息检索工具的一类,其根据一定的策略、运用特定的计算机程序从互联网上搜集信息,在对信息进行组织和处理后,为用户提供检索服务,将用户检索相关的信息展示给用户。搜索引擎的基本结构一般包括:采集器、索引器、检索器和用户接口。搜索引擎的工作原理如下。

1. 搜索引擎的数据采集机制

(1)基本机制。搜索引擎的数据采集包括人工采集和自动采集两种方式。

①人工采集由专门的信息人员跟踪和选择有用的WWW站点或页面,并按规范方式进行分类标引并组建成数据库。由于基于专业性的资源选择和分析标引,从而保证了所收集的资源质量和标引质量。

②自动采集是通过Robots(自动采集器)软件来完成的。Robots搜寻页面并建立、维护、更新索引数据库。自动采集能够自动搜索、采集和标引网络上众多站点和页面,从而保障对众多的网络资源的跟踪与检索的有效性和及时性。

目前,大多搜索引擎都采取了人工采集与自动采集方式相结合的形式。

(2)自动采集器。自动采集器Robots是采用自动采集方式的搜索引擎的核心,是在网络上搜索文件且自动跟踪该文件结构并循环检索被参照文件的软件。

一般说来,Robots以一个URL清单为基础,利用标准协议(如HTTP)依次请求相应的资源(即网页),并将其交给网页标引模块进行自动标引。URL清单中的URL可由用户通过一个特定格式主动提交,或由搜索引擎开发商通过搜索常用站点或下载有关站点的资源列表等来建立。Robots对某个网页进行索引时如发现指向资源的链点，先将其存入一个临时表中，然后添加到URL清单作为下一次检索的目标对象。有些情况下搜索引擎试图标引站点的所有网页，并通过网页链接逐一访问每一网页。另一些情况下，搜索引擎抽取站点上一定数量的网页为样本进行标引。通常网址流行程度越高，样本量就越大。

2. 搜索引擎的数据标引机制

（1）Robots对网页的基本标引方法。

Robots主要通过从网页中自动抽取能表达网页主题意义的词作为标引词来构建网页标引记录。抽词的基本依据是词频，即在略去只起语法作用的共用词后，一个词在文件中出现的频率越高，则代表该文件主题的程度就越大，从而作为标引词的准确性也就越高。

此外，自动索引器还利用其他信息进一步帮助选词或计算词的权重，如选择在标题标签、链点标签等处的词作为标引词。但目前几乎所有重要搜索引擎都采用全文索引方式，分析整个网页所有词汇，并根据词频和超文本结构确认词汇权重。

（2）HTML/META标签对Robots标引网页的影响。

为了使标引关键词和摘要更好地反映网页内容，保障用户检索的准确率，HTML语言提供了Meta keywords标签和Meta description标签来帮助网页编制者专门提供关键词和对整个站点的描述摘要。Meta标签内容在文件调入浏览器时并不显示，但服务器和客户机却能提取其中内容用于确认、索引和文件编目等目的。Meta标签的组成元素很多，但与网页直接相关的是位于HTML/HEAD标签中的Meta keywords和Meta description，位于HTML/HEAD标签中。利用这两个元素，自动采集器可以方便准确地对网页进行标引和编制文摘。

3. 搜索引擎的数据组织机制

搜索引擎的数据组织主要是利用强有力的数据库管理系统来组织所采集标引的网页信息，形成索引数据库。数据库中的一条记录基本上对应一个网页，原则上包括关键词、网页摘要等信息。由于各个搜索引擎的标引原则和方式不同，因此它们的索引记录内容可能不相同。

搜索引擎的数据组织模块还和数据采集标引模块一同实现索引数据的动态维护，如对索引数据进行及时更新、添加、删除等处理，以保证索引数据库准确反映网络信息资源的当前状况。

索引数据库是用户进行检索的基础，它的数据质量直接影响检索效果，而搜索引擎的数据采集标引机制又是决定数据库质量的关键技术。

4. 搜索引擎的用户检索机制

检索引擎的用户检索机制主要包括：

（1）检索界面模块：接收用户检索要求，常常分为一般检索界面和高级检索界面。

（2）检索策略模块：将用户输入的检索要求编制成计算机可以执行的规范化检索式。

（3）检索执行模块：利用检索式检索索引数据库，并保证检索的速度和准确性。

（4）检索结果组织模块：对检索中的记录的整理组织。

三、搜索引擎的类型

网络搜索引擎的历史最早可追溯至1991年，加拿大麦吉尔大学师生开发的自动索引FTP网站文件的程序Archie，被公认为是第一代搜索引擎雏形；1992年，允许多词检索和布尔检索的Veronica搜索引擎诞生；1994年第一个支持全文关键词检索的搜索引擎WebCrawler问世，它的出现对于网络搜索引擎的发展起到了极大的推动作用；同年4月，斯坦福大学的杨致远和大卫·费罗共同创立了超级目录索引Yahoo，并使搜索引擎的概念深入人心，自此搜索引擎进入了高速发展时期。到目前为止，互联网上各种各样的搜索引擎已有数千个，按照数据检索机制、内容及搜寻覆盖范围，可将它们划分为以下几类。

1. 根据数据检索机制分类

根据数据检索机制，可将搜索引擎分为全文检索型搜索引擎、分类目录型搜索引擎和混合型搜索引擎。

（1）全文检索型搜索引擎由一个计算机程序自动在互联网中搜集和发现信息，由索引器为搜集到的信息建立索引，由检索器根据用户的查询输入检索索引库，并将查询结果返回给用户。检索方便直接，而且可以使用布尔逻辑、短语或邻近等基本检索和模糊、自然语言、概念等高级检索方式，可以限制检索对象的地区、网络范围、数据类型、时间等，可以满足特定条件的资源准确定位。国外具有代表性的有Google、AltaVista、Excite、HotBot、OpenText等，国内著名的有百度。

（2）目录型搜索引擎通过用户浏览层次型类别目录来寻找符合需要的信息资源，目录按一定的主题分类体系组织，并辅之以年代、地区等分类。用户一般采取逐层浏览目录、逐步细化来寻找合适的类别直至具体资源。这类搜索引擎的国外代表有Yahoo，国内有搜狐、新浪、网易等，常被称为Directory和Catalog，它们往往根据自己资源采集范围设计详细的目录体系。也有许多目录型检索工具采用图书馆的分类方法，如杜威分类法使用了Patiric's Subject Catalog；美国国会图书馆分类法使用了Cyberstacks。

（3）混合型搜索引擎兼有检索和目录型两种检索方式，既可直接输入检索词查找特定资源，又可浏览目录了解某个领域或范围的资源。实际上现在的大多数搜索引擎都同时提供词语检索和目录浏览两种，以增强自己的检索能力和市场竞争力。

2. 根据数据内容分类

根据数据的内容，可将搜索引擎分为综合型搜索引擎和专题型搜索引擎。

（1）综合型搜索引擎在采集标引信息资源时不限制资源的主题范围和数据类型，又称为通用型搜索引擎，人们可利用它们检索几乎任何方面的资源，如著名的Yahoo、Bing、AOL等搜索引擎均属此类。

（2）专题型搜索引擎专门采集某一主题范围的信息资源，并用更为详细和专业的方法对信息资源进行标引描述，且往往在检索机制中设计利用与该专业领域密切相关的方法技术。这类工具常被称为专业检索工具,典型的例如 Health Care,Medical World Search,SOSIG(Social Science Information Gateway),EEL(Engineering Electronic Library)等。

3. 根据搜索覆盖范围分类

根据搜索的覆盖范围,搜索引擎可以分为独立型搜索引擎和元搜索引擎。

(1)独立型搜索引擎(Single Search Engine):由信息采集系统采用 Spider 或 Robot 程序定期访问互联网,下载相关的网页信息和新的链接,利用索引软件对搜集到的信息进行自动标引并加入数据库。以 Web 页面的形式向用户提供有关的信息资源导航、目录索引及检索页面,用户通过检索式进行查询,系统中自动完成检索和匹配,并根据相关度对结果进行排序后返回。独立型搜索引擎的特点是其只在自己的数据库内进行检索,每个独立的搜索引擎都具有其查询特色。

(2)元搜索引擎(Meta Search Engine,MSE):通过一个统一用户界面帮助用户在多个搜索引擎中选择和利用合适的(甚至是同时利用若干个)搜索引擎来实现检索操作。在检索中,用户向集合型搜索引擎发出检索请求,它根据请求向多个单独型搜索引擎发出实际检索请求;单独型搜索引擎执行检索请求后将检索结果传送给集合型搜索引擎,集合型搜索引擎将从多个单独型搜索引擎获得的检索结果经过整理再传送给实际用户。国外比较著名的元搜索引擎有 Dogpile、MetaCrawler 及 Mamma 等,国内比较具有代表性的有 360 综合搜索。

四、元搜索引擎

1. 元搜索引擎的含义

所谓元搜索引擎是对分布于网络的多种检索工具的全局控制机制,它通过一个统一用户界面帮助用户在多个搜索引擎中选择和利用合适的(甚至是同时利用若干个)搜索引擎来实现检索操作。

元搜索引擎与搜索引擎的主要区别在于:搜索引擎拥有独立的网络资源采集标引机制和相应的数据库,而元搜索引擎一般没有自己独立的数据库,而更多的是提供统一界面(或进一步地提供统一检索方式和结果整理),形成一个由多个分布的、具有独立功能的搜索引擎构成的虚拟逻辑整体,用户通过元搜索引擎的功能实现对这个虚拟整体中各独立搜索引擎数据库的查询显示等一切操作。元搜索引擎中各独立搜索引擎被称为"成员搜索引擎",它们各自保持其原来的局部数据模式和各自的检索指令。元搜索引擎给出一个全局外部模式,用以接收用户检索输入和结果输出。不过,有些元搜索引擎给出的全局外部模式不够完善。

2. 元搜索引擎的特点

不同于传统搜索引擎,元搜索引擎并不独立抓取、索引和排名页面,而是聚合不同来源的结果,因此与其他搜索引擎相比具有如下特点:

(1)虚拟索引数据库:元搜索引擎本身没有庞大的网页网站索引数据库,也没有独立搜索引擎那样复杂的索引机制,既不需要 Spider(网络蜘蛛)自动访问与标引网页,更不需要编辑人员人工建立分类目录。元搜索引擎由一个统一联结界面,把多个分布独立的搜索引擎整合为虚拟逻辑整体,各独立搜索引擎数据库就构成了元搜索引擎的整体虚拟索引数据库,因此技术稳定性高。

(2)查全率高:独立的搜索引擎为了尽可能大地满足用户的检索要求,在不断提高技术,扩充自己的索引数据库。但搜索引擎发展到现在,搜索技术已经很成熟,要想通过技术的飞跃来提高检索范围,是一个漫长的阶段,其代价也是巨大的。而元搜索引擎通过调用多个搜索引擎的数据库,可以在短期内检索到大量的有关信息,轻而易举地提高了查全率。

(3)用户界面友好:集成搜索引擎能将搜索引擎的检索结果分块显示,但并没有对结果进行归并,用户在浏览检索结果时,很难衡量检索结果的相关度和重要程度。而元搜索引擎的检索结果是经过归并的,其检索结果返回格式是统一的,可以排除一些重复或无效的结果。并且,检索结果排列的先后顺序直接反映信息的相关度和重要程度,提高搜索准确度。

(4)适宜二次加工:元搜索引擎在接收到各个成员搜索引擎的返回结果后,并不是将结果直接返回给用户,而是先分析各个搜索引擎检索结果的排列算法,得出这些检索结果集的相关度、完整性和重复程度,进行去重和删除死链接操作。同时,对这些检索结果进行标引。

(5)扩展性好:元搜索引擎集成了多个独立的搜索引擎,其检索范围大于成员搜索引擎的检索范围,能够得到更全面、更丰富的信息资源。如 MetaCrawler 利用了 Lycos、Infoseek、WebCrawler、Excite、AltaVista 和 Yahoo。在固定的成员搜索引擎的基础上,针对用户的信息检索需求,增添或删除部分成员搜索引擎,能达到优化元搜索引擎性能的效果。

3. 元搜索引擎的工作原理

元搜索引擎被称为搜索引擎之上的搜索引擎,其并不收集网站或网页信息,通常也没有自己的资源库和 Robot。当用户查询一个关键词时,它把用户的查询请求转换成其他搜索引擎能够接受的命令格式,并行地访问多个传统的搜索引擎来查询这个关键词,然后将返回的结果进行合并、重新排序等处理后,形成自己的结果返回给用户,如图 5-1 所示。严格地讲,元搜索引擎只是一个搜索代理程序,算不上一个真正独立的搜索引擎。从检索机制的角度看,元搜索引擎可算是一种分布式信息检索系统,由于其检索覆盖面广、系统复杂度不高等独特优势,该项技术得到快速发展。

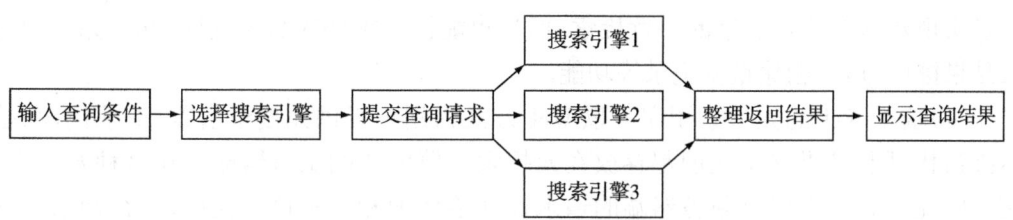

图 5-1 元搜索引擎的工作原理

4. 元搜索引擎的类型

元搜索引擎有多种分类方式。按功能划分,元搜索引擎可分为集成搜索引擎和多线索式搜索引擎;按运行方式的差异可分为桌面型元搜索引擎和基于Web的元搜索引擎;按照工作方式,元搜索引擎可分为并行处理式和串行处理式两大类。并行处理式元搜索引擎将用户的查询请求同时转送给它调用链接的多个独立型搜索引擎进行查询处理;串行处理式元搜索引擎将用户的查询请求依次转送给它调用链接的每一个独立型搜索引擎进行查询处理。

(1)集成搜索引擎。亦称为"多引擎同步检索系统",是指搜索引擎界面以任意顺序或分类罗列多个搜索引擎,搜索引擎本身主要提供各类搜索引擎的介绍信息和物理连接机制。这类元搜索引擎没有统一的全局外部模式,而是以各搜索引擎的检索模式和数据格式直接面对用户,即直接把来自多个搜索引擎的搜索结果显示在一个页面上,不做重新计算或更改,其实质是利用网站链接技术形成的搜索引擎集合。严格来说,这类元搜索引擎只是独立搜索引擎的罗列,不能算真正意义上的元搜索引擎。

(2)多线索式元搜索引擎。指利用统一的检索界面,实现对多个独立搜索引擎索引数据库进行检索,并将检索结果以统一格式显示的网络检索工具。这类元搜索引擎具有以下特征:

①统一检索界面:元搜索引擎提供统一界面,提供对各搜索引擎特点介绍和选择机制。元搜索引擎检索界面构成唯一的全局外部检索模式,用户通过这个全局界面实现对多个或任意一个搜索引擎的检索。

②检索指令转换:在具有唯一全局外部检索模式的情况下,系统可提供统一的全局指令语言,并自动实现元搜索引擎指令与其目标搜索引擎指令的转换,用户使用同一指令语言检索不同的搜索引擎的索引数据库。

③统一结果集的组织与显示:元搜索引擎提供全局组织机制,对各目标搜索引擎返回的结果进行处理,形成全局结果集,并以统一格式显示,主要涉及数据格式转换、去重、统一排序等。

(3)桌面型元搜索引擎。以程序的方式提供给用户,相当于用户自己拥有一个元搜索引擎。它运行在用户的机器上,用户的查询请求直接由用户端分发给它所调用的搜索引擎,然后对返回的搜索结果进行集成后以一定的方式显示。桌面型元搜索引擎是一个包括多个成员搜索引擎的完整系统,它们往往允许用户自定义检索式运行的搜索引擎集合,甚至可由用户添加新的搜索引擎。这些桌面型元搜索引擎不仅可以实现对多个搜索引擎的并行检索,而且也能提供重要的后期处理功能,如用户定义结果排序方式、删除重复记录等功能。

(4)基于Web的元搜索引擎。以Web方式为用户提供元搜索引擎,请求代理、检索接口代理和结果显示代理都存放在元搜索引擎所在的服务器端。在这种方式中,用户的元查询请求经过服务器端的请求提交给代理和检索接口代理,将查询请求分发给它所调用的独立搜索引擎,这些独立搜索引擎返回的搜索结果由服务器端的结果显示代理处理后再返回给用户。多线索式元搜索引擎基本上都属于基于Web的元搜索引擎,如国外的MetaCrawler、Dogpile、Mamma等。

5. 元搜索引擎的评价

元搜索引擎提供了一种独特且高效的网络信息检索方式,用户可以根据具体需求选择合适的元搜索引擎以优化检索策略与内容,具体评价指标可以考虑如下方面。

(1)元搜索引擎的覆盖范围。指元搜索引擎包括的独立搜索引擎的数目,是影响元搜索引擎效率的一个非常重要的变量。一般来说,元搜索引擎覆盖的独立搜索引擎的数目越多,用户检索到的信息资源越丰富,元搜索引擎性能越好。

(2)元搜索引擎检索结果的显示。因为每个独立的搜索引擎具有不同的显示格式,元搜索引擎必须为多种显示格式提供一种标准的结构。检索结果的显示可以从提供搜索引擎来源、返回定位、相关度显示、主题目录、页面描述、网页更新日期等方面来进行比较和评价。

(3)元搜索引擎的检索功能。可以分为检索控制功能和检索提问功能两个方面。检索控制功能是指对检索过程和检索结果进行控制的功能,如搜索引擎选择、速度/限时、每个引擎返回的结果数、遥控检索、结果排序、用户检索偏好保存等。检索提问功能指用户构造检索提问式的方法,精确地构造检索提问式对于成功的检索是至关重要的,检索提问功能的比较与评价可以从简单布尔检索、高级布尔检索、截词检索、邻近检索和自然语言检索等方面进行评价。

(4)元搜索引擎的用户友好性。包括帮助/FAQ、超链接可用性检测、聚类分析、可视化、词典控制等方面。

6. 国内外重要的元搜索引擎

(1)国外重要的元搜索引擎如下:
Mamma(http://www.mamma.com)。
(2)国内重要的元搜索引擎如下:
360综合搜索(http://www.so.com);
搜狗搜索(http://www.sogou.com);
有道搜索(http://www.youdao.com/)。

五、网络检索工具的评价

随着因特网的不断发展和成熟,一些易于使用的信息检索工具不断涌现。这些检索工具各有千秋,为了引导用户更好地利用它们,有必要对它们进行评价研究。建立一系列网络搜索引擎的评价指标体系,参照指标体系对搜索引擎进行对比分析,从而明确各网络检索工具的性能、特点,并进而指导用户根据检索需求来选择检索工具等都具有重要的现实意义。

应用于网络信息检索工具评价的指标大致有如下几项。

1. 数据库的评价指标

网络检索工具数据库所收录的信息资源是检索之本,数据库的规模和质量是评价检索工具的基本要素。具体包括：

(1) 数据库的规模。以搜索引擎收集的网站(或网页)数作为统计单位，直接影响到搜索结果的广泛性。

(2) 数据库的范围。是收录综合性信息还是专科性信息，是仅收录 Web 信息还是兼收 Usenet、FTP、Gopher、E-mail 等其他网络信息。

(3) 数据库的质量控制。即所收录信息资源的质量、水平、使用价值、是否经过评价、鉴选等。

(4) 数据库的更新频率。指搜索引擎信息源的更新频率、时效性。

2. 信息组织管理评价指标

信息组织管理评价指标是对信息进行搜集、抽取、标引手段及组织管理方式的评价，包括。

(1) 信息搜集方法。即信息标引手段与信息索引方法，通常分为自动索引、人工索引、用户登录3种。

(2) 信息组织管理方式。有分类主题、目录方式和词语索引方式，同时包括分类的广度和深度、索引的比重和深度（全文本索引、概念索引、词级索引及限定词索引等）。

3. 信息检索功能评价指标

信息检索功能评价指标是评价网络信息检索工具的重要指标，包括。

(1) 逻辑组配功能。这是几乎所有的搜索引擎都提供的功能，尽管表示符有所不同，但所执行的操作是相同的。

(2) 截词功能。即利用词的某些部分进行非精确匹配检索的一种形式。

(3) 精确检索功能。即对所输入的检索词进行精确匹配的检索。

(4) 位置检索功能。确定检索词相隔距离的检索。

此外，还有限定检索、相关检索、加权检索、概念检索、大小写有别等。

4. 检索结果评价指标

检索结果是评价检索工具最直观的指标，检索结果的输出形式在一定程度上影响着信息的吸收与利用。检索结果评价指标包括。

(1) 检索结果的满意度。包括检索结果相关命中数、重复链接数、有无超文本链接等。

(2) 响应时间。即完成一个检索要求所用的时间。

(3) 相关性排序。即将输出结果根据与检索词的相关度进行排序。

(4) 输出数量选择。即限定或改变输出数量。

(5) 显示内容形式。即有无内容描述、格式如何、是注释或摘要。

5. 检索界面的评价指标

检索界面的评价指标是指用户界面的友好程度、易用性和美观性，包括是否有帮助文件、是否有查询举例、是否有检索功能说明。

第二节　多媒体信息检索

一、多媒体检索概述

所谓多媒体(Multimedia)，就是将多种媒体，包括文本、图片、动画、视频和声音组合成的一种复合媒体。

多媒体检索是指根据用户的需要对文本、图形、图像、音频、视频等多媒体信息进行识别和查询的过程。目前，多媒体检索有基于文本和基于内容特征的两种多媒体信息检索方式。

多媒体系统是指由多媒体终端设备、多媒体网络设备、多媒体服务系统、多媒体软件及有关多媒体数据组成的有机整体。

多媒体数据库的一般形式包括。

(1)联邦型结构。针对各种媒体单独建立数据库，每一种媒体的数据库都有自己独立的数据库管理系统，彼此之间可以通过相互通信来进行协调和执行相应的操作。用户既可以对单一的媒体数据库进行访问，也可以对多个媒体数据库进行访问。

(2)集中统一型结构。由一个单一的多媒体数据库和单一的多媒体数据库管理系统组成。各种媒体被统一建模，对各种媒体的管理与操纵被集中到一个数据库管理系统中，各种用户的需求被统一到一个多媒体用户接口上，多媒体的查询结果被统一显示。

(3)客户/服务型结构。各种媒体数据可以相对独立，系统将每一个服务器的任务完成，与用户的接口采用客户进程实现，客户与服务器之间通过特定的组件系统连接。该结构可以减少集中统一型多媒体数据库系统的复杂性，设计者可以针对不同的需求采用不同的服务器，对每一种媒体也可以采用与这种媒体相适应的处理方法。

(4)超媒体型结构。该结构强调对数据时空索引的组织，认为世界上所有计算机中的信息和其他系统中的信息都应该连接为一体，而且信息要能够随意扩展和访问。在多媒体数据模型上，要通过超链接建立起各种数据的时空关系，使得不仅可以访问抽象的数据形式，而且还可以去访问形象化的、真空的或虚拟的空间和时间。

二、图像信息检索

随着计算机、图像处理和数据库技术的发展，从多媒体数据库中进行图像检索成为人们研究的一个热点。传统的图像检索基于文本方式，使用关键字或自由文本描述图像数据库中的每幅图像，采用文本匹配检索。该方法需要人工对每幅图像按其内容进行标注，然后将标注信息存到文本数据库中用于检索。显然，随着图像的增多，人工标注非常困难。而且，每个人对图像内容的理解不同会造成标注的主观性过强，不利于用户检索，于是基于内容的图像检索(Content-Based Image Retrieval, CBIR)便应运而生。

基于内容的图像检索技术是一种综合集成技术，通过分析图像的内容，如颜色、纹理、形状等，建立特征索引，并存储在特征库中。用户在查询时，只要把自己对图像的模糊印象描述出来,就可以在大容量图像库中找到想要的图像。

CBIR 系统的一般框架如图 5-2 所示。此系统依赖图像的视觉特征进行索引,查询将根据图像视觉特征的相似度进行。用户选择一幅标准样例图像来进行特征提取,然后由系统在特征库中查找与样例图像所提取的特征比较相似的图像,按相似度大小排列返回给用户。这就是相似性匹配的过程。另外,此系统一般通过可视化界面和用户进行频繁的交互,进行信息反馈,以便用户能够方便地构造查询、评估检索结果和改进检索结果。

目前,基于内容特征的图像检索中比较常见的提取特征包括:颜色、纹理、形状特征及多特征综合等。

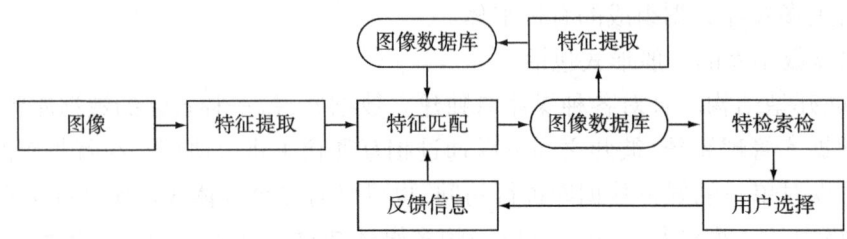

图 5-2　基于内容的图像检索(CBIR)系统

1. 基于颜色特征的图像检索

常用的颜色特征提取方法主要有以下几种。

(1)颜色直方图(Color Histogram)。颜色直方图描述了各颜色在图像中的数量特征,统计了各颜色值出现的频数(率)。但直方图丢失了某像素所在的空间位置信息,不同的图像可能具有相同的直方图。因此,除全局颜色直方图外,局部颜色直方图和累计颜色直方图的出现,改善了检索的效果。

(2)颜色矩(Color Moment)。通过计算各颜色通道的均值、方差、偏差等来替代颜色的分布,即用各颜色的矩来表示颜色的分布。数学计算上表示为颜色的一阶矩(均值,Mean)、二阶矩(方差,Variance)和三阶矩(斜度,Skewness)。计算量小、常与其他的特征相结合进行检索。

(3)颜色聚合向量(Color Coherence Vector)。颜色聚合向量是直方图算法的一种改进,弥补了直方图对像素空间位置信息的丢失,将直方图中每个颜色簇分成聚合类和非聚合类。图像量化后,同一连通区域内的像素具有同类量化值。如果一个连通区域内某些像素所占据的面积大于给定的阈值,则认为该区域的像素是聚合的,否则认为其是非聚合的。颜色聚合向量较颜色直方图有更好的检索效果。

(4)颜色相关图(Color Correlogram)。颜色相关图反映了不同颜色对,即像素对之间的空间相关性,也可简化为相同颜色的像素间的空间关系。其主要是用像素对相对于距离的分布来表达图像信息,其特征范围相对较小,计算简便,检索效果比颜色直方图和颜色聚合向量更好。

2. 基于纹理特征的图像检索

通常把图像中局部不规则而整体有规律的特性称为纹理。它是物体表面共有的内在特征,包含了物体表面的重要信息与周围环境的联系,是图像中一个重要而又难以描述的特性。纹理特征主要有粗糙度、方向性、对比度3个性能指标。纹理特征描述方法大致可分为4类:统计法、结构法、模型法、频谱法。

(1)统计法:是通过图像中灰度级分布的随机属性来描述纹理特征。

(2)结构法:是假定纹理模式由纹理基元以一定的、有规律的形式重复排列组合而成,特征提取就变为确定这些基元并定量分析它们的排列规则。

(3)模型法:是利用一些成熟的图像模型来描述纹理。

(4)频谱法:是借助于频率特性来描述纹理特征。

3. 基于形状特征的图像检索

形状特征是图像的显著特征之一,许多物体具有不同的颜色,但其形状总是类似的。形状被认为是一条封闭的轮廓曲线所包围的区域,对形状的描述分为对轮廓的描述及对轮廓所围区域的描述。

对于轮廓的描述主要有直线段描述、样条拟合曲线、高斯参数曲线和傅里叶描述子等算法。其中傅里叶描述子是基于傅里叶变换的一种方法,具有平移、旋转等几何不变性,常用来分析图像轮廓的相似性,能很好地描述图像的边界信息。

对于区域的描述主要有无关矩、区域面积、区域纵横比等。弗立克(Flicker)等人在IBM的QBIC(Query By Image Content,基于图形内容查询)图像检索系统中采用了形状面积、圆度、离心率、主轴惯量及高阶无关矩,取得了满意的效果。

4. 基于多特征的图像检索

颜色、纹理、形状是图像检索最常用的提取特征,这些大都是全局特征,不能充分表达图像的空间信息。局部特征的提取也可以使检索达到良好的效果。目前较常用的局部特征提取算子有Harris算子和SIFT算子,这两个算子都是基于兴趣点的特征描述,对图像的旋转、缩放、平移都具有良好的不变性。

无论是基于全局特征还是局部特征进行检索,由于图像内容千差万别,基于单一特征的图像检索效果有时不能充分达到要求,基于多特征的图像检索在查准率、查全率方面均优于基于单一特征的检索。基于多特征的检索可以选择两种或两种以上特征同时进行查询,如综合颜色和形状检索、综合颜色和纹理检索。但基于多特征的检索索首要解决的问题就是各算法匹配结果的归一化,这样才能保证各算法在加权中处于平等的地位。

三、音频信息检索

在多媒体检索中,音频检索是一个受人们关注的富有挑战性的研究课题,相对于文本检索和图像检索,音频检索发展比较缓慢。目前音频检索可以分为两大类:一类是基于内容的,主要是利用高层信息对音频进行分类和识别,例如音频分类、音频索引、关键词检索等;另一类是基于特征相似度的(或称为基于模板的),又称为固定音频检索,是指给定一个查询音频段(模板),在待检音频库(或音频流)中检索与其同源的片段。

在音频检索中,需要经过特征提取、音频分割、音频识别分类和索引检索几个关键步骤,如图5-3所示。

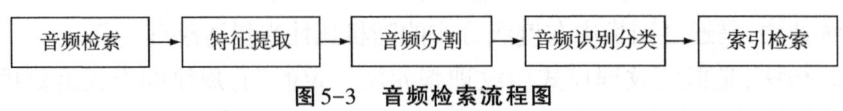

图5-3 音频检索流程图

1. 音频的类型

自然界存在着各种各样的声音,声音媒体是多媒体中的一类重要媒体。对声音进行数字化处理得到的结果称为音频。音频是声音信号的一种形式,作为一种信息的载体,音频可分为以下3种类型。

(1) 波形声音:是对模拟声音数字化得到的数字音频信号,可以代表语音、音乐、自然界和合成的声响等。

(2) 语音:具有字词、语法等语素,是一种高度抽象的概念交流媒体。语音经过识别可以转换为文本,文本是语音的一种脚本形式。

(3) 音乐:具有节奏、旋律及和声等要素,是人声和乐器音响等配合所构成的一种声音。

不同的音频类型具有不同的内在特征,这些内在特征可划分为3级:最底层的物理样本级、中间层的声学特征级和最高层的语义级。物理样本级包含采样频率、时间刻度、样本、格式、编码等特征;声学特征级包含感知特征和声学特征,其中感知特征有音调、音高、旋律、节奏等,声学特征包含能量、过零率、线性预测系数(Linear Predictive Coding,LPC)及音频的结构化表示等;语义级包括音乐叙事、音频对象描述、语音识别文本等。

2. 音频特征的提取

基于内容的音频检索技术主要分为3个部分:音频内容的获取、音频内容的描述(音频特征提取)和特征相似度匹配。音频内容描述即音频特征提取,是整个基于内容的音频检索技术的核心技术。

音频内容描述是在音频内容获取的基础之上进行的,同时是进一步进行音频特征相似度匹配的必要前提。音频的特征提取指的是寻找原始音频信号的表达形式,提取能代表原始信号的数据。要抽取特征和属性,通常要对数据库中的多媒体数据项进行预处理,因为在检索过程中,特征抽取的质量决定着检索效果,需要对这些特征和属性进行不断搜索和比较。

3. 音频检索的类别

(1) 基于语音识别的语音检索。语音检索主要涉及语音识别和声纹识别两种技术。语音识别是人工智能领域的一个重要研究方向,目标是对语音文件进行处理,将语音序列转化为文本序列。语音识别对输入的音频进行特征提取,与语音库中训练的声学模型进行匹配,得到对应的文字,最终生成文本。例如,微信提供的语音输入功能使用语音识别技术将讲话者的话转化为文字。借助语音识别技术,可以将所获取的语音文件和语音库中的语音文件都转换为文本信息,然后对语音的检索转换为文本检索,可利用成熟的全文检索技术完成。

(2)基于声纹识别的语音检索。声纹是每个人的特殊声波频谱。由于每个人的声带、舌头等都存在细微差异,造成每个人说话的腔调、音质等都存在差别,声纹就是每个人说话声音的特征,任何两个人的声纹图谱都是有差异的。声纹识别也称为说话人识别,通过对输入的语音信号进行特征提取和模型构建,与已有的注册语音库中的人声模型进行比对,找出与输入语音最匹配的人声,进而找出该人声对应的说话人。运用声纹识别,可以对声像档案中各种讲话录音进行识别。例如,对领导人讲话的音频进行建模,然后通过声纹识别对录音档案进行处理,识别出档案中的讲话人并做好标注,从而实现按讲话人检索录音档案的目标,也可实现对一段未知录音的讲话人识别的功能。

(3)基于音乐指纹的音乐检索。基于内容的音乐检索需要实现类似听歌识曲的效果。录制或播放歌曲的一个片段,音乐搜索系统能找到该片段对应的歌曲。要实现这个效果,需要运用音乐指纹技术。音乐指纹技术的基本原理是提取音频信号中的特征,根据特征构造音频指纹,使用音频指纹在音乐库中进行相似度检索,得到结果。其提取的特征不是常用的音高、频率等,而是音乐的频谱。首先,对音乐进行分帧,将不定长的音频切分成固定长度的小段,一小段为一帧。固定长度一般为10~30毫秒,在这段很短的时间内,音频信号通常会保持相对稳定。分帧后,可对每帧提取频谱特征。音频信号实际上是一系列正弦波、余弦波的组合,通过使用傅里叶变换等处理,就可得到音乐频谱图。音乐的频谱就像乐谱一样,不管使用何种乐器,声音大小如何,其旋律都是一样的,由此可以构成音乐的指纹特征。提取音乐片段的音乐指纹后,通过哈希算法等方法可以进行相似度比较,最终在音乐库中找出相似的频谱,将相应的音乐文件作为检索结果返回。

(4)其他声音的检索。除语音和音乐外,大部分音频实际上是多种声音的混合体。例如,城市录音中会夹杂人声、汽车声、音乐声、设备声、动物声等,且存在较多的背景噪音,对其处理和检索相对复杂。对于混合声音,最常见的检索需求是检索其中是否出现某种特定声音,如动物叫声、设备异常啸叫、嘈杂环境中的人声等,这种应用场景主要运用声音检测技术。声音检测也称声音事件检测、环境声音检测,主要目的是检测连续的音频流之中有无出现目标声音事件。该技术具有广阔的应用前景,但目前还处于早期发展阶段。声音检测技术最早应用于军事领域,主要是对声呐信号进行处理,检测敌情。声音检测技术一般有两类技术路线:一是采用分类方法,对各类要探测的异常声音建模,训练分类模型,与这些模型匹配的就是需要检测的某种异常声音;二是对背景声音建模,所有和背景声音模型不匹配的就是异常声音。

四、视频信息检索

随着计算机技术和网络技术的发展及多媒体的推广应用,各种视频资料源源不断地产生。视频检索技术作为人们获取视频信息的重要手段越来越受到重视,大大促进了视频搜索行业的发展。从检索形式可将视频检索分为基于文本(关键字)的检索和基于示例(视频片段/帧)的检索两类。基于文本的检索效率取决于对视频的文本描述是否精准,这种方式难点在于怎样才能实现对视频进行全面、自动或半自动的精准描述。基于示例的检索优势是可以通过自动提取视听特征进行检索,这个方法的难点一方面在于如何计算视频的相似性,另一方面是很难找到合适的视频示例。

最初的视频信息检索系统是基于关键字访问图像和视频,但是人工标引耗时费力,且文字标引视频信息难免出现疏漏,于是基于内容的视频检索(Content Based on Video Retrieval,CBVR)被提出并成为研究热点。CBVR直接对图像、视频、音频内容进行分析,抽取特征和语义,利用这些内容特征建立索引,并进行检索。

要实现基于内容的视频检索,首先必须进行视频镜头检测、关键帧提取、镜头聚类,经过这些处理,然后才能通过对视频段之间特征空间的比较来进行视频段内容的比较。因此镜头分割和关键帧提取是进行基于内容的视频检索的基础,它的好坏将直接关系检索的准确性、高效性、充分性。20世纪90年代初,国际上就开始了对基于内容的视频检索方面的研究,但到目前关键技术的研究方面仍然存在不少问题有待进一步研究。

(1)镜头检测。镜头检测是将视频自动分割为镜头,以作为基本的索引单元,因此镜头的自动分割是视频结构化的基础。现有的关于镜头边界检测已经提出了很多算法,大体上可将这些算法分为两大类:基于解压的全图像序列的算法和直接基于压缩视频的算法。

(2)关键帧提取。关键帧是反映一组镜头中主要信息内容的一帧或若干帧图像,关键帧的提取无论是在数据存储还是在镜头的表达方面都起着重要的作用,关键帧的作用类似于文本检索中的关键词。用关键帧来代表镜头,使得对视频镜头可用图像的技术进行检索。关键帧的提取方法可以分为在非压缩域和压缩域中的方法。

(3)镜头聚类和场景提取。在镜头聚类及场景生成过程中,镜头不仅在时间上是连续的,更重要的是在内容含义上是一致的,这是镜头聚类的关键。视频聚类的过程也就是镜头匹配的过程,即在一组特征参数度量下将相似的镜头合并为镜头组,进而聚类生成对应的场景。很多种算法都可以用于这里的特征聚类,如K-均值法、ISODATA算法、松弛迭代法、基于关联规则的算法、基于模糊图论聚类法等。

(4)视频索引与浏览。视频索引的建立取决于索引项的确定,而索引项及其属性的选取与视频数据模型有密切的关系。当前,视频索引可分为基于注释的索引、基于特征的索引及基于特定领域的索引。

视频浏览是视频检索系统中交互查询的一个组成部分。为了有效地浏览,视频文档的内容应表示成用户易于理解的静态画面的形式,并且必须提供非线性的访问。

通常每个镜头的关键帧被作为"浓缩"了的视频序列;然而在许多视频中,常常有几百个镜头。另外仅用静态的画面常常不足以表示动态的信息。因此,仅将代表帧排列起来的方法无法满足用户有效的浏览要求。典型的方法有简单层次浏览、视频内容的目录结构、场景转换图、视频摘要等。

第三节　网络信息检索的新发展

一、自然语言检索

1. 自然语言及其优缺点

自然语言指人们日常说话及书写文章所用的各种语言。而情报检索中的自然语言是指作者所使用的书面用语,在信息检索中包括关键词、自由词和出现在文献题名、摘要、正文或参考文献中的具有一定实质意义的词语。

自然语言的优点包括:①符合人们进行情报检索的习惯,用户只要不脱离文献中的自然语词,便可以任意检索,不需培训;②符合客观需求,不受限制,可随时输入新语词,因而可以顺应时代的发展需要;③可以对文献进行专指标引,省略了编制词表和词汇的智力负担,标引速度快;④因为自然语言是专指的,可以使用在文摘、索引或文献正文中出现的任何一个有实际意义的词进行检索,因而有较高的查准率;⑤使用自然语言检索可以减少检索中由于检索人少而造成的遗漏,降低漏检率;⑥人工语言由于标引人员各自的素质和理解、判断等方面的差异,往往造成归类和选词的不同,而自然语言在较小范围内采用现有词汇,即使多人标引文献,差异也不会过大,统一性好。

自然语言的缺点包括:①不能反映概念间的一一对应关系,也不能反映概念关系的隐含性,因而无法排除同义词、近义词等词间的含糊现象,从而影响查全率;②由于选词没有严格限制,词汇量过多过杂,使主题分散,影响查准率;③由于一个概念可以用几个不同词汇来表达,使相关文献不能相对集中,检索时容易漏检。

2. 自然语言检索研究现状

国外很早就注意到在信息检索中采用自然语言处理技术以提高检索效果,并开始了相关的研究和试验,自然语言检索的最早研究工作是将自然语言处理应用于信息检索的相关环节中。

20世纪60年代到20世纪70年代,这一时期自然语言检索的研究目标是希望通过机器处理,在自动标引中达到和人工标引相同的效果。杰拉德·索尔顿(Gerard Salton)早期的研究和别雷(Bely)的有关自动标引工作都表现了该方面的思想。

20世纪80年代后,施拜克·琼斯(Karen Sparck Jones)和泰特(Tait)(1984)运用自然语言处理判定用于抽取复合词的句子结构,即断句分词过程。费根(Stephen Fagan)(1987;1988)、克罗夫特(W. Bruce Croft)、特特尔(Turtle)与卢(Lew)(1991)在此期间都做了重要的工作等。他们对前期的系统做了比较,深入研究了复合词做标引项的可用性及各词的权重分配问题。

20世纪90年代以后的一些试验研究可通过文本检索会议(Text Retrieval Conference,TREC)体现出来。从1992年开始,自然语言检索就参与评测。到TREC4时,TREC增加了自然语言处理测试项目,用于探讨自然语言处理技术在信息检索领域所能达到的效益,并与非自然语言检索的结果相比较。在历届TREC会议中,较引人注目的是托梅克·斯特扎尔科夫斯基(Tomasz Strzalkowski)等人的研究工作。

此外,20世纪90年代末期,国外很多著名的数据库,如DIALOG、BIOSIS、ProQuest等也开始在自己的检索系统中提供自然语言检索接口,进行自然语言检索尝试。很多面向网络信息资源检索的试验系统及搜索引擎采用了一定的自然语言检索技术,在一定程度上实现了自然语言检索功能,这些试验系统及搜索引擎主要有START、IRENA、Ferret、Ask Jeeves等。

在20世纪90年代之前,国内信息检索领域针对自然语言检索的研究以自然语言标引为主,其他的相关研究也多集中于从理论上探讨用自然语言对文本进行标引。20世纪90年代中期之后,出现了一些针对用户提问接口方面的研究。近几年来,国内也出现了一些提供自然语言检索的试验性网络搜索引擎,主要有TRS检索系统、尤里卡搜索引擎和纳讯中文新闻搜索引擎。所以,国内对自然语言检索及有关问题尚缺乏系统、深入、面向具体问题的微观层次的研究,有很多重要的问题等待着去解决。

目前对自然语言检索的研究仍然处于探索阶段,一些检索实现方案和试验系统也都只是在一定程度上对少量试验样本进行的。同时,对汉语自然语言检索的研究较少,缺乏较为深入的研究。由于对自然语言检索可以在不同层次上实现,也可以得到一定的检索结果,但这些技术和方法都还不能完全应用于对大规模真实文本的检索中。就目前的情况看,自然语言检索,特别是汉语自然语言检索尚未形成成熟、理想的方法,对有关自然语言检索,特别是汉语自然语言检索的关键问题进行深入研究是非常有必要的。

3. 自然语言处理技术

自然语言处理(NaturalLanguage Processing,NLP)是文本挖掘的重要组成部分,也是人工智能和计算语言学的一个分支,在我国就是中文信息处理,研究如何实现人与计算机之间用自然语言进行有效通信的各种理论和方法。具体来说,就是用计算机对包括汉语(字)的形、音、义等信息及词、句子、篇章的输入、输出、存储和识别、分析、理解、生成等多方面的加工处理。由于自然语言处理侧重于词、句子、篇章,因而词法分析、句法分析、语义分析、语用分析、语境分析便构成了自然语言处理研究内容的基础部分。

(1)词法分析。词法分析包括词形和词汇两个层次,其中词形分析主要是对各种词形和词的可识别部分的处理,如前缀、后缀及复合词的分析;词汇分析的重点在于对复合词操作和词汇系统的控制。其主要目的是帮助确认词性及做到部分理解词与词、词与文档之间的关系,提高检索的效率。在中文全文检索系统中,词法分析主要表现在对汉语信息进行词语切分,即汉语自动分词技术。通过这种技术能够比较准确地分析用户输入信息的特征,从而完成准确的搜索过程。它是中文全文检索技术的重要发展方向。

(2)句法分析。句法分析是对句子中词汇和短语进行分析以便揭示句子的语法结构。目的是通过对句型结构的分析,自动抽取复杂的标识单元来代替由统计方法得到的关键词进行索引。其基本方法有线图分析法、短语结构分析法、完全句法分析法、局部句法分析法、依存句法分析法等。

(3)语义分析。语义分析是基于自然语言语义信息的一种分析方法,其不仅仅是词法分析和句法分析等语法水平上的分析,而是涉及单词、词组、句子、段落所包含的意义。其目的是从句子的语义结构上表示言语的结构。中文语义分析方法是基于语义网络的一种分析方法。语义网络则是一种结构化的、灵活、明确、简洁的表达方式。

(4)语用分析。语用分析相对于语义分析又增加了对上下文、语言背景、环境等的分析,从文章的结构中提取到意象、人际关系等的附加信息,是一种更高级的语言学分析。它将语句中的内容与现实生活的细节相关联,从而形成动态的表意结构。

(5)语境分析。语境分析是对语言的目的性应用的理解,主要依赖于文件或原查询语言以外的知识,这些知识包括一般的知识、特定应用领域的知识及关于在一个查询语言中用户的需要、偏好及目的的知识。它将自然语言与客观的物理世界和主观的心理世界联系起来,补充完善了词法分析、语义分析、语用分析的不足。

4. 自然语言检索方法

自然语言检索从技术上来讲是将自然语言处理技术应用于信息检索系统的信息标引、查询与匹配。从用户角度来讲,是用自然语言作为查询输入和对话接口的检索方式。

自然语言检索的特点首先在于它以文档文本的语言结构分析和语义分析为特色,将信息处理的层次深入到了文档中文本的内容,而非仅依据文本中索引词的统计信息。其次,用户可以不受控制地输入查询语言表达自己的查询请求。目前所用的全文检索也可以看成是自然语言检索的一种。自然语言的检索过程如图5-4所示。

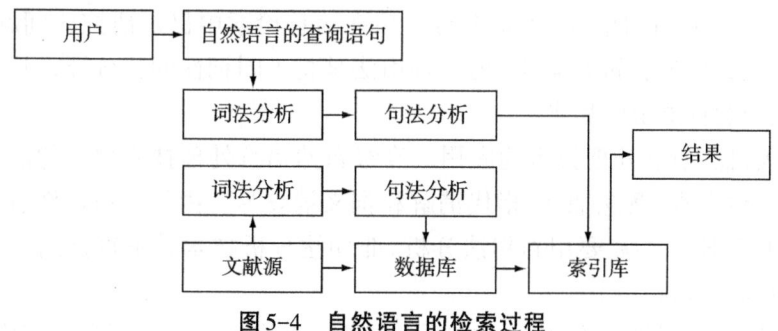

图5-4 自然语言的检索过程

自然语言检索有许多优点,但也有许多弊端。张琪玉教授认为自然语言文本的语词匹配检索和字段检索只能在数据库中实现。检索时依据检索者输入的字词,由计算机针对文本中的关键性字词进行匹配检索。检索表达式可以由词、词的片段或若干词的组配形式构成。但是数据库检索是依赖于关键词匹配,若匹配失败则返回空记录,不具备推理功能,因此检索结果往往不准确、不全面。

5. 自然语言处理在信息检索中的应用

自然语言处理技术又可分为基本和高级两种,这个分类一方面根据自然语言处理的深度和层次,另一方面则考虑了技术的复杂性和难度。

(1) 基本自然语言处理技术的应用。基本自然语言处理技术包括去除停用词、分词、取词根和词性标注等。

① 去除停用词(Stopword)。停用词指的是在文档中出现次数很多而本身没有实际意义的词,如英文中大部分的介词、冠词等。去除停用词常被用在信息检索系统中,作为文档预处理的一个步骤。通常使用一个停用词表来过滤,并可根据实际的文档集合选择合适的停用词表。

② 分词。分词是中文、日文等亚洲语言的信息检索中遇到的特殊问题,大多数欧洲语言并不需要分词。分词技术被广泛应用在中文信息检索系统中。彭富春等在 TREC5 和 TREC6 的中文数据集上进行分词和检索实验。他们的实验表明,分词精度和检索效果并不是单调正比的关系。分词精度在 70% 左右时可获得最佳的检索效果,如果分词精度太高,反而可能导致检索效果下降。中文分词技术常见的有两大类:机械分词技术和基于统计模型的序列标注技术。机械分词技术操作简单、方便,比较省心,但是对于歧义词及未登录词的处理效果并不是很好;基于统计模型的序列标注技术对于识别未登录词拥有较好的识别能力,而且分词精度也比较高,同时这个方法可以不分中文、英语,着重在语言前后的顺序。

③ 取词根(Stemming)。取词根能够使具有相同词根而形态不同的词匹配上,常用的取词根方法包括基于规则(如 Porter Stemmer)和基于词典(如 Keyword Stemming Token Filter, KSTEM)两种。虽然取词根技术的使用对信息检索效果只有较小的提高,但由于这种技术可用性很强,所以被广泛地使用在信息检索系统中。

④ 词性标注。词性标注在信息检索中的用途并不明显,最大的问题在于即便词性标注已经有了很高的精度,该怎么将它用在信息检索仍是研究的问题。一种用法是只对某些词性的词进行索引;另一种用法是将不同词性的词分开,只让查询和文档中词性相同的词能够匹配上。

(2) 高级自然语言处理技术的应用。高级自然语言处理技术包括句法分析、短语识别、命名实体识别、概念抽取、指代消解和词义消歧等。由于短语识别、命名实体识别、指代消解等技术都需要用到句法分析,而句法分析技术并不直接用于信息检索,故在此不做深入探讨。

① 短语识别。识别查询和文档中的短语既可以借助于自然语言处理中的句法分析技术,也可以采用统计的方法。短语识别技术在信息检索中使用的效果好坏不一,很大程度上取决于具体的识别技术、使用的短语类型及使用的匹配策略。

② 命名实体识别。命名实体是一种标识了某个概念或实体的特殊短语,如专有名词、人名、地名、机构名等,显然命名实体比词和一般短语表达的信息更加精确。

③概念抽取。概念是比命名实体更为一般的一种特殊短语。命名实体标识了某种概念,因此可以认为都属于概念。但概念还包括了更多不属于命名实体的短语,如 information retrieval。

④指代消解。该技术为文档中出现的代词或指代不明的短语找到它们实际所指代的事物。例如,用来指代 Bill Clinton 的 Mr. President,He denied alresponsibility 中的 he,都可以使用指代消解技术给出相应的具体解释。

⑤词义消歧。词义消歧是研究者们不断尝试着应用到信息检索中的一种自然语言处理技术,针对自然语言中存在的"同一个词可以表达多种意思"的问题,为每个词找到其在具体语境中实际表达的含义。

二、跨语言信息检索

1. 跨语言信息检索的概念及起源

跨语言信息检索(Cross Language Information Retrieval,CLIR)是指以一种语言提问式检索出其他语言书写信息的一种检索方法,也就是跨越语言界限进行检索的问题。跨语言检索涉及了语言学、情报学、计算机学科等多学科知识,是一个综合性强、富有挑战性的研究领域。跨语言检索技术的实现应用了信息检索、文字处理和机器翻译等技术,如文字切分技术、词汇翻译、词频技术、索引技术等。跨语言信息检索涉及查询语种和检索语种两个基本的概念,查询语种是用户查询请求所属语种;检索语种是检索目标对象所属语种,如何能够在这两者之间建立起沟通的桥梁是目前跨语言信息检索技术研究最核心和关键的问题。

学术界普遍认为是在 20 世纪 60 年代末到 20 世纪 70 年代初,跨语言信息检索的概念是由康奈尔大学的索尔顿(Salton)首次提出。他利用手工编制的英语——德语双语种词表,进行了跨语言信息检索的尝试。1973 年,他又编制了英语——法语词表,并对 CLIR 的效率进行了评价。可以看出,受传统文献信息检索理念的启发,CLIR 研究始于双语受控词表(Controlled Vocabulary)的编制与利用。引入受控词表的目的在于,通过规范检索用词,界定其内涵和外延,明确检索词语之间的层次结构和逻辑关系,使信息检索基于语义层次,而非字面组配,从而提高信息检索的精度和广度。在之后 20 多年的发展中,基于受控词汇表的 CLIR 理论日趋成熟,但未能取得进一步突破性进展,这主要源于受控词汇表本身的理论局限性。首先,以受控词标引多语种文档,完全由人工完成,不仅成本高、速度慢,而且质量受标引员水平的影响较大,从而限制了系统的规模。其次,双语/多语受控词表的更新速度较慢,往往不能及时反映新出现的主题和术语。最后,用户往往不熟悉双语/多语受控词表的用法,尤其是不同系统所编制的受控词表往往不尽一致。

鉴于受控词表跨语言检索本身难以克服的局限性,以及自然语言检索技术的发展,目前对 CLIR 的研究多侧重于自然语言的检索,并且经过相关领域研究人员几十年的不懈探索,跨语言信息检索领域已经取得了很大的进展。

2. 跨语言信息检索的类型

（1）双语信息检索：指用户用某种语言从另外一种语言表达的文献信息集中检索出所需文献信息的方式；

（2）多语言信息检索：指用户用某种语言从另外多种语言表达的文献信息集中检索出所需文献信息的方式；

（3）特定领域的跨语言信息检索：指检索对象设定为某一学科或某一主题领域的跨语言信息检索；

（4）跨语言的多媒体信息检索：包括文献信息检索技术、跨语言翻译技术、语音识别技术等。

3. 跨语言信息检索的研究重点

跨语言信息检索需要解决如下几个问题。

（1）提问与文献的多语言性。这是跨语言信息检索的最主要的特征。由于提问与文献分属不同语言，在两者之间需要通过词典等方式建立匹配的对应关系；另外原始文献是用不同语言书写的，语种识别是跨语言信息检索的最基本工作。

（2）检索词的歧义与多义性。由于原始提问中有些词义的不确定性，系统需要借助歧义性、多义性分析机制，将原始提问排歧后转化成最终提问。

（3）提问过程中词的切分。一些语言（如中文、日文、韩文等）由于词与词之间没有明显的分隔符号，因此词的切分问题也成为跨语言信息检索研究的要点之一。

（4）输出结果的排序方式。在信息检索的结果中，不同语种的文献如何排序，如何对不同语种的文献进行相关度的计算，也是跨语言信息检索系统必须研究的问题。

（5）文献的多语言性。在跨语言检索系统中，由于原始文献是用不同的语言书写的，因此语种识别是检索的基本工作，此类情况常出现在自动标引的系统中。

（6）对多语言资源的依赖。由于跨语言信息检索需要借助多语言资源如双语词典、语料库等进行跨语言的翻译转换，所以跨语言信息检索的性能受到多语言资源的质量和数量的制约，因此构建高质量的多语言资源是跨语言信息检索中亟待解决的难题。

4. 跨语言信息检索的实现步骤

跨语言信息检索技术是传统计算机信息检索技术和语言自动处理技术的有机结合，因此CLIR过程一般可以分为3个步骤。

（1）多语种信息的搜集及多语种信息数据库的建立；

（2）应用语言自动处理技术实现提问语种和信息语种的统一，此步骤是实现CLIR的关键；

（3）应用单语种信息检索技术实现提问式与数据库信息的匹配。

5. 实现跨语言信息检索的方法

目前，提问语种和信息语种的统一主要有3种模式（方向）：提问语种转化（翻译）成信息语种，信息语种转化成提问语种，将信息语种和提问语种均转化成另一中间语种。根据语种转化的3个方向，目前实现CLIR主要可以使用以下5种方法：提问式翻译方法、文献翻译方法、提问式—文献翻译方法、中间语种翻译方法和非翻译方法。

（1）提问式翻译方法（Query Translation Approach）。提问式翻译方法是在信息检索之前，将提问式的语种转化翻译成所要检索信息的语种。这种转化方式是目前实现CLIR的主流思想，可以很容易地和传统单语种信息检索技术紧密结合。仅对提问式进行语言翻译，工作量较小。但是检索返回的结果是用目标语言描述的，这将增加用户利用信息的难度。到目前为止，提问式翻译可以通过以下技术来加以实现：基于字典方法（Dictionary-Based Method）、基于语料库方法（Corpus-Based Method）、字典—语料库混合方法（Hybrid Method）、提问式构造方法（Query Structuring Method）及提问词再赋权重方法（Query Term Reweighting Method）。

（2）文献翻译方法（Document Translation Approach）。文献翻译方法是在信息检索之前，将文献信息资源的信息语种转化为提问语种。需要指出的是，这里的文献信息不仅包括文本信息，还包括语音文献信息。目前实现文献翻译方法的技术主要有机器翻译系统（Machine Translate System，MTS）和基于字典翻译文献索引词方法。通过文献翻译方法实现的跨语言信息检索返回给用户的检索结果是用源（提问）语言描述的，用户能够方便地选择利用；文献层次的翻译相比于提问层次的翻译，其语境更加宽泛，能够利用上下文消除翻译的歧义性。但是文献翻译要求所有被检索信息改变语种符号，而现有的大多数机器翻译系统的正确率还难以达到令人满意的程度，无法达到实用水平；而且将数据库中全部文献从目标语种翻译到源语种工作量巨大，代价昂贵，此外重新构造大范围的被翻译的索引数据其代价也不小。目前这种方法在研究和实用上都有一定局限性。

（3）提问式—文献翻译方法（Query-Document Translation Approach）。提问式翻译方法仅对检索式进行语种转化，工作量小，但是检索结果是由用户不熟悉的信息语种所描述的，用户使用不方便；而文献翻译方法返回的是由用户熟悉的提问语种描述的信息资料，但是文献全文翻译工作量大而且正确率达不到实用要求。该方法是将源语言提问式翻译成目标语言提问式，与目标语言描述的信息库进行匹配，检索相关信息，然后再把检索结果的全部或部分翻译成源语言描述的信息。检索结果一般选择部分翻译，这样工作量较小，容易提高翻译的效率和质量，部分翻译一般是对结果文本的前两行、文摘或文本中重要的词进行翻译，在重要词的翻译中，如何确定重要词是决定这种方法效果的关键。目前的研究主要是根据词频并结合禁用词表和功能词表来决定词的重要性。利用该方法返回的结果是用户所熟悉的源语言描述的用户能容易选择利用检索的信息，可减少用户的翻译成本，提高服务质量。

（4）中间语种翻译方法（Interlingual Representation Approach）。提问式翻译方法将源语种转化成目标语种，而文献翻译方法则将目标语种转化成源语种。此外还可以将源语种和目标语种都转换成一种中间语种以实现CLIR，这种将提问式和文献信息均翻译成由中间语种表示的CLIR实现方法称为中间语种翻译方法。一般认为，选择的中间语种应该是计算机容易自动处理的语种，如英语等。可以使用辞典分类或独立语种向量空间模型来实现中间语种翻译方法。特别是在跨语言信息检索中会遇到两种语种(源语种和目标语种)之间无法进行直接翻译,即两者进行直接翻译的语言资源(如双语词典等)不存在时,只能借助于中间语种将源语种翻译成目标语种(源语种→中间语种→目标语种)或将源语种和目标语种均翻译成中间语种(源语种→中间语种←目标语种)。在这种情况下,使用中间语种翻译方法实现 CLIR 将是一个不错的选择。

(5)非翻译方法(No Translation Approach)。非翻译方法是不对提问语种或信息语种进行翻译即可实现跨语言信息检索。这种方法目前主要是通过迪尔韦斯特等人 1990 年在单语言信息检索研究中提出的潜在语义标引法(Latent Semantic Indexing,LSI)来实现。

6. 跨语言信息检索的相关翻译技术

(1)机器翻译系统(MTS):在文献翻译方法中,MTS 能够将文献信息翻译成提问语种而且能够提取索引词。总的来说,能够执行深层次的语法分析,并能够利用丰富的上下文信息解决词义含糊、歧义等问题。具体来说有两种方法。一种方法是将用户的查询翻译为与文档相同的语种;另一种方法是将文档翻译为与查询相同的语种,然后再用单语种的信息检索系统进行检索。目前,MTS 的研究已经取得了飞速发展,现存的很多 MTS 都已经达到了实用的效果。

(2)基于字典/词典方法:是实现 CLIR 提问式翻译方法经常使用的技术。其中心思想是基于双语字典或词典,找出提问式中的所有检索单词(提问语种)对应匹配的由信息语种描述的单词;每个检索单词在信息语种中经常会有一个以上的单词与之对应,在这种情况下就会形成不同的由信息语种描述的单词组合。对于单词组合的选择通常有两种方法:ⓐ在信息语种的语料库中对出现的单词组合进行统计,根据常用词组和习惯用法出现的频率比较高的特点将统计值低的单词组合排除,从而净化翻译结果;ⓑ直接使用这些单词组合进行检索,根据满足常用词组和习惯用法的单词组合得到的结果信息将是构成检索结果中的主要部分,用来筛选单词组合和检索结果。

(3)基于语料库方法:语料库是将同一信息或同一主题的信息用两种或多种语言进行描述,并由人工或计算机建立不同语种间信息联系的集合,来源于对单词用法的统计。基于语料库方法的中心思想是通过语料库中不同语种同一信息的对应关系,对提问式进行翻译并且过滤提问式翻译后产生的非正常翻译结果。当提问式翻译方法中的单词经过翻译后有多个结果与之对应时,在相关领域的对应语料库中,统计源语种中该单词出现的概率和目标语种中各翻译结果各自出现的频率;然后根据在源语种语料库中的相关单词或词组在相应的目标语种中也会有同样的表现(即所出现的概率相近)来选择较佳的翻译结果。根据所使用的语料库的类型,基于语料库的方法可分为基于平行语料库的方法和基于比较语料库的方法。平行语料库(Parallel Corpus)是指同一信息用不同的语言进行描述。它强调两种语言文献的一一对应,不容易取得。为解决这个问题,加拿大蒙特利尔大学的聂江云教授提出了一种基于平行网页建立平行语料库的方法。比较语料库(Comparable Corpus)是指同一主题的信息用不同的语言进行描述。

(4)字典—语料库混合方法:这种方法结合了基于字典和基于语料库方法各自的优点。首先使用字典对提问式进行翻译,在翻译过程中可能会出现多个结果或翻译含糊不清的情况。此时,利用专业语料库中相关术语的对应关系来净化翻译结果。字典翻译的方便性和语料库翻译的准确性、专业性在这种方法中得到了最充分的体现。

(5)基于关键词翻译技术(Keywords-Based TranslationTechnique):在使用文献翻译方法或提问式翻译方法时,有一种观点认为并不需要将被检索文献进行全文翻译,而只需要翻译文献的重要部分,包括文本文献的前两行、文摘或文中重要的词等,这种选择文献重要部分进行翻译的技术称为部分翻译技术。部分翻译可以避免全部翻译正确率低的问题,从而提高翻译的效率和质量。仅对被检索文献中经常出现的单词(关键词)进行翻译来取代全文翻译的部分翻译技术被称为基于关键词翻译技术。

三、数据挖掘与信息检索

"数据挖掘"一词首次出现是在1989年8月举行的第11届国际联合人工智能学术会议上,它是随着数据库技术和人工智能技术的发展而出现的一种新的信息处理技术。1995年在加拿大召开第一届知识发现和数据挖掘国际学术会议,会议分析了数据挖掘的整个流程,并决定每年都举行一次知识发现与数据挖掘(Knowledge Discovery in Database,KDD)国际学术会议,把对知识发现和数据挖掘的研究不断向前推进。

数据挖掘就是从大量不完全的、有噪声、模糊的随机数据中,提取隐含在其中的、人们事先不知但又是潜在有用的信息和知识的过程,提取的知识表示为概念(Concepts)、规则(Rules)、规律(Regularities)、模式(Patterns)等形式。

1. 数据挖掘的过程

对于数据挖掘,可以分为3个主要的阶段:数据准备、数据挖掘、结果评价和表达。其中结果的评价和表达还可以细分为评估、解释模式模型,巩固知识,运用知识。数据库中的知识发现是一个多步骤的处理过程,也是这3个阶段的反复过程,如图5-5所示。

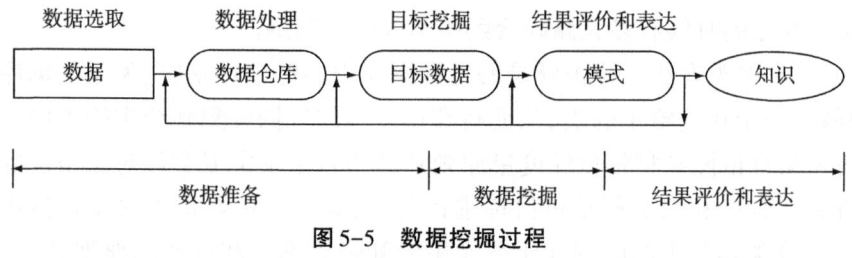

图5-5 数据挖掘过程

(1)数据准备。KDD的处理对象是大量的数据,这些数据一般存储在数据库系统中,是长期积累的结果。但是往往不适合直接对这些数据进行知识挖掘,需要做数据准备工作,一般包括数据的选择(选择相关的数据)、净化(消除噪音、数据)、推测(推算缺失数据)、转换(离散值数据与连续值数据之间的相互转换、数据值的分组分类、数据项之间的计算组合等)、数据缩减(减少数据量),这些工作往往在生成数据仓库时已经准备妥当。数据准备是KDD的第一个步骤,数据准备是否完善将影响数据挖掘的效率和准确度及最终模式的有效性。

(2)数据挖掘。数据挖掘是KDD最关键的步骤,也是技术难点所在。采用较多的技术有决策树、分类、聚类、关联规则、神经网络等。数据挖掘根据KDD的目标,选取相应算法的参数,分析数据,得到可能型号层知识的模式模型。

(3)结果评价和表达。

①评估、解释模式模型。前面得到的模式模型,有可能是没有实际意义或没有使用价值的,也有可能是其不能准确反映数据的真实含义,甚至在某些情况下是与事实相反的,因此需要评估,确定哪些是有效的、有用的模式。评估可以根据用户多年的经验,有些模式也可以直接用数据来检验其准确性。这个步骤还包括把模式以易于理解的方式呈现给用户。

②巩固知识。用户理解的、并被认为是符合实际和有价值的模式模型形成了知识。同时还要注意对知识做一致性检查,解决与以前得到的知识相互冲突、矛盾的问题,使知识得到巩固。

③运用知识。发现知识是为了运用,如何使知识能被运用也是KDD的步骤之一。运用知识有两种方法:一种是只需要看知识本身所描述的关系或结果就可以对决策提供支持;另一种是要求对新的数据运用知识,由此可能产生新的问题,而需要对知识做进一步的优化。

KDD的过程可能需要多次循环反复,每一个步骤一旦与预期目标不符,都要回到前面的步骤,重新调整,重新执行。

2. 数据挖掘的主要方法

在数据挖掘的处理过程中,数据挖掘方法是最为关键的,而目前数据挖掘的方法主要有以下几类。

(1)关联规则方法。挖掘关联规则就是发现存在于大量数据集中的关联性或相关性,例如关联规则"90%客户在购买面包的同时也会购买牛奶",其直观意义为顾客在购买某些商品的时候有多大倾向会购买另外一些商品。

(2)分类和聚类方法。分类就是假定数据库中的每个对象(在关系数据库中对象是元组)属于一个预先给定的类,从而将数据库中的数据分配到给定的类中。聚类是将实体对象集合依照某种相似性度量原则划分为若干个类似实体对象组成的多个类或簇的过程。分类和聚类都是对目标进行划分,划分的标准是类内差别最小而类间差别最大。分类和聚类的区别在于分类事先知道类别数和各类的典型特征,而聚类则事先不知道。

(3)数据统计方法。使用这些方法一般首先建立一个数据模型或统计模型,然后根据这种模型提取有关的知识。例如,可由训练数据建立一个贝叶斯网(Bayesian),然后根据该网的一些参数及联系权重提取出的知识。

(4)机器学习方法。大多数机器学习方法使用人类的认知模型模仿人类的学习方法从数据中提取知识,机器学习经过多年的研究,已取得了一些较满意的成果。因此,在数据挖掘中可以利用目前比较成熟的机器学习方法。

(5)神经网络方法。神经网络由于本身良好的自组织自适应性、并行处理、分布存储和高度容错等特性非常适合解决数据挖掘的问题,因此近年来越来越受到人们的关注。典型的神经网络模型主要分为三大类:以感知机、BP(Back Propagation)反向传播模型、函数型网络为代表的,用于分类、预测和模式识别的前馈式神经网络模型;以霍普菲尔德(Hopfield)的离散模型和连续模型为代表的,分别用于联想记忆和优化计算的反馈式神经网络模型;以 ART(Adaptive Resonance Theory)模型、Koholon 模型为代表的,用于聚类的自组织映射方法。

(6)决策树方法。利用信息论中的互信息(信息增益)寻找数据库中具有最大信息量的字段,建立决策树的一个结点,再根据字段的不同取值建立树的分支;在每个分支子集中,重复建立树的下层结点和分支的过程,即可建立决策树。

3. 数据挖掘在信息检索中的应用

具有特定的应用问题和应用背景的领域是最能体现数据挖掘作用的领域,如金融、保险、零售等行业的信息管理、决策支持和过程控制。

(1)智能搜索引擎。近年来,部分特定知识领域的智能搜索引擎使用了机器学习和人工智能算法实现数据抽取。中国科学院计算技术研究所研究开发的智能搜索引擎 GHunt,采用主体技术高效并行、按用户需要进行信息检索;利用语言处理和数据挖掘技术建立概念语义空间;实现自动文摘和专题生成;提供文字和图像服务,使之达到无序低价值信息向提供高质高价值信息方向的转变。这种智能搜索引擎对用户定制专门的信息更为有效。当前智能搜索引擎在国内代表有:百度、搜狗等;国外代表有:WolframAlpha、Ask Jeeves、Google 等。

智能代理技术使用户可以不知道所要检索信息的具体形式、存储于何处、何种介质中,只要用户提出查找要求,数据挖掘技术会自动地把各种信息源中各种形式的相关信息挖掘出来,供用户使用,用户可以立即获得较为满意的检索结果。

(2)Web 挖掘。Web 挖掘(Web Mining)是指使用数据挖掘技术在 WWW 数据中发现潜在的、有用的模式或信息。Web 挖掘研究覆盖了多个研究领域,包括数据库技术、信息获取技术、统计学、人工智能中的机器学习和神经网络等。随着 Internet/Web 技术的快速普及和迅猛发展,各种信息可以以非常低的成本在网络上获得。如何在万维网这个全球最大的数据集合中发现有用的信息成为数据挖掘研究的热点?例如,NEC Research Index(Inquirus)采用 Web 内容挖掘算法对 Web 上的科技论文提取特征参数,如作者、文章名和摘要等;IBM Neel Sundaresan 等在基于 Web 的单词/缩写的挖掘中,把二级的二元性问题扩展为 n 级,并用于英文单词简称的抽取。

第六章　网络免费学术信息资源检索工具及平台

第一节　网络免费学术信息资源概述

一、网络免费学术信息资源的概念

网络免费学术资源是指在互联网上可以免费获得的具有学术研究价值的社会科学或自然科学领域的数字资源。

网络学术资源的"免费"有多种含义，有的免费资源需要一定的获得条件，如规定只有某些特定用户才能免费获得全文，需要授权及用户认证或只在一定试用时限内可以免费获得全文。还有免费程度的差别，如只免费提供部分卷期中的所有或部分文章全文。真正意义上的免费资源是指网络上的任何人都可以免费检索和使用的资源，不受任何其他条件的限制，也是本章收集整理和发掘利用的重点。

二、网络免费学术信息资源的类型

1. 按资源的正式程度分类

（1）非正式出版信息，包括在个人主页上表述的个人观点和见解、非正式出版的论文、电子信函、学术会议、学术论坛上的文章和其他信息等。

（2）半正式出版信息，从国际组织、政府机构、学术团体、教育机构、企业商业部门等网站上获得的统计数据、机构工作进展报告、政府工作报告、教学大纲、产品说明、会议报道等。

（3）正式出版物，包括专业文献数据库、电子图书、电子期刊（纯电子期刊、纸本期刊的网络版）等。

2. 按资源的类型分类

网上丰富的学术信息资源，可以说涵盖了其他载体记录的学术文献的各种类型，并且拥有大量通过其他媒体不易获得的信息资源，如行政公文、统计数据、行业标准、产品说明等。目前网上的学术信息可大致分为4个大类：新闻信息、动态信息、规范出版的全文信息和书目信息。

此外，还有博客（Blog）、播客（Podcast）、维客（Wiki）、论坛（Frums）等多种类型的信息资源。随着网络规模的扩张，网络免费资源将与日俱增。

三、网络免费学术资源的特点

网络免费学术信息资源涵盖了其他载体记录的各种类型的学术文献，包括互联网上各种电子期刊、电子图书、文献数据库、专利数据库、学术专题讨论组、学术论坛等免费资源。免费网络学术资源有以下特点。

1. **内容丰富，数量巨大**

免费网络学术资源在数量分布及信息内涵等方面都超出了传统的信息资源管理方式和技术手段所能应用的范围，是一个集各种信息资源为一体的信息资源网，它们以文本、声音、图形、图像等多种形式存储于互联网中，数量巨大、学科覆盖面广。

2. **以网络为传播媒体**

在网络时代，网络作为信息的存储载体为用户提供的是各种来自 Internet 服务器上的虚拟信息，而不是实实在在的实体形式的信息。信息的存储和检索更加方便，而且存储信息密度高、容量大，可以无损耗地被重复利用。

3. **具有分散性、无序性**

网络免费学术资源主要分布在各数字图书馆、公共图书馆、高校图书馆网站、专业信息机构网站、科研机构及学(协)会网站、专业网络数据库等。由于没有统一的管理机构管理网上信息，也没有统一的发布标准，正式出版的、非正式出版的、学术机构提供的、个人提供的资源交织在一起，免费网络资源存在分散、无序、不易检索等问题。

4. **动态变化，时效性强**

网络是一个巨大的动态系统，不仅信息分散无序，而且更新迅速，网络信息的发布精简了传统文献的编辑、出版和发行环节，大大缩短了信息编辑出版时间，使得网络免费信息资源具有较强的时效性。

5. **不稳定性，管理难度大**

网络学术信息资源缺乏稳定性，互联网上学术资源的变化、消失难以预测，有的网络学术资源瞬息即逝，有的有了新版本而将老版本的信息删除。网络信息的发布有很大的自由度和随意性，缺乏必要的过滤、管理和质量控制。所以，网络免费学术资源良莠不齐，管理难度大。

第二节 网络免费学术信息资源检索

一、搜索引擎

利用搜索引擎是获取免费学术信息资源最常用的方法，特别适用于查找网上分散的免费学术信息资源。搜索引擎分为综合性搜索引擎、专业搜索引擎、元搜索引擎和 AI 搜索引擎。

1. **综合性搜索引擎**

综合性搜索引擎搜索的范围比较广，几乎能够涵盖所有的学科及不同类型的网站，这些搜索引擎具有操作便捷、运行速度快、搜索功能全、结果全面等特点。常见的综合性搜索引擎有百度、搜狗搜索、谷歌搜索引擎和微软必应等。

(1) 百度(Baidu, https://www.baidu.com/)，百度是全球最大的中文搜索引擎，2000

年1月1日创立于中关村，每天响应来自100余个国家和地区的数十亿次搜索请求，是网民获取中文信息和服务的最主要入口，服务10亿互联网用户。

（2）搜狗搜索（https：//www.sogou.com/），是搜狐公司于2004年8月3日推出的全球首个第三代互动式中文搜索引擎，以网页搜索为核心，在音乐、图片、视频、新闻、地图领域提供垂直搜索服务，致力中文互联网信息的深度挖掘，帮助中国上亿网民加快信息获取速度。

（3）谷歌搜索引擎（Google，http：//www.google.com.hk/），是全球最大的搜索引擎之一，创建于1996年，以简单干净的页面设计和最相关的搜索结果赢得了互联网使用者的认同。

（4）微软必应（Microsoft Bing，https：//global.bing.com/），是微软公司于2009年5月28日推出的搜索引擎。为符合中国用户使用习惯，Bing中文品牌名为"必应"。

2. 专业搜索引擎

专业搜索引擎的使用能够大大降低搜索的盲目性，缩小检索范围，而且专业搜索引擎的准确性很高。常见的专业搜索引擎有中国化工在线和中国法网搜索引擎等。

（1）中国化工在线（http：//www.chemsino.com/），提供化工方面信息的专业搜索。

（2）中国法网搜索引擎（http：//www.cnlaw.net/），提供专门的法律搜索。

3. 元搜索引擎

目前可用的元搜索引擎已近百种，逐渐成为一种不可或缺的极具潜力的网络检索工具。常见的英文元搜索引擎有360搜索、Clusty等。

（1）360搜索（https：//www.so.com/），是由奇虎360公司推出的一款元搜索引擎。它可以同时查询百度、Google、Bing等多个搜索引擎的结果，并将这些结果按照相关性排序后呈现给用户。360搜索支持图片、文库、问答、百科等检索。

（2）Clusty（https：//yippy.com/profice/clusty/），是一个基于英文界面的多语种元搜索引擎，支持多种语言的信息查询，包括英语、德语、法语、意大利语、西班牙语等40多种语言。

4. AI搜索引擎

AI搜索引擎目前主要应用于替代传统人工搜索，代替人类在庞大的网络资料库中寻找答案；可以全面获取研究领域的最新文献，帮助用户查阅文献。常见的AI搜索引擎有秘塔AI搜索和天工AI搜索等。

（1）秘塔AI搜索（https：//metaso.cn/），研发依托大模型，支持简洁、深入或研究3种模式进行搜索，智能整合全网信息，标注信息来源帮助判断真假，搜索界面简洁，解析速度快，支持法律、翻译、历史科技等领域的搜索。

（2）天工AI搜索（https：//www.tiangong.cn/），支持传统、增强、研究3种搜索模式，能够理解用户意图，全网搜索海量信息，并通过人工智能技术归纳、概括、整合这些信息，支持AI写作、AI编程、AI问答、AI翻译、AI搜索等多种服务。

二、学科信息门户

1. 学科信息门户的概念

学科信息门户(Subject Information Gateway)能将特定学科领域的信息资源、工具和服务集成为整体,为用户提供方便的信息检索和服务入口,具有专业性、集成性、知识性、智能性和可靠性的特点,因而它也成为获取高质量信息资源的重要途径。

2. 学科信息门户的特点

(1)提供网上大量网站或文献的链接服务。

(2)智能化的资源选择,即根据既定的质量和范围标准来选择资源。

(3)智能化地产生内容描述,包括短的注释和评论,内容描述可以采用给定的关键词或受控术语。

(4)智能化地构建浏览结构。

3. 学科信息门户列举

中国科学院文献情报中心、中国科学院知识服务平台(https://www.las.ac.cn/),是在中国科学院知识创新工程科技基础设施专项资助下,"国家科学数字图书馆"项目建成,并随之开始系统建设我国的学科门户网站,目前已建成物理和数学、化学、生命科学、资源和环境科学、图书情报5个学科信息门户;微生物、青藏高原、长江流域生态和环境、天然产物和天然药物、科技政策、中国种子植物、新生传染性疾病专题、专利信息、海洋科学9个特色专业信息门户。在网站"科研知识环境"导航中,可以选择不同的学科门户信息。

三、网上图书情报机构

常见的网上图书情报机构有国家科技图书文献中心、中国人民大学书报资料中心、北京大学信息管理系图书馆等。

1. 国家科技图书文献中心

国家科技图书文献中心(National Science and Technology Library,NSTL)是经国务院领导批准,科技部联合财政部等6部门于2000年6月12日成立的一个基于网络环境的科技文献信息资源服务体系,由中国科学院文献情报中心、中国科学技术信息研究所、机械工业信息研究院、冶金工业信息标准研究院、中国化工信息中心、中国农业科学院农业信息研究所、中国医学科学院医学信息研究所、中国标准化研究院国家标准馆和中国计量科学研究院文献馆9个文献信息机构组成。该中心以构建数字时代的国家科技文献资源战略保障服务体系为宗旨,按照"统一采购、规范加工、联合上网、资源共享"的机制,采集、收藏和开发理、工、农、医各学科领域的科技文献资源,面向全国提供公益的、普惠的科技文献信息服务。该中心的发展目标是,建设成数字时代的国家科技文献信息资源保障基地;国家科技文献信息服务集成枢纽;国家科技文献事业发展支持中心。国家科技图书文献中心依托馆藏的国外科技文献,自主建设了国际科学引文数据库(Database of International Science Citation,DISC),收录了理、工、农、医各学科领域的3000多种核心西文期刊,已累计引文数据3.78亿条。

(1)NSTL的科技文献资源。国家科技图书文献中心面向国家科技创新发展的需求,全面收藏和开发理、工、农、医4大领域的科技文献,已形成中外文学术期刊、会议录、学位论文、科技报告、图书、专利、标准和计量规程等于一体,印本和网络资源互补的保障格局,是资源丰富、品种齐全的国家级科技文献信息资源保障基地。外文印本文献年度发订品种约2.4万种,其中外文期刊约1.5万种,外文会议录等文献约9000种;面向全国开通网络版外文期刊400余种,回溯期刊3589种,OA学术期刊14 000余种等。

①期刊。外文科技类期刊是NSTL收藏文献资源保障服务的主体,收藏外文科技期刊2万余种,期刊涉及140个国家和地区,1.1万个出版社,其中国外知名出版社和重点学协会出版的核心科技文献的覆盖率达到90%,NSTL独家收藏印本期刊超过6000种;语种以英文为主,兼顾日文、德文、法文、俄文等34个语种;学科涵盖基础科学、工程技术、农业科学、医学科学及与科技创新交叉学科领域的科技期刊资源,读者可通过NSTL一站式检索到理、工、农、医4大学科领域的科技印本、电子和开放获取期刊的相关信息。

②会议录。NSTL收藏的国外学协会及出版机构等出版的会议录文献总量近20万册,占馆藏总量的48%。外文会议录涉及学协会15 500家,其中会议文献拥有2119套独家收藏。重点学协会208个,涉及会议54 021种,其公开出版物NSTL基本全部收齐。即美国数学学会、美国物理学会、美国光学学会、美国化学学会、美国海军工程师学会、美国电气和电子工程师协会、美国航空航天学会、美国农业生物工程师学会、美国医学学会、英国物理学会、英国医学会、日本机械学会、日本机器人学会、国际地面车辆系统学会等。

③学位论文。一是中文学位论文,收录1984年至今我国高校、科研院所授予的硕士、博士和博士后学位论文220多万篇,每年增加论文近30万篇。学科涉及自然科学各专业领域,涵盖全国1400所高校及科研机构。二是外文学位论文,收藏ProQuest公司出版的2001年以来的电子版优秀硕士、博士论文70多万篇,每年新增约4万篇,涉及自然科学和社会科学领域,涵盖924所国外高校及科研机构,是学术研究中十分重要的信息资源。

④科技报告。按照出版科技报告机构的性质,分为政府报告、国际组织报告、市场报告、技术报告4个部分。其收藏美国政府科技报告194万多份;收藏民用技术领域、国防技术领域国家报告1.9万多份,收藏美、英、欧亚、中东等国家或地区的优势学科领域的技术报告、产业报告、咨询报告、市场报告,涵盖宏观市场信息、防务市场信息等5.7万份。

⑤中外文专利。NSTL收藏中外文专利包括中国专利数据1360万余条(含中国台湾专利110万余条);外国专利数据涵盖美国、英国、法国、德国、瑞士、日本、韩国、印度、以色列、俄罗斯、苏联、加拿大等国家20世纪70年代以来的所有公开的发明和实用新型专利文摘,以及1978年以来的欧洲专利和世界知识产权组织专利文摘,共计

1400多万余条。

⑥标准/计量。NSTL收藏中文标准54万余条,外文标准文献200万余条,主要涵盖国际组织标准、美国标准、欧洲标准、亚洲标准、大洋洲标准等数据库。计量检定规程3600余条。

⑦图书。NSTL馆藏图书主要是外文科技类图书,包括科技丛书、文集汇编、工具书、科技专著的印刷版和电子版图书,目前馆藏总量11万余册,占NSTL馆藏文献全量的26%。出版物主要是大型商业出版机构和知名学协会、重点大学出版社,如Elsevier、Springer、Wiley、Taylor&Francis、HIS、日本电气学会、American Chemical Society、Cambridge University Press、Oxford University Press、FAO(联合国粮食及农业组织,Food and Agriculture Organization of the United Nations)等出版的图书。工具书多为字词典、行业年鉴、手册、百科全书、机构名录等二次文献的检索性工具书和参考性工具书。学科范围主要覆盖工业技术、生物科学、数理科学和化学、天文学、地球科学、农业科学、医药卫生等。

⑧数据库和其他网络资源。数据库和其他网络资源包括全国开通外文现刊数据库、全国开通外文回溯期刊数据库、支持集团采购开通的数据库、开放获取资源等。

a. 全国开通外文期刊数据库包括美国营养学会期刊、美国热带医学和卫生学会期刊、美国植物学会期刊等资源。

b. 全国开通外文回溯期刊数据库,回溯期刊数量达到3000余种,通过NSTL的服务平台免费为全国非营利学术型用户提供服务,分回溯库也可通过数据库现刊平台访问回溯内容。

c. 支持集团采购开通的数据库,中心以经费补贴方式支持CALIS(中国高等教育文献保障系统)集团、中国科学院集团及农科院集团、CALIS农学中心采购美国化学学会(American Chemical Society, ACS)数据库、ProQuest农学与环境学期刊全文数据库(Patent Abstracts of Japan, PAJ)和ProQuest生物学期刊全文数据库(ProQuest Biology Journals, PBJ),包括期刊600余种,为160所大学、科研机构开通服务。

d. 开放获取资源,该中心大力开展国外开放获取资源的统一揭示和集成管理,形成采购文献与开放获取文献协同服务的资源保障新格局。目前,累计揭示国外开放获取期刊13 000多种,开放获取会议文献8700多个,开放获取科技报告8000多篇,开放获取学位论文9万种,开放获取课件64 000多个,开放获取图书约10万册。用户可在中心网络服务系统的"开放获取资源"栏目检索、浏览或链接全文。

(2)NSTL提供的信息服务。

①全文获取。注册用户在NSTL网站上检索到的文献资源,可通过全文传递和代查代借方式请求原文传递服务。用户如果没有收到全文,可以与NSTL用户热线联系,1个月之内的申请NSTL将免费重新发送,超过1个月的文献需重新申请。

②代查代借。用户填写"代查代借请求申请表"后,NSTL的工作人员将根据申请表提供的文献线索及用户所限定的地域、时间与费用,依次在NSTL成员单位、国内其他文献信息机构和国外文献信息机构查找用户所需文献。

③参考咨询。参考咨询是为用户提供问题咨询解答服务的窗口,面向全国用户提供关于 NSTL 资源、服务、政策等有关内容的解答和问题建议的反馈渠道,分为实时咨询和非实时咨询两类。

a. 实时咨询服务时间为工作日,如果咨询问题较为复杂,不能即时答复,咨询员将在查阅相关参考资料后,将答复发送至用户的 E-mail 电子邮箱。其微信公众号实时咨询服务同步开展。

b. 非实时咨询是以 E-mail 方式答复用户咨询的问题。用户可根据咨询员的学科背景选择指定咨询员提问,咨询员在 2 个工作日之内完成回复并发送至用户的 E-mail 电子邮箱。

(3) NSTL 的检索方式。NSTL 可对期刊、会议、学位论文、报告、图书、文集、标准、计量规程、专利等进行检索。NSTL 的文献检索包括普通检索、高级检索和专业检索 3 种方式,检索页面如图 6-1、图 6-2 和图 6-3 所示。

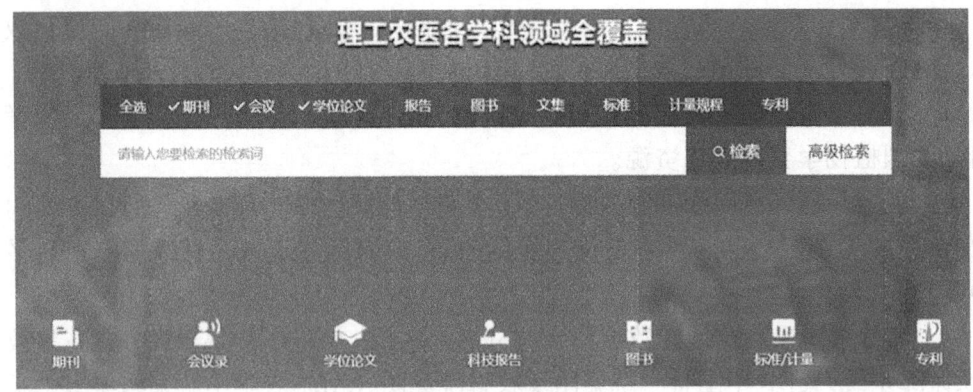

图 6-1　普通检索

图 6-2　高级检索

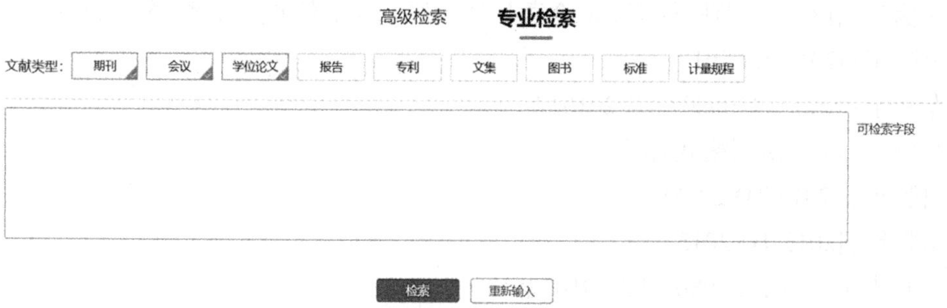

图6-3 专业检索

①普通检索：在普通检索状态下，首先选择查询字段，然后输入检索内容，可以是单个词，也可以通过布尔逻辑运算符"AND"（与）、"OR"（或）、"NOT"（非）对多个检索词进行组配。

②高级检索：在高级检索状态下，用户可以按字段和逻辑运算符构造检索式。

③专业检索：在专业检索状态下，支持关键字和符号、字段查询、相关度调整、多条件查询、范围查询等方式。

a. 关键字和符号。可以指定字段查询指定值，可以通过 AND、&&、OR、||、NOT、! 逻辑运算符查询；也可以通过()用于构成子查询、^控制相关度检索、[ ]包含范围检索、{}不包含范围检索。&&、||、!、()、{}、[ ]、^这些字符在系统检索中具有特殊的含义，如果要使用这些字符本身含义，需要利用反斜杠进行转义。

b. 字段查询的格式如下。

[字段名]:[(检索内容)]

c. 相关度调整。

如computer media，如果让computer的相关度更加好，那么在其后加上^符号和增量值，格式如下。

题名:(computer^4 media)

d. 多条件查询。

举例1　条件间默认为AND关系，格式如下。

题名:(computer media)作者:(DENOUAL Franck)

举例2

题名:(computer media)OR 作者:(DENOUAL Franck)

举例3

题名:(computer media)AND(作者:(DENOUAL Franck)OR 作者:(Krause Kristian))

e. 范围查询。

举例1　包含范围检索，如检索某时间段记录，包含头尾，格式如下。

出版年:[2013 TO 2015]

专利申请日期:[20080710 TO 20101201]

举例2　{}不包含范围检索,如检索某时间段记录,不包含头尾,格式如下。

出版年:{2013 TO 2015}

专利申请日期:{200807 TO 201012}

举例3　混合使用格式如下。

出版年:[2013 TO 2015}

出版年:{2013 TO 2015]

专利申请日期:[200807 TO 201012}

专利申请日期:{200807 TO 201012]

2. 中国人民大学书报资料中心

中国人民大学书报资料中心(http://zlzx.ruc.edu.cn/)成立于1958年,是中华人民共和国成立后最早从事人文社会科学学术研究文献收集、整理、评价、编辑的学术信息资料的出版机构和服务机构。该中心的核心业务是学术期刊和专业期刊出版。现正式出版发行148种期刊,包括复印报刊资料、人文社科文摘、报刊资料索引和原发期刊4个系列。该中心包括全文数据库、数字期刊库、专题研究数据库、中文报刊资料摘要数据库、中文报刊资料索引数据库、目录索引数据库。

3. 北京大学信息管理系图书馆

北京大学信息管理系图书馆(原图书馆学系、图书馆学情报学系资料室,http://www.im.lb.pku.edu.cn/tszl/bggk/228326.htm)正式建立于1954年。到目前为止,图书馆各类藏书总量达30 000余册(其中期刊按单册统计),涉及图书馆学、目录学、文献学、情报学、信息科学、信息管理、传播学、咨询学、编辑出版学等学科领域。其中,中文藏书10 000余种;外文藏书近1000种;中文期刊120余种;外文期刊近50种;本、硕、博毕业论文2000多篇。该图书馆备有计算机,师生可以通过计算机登录Internet、检索校图书馆所有的电子资源、检索系图书馆自建的"图书馆学情报学数据库"、阅读电子出版物等。

四、相关协会网站

协会网站(Association Websites)一般都提供出版信息、规章制度、会议消息、讲座、演示报告等,有些网站还提供相关方面的学术性知识信息。

1. 中国图书馆学会(Library Society of China,LSC)

中国图书馆学会(https://www.lsc.org.cn)是由图书馆及相关行业科技工作者自愿结成的全国性、学术性、非营利性社会组织,是党和政府联系图书馆工作者的桥梁和纽带,是推动我国图书馆学术繁荣和事业发展的重要社会力量。

2. 美国图书馆协会(American Library Association,ALA)

美国图书馆协会(https://www.ala.org)是世界上建立最早、规模最大的图书馆协会。其为图书馆和信息服务及图书馆事业的发展、促进和改进提供指导,以加强学习并确保所有人获取信息。

3. 美国研究图书馆协会（Association of Research Libraries，ARL）

美国研究图书馆协会（https://www.arl.org）是一个非营利性会员组织，由加拿大和美国主要公立和私立大学、联邦政府机构及大型公共机构的研究型图书馆和档案馆组成。协会以学者和学术研究为核心，在政策与实践之间架起桥梁。ARL的使命是影响学术交流和公共政策环境的变化，通过交流和政策对研究型图书馆和他们服务的用户群产生影响。ARL在学术和高等教育界的公共和信息政策制定上发挥领导作用，鼓励思想和技能的交流。作为一个有影响力的机构组织，ARL在行业影响力和可信度上有很高的声誉。

4. 英国联合信息系统委员会（Joint Information Systems Committee，JISC）

英国联合信息系统委员会（https://www.jisc.ac.uk）是英国的数字、数据和技术机构，专注于高等教育、研究和创新的非营利组织。其愿景是让英国成为教育、研究和创新技术领域的世界领导者。其使命是通过教育和研究的数字化转型来改善生活。

5. 国际图书馆协会联合会（International Federation of Library Associations and Institutions，IFLA）

国际图书馆协会联合会（https://www.ifla.org/）成立于1927年，总部设在荷兰海牙。该联合会是一个独立的国际非政府非营利组织，致力于促进世界各地图书馆和信息协会、图书馆和信息服务、图书馆员及其所服务社区的利益。

五、开放获取期刊

开放获取期刊（Open Access Journal）是指那些可以在公共网络上免费获取的，并且允许用户进行阅读、下载、复制、传播、打印、检索、链接到全文、用于编制索引、作为软件数据使用或者其他合法目的，除需上网之外，没有其他的经济、法律及技术障碍的信息资源。开放期刊所刊载的论文都经过严格的同行评审，并且没有种族、地域、身份的限制，完全释放全文文献的被访问权，因而成为了学者获取高质量的信息资源的重要途径。可以通过以下途径检索开放获取期刊：

1. DOAJ（Directory of Open Access Journals）

开放获取期刊名录（https://www.doaj.org）由瑞典隆德大学于2003年5月创建，是目前世界上最大的仅收录开放获取期刊的数据库。其收录内容覆盖的学科领域十分广泛，涵盖了科学技术、医学、社会科学、艺术与人文科学等全部学科领域，并且没有语言限制，采用任何语种发表的高质量、具备同行评议的完全开放获取期刊，均可申请DOAJ的收录，其优势在于收录的期刊有着严格的质量控制，包括很多SCI收录的期刊。DOAJ创建时仅收录350种期刊，截至2024年8月共收录的开放获取期刊已有20748种，20年间资源增长了近60倍。其中，6360种期刊可进行论文级别的检索（通过Findarticles功能实现），可检索1943383篇论文。在DOAJ中收录了200种图书馆学和情报学的开放获取期刊。

DOAJ提供按期刊主题浏览和检索功能。检索功能可以检索期刊和论文。"Search Journals"功能可用于查找某一期刊，如图6-4所示。"Search Articles"功能则允许对期刊中的论文进行检索，可检索的字段有：论文题名、作者、刊名、ISSN号、关键词、摘要等，如图6-5所示。其支持布尔逻辑与、或、非的检索，多个检索词自动匹配为短语进行检索。

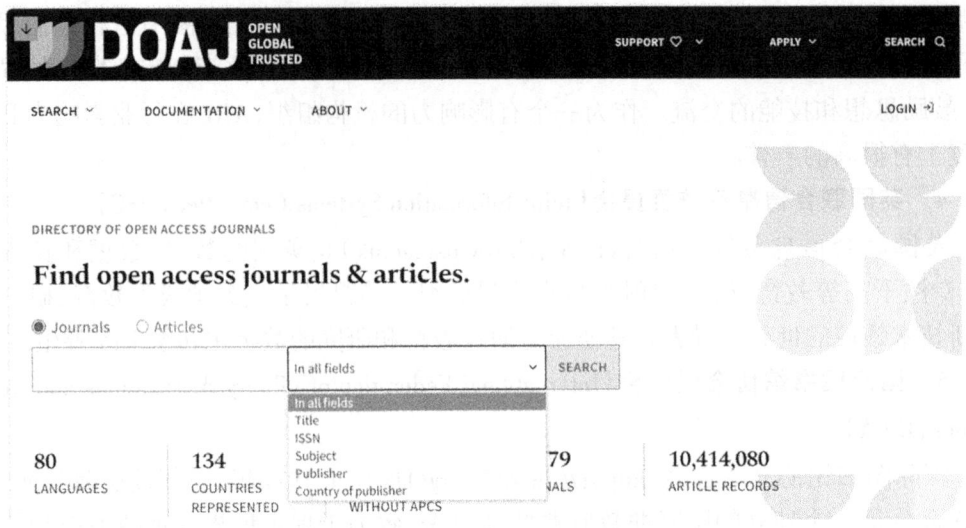

图6-4　DOAJ期刊检索界面

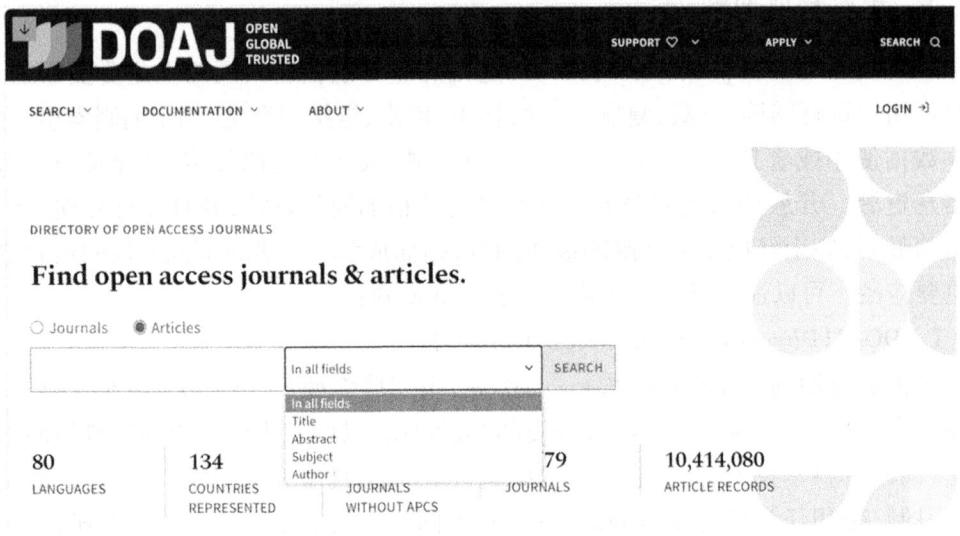

图6-5　DOAJ文章检索界面

2. Open J-Gate（https://www.openj-gate.com/）

Open J-Gate由印度Informatics公司于2006年创办，收录学术、研究与行业期刊，其中，一半以上为同行评审的学术期刊。期刊收录来自学校、研究机构和行业机构，影响颇大。其虽收录未经同行评审过的期刊，但会将经过同行评审和未经同行评审的期刊在用户检索的时候区别开来。Open J-Gate包括农业、人文社科、基础科学、生命科学、工程技术、图书情报学、管理学等一级大类。

Open J-Gate 提供基于开放获取期刊的免费检索和全文链接。其"Browse By Journal"功能允许用户按刊名字顺浏览(对同行评审期刊进行了标记),对选中的某一期刊可浏览该刊最新一期与过刊的目次;在其页面的"Find Tittle"功能可允许用户检索以某个词开头或含有某一个词的期刊。遗憾的是,其不能按主题检索期刊。Open J-Gate 的"快速检索"(Quick Search)与"高级检索"(Advanced Search)功能均提供对期刊内容的检索,还可将检索范围限制在同行评审期刊(Peer-Reviewed Journals)或专业与行业期刊(Professional & Industry Journals)。

3. Open Scicnce Directory(开放科学名录)

Open Science Directory(https://www.opensciencedirectory.net/)是在联合国教科文组织(United Nations Educational Scientific and Cultural Organization, UNESCO)政府间海洋学委员会(Intergovernmental Oceanographie Commission, IOC)的"国际海洋学数据与信息交换项目(IODE)"和海洋学专家的要求下,由哈塞尔特大学图书馆和 EBSCO 公司合作开发的,其定位是"为发展中国家建设的开放获取期刊检索工具"。

Open Science Directory 的主题类目设置规范而仔细,可以实现层级浏览。该网站可检索 DOAJ、HINARI、Agora 和 OARE 等收录的 13000 多种可开放获取的科学期刊,以后将增加到 2 万余种。可按刊名(Journal Titles)、主题浏览期刊(Subjects),收录的学科有农业、教育学、艺术、历史、法律、语言与文学、军事科学、社会科学、技术等,书目、图书馆学与信息资源单独列类。

4. J-STAGE(Japan Science and Technology Information Aggregator Electronic)

日本科学技术信息集成系统(https://www.jstage.jst.go.jp/)日本科学技术振兴机构

J-STAGE 有英文和日文两个版本,收录了日本各科技学会出版的文献(以英文为主),包括电子期刊、论文、会议录及一些研究报告,可按标题(Titles)、出版社(Publishers)和学科领域(Subject Areas)浏览期刊。例如,按学科领域浏览,可以看到其收录的学科有基本科学、生命科学、医学与健康科学、工程与技术、多学科科学、人文科学与社会科学。在检索功能方面,J-STAGE 提供简单和高级两种检索方式,如简单检索方面,"题名检索"(Search Titles)功能可检索名称中含有某一个词的刊名、会议论文集、研究报告和组织机构,"论文检索"(Search Articles)功能允许对期刊论文、会议论文与研究报告的内容进行检索。J-STAGE 高级检索界面如图 6-6 所示。

5. SciELO(Scientific Electronic Library Online)

科学电子图书馆在线(https://scielo.org/)作为国际上重要的 OA 运动国际倡议者和实践者,是最早提供科学文献开放存取的机构之一。最初由巴西的 10 种期刊的编辑发起,他们的初衷是想找到一种期刊全文上网的方法,提高他们出版的科技期刊的国际显示度和可获得性,使巴西(作为发展中国家和非英语国家)的科研成果不再成为"消失的科学"。作为一种合作性网上电子出版模式,其目标是利用电子出版和开放存取模式,提高巴西最好的科技期刊的显示度、可获取性和可信度,建立可靠的文献计量学和科学计量学指标数据库,促进发展中国家科学交流的进步。

1998年,SciELO巴西网站(SciELOBrazil)和智利网站(SciELOChile)相继建成并向公众开放。此后,拉美国家、西班牙、葡萄牙、南非等国家也加入了SciELO。其收录的期刊和论文涉及农业科学、应用社会科学、生物学、工程、地球科学、健康科学、人文科学、语言与艺术等学科。

SciELO收录的期刊可按期刊名称字顺(Alphabetic list)、期刊主题(Subject)和出版社(Publisher)等进行浏览,也可以通过输入一个或多个单词进行检索。论文可以通过检索功能来查找,可选择集成检索或谷歌学术搜索两种不同途径,并且允许限定地域或学科领域。SciELO高级检索界面如图6-7所示。

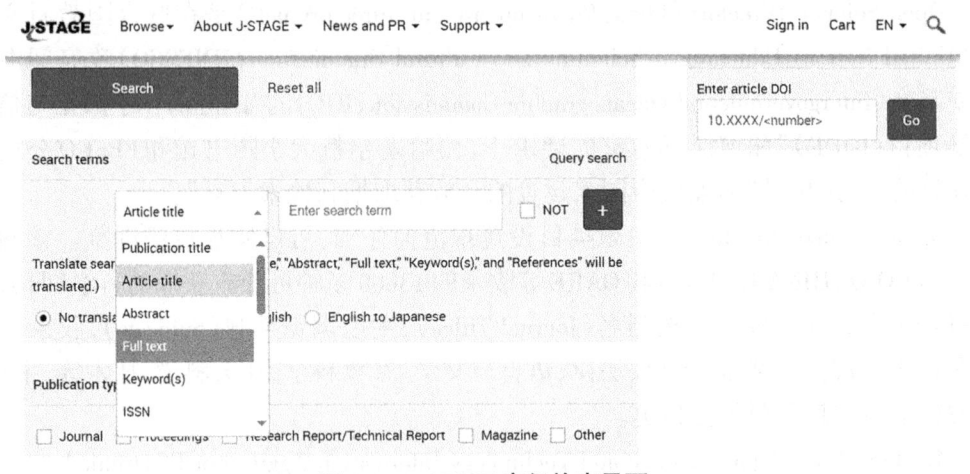

图6-6　J-STAGE高级检索界面

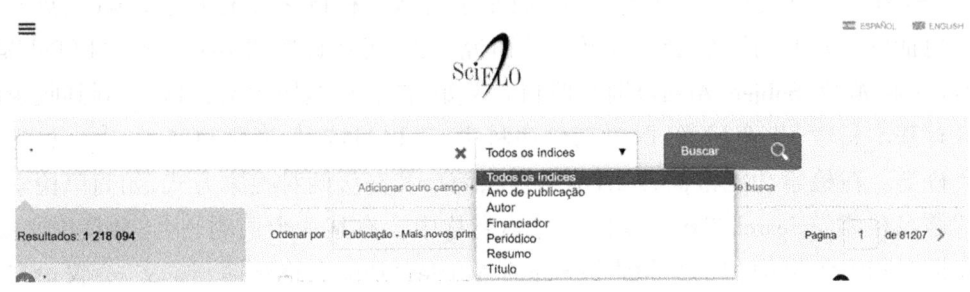

图6-7　SciELO高级检索界面

6. SOCOLAR(https://www.socolar.com/)

SOCOLAR是中国教育图书进出口公司2006年开发的一站式开放获取资源浏览与检索平台,提供开放获取期刊和开放获取知识库的导航、免费文章检索和全文链接服务,旨在为用户提供OA资源检索和全文链接服务的公共服务平台。其主要收录外文资源,分为农业和食品科学、艺术和建筑、生物学和生命科学、商学与经济学、化学、地球与环境科学、综合类目、健康科学、历史与考古、语言和文学、法律和政治学、数学与统计、哲学和宗教、物理学和天文学、一般科学、社会科学、工程与技术、图书情报学等学科种类。可"按字顺浏览期刊"和"按学科浏览期刊"（依据《中图法》的分类）；从刊名、ISSN、关键词、简介等角度对期刊进行检索；"文章检索"功能支持从文章名称、文章作者、文章关键词、文章摘要等对期刊中的论文进行检索，其中的高级检索选择还可将检索范围限制在"同行评审"范围内。该平台有明确的资源选择标准（开放获取的学术期刊，没有语种限制，对于完全开放获取期刊一律予以收录等），鼓励用户推荐期刊。用户注册后，还能享受个性化的定制服务和特别服务等增值服务。SOCOLAR 高级检索页面如图 6-8 所示。

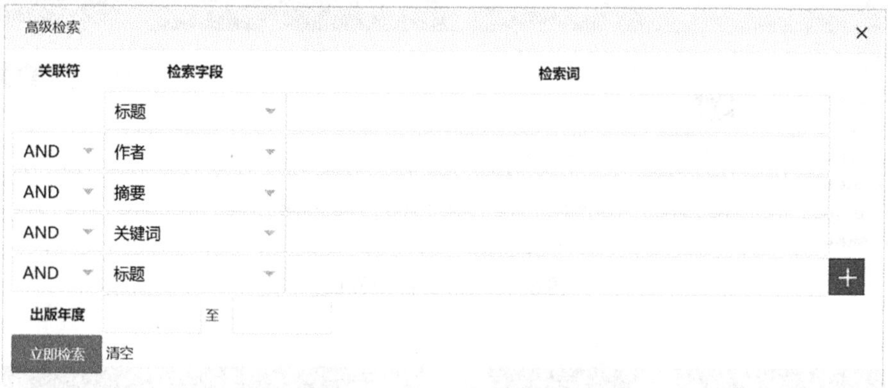

图 6-8　SOCOLAR 高级检索界面

7. GoOA（http://gooa.las.ac.cn/paperc/）

开放获取期刊论文发现平台 GoOA 是由中国科学院立项启动，中国科学院文献情报中心于 2013 年创建的开放获取论文一站式发现平台。它汇聚了全球来自自然科学与技术领域的优质期刊、知名仓储和预印本平台的英文和中文优质开放论文，为用户提供基于论文元数据、图、表、数据、全文等丰富层级的一站式发现和论文全获取。截至 2024 年 8 月，该平台共收录优质期刊 25 637 种。

GoOA 提供多领域开放获取期刊和论文的一站式集成服务，浏览及检索界面友好，信息呈现清晰有序。其检索方式包括标题、关键词、作者姓名、期刊名、DOI 号等。GoOA 检索界面如图 6-9 所示。

8. COAJ（China Open Access Journal）

中国开放获取期刊数据库（https://coaj.cn/home）是一个非营利的开放获取期刊数据库，采用严格的审核机制，确保收录期刊和文章的质量，核心目标是收录在中国出版的开放获取期刊，以及与中国科研机构及学术团体联系密切的国际开放获取期刊，涵盖了各个学科领域，致力于为研究人员和读者提供开放共享的高质量学术资源。截至 2024 年 8 月 6 日，COAJ 共计收录开放获取期刊 220 多种，免 APC 期刊 65 种，开放获取文章 30 000 多篇。

COAJ 在全球范围内传播所收录期刊，帮助期刊和论文被更多读者发现。COAJ 收录的期刊都是开放获取的，用户无须登录或付费即可阅读和下载文章。COAJ 的期刊和文章经过同行评审,以确保其学术质量和可信度。COAJ提供快速搜索和高级搜索工具,以便用户查找感兴趣的期刊和文章。COAJ的数据可以下载,允许用户使用软件或工具分析、挖掘数据。COAJ检索界面和高级检索界面如图6-10、图6-11所示。

图6-9　GoOA检索界面

图6-10　COAJ检索界面

图6-11　COAJ高级检索界面

9. 开放获取期刊出版机构网站

读者可以通过以下开放获取期刊出版机构网站进行直接检索：

（1）施普林格·自然 Springer Nature（https://www.springernature.com/）是全球领先的从事科技、教育和专业出版的机构，是全球最大的学术出版机构之一，同时也是开放获取的先行者与推动者。施普林格·自然出版超过2200种期刊，均提供文章层面的开放获取选项，并拥有约600种完全开放获取期刊。施普林格·自然一直引领着向开放获取的转型，并致力于让经过同行评审的研究成果一经出版，便可供所有人免费使用。

（2）爱思唯尔（Elsevier, https://www.elsevier.com/）是全球领先的科学、技术和医学信息出版机构，成立于1880年，总部位于荷兰阿姆斯特丹。在学术出版领域，爱思唯尔具有重要地位，其出版的论文大约占全球学术论文出版总量的17%，引用占比28%。作为全球发展最快的开放获取出版商之一，其旗下的2900种期刊现在几乎全部实现开放获取出版，其中包括800多种完全开放获取期刊。

（3）High Wire Press（https://www.highwirepress.com/）是美国斯坦福大学图书馆于1995年创立，是全球最大的免费提供全文的学术文献出版商之一，率先掀起了数字出版革命，与Google合作，将学术期刊数字化并编制索引。截至2024年8月，提供了超过230万篇可免费获得全文的电子期刊文章。

六、机构知识库

机构知识库（Institutional Repository）是收录特定研究机构所属成员的研究成果的、多学科性的开放存取知识库。机构知识库一般由大学、大学图书馆、研究机构和政府部门等创建和维护，对自我机构内部的所有学术产出成果进行开放获取。

1. OpenDOAR（https://v2.sherpa.ac.uk/opendoar/）

OpenDOAR于2005年推出，是诺丁汉大学和隆德大学之间合作项目的产物，是有质量保证的全球开放访问知识库目录，其收录的知识库提供免费、开放的学术成果和资源访问。截至2024年8月共收录了全球5298个机构知识库，其中包含中国的66个机构知识库，如中欧研究在线、香港大学论文库、中国科学院水生生物研究所、上海交通大学机构知识管理服务系统等。

其高级检索可按机构名称、软件名称、学科、国家和地区、首字母、结果排序进行检索。OpenDOAR检索界面和高级检索界面如图6-12、图6-13所示。

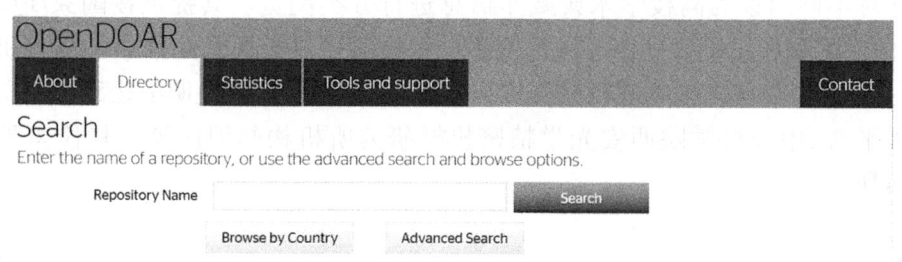

图6-12　OpenDOAR检索界面

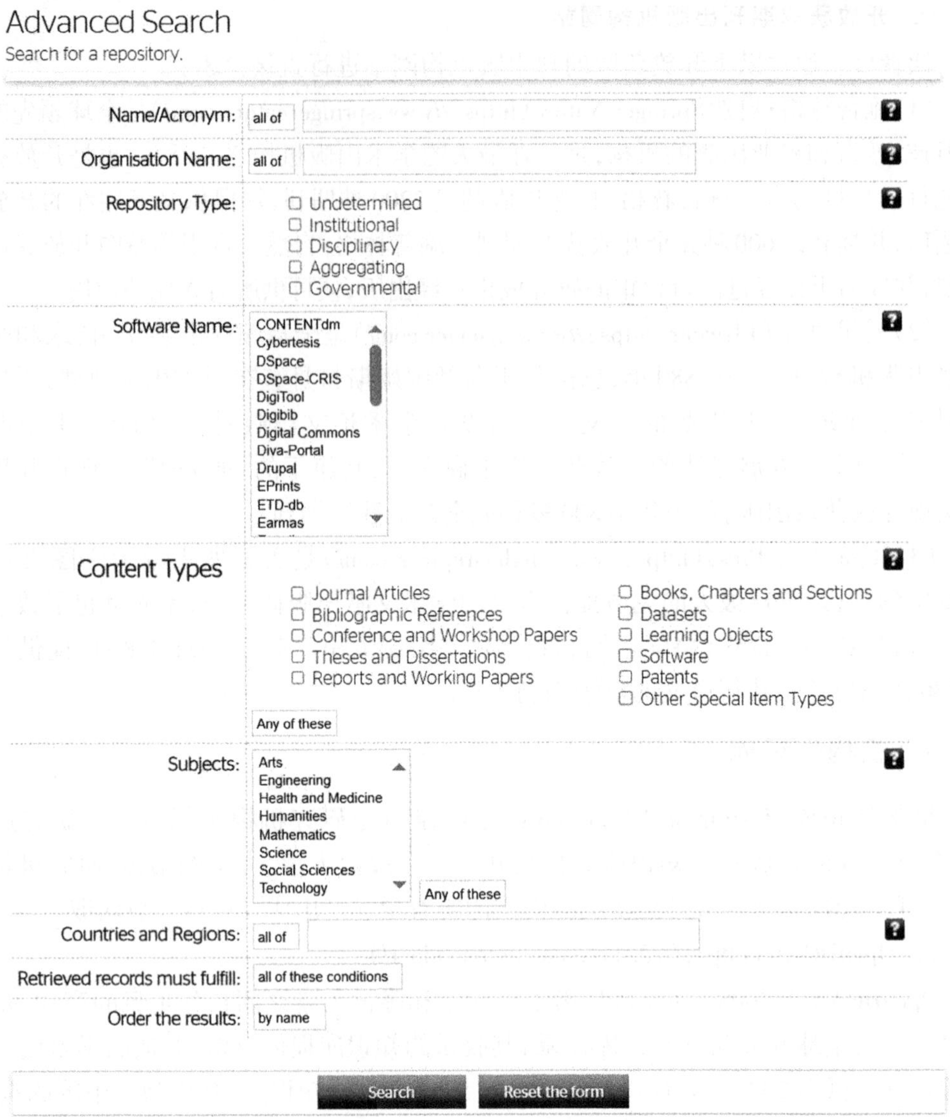

图 6-13　OpenDOAR 高级检索界面

2. Eprints-ROAR（https://roar.eprints.org/）

Eprints 是英国的高校学术典藏库技术提供方，其官网上的 ROARMAP 版块中，用户能针对不同国家的高校学术典藏库信息进行分类浏览。其提供按国家/地区、软件、存储库类型和记录数排序等进行检索。可检索到包含我国 86 所中国高校机构知识库，如中国科学院高能物理研究所机构知识库、中国科学院昆明植物研究所文献情报服务平台、中国科学院西安光学精密机械研究所机构知识库等。其检索界面如图 6-14 所示。

第六章 网络免费学术信息资源检索工具及平台

图 6-14 Eprints-ROAR 检索界面

3. 国内高校机构知识库

中国高校机构知识库联盟由中国高等教育文献保障系统（Confederation of China Academic Institutional Repository，CHAIR）组织部分高校图书馆共同发起成立。该联盟以"推进全国高校机构知识库的建设，推动学术成果的开放获取，促进学术成果的广泛应用"为宗旨，截至2024年8月共有51个会员机构。

（1）清华大学机构知识库（https://thuir.lib.tsinghua.edu.cn/）：作为典藏清华大学知识成果的综合信息服务平台，收录的成果题录数据有期刊论文、会议论文、专利、图书专著等。读者可按机构列表选择院系并浏览检索。

（2）武汉大学机构知识库（https://openir.whu.edu.cn/）：典藏武汉大学自成立以来所创造的各类知识成果的综合信息服务平台，由成果库、学者中心、数据分析系统子系统组成，收录的成果题录数据有期刊论文、学位论文、专利、会议论文、图书专著、科研项目等。读者可按论著成果、专家学者等浏览检索。

（3）兰州大学机构知识库（https://ir.lzu.edu.cn/）：作为支撑兰州大学学术研究的基础设施，该系统收集并保存了兰州大学教师和科研人员的学术成果、教学资源和智力成果。读者可按机构、作者、文献类型、学科等分类浏览和检索。

七、预印本平台

预印本是指尚未在同行评审期刊上发表的完整研究手稿，通常由作者自主上传至公开的预印本平台。预印本平台中涵盖了尚未投稿的论文、已投稿但未被采纳的论文，以及已经通过审核但还未正式出版的论文。预印本具有交流速度快、更新速度快、可获得第一手反馈意见等优点。下面列举国内外典型的预印本平台：

1. arXiv（https://arxiv.org）

arXiv于1991年创立，由美国康奈尔大学维护和运营，是一个免费的预印本平台，可以发布和检索最新的研究成果，涵盖物理学、数学、计算机科学、定量生物学、定量金融、统计学、电气工程和系统科学及经济学等学科领域。截至2024年8月，其已收录超过200万篇学术文章。其界面平台如图6-15所示。

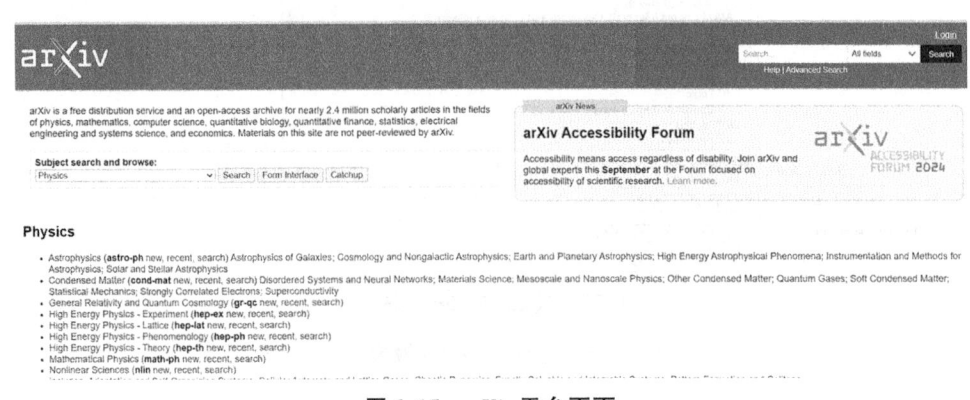

图6-15　arXiv平台页面

2. ChinaXiv（https://chinaxiv.org/home.htm）

ChinaXiv 是按照中国科学院部署，中国科学院文献情报中心于 2016 年在中国科学院科学传播局支持下建设、按国际通行规范运营的预印本交流平台。该平台目前涵盖物理学、天文学、生物学、计算机科学、数学、材料科学等学科领域，截至 2024 年 9 月收录论文数量超过 300 万篇。其平台页面如图 6-16 所示。

图 6-16　ChinaXiv 平台页面

3. 哲学社会科学预印本平台（https://zsyyb.cn/）

哲学社会科学预印本平台（PSSXiv，简称"哲社预印本"），是 2024 年 4 月由中国人民大学牵头、中国人民大学书报资料中心具体承建的中国特色哲学社会科学自主知识体系数字创新平台（简称"学术世界"）的子平台，是国内哲学社会科学领域首家全学科覆盖的预印本平台。该平台目前包括哲学、理论经济学、信息资源管理等学科领域，截至 2024 年 8 月已收录论文超过 3000 篇。哲学社会预印本平台页面如图 6-17 所示。

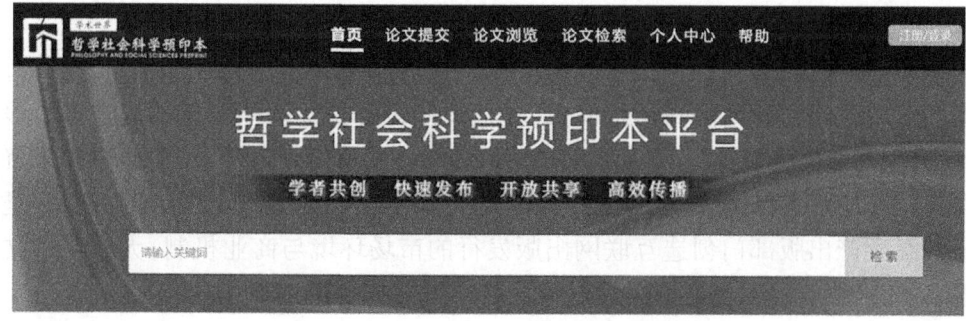

图 6-17　哲学社会科学预印本平台页面

第七章 国内主要综合性信息检索工具

综合性信息检索工具通常可以提供一站式查询入口,用户可以自由查询海量信息,主要包括各种在线数据库和搜索引擎。综合性信息检索工具的发展依赖于数据库选择技术、文本选择技术、查询分派技术和结果综合技术等。用户界面的改进、调用策略的完善、返回信息的整合及最终检索结果的排序,彰显综合性信息检索工具在信息查询与获取方面的优势。

第一节 综合性文献数据库资源

从数据库收集文献的情况可以分为文摘索引数据库和全文数据库。文摘索引数据库的前身是文摘索引刊物,以网络为平台建立数据库,可以帮助用户足不出户查找专题文献资料,跟踪学科发展前沿;全文数据库可以直接提供原始文献,方便用户使用。本章精选国内主要综合性信息检索工具加以介绍,明确其收录范围及检索方法,以便更好利用。

一、中国知网

国家知识基础设施(China National Knowledge Infrastructure,CNKI)的概念由世界银行于1998年提出,我国CNKI工程(https://www.cnki.net)是以实现全社会知识资源传播共享与增值利用为目标的信息化建设项目,由清华大学、清华同方发起,始建于1999年6月。在党和国家领导及教育部、中共中央宣传部、科技部、国家新闻出版总署、国家版权局、国家计划委员会的大力支持下,在全国学术界、教育界、出版界、图书情报界等社会各界的密切配合和清华大学的直接领导下,CNKI工程经过多年努力,采用自主开发并具有国际领先水平的数字图书馆技术,建成了世界上全文信息量规模最大的"CNKI数字图书馆",并正式启动建设《中国知识资源总库》及CNKI网络资源共享平台,通过产业化运作,为全社会知识资源高效共享提供最丰富的知识信息资源和最有效的知识传播与数字化学习平台。

CNKI工程的具体目标包括以下4个方面:一是大规模集成整合知识信息资源,整体提高资源的综合和增值利用价值;二是建设知识资源互联网传播扩散与增值服务平台,为全社会提供资源共享、数字化学习、知识创新信息化条件;三是建设知识资源的深度开发利用平台,为社会各方面提供知识管理与知识服务的信息化手段;四是为知识资源生产出版部门创造互联网出版发行的市场环境与商业机制,大力促进文化出版事业、产业的现代化建设与跨越式发展。图7-1为中国知网首页。

第七章 国内主要综合性信息检索工具

图7-1 中国知网首页

1. 知网空间学术文献数据库简介

知网空间(https://www.cnki.com.cn)是中国知网旗下网站,面向海内外读者提供基础科学、文史哲、工程科技、社会科学、农业、经济与管理科学、医药卫生、信息科技等10个学科领域的期刊全文、会议论文全文、学位论文全文的在线阅读和下载服务。

(1)中国学术期刊网络出版总库。

①收录规模:全球最大,连续动态更新的中文学术期刊全文数据库,收录了国内自1915年至今的8000多种重要学术类期刊,其中核心期刊、重要评价性数据库来源期刊近2700种,学术文献总量3200多万篇。其内容覆盖基础科学、工程技术、农业、哲学、医学、人文社会科学、信息技术、经济与管理科学等各个领域。

②收录年限:最早收录从1915年起,8000多种期刊从创刊到至今全部收录,其余期刊为1994年至今。

③出版更新:每日更新文献上万篇。

(2)中国年鉴网络出版总库。中国年鉴网络出版总库是目前国内最大的连续更新的动态年鉴资源全文数据库。其内容覆盖基本国情、地理历史、政治军事外交、法律、经济、科学技术、教育、文化体育事业、医疗卫生、社会生活、人物、统计资料、文件标准与法律法规等各个领域。

该库文献来源于中国国内的中央、地方、行业和企业等各类年鉴的全文文献,收录年限为1912年至今。

年鉴内容按行业分类可分为地理历史、政治军事外交、法律、经济总类、财政金融、城乡建设与国土资源、农业、工业、交通邮政信息产业、国内贸易与国际贸易、科技工作与成果、社会科学工作与成果、教育、文化体育事业、医药卫生、人物16个行业。地方年鉴按照行政区划分类可分为全国共34个省级行政区域。

(3)中国博士学位论文全文数据库。

①资源完备:收录全国520多家博士培养单位的博士学位论文,累计博士学位论文全文达55多万篇。

②内容权威:与全国520多家博士培养单位合作。

③收录年限:1999年至今,并部分收录1999年以前的论文。

④涵盖学科:博士论文涵盖学科包括基础科学、哲学与人文科学、医药卫生、农业

147

科技、工程科技、社会科学、经济管理、信息科技等。

(4)中国优秀硕士学位论文全文数据库。

①资源完备：收录了全国800多家硕士培养单位的优秀硕士学位论文，是目前国内资源最完备、高质量、连续动态更新的硕士学位论文全文数据库，累计硕士学位论文全文文献570多万篇。

②内容权威：与全国800多家硕士培养单位合作。

③收录年限：1999年至今，并部分收录1999年以前的论文。

④涵盖学科：硕士论文涵盖学科包括基础科学、哲学与人文科学、医药卫生、农业科技、工程科技、社会科学、经济管理、信息科技等。

(5)中国重要会议论文全文数据库。

①资源完备：收录了我国自1999年以来，中国科学技术协会系统及国家二级以上学会、协会、高等院校、科研院所、学术机构等单位举办的上万篇国内外学术会议论文，累计会议论文全文文献量达380多万篇。

②内容权威：与国内90%以上一级学会合作，与中国科学技术协会95%以上一级学会合作。

③收录全面：收录学科全，包括基础科学、哲学与人文科学、医药卫生、农业科技、工程科技、社会科学、经济管理、信息科技等。

(6)中国重要报纸全文数据库。该库为收录2000年以来中国国内公开发行的多种重要报纸刊载的学术性、资料性文献的连续动态更新数据库。其资料来源于国内公开发行的约500种重要报纸，每年精选120余万篇文献。

此外，还有中国专利全文数据库、国家科技成果数据库、中国标准数据库和国外标准数据库等，这些数据库不是CNKI自行开发的，而是与国家知识产权局、国家标准化管理委员会等联合创办，有"知网版"字样。

2. CNKI学术文献数据库检索(以中国学术期刊网络出版总库为例)

(1)检索方式。

①快速检索。"快速检索"选项卡(图7-2)提供了类似搜索引擎的检索框，默认在10个学科领域中检索，检索词默认可以出现在所有检索字段中，查准率会受到一定影响。

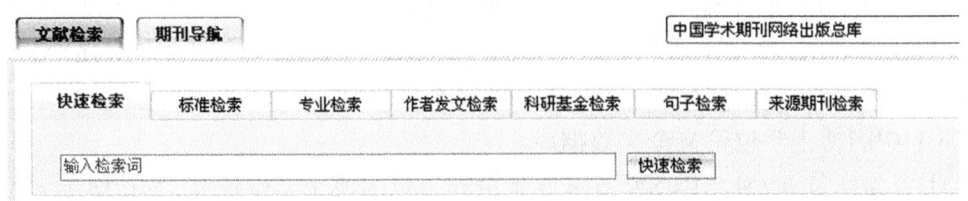

图7-2　中国学术期刊网络出版总库快速检索界面

②标准检索。"标准检索"选项卡(图7-3)提供的检索控制条件和内容条件包括以下内容。

a. 期刊年期,可以选择一段年限,默认为从1915年至今;

b. 更新时间,可以设定数据更新范围,默认为库内全部数据,也可以限定在最近一周、最近一月、半年或一年内入库的最新数据;

c. 来源期刊,可输入期刊名称,默认为CNKI所引全部期刊;

d. 来源类别包括SCI来源期刊、EI来源期刊和核心期刊,默认为全部期刊;

e. 支持基金,可输入基金名称使得目的性更强;

f. 作者,可输入作者姓名加以限定;

g. 作者单位,可输入作者单位全称或简称均可,可以检索特定机构的研究成果;

h. 主题,输入检索词,支持与、或、非逻辑运算。匹配方式有模糊和精确两种,可以根据具体检索情况设定。

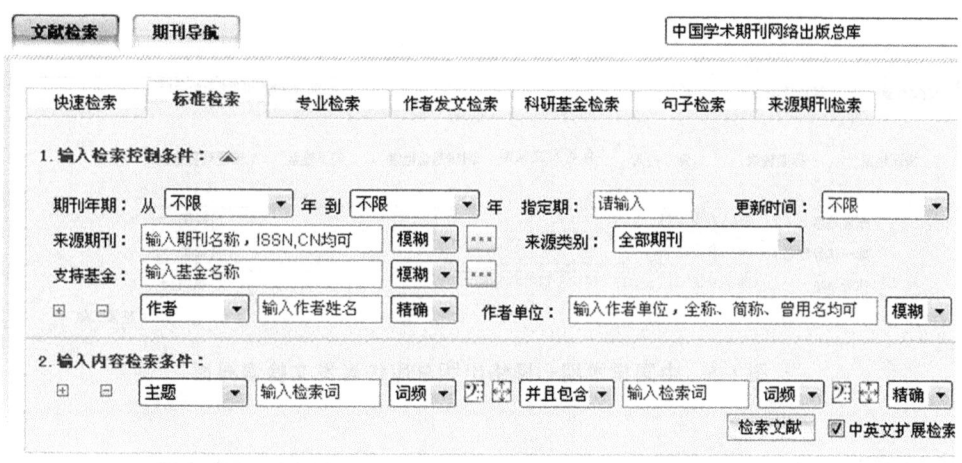

图7-3　中国学术期刊网络出版总库标准检索界面

③专业检索。"专业检索"选项卡(图7-4)的目的是使有检索经验的用户能够构建复杂的检索式,使检索结果更准确。专业检索中不同检索字段之间的逻辑算符为"AND""OR""NOT",专业检索采用精确匹配的检索方式。

④作者发文检索。"作者发文检索"选项卡(图7-5)为用户提供通过作者姓名或作者单位查找个人或机构发文情况的服务,可以了解作者著述规律和机构研究动态。

⑤科研基金检索。"科研基金检索"选项卡(图7-6)是通过科研基金名称,查找科研基金资助的文献。通过对检索结果的分组筛选,还可全面了解科研基金资助学科范围,科研主题领域等信息。

⑥句子检索。"句子检索"选项卡(图7-7)是通过用户输入的两个关键词,查找同时包含这两个词的句子。由于句子中包含了大量的事实信息,通过检索句子可以为用户提供有关事实的问题答案。可在全文的同一段或同一句话中进行检索。同句是指两个标点符号之间,同段是指5句之内。

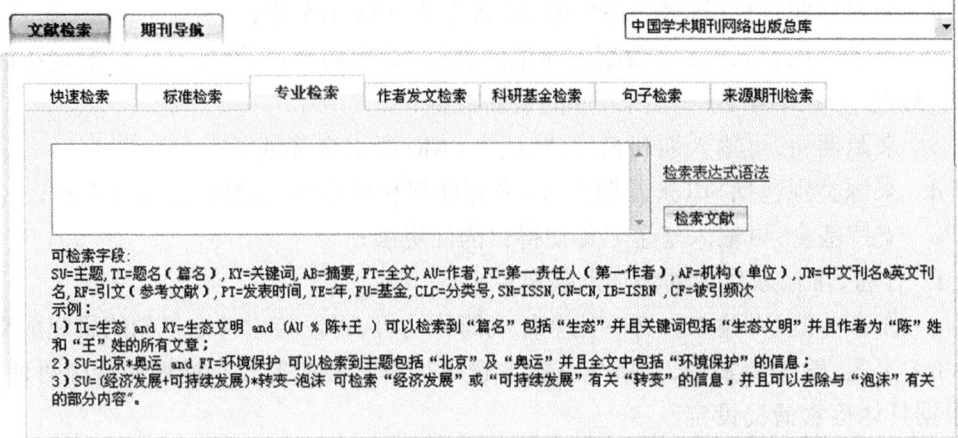

图7-4　中国学术期刊网络出版总库专业检索界面

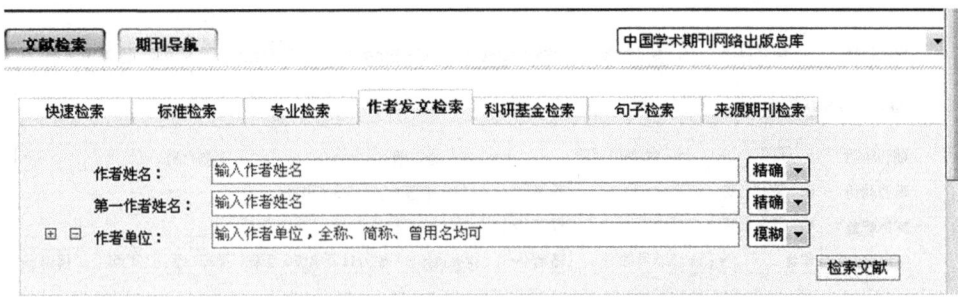

图7-5　中国学术期刊网络出版总库作者发文检索界面

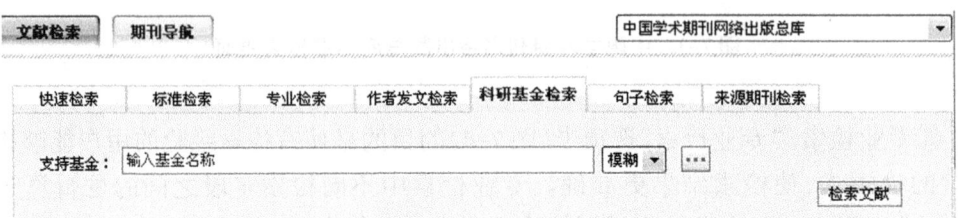

图7-6　中国学术期刊网络出版总库科研基金检索界面

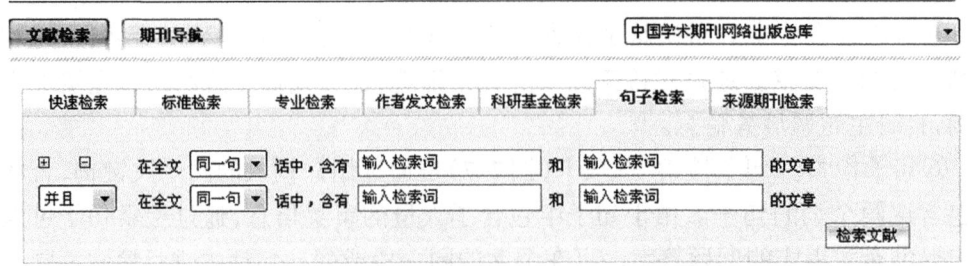

图7-7　中国学术期刊网络出版总库句子检索界面

⑦来源期刊检索"来源期刊检索"选项卡(图7-8)是通过期刊名称或ISSN号检索该期刊的发文情况,可以通过年期限制查找某段时间某种期刊发表的文献。

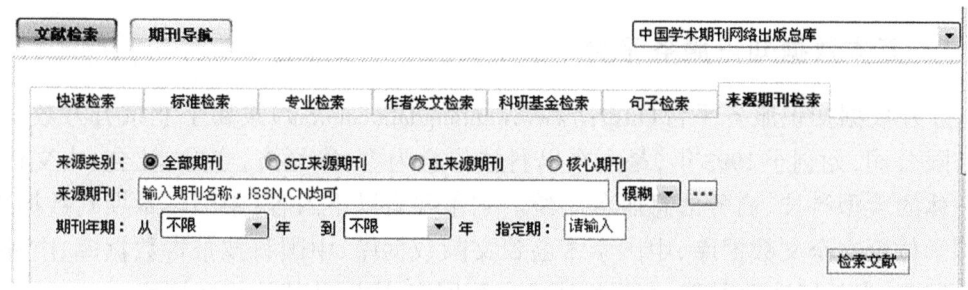

图7-8 中国学术期刊网络出版总库来源期刊检索界面

(2)检索结果及输出。

《中国学术期刊网络出版总库》检索结果页面将平台检索到的结果以列表形式显示,并提供对检索结果进行分组分析、排序分析的方法,来准确查找文献。

检索结果分组类型(图7-9)包括:学科类别、期刊名称、研究资助基金、研究层次、文献作者、作者单位、中文关键词和不分组。

①学科类别分组是将检索结果按照168个专辑分类下级的4000多个学科类目进行分组,按学科类别分组可以查看检索结果所属的更细的学科专业,通过进一步筛选,找到所关注文献。

②期刊名称分组是按期刊对检索主题载文量的多少进行排序,载文量多的排在前面,载文量相同的不排序,通过期刊名称分组可以了解该主题的核心刊物。

③按研究资助基金分组是指将研究过程中获得国家基金资助的文献按资助基金进行分组,通过分析按"研究资助基金"分组,用户可以了解国家对这一领域的科研投入,研究人员可以对口申请课题,国家科研管理人员也可以对某个基金支持科研的效果进行定量分析、评价和跟踪。

④按研究层次分组是将文献分为自然科学和社会科学两大类的基础上,每一类下再分为理论研究、工程技术、政策指导等多种类型,用户通过研究层次分组可以查到相关的国家政策研究、工程技术应用成果、行业技术指导等,实现对整个学科领域全局的了解。

⑤按文献作者分组可以帮助研究者找到学术专家、学术榜样,帮助研究人员跟踪某学者的发文情况,发现未知的有潜力学者。

⑥按作者单位分组帮助学者寻找有价值的研究单位,全面了解研究成果在全国的分布,跟踪重要研究机构的成果,也是选择文献的重要手段。

⑦按中文关键词分组展示了知识系统,帮助获得领域的全局知识结构;关键词将文献或知识进行聚类,把知识组织成簇,揭示了知识的背景,方便学习和研究。

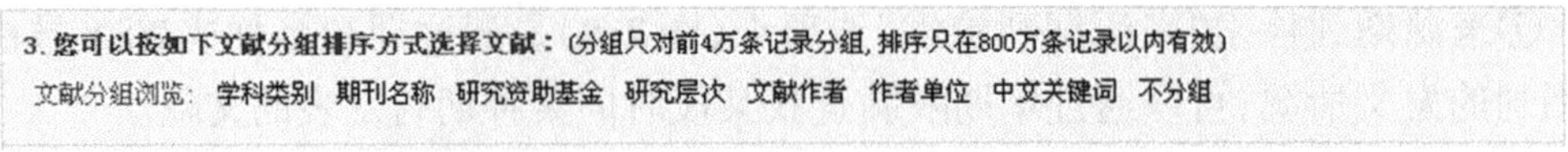

3. 您可以按如下文献分组排序方式选择文献：(分组只对前4万条记录分组，排序只在800万条记录以内有效)
文献分组浏览： 学科类别　期刊名称　研究资助基金　研究层次　文献作者　作者单位　中文关键词　不分组

图7-9　中国学术期刊网络出版总库检索结果分组浏览选择界面

二、万方数据知识服务平台

万方数据知识服务平台(http://www.wanfangdata.com.cn/)隶属于北京万方数据股份有限公司，始创于1993年，是一个以科技信息为主，集经济、金融、社会、人文信息为一体的大型科技、商务信息服务系统。它主要有以下内容：中国学术期刊数据库、中国学位论文全文数据库、中国学术会议文献数据库、中国科技报告数据库、中外专利数据库、中外标准数据库、中国科技成果数据库、中国法律法规数据库。

1. 万方数据资源系统概况

万方数据知识服务平台首页，如图7-10所示。

图7-10　万方数据首页

(1)万方期刊。该库集纳了理、工、农、医、人文5大类70多个类目共7600种科技类期刊全文。

(2)万方会议论文。中国学术会议论文全文数据库是国内唯一的学术会议文献全文数据库，主要收录1998年以来国家级学会、协会、研究会组织召开的全国性学术会议论文，数据范围覆盖自然科学、工程技术、农林、医学等领域，是了解国内学术动态必不可少的帮手。中国学术会议论文全文数据库分为两个版本：中文版、英文版。其中，"中文版"所收会议论文内容是中文；"英文版"主要收录在中国召开的国际会议的论文，论文内容多为西文。

(3)万方学位论文。万方学位论文库(即中国学位论文全文数据库)，是北京万方数据股份有限公司受中国科技信息研究所委托加工的"中国学位论文文摘数据库"，该数据库收录我国各学科领域的学位论文。

该库由国家法定学位论文收藏机构——中国科技信息研究所提供，并委托万方数据加工建库，收录了自1980年以来我国自然科学领域博士后、博士及硕士研究生论文，其中全文675余万篇，每年稳定新增30余万篇，是我国收录数量最多的学位论文全文库。

2. 万方数据资源系统检索

数据库的检索可以分为一般检索和专业检索，一般检索可以采用字段级检索、全文检索及高级检索（逻辑检索）；专业检索支持布尔检索、相邻检索、截断检索、同字段检索、同句检索和位置检索等全文检索技术，具有较高的查全率和查准率。

（1）一般检索。用户可以按照需要，选择相应的数据库进行检索。单击数据库名称后，进入该数据库检索页面，显示内容包括该数据库的简要介绍、记录样例以及检索提问表单。正确填写检索提问表单可以实现对单一数据库的字段检索、全文检索及高级检索。

（2）专业检索。用户可对选定的数据库进行专业检索。在单个数据库检索页面上，专业检索需用户建立检索表达式（图7-11）。

图7-11　万方专业检索页面

（3）高级检索。"高级检索"也被称为"命令检索"，单击检索入口界面的"命令检索"或"高级检索"链接，即可进入命令检索界面（图7-12）。

命令检索支持布尔检索、相邻检索、截断检索、同字段检索、同句检索和位置检索等全文检索技术，具有较高的查全率和查准率。

图 7-12 命令检索入口

三、维普资讯

重庆维普资讯有限公司前身为中国科技情报所重庆分所数据库研究中心,其营运网站——"维普资讯网"(https://www.cqvip.com/)于 2000 年建立,经过二十几年的商业运营,已经成为全球著名的中文信息服务网站,以及中国最大的综合性文献服务网站(图 7-13)。

图 7-13 维普资讯网首页

重庆维普资讯有限公司的主导产品——中文科技期刊数据库是经国家广播电视总局批准的大型连续电子出版物,收录中文期刊 14 000 余种,全文 5700 余万篇,引文 4000 余万条,分 3 个版本(全文版、文摘版、引文版)和 8 个专辑(社会科学、自然科学、工程技术、农业科学、医药卫生、经济管理、教育科学、图书情报)定期出版,拥有高等院校、中等学校、职业学校、公共图书馆、研究机构、政府部门、企业、医院等各类用户 5000 多家,覆盖海内外数千万用户。

维普资讯文献总量超 7.7 千万篇,每日更新,全文采用国际通用的高清晰 PDF 全文数据格式,著录标准采纳《中国图书馆分类法》等标准。

1. 维普中文科技期刊数据库

中文科技期刊数据库采用国内一流检索内核"尚唯全文检索系统"实现数据库的检索管理。"尚唯全文检索系统"是经国内专家团队鉴定一致认为达到"国内领先、国际先进"水平的检索系统,各种指标及其综合性能均大大领先于其他同类产品。

中文科技期刊数据库是国内首家采用 OpenURL 技术规范的大型数据库产品,OpenURL(Open Uniform Resource Locators)协议是一种上下文相关的开放链接框架,它实现同时对不同的异构数据库或信息资源进行数据关联,方便为用户单位提供资源的二次开发利用,例如与图书馆 OPAC 系统的数据关联。OpenURL 协议已经成为美国国家标准。维普网是国内首家应用 OpenURL 协议的数据库厂商,已经在中国科学院、国家图书馆、北京航空航天大学、中国生物医学文献数据库成功应用,效果明显,深受欢迎。

2. 维普中文科技期刊数据库检索

中文科技期刊数据库提供5种检索方式:快速检索、传统检索、分类检索、高级检索、期刊导航。首页默认的是快速检索。

(1)检索功能及特色。

①同义词检索:以《汉语主题词表》为基础,参考各个学科的主题词表,通过多年的标引实践,编制了规范的关键词用代词表(同义词库),实现高质量的同义词检索,提高查全率。

②独有的复合检索表达方式:例如要检索作者"张三"关于林业方面的文献,只需利用"a=张三*k=林业"这样一个简单的检索式即可实现。这种通过简单的等式来限定逻辑表达式中每个检索词的检索入口,实现字段之间组配检索的方式,领先于国内其他数据库产品。

③检索字段:可实现对题名、关键词、题名或关键词、文摘、刊名、作者、第一作者、参考文献、分类号、机构和任意字段共11个字段进行检索,并可实现各个字段之间的组配检索。它可提供细致到作者简介、基金赞助等20余个题录文摘的输出内容。

④特色的参考文献检索入口:可实现与引文数据库的无缝链接操作,在全文库中实现对参考文献的检索。它可通过检索参考文献获得源文献,并可查看相应的被引情况、耦合文献等。它提供查看参考文献的参考文献(越查越老)及查看引用文献的引用文献(越查越新)的文献关联漫游使用,提高用户获取知识的效率,并提供有共同引用的耦合文献功能,方便用户对知识求根溯源。

⑤丰富的检索功能:可实现二次检索、逻辑组配检索、中英文混合检索、繁简体混合检索、精确检索、模糊检索,可限制检索年限、期刊范围等功能。

⑥检索结果页面直接支持全记录显示:查看信息更方便,并支持字段之间的链接。下载全文只需单击"全文下载"图标即可,快捷方便。

⑦详尽的镜像站管理功能:最大程度地方便用户单位对资源的权限管理、使用情况分析、管理分析。管理员可远程登录服务器查看统计信息,具有详细的统计功能:可按时间段、IP段、用户名及流量计费用户的收费情况等。

⑧个性化的"我的数据库"功能:使用者可以通过注册个性化的标识名,使用"我的数据库"功能,包括期刊定制、关键词定制、分类定制、保存检索历史及查询电子书架等功能。

(2)检索方式。

①快速检索:通过首页正中的检索词输入框,输入检索词,选择检索字段,然后单击"检索"按钮,则可以显示结果,可实现题录文摘的查看、下载及进行全文下载,同时也可进行检索条件的再限制检索或重新检索(图7-14)。

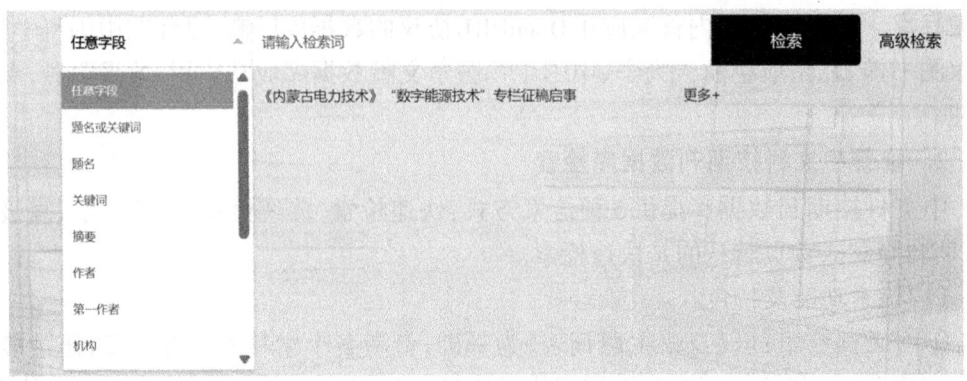

图7-14　维普快速检索界面

②高级检索:提供向导式检索和直接输入检索式检索两种方式。运用逻辑组配关系,查找同时满足几个检索条件的文章(图7-15)。

图7-15　维普高级检索界面

③期刊导航:根据期刊名称字顺或学科类别对维普资讯网收录的所有期刊进行浏览,或通过刊名或ISSN号查找某一特定刊,并可按期查看该刊的收录文章,同时可实现题录文摘或全文的下载功能(图7-16)。

图7-16 维普《中文科技期刊数据库》期刊导航界面

（3）个性化服务——我的维普。

"我的维普"是用户自定义的学术平台（https://my.cqvip.com/），通过"我的维普"功能，用户可以"收藏"多个自己感兴趣的学科、期刊或文章。这些自定义的内容就组成了"我的维普"页面，系统将在网站数据更新的第一时间自动刷新个人收藏的学科，期刊和文章。如此用户将无须花费更多的时间和精力在维普网站上搜索和查找，只要打开"我的维普"就能及时了解最新最快的内容，也免去了网站中的广告和无关内容的干扰，提高了效率。与此同时，"我的维普"还集成了网站的主要功能，如账户管理、记录查询、期刊订阅、充值等（图7-17）。

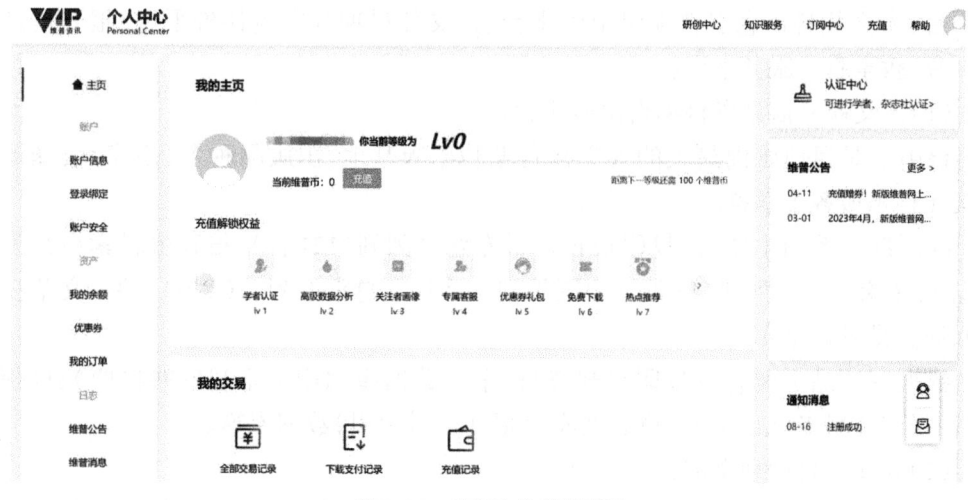

图7-17 "我的维普"界面

四、中国人民大学复印报刊资料

中国人民大学复印报刊资料全文数据库(http://ipub.exuezhe.com/index.html)收集了1995年以来的马克思主义、哲学、文学、社科总论、政治、法律、经济、文化、教育、语言、艺术、历史地理等学科文献的全文信息(图7-18)。

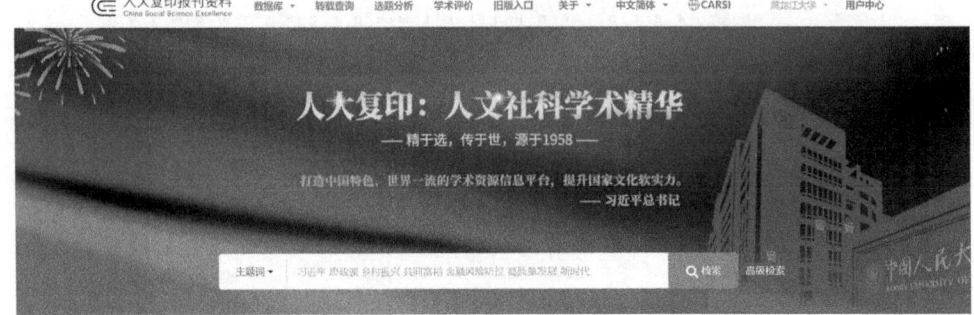

图7-18 中国人民大学复印报刊资料中心首页

1. 人大复印报刊资料全文数据库简介

中国人民大学书报资料中心成立于1958年,是中华人民共和国成立后国内最早从事人文社会科学信息资料搜集整理、编辑加工、信息发布的学术研究出版机构和服务机构。目前,它已发展成为集期刊出版、网络电子出版、信息咨询、广告、发行等综合性、跨媒体的现代信息资料出版机构。

该中心坚持以繁荣我国哲学社会科学为己任,始终遵循"学术为本,为教学科研服务"的宗旨,"精选千家报刊,荟萃中华学术",编辑出版了大量高质量、高水平、享誉海内外的学术信息资料,被誉为"中华学术的窗口""中外文化交流的桥梁"。

60多年来,该中心围绕"建设中国人文社科信息中心"的发展目标,逐渐形成了4个平台:人文社科信息资料编辑出版平台、人文社科期刊交流评价平台、报刊信息咨询平台、教学科研服务平台。

(1)人文社科信息资料编辑出版平台。

该中心是目前国内最大的人文社科期刊出版基地,出版品种多,规模大,涵盖了人文社科领域各个学科。

纸质期刊系列主要有:复印报刊资料专题系列刊(121种)、报刊资料索引系列刊(8种)、文摘卡片系列刊(14种)、中国报刊经济信息总汇系列刊(8种)、综合文萃刊(2种)、原发期刊(1种)。

数据库产品主要有:《复印报刊资料》全文数据库、《中文报刊资料摘要》数据库、《复印报刊资料专题目录索引》数据库、《报刊资料索引》数据库等。

(2)人文社科期刊交流评价平台。

该中心所编辑出版的期刊,广泛选材于国内公开出版的人文社科报刊,经过科学分类、精编细选及中国人民大学、北京大学、北京师范大学、浙江大学、厦门大学、复旦大学、中国社会科学院等全国众多学术科研单位相关专业的知名专家教授们严格的审稿遴选,确保了入编稿件的高品位、高质量。学界和期刊界普遍认为,中国人民大学复印报刊资料的转载量是人文社科期刊领域中一个客观公正的评价标准。

(3)人文社科信息数据提供中心。

该中心利用60多年来积累起来的丰富的信息资料,运用现代信息网络技术,建成了庞大的人文社科信息数据库,为广大用户提供及时完善、方便快捷的信息产品服务。到目前为止,其全部期刊产品已同时出版了电子版和网络版。其主要品种有:《复印报刊资料》全文数据库、题录型数据库、《中文报刊资料摘要》数据库、回溯性全文数据库、综合文萃系列光盘。

(4)报刊信息咨询平台。

该中心利用自身优势,开展了灵活快捷、及时高效、系统全面的个性化报刊咨询业务,常年为国家决策研究部门、科研单位、企业、个人提供信息咨询服务。如为第29届国际奥林匹克运动会编辑的《国内报刊奥运报道专辑》《国内媒体奥运工程报道新闻汇编》等,《北京市公安局公安新闻摘编》《宝钢情报数据库》《中钢集团舆情监测报告》等。

(5)教学科研服务平台。

该中心《复印报刊资料》系列刊紧跟我国教学科研和学科建设的发展变化,及时出版读者需要的权威资料。通过学术研讨会、作者俱乐部、网站等各种形式为教学和科研服务。

该中心的各类产品适合各级各类图书馆、资料室、教学科研院所和研究基地、党政机关、文化宣传政工部门、经济管理机构、工商企业、部队及个人学习、研究、工作参考与积累资料之用。

2. 中文报刊资料摘要数据库简介

中文报刊资料摘要数据库是人文社科文献要点摘编形式的数据库。该数据库收集了哲学、政治、法律、经济、教育、语言、文艺、历史、地理、财会等方面的14种专题文摘。文摘内容都是经过高等院校和研究单位的专业人员提炼和浓缩的学术资料。

(1)摘要数据库特点。

①覆盖年限长:该数据库自1993年建库,数据累积至今已达5万多条。

②文摘内容特点:简明扼要地摘写文章的论点、论据和重要材料,记录科研成果,反映学术动态,积累有关数据。

③数据库应用:数据量大,涵盖范围广,便于用户了解与自己的课题相关的研究状况,把握本领域的研究动态。

④检索功能强大:数据库既能通过任意词等常见字段及主题词表等辅助工具等,满足社会科学领域入门者快速获取文献信息,同时又以丰富的字段逻辑组合满足专家级的准确检索需求,对于分类号、作者、主题词、关键词、期刊等均具备无限链接功能。

⑤更新速度快:网络数据库每期更新一次,并将加工中的数据做出标记后进行发布,极大地缩短了数据库文献收录的时滞。

（2）中文报刊资料索引数据库。

中文报刊资料索引数据库是题录型数据库,是将中国人民大学《复印报刊资料》系列刊每年选登的目录和未选印的文献题录按专题和学科体系分类编排而成。其每条数据包含多项信息,包括:专题代号、类目、篇名、著者、原载报刊名称及刊期,复印专题名称及刊期等。该数据库汇集了自1978年至今的百余个专题刊物上的全部题录,共计数据量为430多万条,是一个比《复印报刊资料》目录索引数据库数据量更加宏大、信息覆盖面更加广泛的索引型数据库。

3. 数字期刊库简介

本库资源以整刊形式面向读者,读者可以查看期刊封面、期号等信息,同时提供按期刊学科、期刊首字母拼音、期刊分类号、期刊属性等不同形式的查询方式以方便读者进行资源检索。其按刊物类别分为复印报刊资料系列和原发刊系列,收录年限为1995年至今(图7-19)。

图7-19　人大复印报刊资料数字期刊库

五、中文社会科学引文索引数据库

中文社会科学引文索引数据库(Chinese Social Sciences Citation Index, CSSCI)(http://cssci.nju.edu.cn/)是南京大学中国社会科学研究评价中心开发研制的,用来检索中文人文社会科学领域的论文收录和被引用情况的索引数据库(图7-20)。

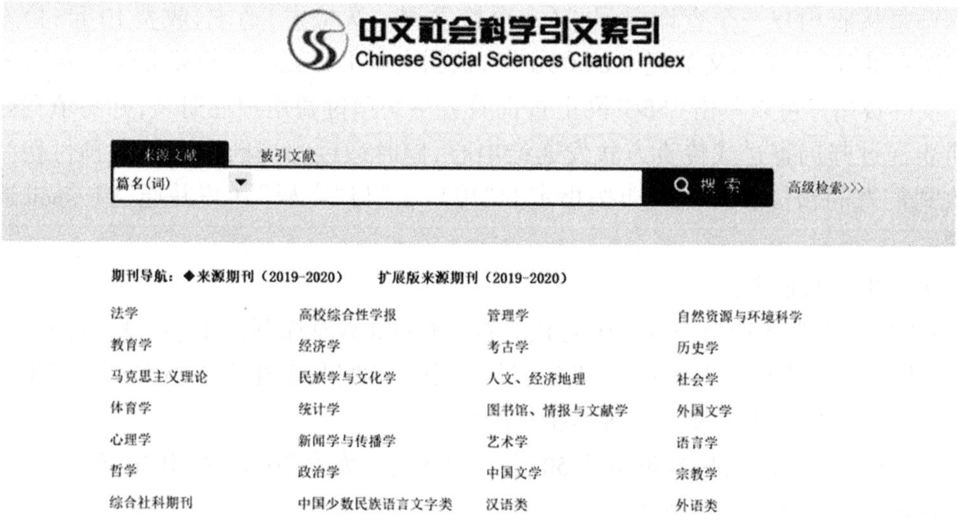

图 7-20　CSSCI 首页

1. 中文社会科学引文索引数据库概况

（1）CSSCI 的收录范围。CSSCI 遵循文献计量学规律，采取定量与定性相结合的方法从全国 2700 余种中文人文社会科学学术性期刊中精选出学术性强、编辑规范的期刊作为来源期刊。目前，CSSCI 收录从 1998 年至今的包括法学、管理学、经济学、历史学、政治学等在内的 25 大类的 500 多种学术期刊。

（2）CSSCI 提供的服务。作为我国人文社会科学主要文献信息查询的重要工具，CSSCI 可以为广大用户提供以下服务：对于社会科学研究者，CSSCI 可以从来源文献和被引文献两个方面向研究人员提供相关研究领域的前沿信息和各学科学术研究发展的脉搏，通过不同学科、领域的相关逻辑组配检索，挖掘学科新的生长点，展示实现知识创新的途径；对于社会科学管理者，CSSCI 可以提供地区、机构、学科、学者等多种类型的统计分析数据，从而为制定科学研究发展规划、科研政策提供决策参考。对于期刊研究与管理者，CSSCI 提供多种定量数据，如被引频次、影响因子、即年指标、期刊影响广度、地域分布、半衰期等，通过多种定量指标的分析统计，可为期刊评价、栏目设置、组稿选题等提供定量依据。CSSCI 也可为出版社与各学科著作的学术评价提供定量依据。

①CSSCI 数据库网上包库服务。包库服务是指某个机构在限定的 IP 地址范围内的任意一台计算机上任意时间段使用 CSSCI 网络版数据库。包库用户每年须与南京大学中国社会科学研究评价中心（以下简称"中心"）签订"CSSCI 数据库网上服务协议（大陆、港澳台）"，包库用户年度数据库使用费在 6000 元～9000 元不等（根据并发用户数目而定）。

②网上查询服务。网上查询服务指非包库用户通过网络查询中心数据库。其具体服务项目及收费标准如下：用户网上查询须向中心缴纳预付费，预付费在查询过程中按查询量减扣，直至零为止；如果一次检索后尚有余额，可以预留下次检索使用；中

心网站每接收用户一个查询提问式（一个检索词一次检索）请求,收费10元；检索结果收费标准如下：来源文献记录0.50元/条,被引文献1.00元/条,相关文献0.30元/条。

预付费用户可以单击CSSCI网上查询服务系统预付费用户注册表,并将填写好的注册表通过邮局寄送或传真方式发送给中心,同时通过邮局向中心汇寄预付费。中心收到汇寄的预付费后当天即按指定的"用户名"与"密码"开户并通过E-mail通知用户。

③委托查询服务。

a 委托查询服务指用户委托中心代为查询CSSCI数据库并由中心出具查询报告。

b 委托查询对象可以是地区、机构、学科、个人、期刊；委托查询内容可以是发文篇数、被引频次、影响因子及上述各项指标的排名。

c 一个查询提问的基本价格为50元（个人信息：发文20元,被引30元）。一个查询提问限于一个年度的一项内容。

d 需要发文、引文详细信息另行收费：发文2元/条,被引2元/条。

e 需要排名统计信息10元/条（个人信息5元/条）。

f 其他专项查询服务须签订专项服务协议,并视专项服务的具体要求议价。

g 每出具一份中心的"查询报告"收费30元。

h 委托中心代为查询的用户可以单击"委托查询函",并将填写好的"委托查询函"通过传真方式发送给中心,中心收到后,将以电话方式将查询费用情况告知用户。用户收到查询费用通知后通过邮局向中心汇寄委托查询费用。中心收到汇款后,即将《查询报告》以邮件或E-mail的方式寄送给用户。

④手机查询服务。手机查询服务指中国手机用户通过发送手机短信形式查询CSSCI数据库。目前开通的查询服务范围为1998—2004年个人发文、被引及其相关详细信息。其主要查询内容有：发文数（代码：21）、发文详细信息（代码：211）、被引数（代码：22）、被引文献信息（代码：221）、引用文献信息（代码：222）。查询者可根据个人所需查询的内容,通过手机发送短信即可。每反馈一次查询结果收费1元。

2. 中文社会科学引文索引数据库检索

目前,利用CSSCI可以检索到所有CSSCI来源刊的收录（来源文献）和被引情况。来源文献检索提供多个检索入口,包括：篇名、作者、作者所在地区机构、刊名、关键词、文献分类号、学科类别、学位类别、基金类别及项目、期刊年代卷期等。被引文献的检索提供的检索入口包括：被引文献作者、篇名、刊名、出版年代、被引文献细节等。其中,多个检索口可以按需进行优化检索：精确检索、模糊检索、逻辑检索、二次检索等。检索结果按不同检索途径进行发文信息或被引信息分析统计,并支持文本信息下载。

（1）来源文献检索。来源文献数据库主要用来检索刊载在该数据库所选用的500多种来源期刊上的论文（图7-21）,支持逻辑组配检索,系统默认各检索字段间为逻辑"与"的关系,"精确"选项的作用是将检索词作为词组检索,并且要完全一致,否则执行模糊检索。

图7-21 CSSCI来源文献数据库检索界面

①篇名(词)检索。检索词可以是篇名中的一个关键词,若选择"精确"选项,则系统只将与检索词完全一致的篇名作为检索结果输出。

②关键词检索。通过关键词查找相关论文,且仅涉及论文中的关键词字段,可以输入多个关键词并进行逻辑组配。

③中图类号检索。按照《中国图书馆分类法》所给分类号进行检索,查找某一学科的论文。对于熟悉中图法的用户可从此检索入口查找某一学科的科研动向,可进行前方一致检索,以扩大检索范围。

④学科类别检索。通过下拉菜单选择学科类别进行检索,最好与其他字段配合使用。

⑤学位类别检索。通过下拉菜单选择学位分类进行检索,最好与其他字段配合使用。

⑥文献类型检索。主要用于限定检索范围,可通过下拉菜单选择文献类型(包括论文、综述、评论、传记资料和报告)进行检索,最好与其他字段配合使用,作为限定条件。

⑦作者检索。用来检索个人作者或团体作者的论文,如查找的作者为第一作者,则选中"第一作者"复选框,一般选择"精确"选项,以提高查准率。

⑧作者机构检索。用来检索某一机构发表论文的情况,如仅查找第一作者单位,则选中"第一机构"复选框。作者机构字段默认模糊检索或前方一致检索。

⑨作者地区检索。主要用于限定检索范围,将检索结果限定在指定地区或者非指定地区,输入地名要规范。

⑩期刊名称检索。用来检索CSSCI来源期刊发表论文情况,输入期刊名称即可查看该刊发表的论文情况,还可以输入卷期号来检索某卷某期发表的论文。

⑪年代检索。输入期刊卷、期的阿拉伯数字即可,可将检索结果控制在划定的时间范围内,最好作为限定条件与其他字段配合使用。

⑫基金检索。有关基金的检索包括基金类别和基金细节,可通过下拉菜单选择基金类别,进行精确或模糊检索,以明确来源文献的基金来源。

(2)被引文献检索。被引文献检索主要用来查询作者、论文、期刊等的被引情况(图7-22)。

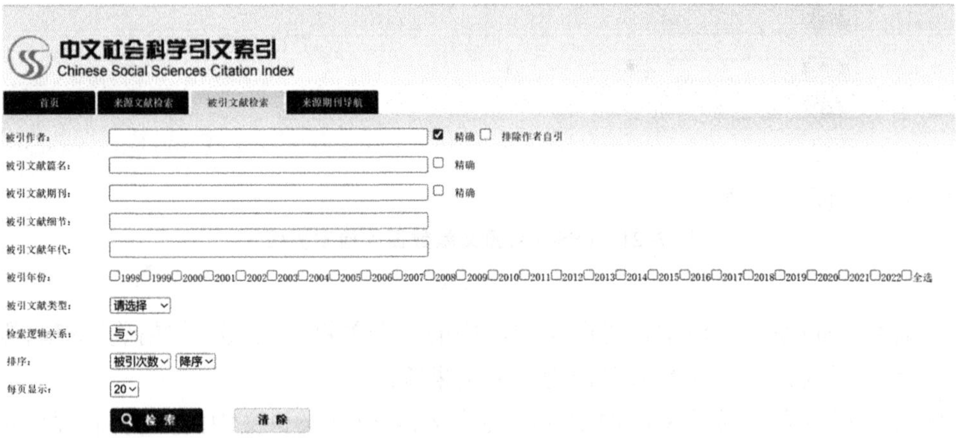

图7-22 CSSCI被引文献数据库检索界面

①被引作者检索。输入被引作者的名字,可以了解某一作者论文在CSSCI来源期刊中被引用的情况。选择"精确"选项,选中"排除自引"复选框可仅检索出其他作者引用该论文作者的情况。

②被引文献期刊检索。用来检索某期刊发表的论文在CSSCI中被引情况,如不选中"精确"复选框,则执行模糊检索。

③被引文献类型检索。用来查询期刊论文、报纸、汇编(丛书)、会议文集、报告、标准、法规、电子文献等的情况,通过下拉菜单选择被引文献类型,一般配合其他字段使用。

④被引文献篇名(词)检索。用来检索文献被引情况,输入篇名、篇名关键词或逻辑表达式进行检索。

⑤被引文献年代检索。用来限制某期刊某年发表的论文被引用情况。

⑥被引文献细节检索。该字段具有较强的灵活性,可对文献题录信息进行检索,包括作者和篇名。

六、CALIS联合目录数据库

（1）CALIS联合目录数据库简介。中国高等教育文献保障系统（China Academic Library & Information System，CALIS）（http://www.calis.edu.cn/）包括中文期刊目次库、西文期刊目次库、联合书目数据库、高校学位论文数据库、会议论文数据库。其中：中文期刊目次库收录CALIS成员馆收藏的全部国内出版的中文学术期刊，到目前为止收录期刊5500种，拥有期刊目次（或文摘）200万条。其内容涉及社会科学和自然科学的全部学科。西文期刊系统收录2.4万种西文期刊的二次文献数据。联合书目数据库收录全国"211工程"100所高校图书馆馆藏的中、英、日文书目数据。高校学位论文数据库收录包括北京大学、清华大学等全国著名大学在内的83个CALIS成员馆的硕士、博士学位论文。会议论文数据库收录了来自"211工程"的61所重点学校每年主持的国际会议的论文（图7-23）。

图7-23　CALIS联合目录数据库首页

CALIS联合目录公共检索系统（以下简称OPAC）采用Web方式提供查询与浏览，拥有多种检索方式和多样的功能，用以提高查准率和查全率。

①多库分类检索。OPAC中的数据按照语种划分，可分为中文、西文、日文、俄文4个数据库；按照文献类型划分，可分为图书、连续出版物、古籍。标目类型有个人名称、团体名称、会议名称、题名、题名/名称（图7-24）。

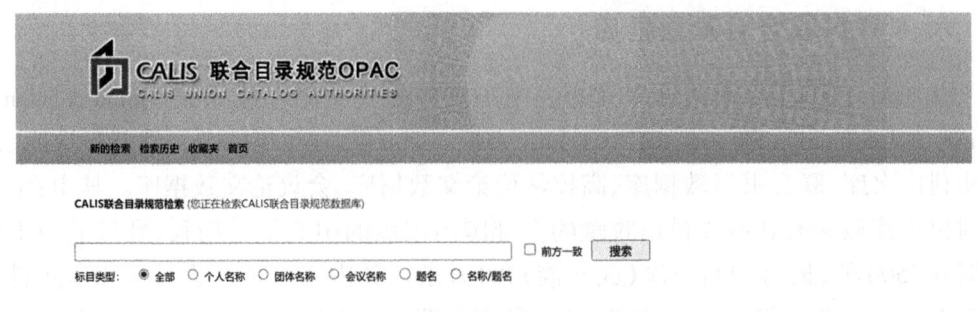

图 7-24　OPAC 检索页面

② 简单检索。进入主界面后可直接进行简单检索,如图 7-25 所示。

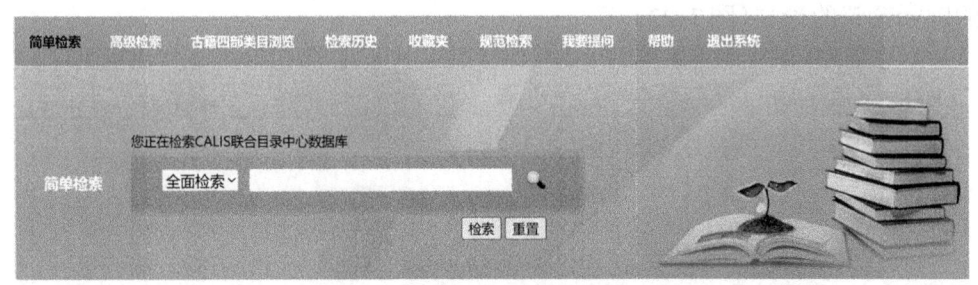

图 7-25　OPAC 简单检索界面

③ 高级检索。单击主界面上方的"高级检索"按钮,进入高级检索界面,最多可输入三项检索词,默认逻辑运算方式为"与",也可以在复选框中选择"或""非";选择分类号检索可以单击"中图分类号表"按钮浏览,选中的分类号将自动填写到检索词输入框中。还可以通过增加限制检索条件来提高检索查准率,限制性检索的文献类型可选择:普通图书、连续出版物、中文古籍,默认为全部;限制性检索的内容特征可选择:统计资料、字典词典、百科全书,默认为全部;检索词与限制性检索之间为"与"的关系。OPAC 高级检索界面如图 7-26 所示。

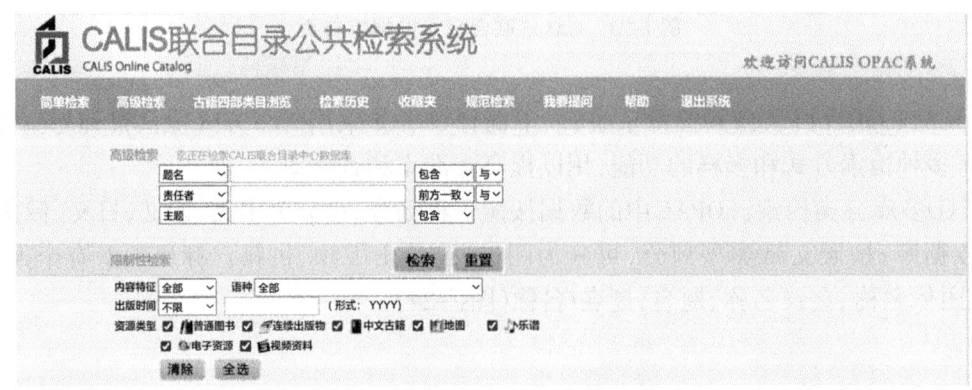

图 7-26　OPAC 高级检索界面

④多种显示格式。检索结果以多种格式显示：详细文本格式、MARC 显示格式。前一种格式对所有用户免费开放，MARC 显示格式只对 CALIS 联合目录成员馆开放，查看或下载 MARC 记录均按照 CALIS 联合目录下载费用标准收取。

⑤多种格式输出。对所有用户提供记录引文格式、简单文本格式、详细文本格式的输出。此外，对 CALIS 联合目录成员馆还提供 ISO2709、MARCXML、CALIS bookXML、MARC 列表的输出。提供 E-mail 与直接下载到本地两种输出方式。输出字符集提供常用的 GBK、UTF-8、UCS2、MARC8 4 种。用户可根据自己的需要进行选择。

⑥馆际互借功能。馆际互借是 OPAC 系统提供用户直接发送请求到本馆的馆际互借网关，用户无须填写书目信息。已在 CALIS 馆际互借成员馆注册的用户进行馆际互借操作流程如下：首先进行查询记录，对需要借阅的记录单击馆藏，在记录列表中单击"馆藏"列中的"Y"，在记录显示页面单击"馆藏信息"。随后查看本馆是否有馆藏，如果有馆藏可以直接到本馆本地系统借阅；如果没有馆藏，要在馆藏列表页面"选择馆发送馆际互借请求"选中本馆的名称，单击"请求馆际互借"，进入注册馆的馆际互借网关。输入馆际互借的用户名与密码，进入提交页面后填写补充信息，发送馆际互借请求。

尚未在 CALIS 馆际互借成员馆注册的用户推荐流程如下：先查询记录，对需要借阅的记录单击馆藏，在记录列表中单击"馆藏"列中的"Y"，在记录显示页面单击"馆藏信息"，然后查看本馆是否有馆藏，如果有馆藏，可以直接到本馆系统借阅；如果没有馆藏，要在馆藏页面单击"发送 E-mail"链接，填写自己的详细信息，然后再发送给本馆的馆际互借员，请求馆际互借

第二节　电子图书数据库

电子图书数据库是集中存储和管理电子图书的系统或平台，是现代信息技术与图书馆、出版机构的有机结合，为用户提供更加便利和高效的图书阅读及下载服务。

一、超星数字图书馆

1. 超星数字图书馆概况

超星数字图书馆（http://wyfx.jichu.chaoxing.com/index，图 7-27）为全文数字图书馆，由时代超级明星公司与广东中山图书馆于 1993 年合作开发。打开超星数字图书馆平台界面，可在线阅读数字图书 30 万种。该数字图书馆除具有浏览、检索功能外，还辅以插入书签、标注等功能。

（1）海量电子图书资源。丰富的电子图书资源提供阅读，其中包括文学、经济、计算机等 50 余大类，数十万册电子图书，300 万篇论文，总量 4 亿余页，数据总量 30 000GB，大量免费电子图书，并且每天仍在不断增加与更新，是目前世界最大的中文在线数字图书馆。

（2）先进的技术依托。先进、成熟的超星数字图书馆技术平台和"超星阅览器"，

可提供各种读书所需功能。其专为数字图书馆设计的 PDG 电子图书格式,具有很好的显示效果,适合在互联网上使用等优点。"超星阅览器"是国内目前技术最为成熟、创新点最多的专业阅览器,具有电子图书阅读、资源整理、网页采集、电子图书制作等一系列功能。

图 7-27　超星数字图书馆首页

2. 超星数字图书馆检索方式

(1)一般检索。含"检索内容""检索字段""检索范围"3 个输入框。在"检索内容"框输入相关检索要求,在"检索字段"框选择所需选项,在"检索范围"框选择相关图书馆,最后单击"检索"按钮,便可显示所有符合要求的图书(图 7-28)。

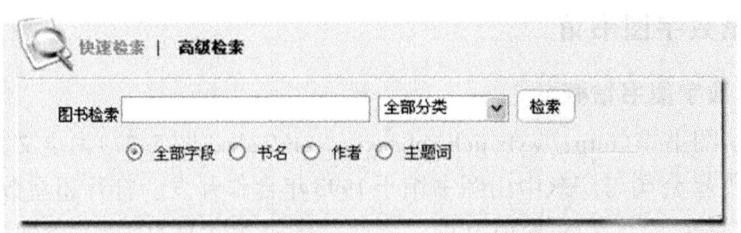

图 7-28　超星数字图书馆一般检索界面

(2)高级检索。打开"高级检索"界面(图 7-29),显示"检索范围、书名、作者、主题词、出版日期等输入框。在"检索范围"框选择相关图书馆;在逻辑选择框选择"包含"或"等于";在其相应输入框输入检索要求,最后单击"检索"按钮,便可显示所有符合检索要求的图书。所输入的要求越多,显示的图书准确性越强。

图7-29 超星数字图书馆高级检索界面

二、方正智慧图书知识服务平台

1. 方正智慧图书知识服务平台馆的概况

方正智慧图书知识服务平台馆（http://book.apabi.cn/，图7-30）隶属于北京方正阿帕比技术有限公司（以下简称"方正阿帕比公司"，http://www.apabi.cn/），是北大方正信息产业集团旗下专业的数字出版技术及服务提供商。方正阿帕比公司自2001年起进入数字出版领域，在继承并发展方正传统出版印刷技术优势的基础上，自主研发了数字出版技术及整体解决方案，已发展成为全球领先的数字出版技术提供商。

图7-30 方正智慧图书知识服务平台

阿帕比即Apabi，分别代表着Author（作者）、Publisher（出版者）、Artery（流通渠道）、Buyer（读者，即购买者）及Internet（网络）。作者、出版社、发行商和读者是传统出版产业链的有机组成部分，也就是说Apabi是以因特网为纽带，将传统出版的供应链有机地联结起来，实现完全数字化的出版。Apabi技术用原版式和流式结合的阅读体验和安全稳妥的版权保护技术，数据挖掘和知识标引等作为自己的核心竞争力。Apabi在网络上还原了出版流程，可以使出版社、报社、杂志社以低成本迅速进入数字出版；网站则可以迅速建立数字阅读电子商务平台；图书馆可以迅速建成数字图书馆，从而充分发挥各个角色在产业链中的优势和特点，实现多方共赢。

方正阿帕比公司为出版社、报社、期刊社等新闻出版单位提供全面的数字出版和发行综合服务解决方案。目前，方正数字出版系统提供包括电子书、数字报、数字博物馆、各类专业数据库及移动阅读的技术解决方案，并提供丰富多样的数字资源产品的运营服务。中国90%以上的出版社在应用方正阿帕比（Apabi）技术及平台出版发行电子书，每年新出版电子书超过12万种，累计正版电子书近70万册，并与阿帕比共同打造推出了各类专业数据库产品;中国90%的报业集团、800多家报刊正在采用方正数字报刊系统同步出版数字报纸。此外,全球8000多家学校、公共图书馆、教育城域网、政府、企事业单位等机构用户应用方正阿帕比数字资源及数字图书馆软件为读者提供网络阅读及专业知识检索服务。

方正阿帕比数字版权保护系统的应用范围涵盖了出版社、图书馆、网站、政府、报社等多种行业,包括网络出版、数字图书馆、电子公文等多种业务。基于方正Apabi DRM的网络出版系统,自2001年4月推出以来,已经有300家出版社用户、300家图书馆(室)用户、10家网上书店用户、3家手持阅读器合作厂商、100多万注册读者,主要用户包括电子工业出版社、机械工业出版社、清华出版社等国内最大的出版社,北京大学图书馆、清华大学图书馆、上海市图书馆、浙江省图书馆等高校和公共图书馆,以及国务院办公厅、宁夏回族自治区政府、中国兵器工业集团公司等政府和企业,用户遍及全国各地及马来西亚等部分海外华人地区。另外,方正Apabi系统被CALIS选为电子书教学参考书平台,促进了高校数字图书馆的建设。

北大方正秉承在出版行业20余年的技术积累、市场沉淀,推出方正Apabi中文网络出版(eBook)整体解决方案,为从电子书刊的源头——出版社,到电子书刊的传播媒介——图书馆,到电子书刊的阅读,提供一系列国际最先进技术,解决版权隐患,保证书源,保证质量。

2. 方正智慧图书知识服务平台检索方式

(1)初级检索。其主页正中为默认的初级检索界面,显示可检索的知识元、标题、作者、ISBN、出版社等检索项。检索过程为:选择检索项,在检索输入框中输入检索词,单击"搜索"按钮完成检索。

(2)专业检索。单击其主页上的"标题"或"作者"选项,再单击"搜索"按钮旁的"专业检索"链接,可进入专业检索页面(图7-31)。通过输入运算符号(*代表并且,|代表或者,-代表不包含,""代表精确匹配,''代表模糊匹配)用于同一字段内运算。利用逻辑关系符号AND(与)、OR(或)、NOT(非),用于字段之间的逻辑关系。例如:题名或关键词中含有"图书馆",表达式为:(T:图书馆 AND K:图书馆)。

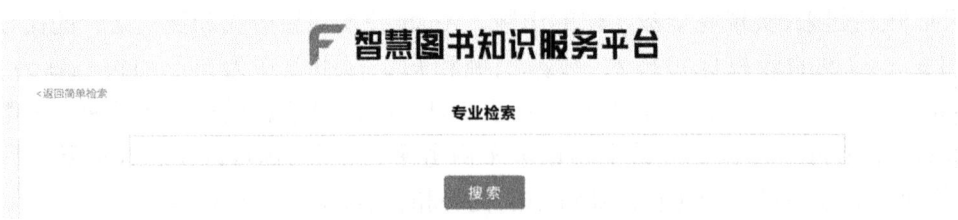

图7-31 方正智慧图书知识服务平台专业检索界面

三、书生之家数字图书馆

1. 书生之家数字图书馆概况

书生之家数字图书馆是由北京书生数字技术有限公司于2000年正式推出的中文

图书、报刊网上开架交易平台。它集成了图书、期刊、报纸、论文、CD等各种载体的资源,下设中华图书网、中华期刊网、中华报纸网、中华资讯网和中华CD网等子网。资源内容分为书(篇)目、提要、全文3个层次,并提供全文、标题、主题词等10种数据库检索功能。书生之家数字图书馆收录入网出版社500多家,期刊7000多家,报纸1000多家,现有2000—2004年的图书23万余册。

2. 书生之家数字图书馆检索方式

(1)图书分类检索。书生之家数字图书馆将全部电子图书按中图法分成31个大类。每个大类下面设有若干小的类目,依次逐级细分,共有4级。例如,在文学艺术A类下细分为文学理论、中国文学、世界文学、经典名著4个子类;在文学理论下又细分为总论、文艺美学、文学理论的基本问题、文艺工作者等几个子类。

利用分类进行检索时,首先根据所要查找的图书内容确定其所属类别,然后按分类体系逐级选择相应类目,会出现该类目所包含的全部图书。单击对应于某本书的全文,此时阅读器启动,读者就可以实现在线看书。单击具体某一本书名,进入的是有关这本书的简要介绍,单击图书下面的"全文",阅读器启动进行阅读。

(2)图书一般检索。单击首页上方的"图书"菜单,进入图书检索界面。在图书检索界面左侧提供简单的图书检索方式(图7-32),在检索输入框左面下拉菜单中可选择图书名称、作者、丛书名称、主题、提要5种检索途径。

图7-32 书生之家数字图书馆的一般检索页面

它支持模糊检索,即所有书名中含有该字符的图书都将被检索出来。单击检索条件的下拉菜单,选择检索项。例如,用户在下拉菜单中选择图书名称,在右边的输入框中输入用户想查找的图书名称中的词,如"市场营销"。检索结果中可以看到图书名称中含有"市场营销"的所有书,并且显示了这些书的图书名称、作者、开本大小等信息。

(3)图书全文检索。单击书生之家数字图书馆首页上方的"图书"选项,进入图书检索页面,又细分为"图书全文检索""组合检索""高级全文检索"。"图书全文检索"界面分为"按图书内容进行查找"和"按图书目录进行查找"(图7-33),通过输入检索词,并选择分类类目,可分别在图书内容和图书目录里进行查找。

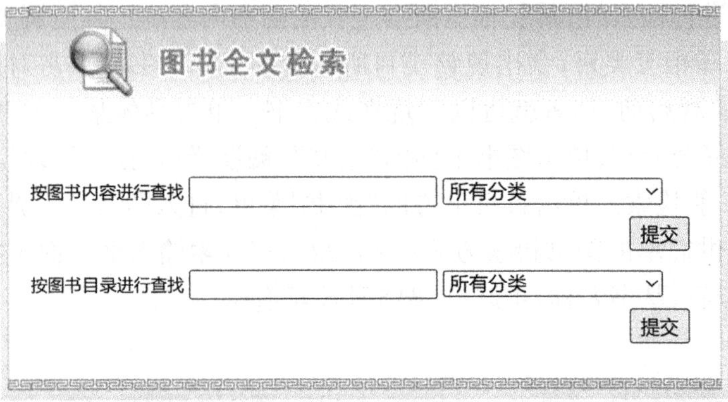

图7-33　书生之家数字图书馆的全文检索界面

(4)图书组合检索。图书"组合检索"提供了4个检索项进行选择(图7-34),即"图书名称""作者""丛书名称""主题",选择检索项并在检索项后面的文本框内输入检索词,在后面的下拉菜单中选择逻辑关系,然后对图书进行组合检索。

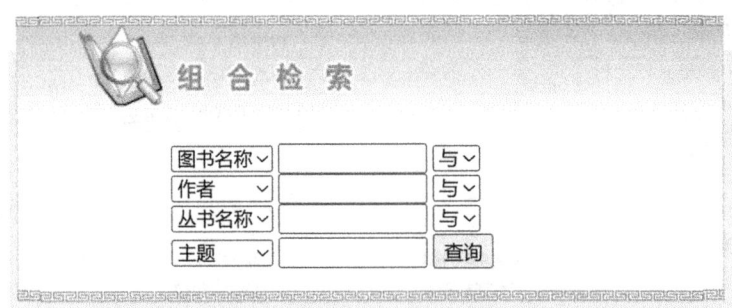

说明：通过本功能读者可以进行复杂的图书检索,例如：要检索图书名称含有"中国",出版社名称包含"上海",可以通过在图书名称项输入"中国",出版机构项输入"上海",然后点击查询,就可以查询符合结果的图书列表；如果输入方式同上,但在两者间的"与","或"关系下拉列表选中"或",则可以查到图书名称包含"中国",或者出版社名称包含"上海"的图书列表。

图7-34　书生之家数字图书馆的组合检索界面

（5）图书高级全文检索。高级全文检索的方法更具体，先选择所需查找的类目，再选择在"全文"或是"目录"中查找，这两项确定之后，再选择进行检索的方式，数据库提供了4种检索方式，即"单词检索""多词检索""位置检索""范围检索"。

"单词检索"可输入单个检索词，并可对检索词进行限定，数据库提供对检索词"自身""上位词""下位词""等同词""同义词""反义词""替代词""外文等同词"进行限定，并选择"不进行分词处理"或是"进行分词处理"。

"多词检索"可在逻辑运算符前后分别输入一个检索词，并可通过选择"与""或""非""亦或"等布尔逻辑运算符对输入的检索词进行逻辑限定。

"位置检索"可通过输入位置算符确定检索词之间的位置关系。

"范围检索"可通过选择"大于""小于""等于""不小于""不大于""不等于"等选项对输入的检索词范围进行限定。

此外，还可以对输入主题词中的字母、数字进行"不做转换、直接检索""同时检索全半角""转换成全角后检索""转换成半角后检索"等精确处理。

（6）一站式高级检索。通过单击首页上方的"高级检索"选项，进入高级检索界面。高级检索提供了"一站式检索"和"全文检索"两种方式，其中"一站式检索"通过标准接口，可以整合各家数字图书馆（包括纸书）的元数据资源，从而实现一站式检索（图7-35）。

图7-35　书生之家数字图书馆的一站式高级检索界面

四、EBSCO电子图书

1. EBSCO电子图书简介

EBSCO（原名NetLibrary电子图书，https://www.ebsco.com/）位于美国科罗拉多州波尔德尔市，于1999年成立，是世界上向图书馆提供电子图书的主要提供商，长期提供期刊、文献订购及出版等服务，开发了近100多个在线文献数据库。EBSCO于2002年1月25日成为OCLC联机计算机图书馆中心的下属部门。目前，世界上7000多个图书馆通过EBSCO存取电子图书，其中包括哥伦比亚大学、斯坦福大学、加州大学伯克利分校，以及世界上其他的图书馆。

EBSCO电子图书覆盖了以下主要学科：科学、技术、医学、生命科学、计算机科学、经济、工商、文学、历史、艺术、社会与行为科学、哲学、教育学等，其中80%的电子图书面向大学读者层。这些电子图书的90%是1990年后出版的。共有50 000多种高质量电子图书，每月均增加几千种（图7-36）。

图7-36　EBSCO电子图书首页

2. EBSCO电子图书检索方式

EBSCO是一个广泛使用的在线学术资源检索平台，提供了丰富的学术期刊、研究报告、图书等信息资源。它的检索方式主要涉及以下几个方面。

（1）关键词检索。这是最常见的检索方式，用户可以在EBSCO的搜索框中输入与所需信息相关的关键词、短语或主题。系统会根据用户输入的关键词在资源数据库中进行检索，并返回包含这些关键词的相关文献。

（2）高级检索。EBSCO还提供了高级检索选项，允许用户通过更多的检索条件来细化搜索。用户可以在高级检索页面中指定作者、刊名、出版日期、文献类型等信息，以便更精确地找到所需的信息资源。

（3）主题词检索。EBSCO的数据库通常会为文献标注适当的主题词或关键词，用于更好地组织和分类文献。用户可以通过检索这些主题词来获取与特定主题相关的文献。

（4）期刊搜索。用户可以直接搜索特定期刊的名称或ISSN号，以查找该期刊中的文章。

（5）全文检索。EBSCO允许用户搜索全文内容，这意味着搜索引擎会搜索整篇文献的内容，而不仅仅是只搜索标题或摘要。

（6）过滤器和排序选项。在搜索结果页面，用户可以使用各种过滤器和排序选项，如按时间、作者、刊名等进行结果排序，从而更好地组织和浏览搜索结果。

（7）高级功能。EBSCO还提供了一些高级功能，如保存搜索、创建个人账户、设置警报等。用户可以保存其搜索历史和结果，也可以设置警报以便在有新文献符合检索条件时接收通知。

需要注意的是，EBSCO涵盖了广泛的学科领域，其搜索界面和功能可能因数据库而异。在使用EBSCO进行检索时，用户应该根据所需要的信息及平台提供的功能，选择合适的检索方式和策略。

五、鸠摩搜索

1. 鸠摩搜索简介

鸠摩搜索（（Jiumo Search）https://www.jiumodiary.com/）是一个专业的电子书搜索引擎，旨在帮助用户从多个数据来源站点检索书籍和文档。该平台通过自动化的方式索引第三方网站的链接，使用户能够快速找到所需的文档、学习资料及其他资源。鸠摩搜索被广泛推荐为最好用的电子书搜索引擎之一，其高效、专业且易于使用的特性使其成为许多用户的首选工具，如图7-37所示。

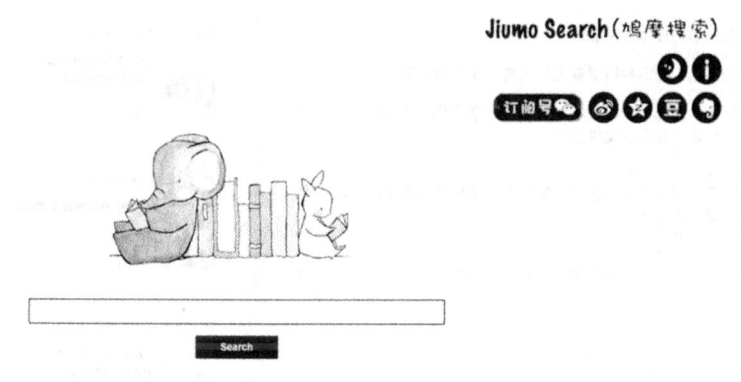

图7-37 鸠摩搜索首页

2. 鸠摩搜索检索

（1）检索来源。鸠摩搜索的来源主要为淘宝、豆瓣、百度文库、百度网盘、国学大师、微盘、孔夫子网、喜马拉雅有声阅读、各大学数字图书馆文献介绍等，是一个为了更加便利地从不同的网站综合查找论文学习资料、古籍资料、不同电子商城的购买比价等的垂直搜索引擎。

鸠摩搜索以非人工检索方式、自动生成到第三方网站的链接，以便用户能够找到和使用第三方网站上各种文档、学习资料、购买链接及其他所需内容，鸠摩搜索自身不存储、控制编辑或修改被链接的第三方网站上的信息内容或其表现形式。

（2）检索特点。鸠摩搜索的特点包括：

①多平台整合：它可以从多个网盘和电子书平台如百度网盘、微盘、Kindle论坛等进行资源搜索。

②简洁界面：网站界面简洁，无广告，用户体验良好。

③丰富的资源：能够找到各种格式和版本的电子书，包括热门书籍和冷门书籍。

④高级模式和API支持：提供高级搜索模式和API接口，方便开发者使用。

⑤有声书和漫画资源：除了传统的文本电子书外，还包含有声书和漫画等多媒体资源。

⑥电子版多种格式多种选择：电子书格式有PDF、TXT、MOBI等多种选择。

（3）检索方式。用户可以通过在鸠摩搜索网站上输入关键词或书名进行搜索，在检索界面左侧找到所需书籍后选择相应的格式（如PDF、EPUB等），然后单击"下载"按钮即可将电子书保存到自己的设备中，检索界面右侧则提供其他与关键词或书名相匹配的链接。如图7-38所示。

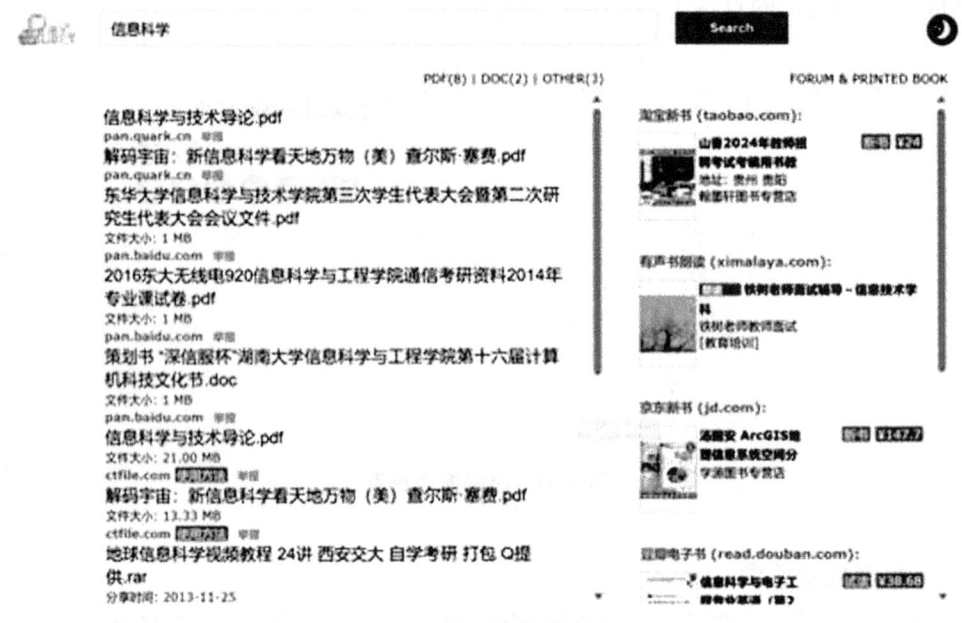

图7-38　检索界面

第三节　常用专业数据库

一、北大法宝概况

北大法宝网站（https://www.pkulaw.com/）致力于对法律信息数据的深度挖掘和知识发现（图7-39），独创以"法条联想clink"为代表的一系列智能检索功能，不断提升用户体验，并围绕用户需求研发定制平台，进行专业法律信息数据整合，提供创新高效的检索体验；数据收录及时，收录渠道正式，内容均经过严格编辑和校对，录入后适时进行整理和修改，以保证数据内容的准确性和时效性，充分保障用户利益；北大法宝设置专业的售后服务中心,为用户提供"一对一的顾问式服务",根据用户的个性化需求提供邮件订阅、系统安装、会刊寄送等一系列增值服务。

目前,北大法宝6.0版是北大法宝的最新版本,包括"法律法规""司法案例""法学期刊""律所实务""专题参考""英文译本""法宝视频""检察文书""行政处罚""类案检索""法宝书城""法律思维导图""法考系统"13个检索系统,全面涵盖法律信息的各种类型,在内容和功能上具有优势,取得优势的市场占有率,受到国内外客户的一致好评,已成为法律工作者的必备工具。同时基于北大法宝庞大内容支持的法律软件开发业务日益受到用户青睐。

图7-39　北大法宝首页

2. 北大法宝检索方式

目前,北大法宝的检索方式有全库检索、标题检索、全文检索、结果中检索、高级检索、定位检索、逻辑运算符号、词间间隔、精确、模糊搜索。

(1)全库检索。除支持各子库单库检索外,还支持全库检索,一次关键词输入,可获得所有子库内相对应的数据,单击子库名称即可跳转至该库,如图7-40所示。

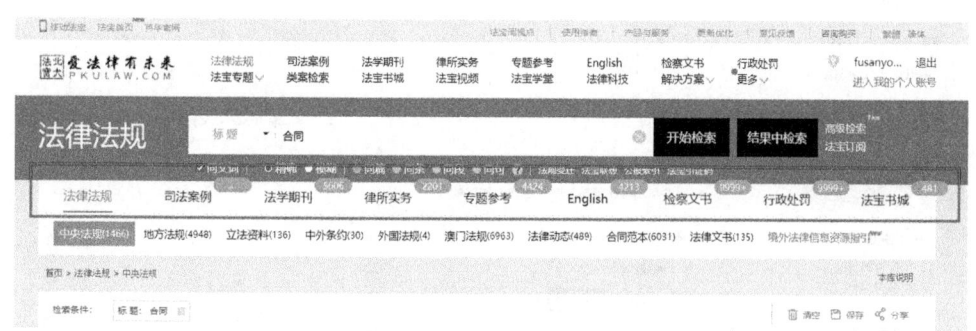

图7-40　全库检索界面

(2)标题检索。在检索框中输入检索关键词,即可检索出标题中含有检索关键词的数据,如图7-41所示。

图 7-41　标题检索界面

（3）全文检索。在检索框中输入关键词，在下拉菜单中选择"全文"选项，即可检索出全文中含有检索关键词的数据。在全文检索条件下，检索结果列表会显示关键词命中部分内容摘要（图 7-42）。

图 7-42　全文检索界面 1

在全文检索条件下，选择"同段"单选按钮，在检索框中输入两个及两个以上关键词，如"房地产"和"抵押"，即检索出"房地产"和"抵押"同时出现在同一段中的数据。若选择

"同句"单选按钮,即检索出"房地产"和"抵押"同时出现在同一句中的数据(图7-43)。

图7-43 全文检索界面2

(4)结果中检索。即在上一次检索获得结果的基础上,再进行一次关键词检索,进而进行结果筛选。例如,第一次检索"房地产"获得结果之后,在检索框中输入"合同",单击"结果中检索"按钮,即是对上一次的结果进行的筛选(图7-44、图7-45)。

图7-44 结果检索界面1

图 7-45　结果检索界面 2

（5）高级检索。高级检索 V2.0 功能会根据使用的浏览器版本进行自动识别，使用 IE 10 以下（不含 IE 10）内核的浏览器仅能使用旧版高级检索，IE 10 以上提供新版高级检索；在浏览器符合版本要求的情况下，支持新旧版本之间手动切换。高级检索 V2.0 支持多字段、多重逻辑组合，完成复杂的组合逻辑检索，得到符合需要的检索结果。在每个库的首页单击"高级检索"链接进入高级检索页面（图 7-46）。

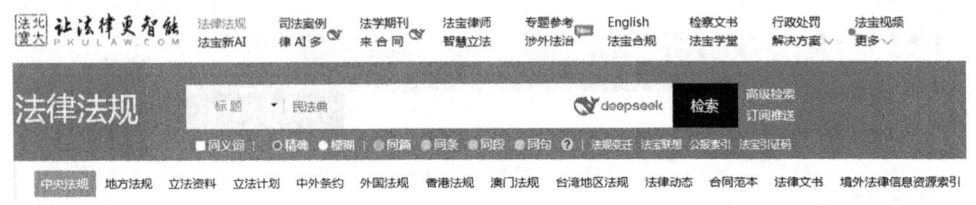

图 7-46　高级检索入口

高级检索主要分为两部分：左侧为检索区域、右侧为功能区域。检索区每个子库会提供 5 个默认检索项，可在右侧的功能区选择增加其他检索项。同时可自由选择检索项、条件组、关键词之间的逻辑关系，词语检索匹配方式等。单击编辑框后的"+ -"按钮可添加或删除条件组（图 7-47）。

图 7-47 高级检索界面

高级检索中支持并且、或者、不含三种逻辑,运算关系分为三层,分别是:检索项、条件组、关键词,检索计算顺序依次为:关键词→条件组→检索项,每个检索项下可增加 5 个条件组,每个关键词内可输入或选择 3~5 个词组(图 7-48)。

图 7-48 检索逻辑区

(6)定位检索。指定全文位置,在锁定位置范围内进行检索,更快更精准锁定所需结果(图 7-49)。

在定位检索中选择"案由""法院""律师"等具体对象时,需在检索框的下拉提示中进行选择。

(7)逻辑运算符号。在使用标题和全文关键词查询时,可以合理运用逻辑运算符,精确检索结果,利用符号限制查询结果的范围。

图7-49 定位检索界面

(8) 词间间隔。两词之间输入"~N",表示检索结果两词之间间隔不能超过N个汉字,标题、全文和定位检索都可以限定。若有词间间隔限定,"合同~2纠纷"即表示两词之间不可超过2个汉字。

(9) 精确检索和模糊检索。精确检索是完全匹配的检索模式,准确、严格按照输入关键词逻辑、位置关系检索。系统默认为精确检索。模糊检索,对用户输入的关键词进行分词处理,忽略词之间的位置关系进行简单的逻辑运算,检索命中范围广。

二、国研网

1. 国研网概况

国研网(https://www.drcnet.com.cn)全称国务院发展研究中心信息网(图7-50),由国务院发展研究中心主管、国务院发展研究中心信息中心主办、北京国研网信息有限公司承办,创建于1998年3月,并于2002年7月31日正式通过ISO9001:2000质量管理体系认证,是中国著名的专业性经济信息服务平台。

国研网以国务院发展研究中心丰富的信息资源和强大的专家阵容为依托,与海内外众多著名的经济研究机构和经济资讯提供商紧密合作,以"专业性、权威性、前瞻性、指导性和包容性"为原则,全面汇集、整合国内外经济金融领域的经济信息和研究成果,本着"建设精品数据库"的理念,以先进的网络技术和独到的专业视角,全力打造中国最为权威的经济决策支持平台,为中国各级政府部门和企业提供关于中国经济政策和经济发展的深入分析和权威预测,为海内外投资者提供中国宏观经济和行业经济领域的政策导向及投资环境信息,使投资者及时了解并准确把握中国整体经济环境及其发展趋势,从而指导投资决策和投资行为。

图 7-50　国研网首页

此外,国研网还组建了一支高效率、专业化的研究咨询团队,在宏观经济、行业分析、战略规划等领域积累了丰富的经验,结合多年积累的丰富而系统的数据库资源,为中国各级政府部门、广大企事业单位和众多海内外机构提供深度的市场研究与决策咨询服务。目前国研网的业务领域已拓展到 IT 咨询监理领域、个性化信息服务、专项课题研究、经济类综合性高层论坛、职业化培训和网络广告等领域,以满足不断增长的用户需求。

2. 国研网资源概况

国研网包含内容丰富、检索便捷、功能齐全的大型经济信息数据库集群:《国研报告》《宏观经济》《金融中国》《行业经济》《世界经济与金融评论》《国研财经》《区域经济》《企业胜经》《高校管理决策参考》《基础教育》《对外贸易》等,同时针对金融机构、高校用户、企业用户和政府用户的需求特点开发了 4 个专业版产品。上述数据库及信息产品已经赢得了政府、企业、金融机构、高等院校等社会各界的广泛赞誉,成为他们在经济研究、投资决策过程中的重要辅助工具。

3. 国研网检索方式

国研网提供标题、关键词、来源、全文 4 种检索途径,提供教育版、综合版、党政版、世界经济与金融信息平台、文旅产业融合发展信息平台等多种栏目的普通搜索和高级搜索方式,如图 7-51 所示。

以"房产"为标题进行搜索,得到的搜索结果如图 7-52 所示,内容丰富全面且相当新颖。

此外,国研网还提供高级检索方式,进一步提高查准率(图 7-53)。

图 7-51 国研网检索界面

图 7-52 国研网检索举例

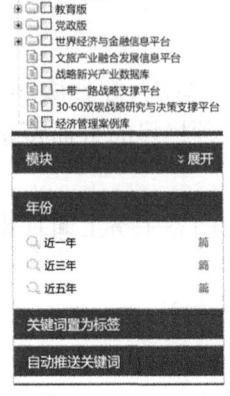

图 7-53 国研网高级检索中心

三、读秀学术搜索

"读秀"是由海量全文数据及资料基本信息组成的超大型数据库,为用户提供深入到图书章节和内容的全文检索,部分文献的原文试读,以及高效查找、获取各种类型学术文献资料的一站式检索,周到的参考咨询服务,是一个真正意义上的学术搜索引擎及文献资料服务平台。

1. 读秀学术搜索概况

读秀学术搜索(https://www.duxiu.com)是超星数字图书馆于2011年研发的新产品,以270万种中文图书资源为基础组成的知识库系统,为用户提供全文级的检索服务,另外还有期刊、报纸、学位论文、会议论文等频道,检索深度均可达到全文级别,借助自助全文传递系统可以在线查看全文信息。读秀学术搜索每月更新,年更新10万册图书。

读秀不仅提供图书的元数据检索,更深入到70%图书的目次和全文检索,并且配合书影试读,提高了信息的查准率和查全率。读秀能够为用户提供图书前17页(包括封面、版权页、前言、目录、正文前17页)的原文显示,通过试读全文,读者能够清楚地判断是否是自己所需的图书;目录检索有效地缩小检索结果的范围,使用户在海量数据中迅速命中目标,大大提高了信息的检准率,如图7-54所示。

图7-54　读秀学术搜索首页

2. 读秀学术搜索检索方式

读秀学术搜索提供简单检索、高级检索和专业检索3种检索方式。

(1)简单检索方式。在主页的检索框中直接输入关键词,选择检索范围进行检索,方便快捷,但并不深入。

(2)高级检索方式。读秀学术搜索提供高级检索方式,以图书为例,高级检索页面包括书名、作者、主题词、出版社、ISBN、中图分类号等,可为专业性较强的检索提供更精确的结果,如图7-55所示。

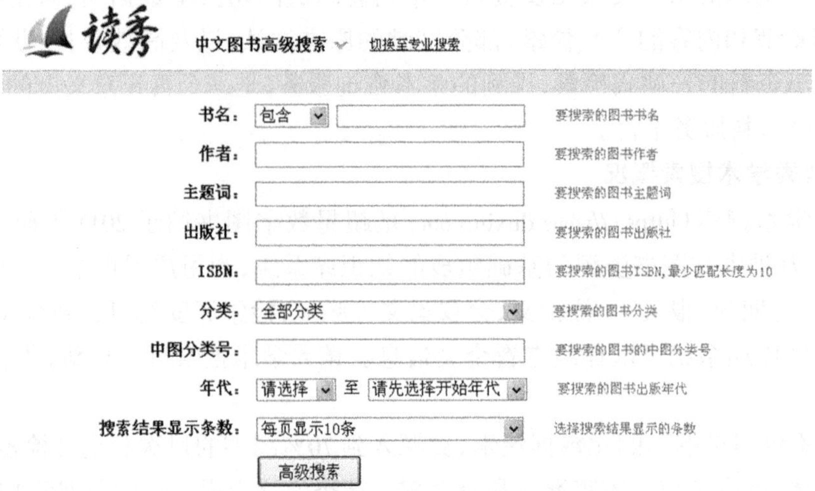

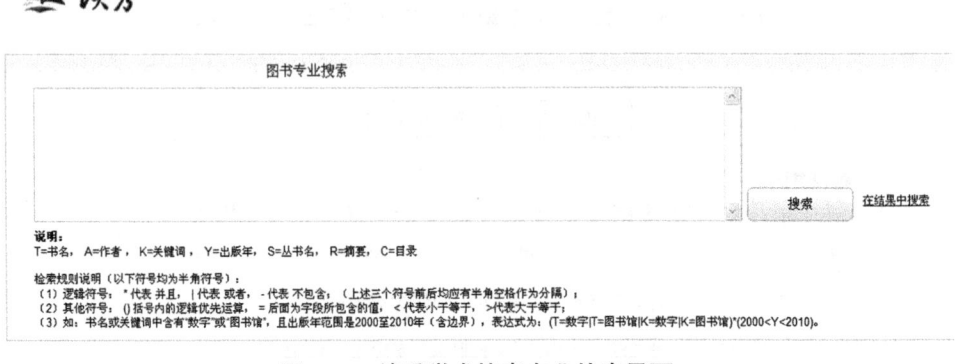

图7-55 读秀学术搜索高级检索界面

(3)专业检索方式。读秀学术搜索为专业人士提供专业检索方式,用户可通过构造命令式检索式来提高查准率,如图7-56所示。

图7-56 读秀学术搜索专业检索界面

除此之外,读秀还提供二次检索,即"在结果中搜索",可以缩小检索范围,提高查准率。

3. 读秀学术搜索检索技巧

(1)关键词技巧。为方便用户快速找到需要的结果,可以使用多个关键词或较长的关键词进行检索。

(2)一站式检索技巧。读秀针对用户输入的关键词,同时检索了所有的文献类型。一站式检索可以扩大搜索范围,在搜索结果很少的情况下,具有拓展搜索范围的功能。在检索页面选择"知识"选项即可完成对图书、期刊、学位论文等多项目的一站式检索。

（3）特定年份内搜索。在知识频道下搜索时，在关键词后加上"time：时间"，用于命中某一年出版的资料。例如，"数字图书馆time：2013"，搜索结果为2013年的资料，如图7-57所示。

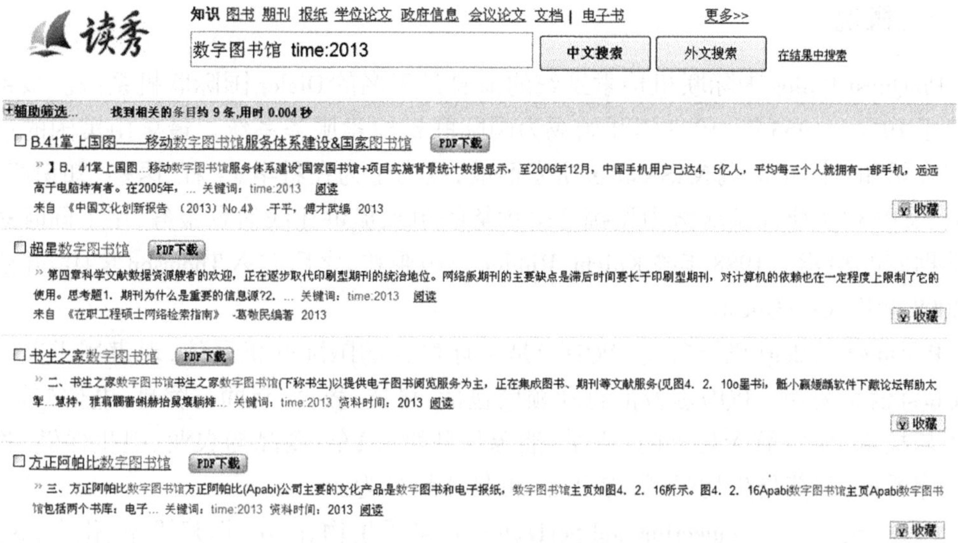

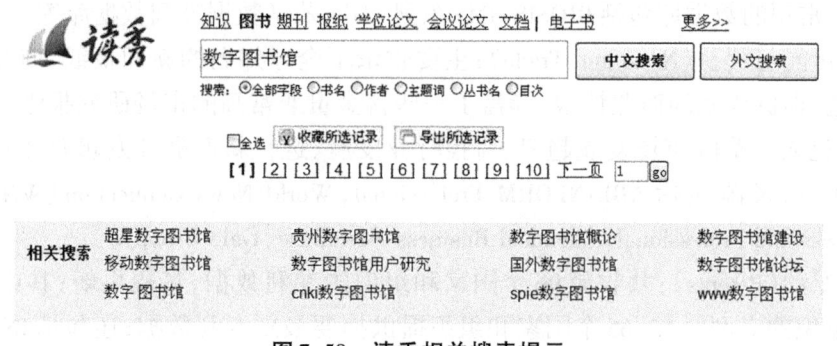

图7-57　读秀特定年份内搜索

（4）提示相关词搜索。每次检索结束后，在页末都会有相关搜索提示，列出近义词供选择，如图7-58所示。

图7-58　读秀相关搜索提示

第八章 国外主要数据库检索工具

第一节 ProQuest Dialog 数据库检索

一、概况

ProQuest Dialog 国际联机检索系统的前身是著名的 Dialog 国际联机系统。该系统始建于 1964—1965 年，1972 年开始成为国际联机检索服务系统。最早由美国的洛克希德公司和美国宇航局 NASA 联合研发而成，致力于为在科学、工程、医药、知识产权、商业、金融和法律等领域努力发掘竞争优势的组织提供在线信息服务，用于同时对多个数据库的检索。1988 年被 Knight-Ridder 公司兼并，之后并入 Thomson 集团，并最终在 2008 年并入 ProQuest。

ProQuest Dialog（以下简称"PQD"）是全球最大的国际联机系统，现隶属于美国的 ProQuest 信息公司。PQD 涉及的行业领域包括：科技、教育、新闻与贸易、电信与计算、工程与技术、航空航天与国防、化学、能源与环境、汽车、食品与农业、卫生保健、诊断与医疗器械、制药与生物医学、专利等，可具体划分为。

（1）科技工程（Engineering and SciTech）：收录了生物、医学、医疗设备、化学、农业、食品、电子技术、计算机科学、航空航天、地质、海洋、交通、新材料、能源与环境、健康与卫生、机械与土木工程等各个科技领域的文献。信息来源包括 SCI、EI、NTIS、BIOSIS、EMBASE、INSPEC、Pascal 等著名数据库。

（2）药学（Pharmaceuticals）：主要收录了全球医药企业名录、制药行业市场信息、生物制药、药品研发、药典、医疗实践、医疗设备、治疗与治疗的突破和药物相互作用等。药学常用的数据库包括 BIOSIS、IMS 系列、Adis 药学数据期刊数据库等。

（3）新闻与贸易（News and Trade）：主要收录了全球知名的新闻报纸、商业杂志和专业报道，提供优质的商业情报，涵盖了一些含金量非常高的市场研究报告，为政府、企业、研究人员跟踪市场发展趋势、监控行业发展、进行新产品开发起着非常重要的作用。信息来源包括 ABI/INFORM Professional、World News Connection（WNC）、ProQuest Newsstand Professional、Chemical Business NewsBase、Gale Group 等。

（4）专利（Patents）：共收录 96 个国家和组织的专利数据，每周更新；其中有 31 个国家和组织的专利全文；65 个国家和组织提供摘要级别专利数据；还包括 INPADOC、IMS Patent Focus、LitAlert 等专利数据资源。

二、PQD 数据库功能及检索方法

PQD 提供了基本检索、高级检索（包括查找相似内容、以引文查找全文）、指令检索等检索方式。不同检索水平的检索人员可以根据自己的需求选择适合自己的检索

方式。在基本的信息检索服务之外，PQD系统还支持数据挖掘与分析、个性化设置等功能，帮助用户更高效地获取和利用信息，基本检索页面，如图8-1所示。

图8-1　基本检索页面

通过高级检索界面，还可限定出版日期、出版物类型、文档类型、语言、检索结果排列顺序、每页显示条数等。

使用专业的指令算符和检索字段制定精确的检索策略，可快速、准确检索到结果。在检索框中可同时输入多个检索式，进行分步检索，使复杂的检索式简单化。

当检索者通过任意一种检索方式执行检索后，将得到检索结果列表。默认情况下，系统将把与检索词最相关的文献显示在列表顶部；并自动把检索词高亮显示，提高阅读效率。

如检索结果不理想，可在检索结果页面对检索式进行相关调整或进行二次筛选。

第二节　OCLC FirstSearch数据库检索

一、概况

FirstSearch是联机计算机图书馆中心(Online Computer Library Center, OCLC)开发的一个面向最终用户的交互式联机信息检索系统。OCLC总部位于美国俄亥俄州，是世界上最大的提供文献信息服务的机构之一，致力于推动信息检索、资源共享并减少信息使用费用。早在1967年，OCLC就开始在图书馆计算机应用方面进行革命性的研究和开发，而FirstSearch系统则是其重要成果之一。

FirstSearch Service是OCLC的一个大型的、综合的、多学科的联机检索服务系统，主题涉及广泛，覆盖所有学科领域，提供书目、文摘和全文的信息服务，汇集了世界上各大知名图书馆和信息提供商的产品，提供高质量的服务。FirstSearch包括70多个数据库，从1999年开始，CALIS全国工程中心订购了其中的基本组数据库。

其基本组数据库包括14个子数据库，广泛涵盖艺术和人文学科、工商管理和经济、会议和会议录、消费者事务和人物、教育、工程技术、普通科学、生命科学、医学和健康学、新闻和时事、公共事务和法律、社会科学、综合和参考等多个主题范畴。FirstSearch系统广泛应用于世界各地的图书馆和科研机构,帮助这些机构实现了文献信息的快速检索和资源共享,提高了工作效率和服务质量,如图8-2所示。

数据库	说明
WorldCat	OCLC为世界各国图书馆中的图书及其它资料所编纂的目录
WorldCatDissertations*	WorldCat中所有硕士和博士论文的数据库
ArticleFirst	OCLC为登载在期刊目录中的文章所作的索引
ClasePeriodica	在科学和人文学领域中的拉丁美洲期刊的文摘
Ebooks	OCLC为世界各地图书馆中的联机电子书所编纂的目录
ECO-Index	OCLC的学术期刊索引
ERIC*	以教育为主题的期刊文章及报道
GPO	美国的政府出版物数据库
MEDLINE	所有的医学领域,包括牙科学和护理学
OAIster*	全球联合机构知识库
OpenAccessContent*	全球图书馆的"开放式访问"内容
PapersFirst	OCLC为在世界各地会议上发表的论文所编纂的索引
ProceedingsFirst	OCLC为世界各地的会议录所编纂的索引
SCIPIO	世界上唯一一个在线的艺术品和珍本拍卖目录数据库

图8-2 FirstSearch基本组数据库

FirstSearch基本组数据库中大多是综合性的库,涉及多种语言,文献类型多样,包括图书、硕博士论文、学术期刊、会议论文等;涵盖所有学科,如农业、商业、科学、技术、文学、医学、哲学、语言、法律、政治学、心理学、社会学、经济学、教育学、地理学、历史学、人类学、美术及图书馆学等领域。所有信息来源于全世界知名图书馆和知名信息提供商。

14个子库里最有影响的是一个由世界范围内的近两万家图书馆参加联合编目的WorldCat数据库。WorldCat是唯一一个全球图书馆联合目录,也是世界上最大的外文著作书目和馆藏信息数据库,WorldCat的5.2亿条记录可以轻松检索全球馆藏资源。

OpenAccessContent数据库一站式检索并获取Directory of Open Access Journals,HBO Kennisbank,JSTOR,OCLC,Open Access Publishing in European Networks(OAPEN),Public Library of Science等1000余家内容提供商的8400余万条开放获取记录,涵盖了数字化图书与文章、同行审阅的期刊、学术博客、文学期刊、学术专著、研究报告、第一手资料等多种类型。

WorldCatDissertations数据库可以获取麻省理工学院、斯坦福大学、哈佛大学、耶鲁大学、剑桥大学、牛津大学等知名大学的2650多万篇硕士、博士论文文摘和约100万篇全文。

二、OCLC FirstSearch数据库功能及检索方法

FirstSearch系统提供基本检索、高级检索和专家检索等多种检索方式,用户可以根据需要选择合适的检索方式。同时,该系统还支持逻辑算符、截词符和位置算符等

高级检索功能,以满足复杂的检索需求。检索结果不仅包括文献的文摘信息,还可以显示馆藏地点等详细信息,清晰显示全球拥有该资源的图书馆名单列表。用户可以对检索结果进行排序、标记、打印或保存等操作。FirstSearch登录界面。

FirstSearch的使用分为4个基本步骤:选择数据库、实施检索、查看检索结果和输出检索结果。

1. 选择数据库

选择数据库有以下3种方式:

(1)系统推荐。输入检索词后系统会自动推荐数据库。

(2)从数据库列表中进行选择。

(3)输入检索词后,根据数据库涵盖的主题范围进行推荐并选择。

2. 实施检索

FirstSearch系统提供基本检索、高级检索和专家检索3种主要的检索方式,用户可以根据需要选择合适的检索方式。

基本检索提供5种基本检索途径,检索词之间默认逻辑关系是AND,输入检索词进行单条件检索,结果较为宽泛。

高级检索是在检索条件之间进行匹配,构建更复杂的检索式,每个条件下的检索词都能用布尔逻辑运算符进行连接,检索结果较为精准。

专家检索是专为有经验的、更倾向于使用逻辑检索字符串的用户设计的检索方式。

例如,检索斯坦福大学生物化学专业图书资料馆藏情况,第一条检索结果的详细记录界面显示,全球共有包括斯坦福大学、哈佛大学、麻省理工学院等在内的2621家图书馆拥有该馆藏。

若用户希望获取OA库中的开放获取资源,单击"检索"后的地址链接即可。

第三节 EI数据库的主要产品

一、概况

EI全称为Engineering Index,即"工程索引",是1884年由美国工程信息公司(Engineering Information Inc.)创办,是全球最大的工程领域技术期刊文献和会议文献的大型国际权威检索系统,是世界三大检索系统之一。

EI是文摘性数据库,不提供全文。其涵盖了工程、应用科学领域高品质的文献资源,涉及机械工程、土木工程、环境工程、电气工程、结构工程、材料科学、固体物理、超导体、生物工程、能源、化学和工艺工程、照明和光学技术、空气和水污染、固体废弃物的处理、道路交通、运输安全、控制工程、工程管理、农业工程和食品技术、计算机和数据处理、电子和通讯、石油、宇航、汽车工程及这些领域的子科学和其他主要的工程领域。

1. **EI Compendex 数据库**

Compendex 是 Computerized Engineering Index 的缩写，即计算机化工程索引，为全记录格式。该数据库的文字出版物即为传统意义上的《工程索引》，主要收集工程和应用科学领域的文献，是一个全球性的数据库，其数据来自全球 50 多个国家，所用语言近 20 种，但大部分是英文。每年增加近 20 万条文摘，文献来自 3000 余种工程领域的期刊、会议论文及技术报告。这些文献涉及 175 个学科，主要包括机械、土木工程、环境工程、电工电子、结构学、材料科学、固体物理和超导、生物工程、能源、化工、光学、大气和水污染防治、危险废物处理、运输和安全等。该数据库的标引方法从 1993 年开始由主题词法改为叙词法。

2. **EI Page One 数据库**

该数据库每年收集约 32 万条文献的题录，这些文献来自世界范围内约 5400 种期刊、会议论文和技术报告，该数据库一般只收题录，绝大部分数据无文摘，就收集范围而论，它是世界上最大的数据库之一。该数据库无文字出版物，其光盘出版物有两种：一种在 Windows 环境下运行（EI Page One Windows），另一种在 DOS 环境下运行（EI Page One on Disc），可通过刊名、自由词、作者姓名和单位来检索文献。所有被 EI Compendex 和 EI Page One 数据库收录的文献原文在 EI 可做有偿的服务，将原文用传真或压缩图像方式传给读者。

3. **EI Compendex Web 数据库**

EI Compendex Web 数据库包括 EI Compendex 数据库和 1990 年至今的 EI Page One 数据库。EI Compendex Web 数据库的回溯时间是 1970 年，主要收录工程类期刊、会议论文和技术报告的提要。

EI 期刊来源有以下 3 个档次：

(1) 全选期刊，即核心期刊，收入 EI Compendex 数据库。收录重点是下列工程学科的期刊：化学工程，土木工程，电子/电气工程，机械工程，冶金、矿业、石油工程，计算机工程和软件等核心领域，核心期刊中的每期论文均被收入。

(2) 选收期刊，包括农业工程、工业工程、纺织工程、应用化学、应用数学、应用力学、大气科学、造纸化学和技术、高等学校工程类学报等领域的期刊，此类期刊的论文不一定被全部收录，EI Compendex 只收录与其主题有关的文章，我国被 EI Compendex 收录的期刊大多数为选收期刊。

(3) 扩展版期刊，主要收录期刊论文的题录信息，形成了 **EI Page One 数据库**。

所收录期刊论文的 90% 文献是英语文献。该数据库的实时更新速度较快，为了提供最专业、最实用的在线信息服务，每周数据库的数据都要更新。而且，所收录期刊目录是动态变化的，每年都有新收录的期刊，也有被停止收录或剔除的期刊，EI Compendex 对 EI 来源期刊中的论文也是有选择收录，并不是所有的论文都被收录。

二、EI 数据库功能及其检索方法

EI 数据库的主要功能特色是 EI Compendex 的叙词检索。此外，EI 提供多种检索方式,包括快速检索、专家检索、叙词检索、作者检索和机构检索,满足不同检索需求。其可对文献类型、文献语种、文献时限等进行精确检索,提高了查准率。提供个人注册,保存检索历史和邮件通知功能。用户通过 IP 控制访问,提供专线服务,无并发用户限制,EI Compendex 首页如图 8-3 所示。

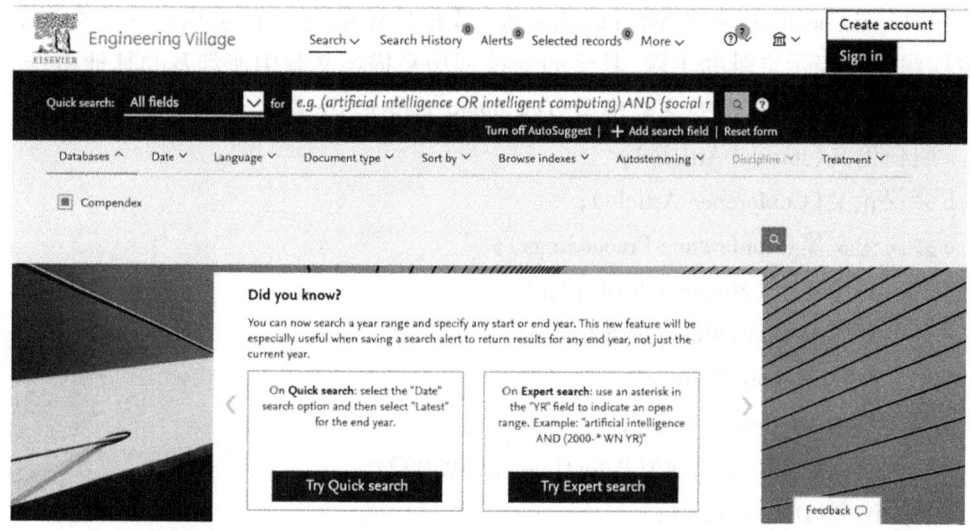

图 8-3　EI Compendex 首页

为了适应不同层次用户的需求,EI Compendex Web 数据库系统将检索界面分为 3 个部分:快速检索(Quick search)、专家检索(Expert search)和叙词检索(Thesaurus search)。

(1)快速检索。快速检索是该数据库默认的检索方式,能够进行直接快速的检索,其界面允许用户从一个下拉式菜单中选择检索字段。可以通过若干限制条件来控制检索结果,可以选择语言、限定时间、选择排序方式等。

具体的检索字段(Search Fields)说明如下。

①All fields:指 EI 数据库全部著录字段,为系统默认字段。

②Subject/Title/Abstract:检索将在文摘、标题、标题译文、主题词表、标引词、关键词等字段进行,检索词可为词、词组或短语。

③Author(作者):作者指论文作者,输入时姓在前、名在后。作者名后可以使用截词符,如"Huang,L*"表示系统将就 Huang,Li,Huang,L.X,Huang,Lixia 等作者进行检索。检索中国作者时,注意不同的拼写方法,以免漏检,如赵丽梅的拼写方法有 Zhao,limEi,zhaoli-mEi,limEi,zhao,li-mEi,zhao 等。

④Author affiliation:作者机构或作者单位。EI 数据库中,20 世纪 70 年代以前机构名称用全称表示,20 世纪 80 年代使用缩写加全称,20 世纪 90 年代用缩写。

⑤Publisher(出版商):可以直接浏览出版者索引。

⑥Source title(文献来源题名):包括期刊、专著、会议录、会议文集的名称。

⑦Title(文章的标题):检索时可以输入词、词组或短语,如radio frequency;如果标题是其他语种,则译成英文。

⑧EI controlled term(EI受控词):EI受控词表示一个主题词列表,是以专业和规范的形式描述文献的内容,因此使用受控词检索比较准确。

⑨EI main heading(主题词):Compendex数据库中的每条记录均有一个受控词作为主标题词来表示文献的主题,其余的受控词用来描述文献中所涉及的其他概念。

在实施检索时,可选的文献类型(Document Type)如下:

a 期刊论文(Journal Article);

b 会议论文(Conference Article);

c 会议论文集(Conference Proceedings);

d 专著章节论文(Monograph Chapter);

e 专著评论或综述(Monograph Review);

f 报告章节(Report Chapter);

g 报告综述(Report Review);

h 专利文献(1970年以前)(Patent(before 1970));

i 学位论文(Dissertation);

j 录用但未出版论文(Article in Press)。

除了文献类型的选择外,该数据库还提供了处理类型的选择,处理类型用于说明文献的研究方法及所探讨主题的类型。Compendex数据库从1985年起增加了处理类型字段。因而,选择此限定字段,检索将仅限定在1985年以后的文献记录,需要说明的是一条文献记录可以有多种处理类型限制,但是并不是所有记录都有处理类型。在实施检索时,可选择的处理类型如下:全部(All Treatment Types)、应用(Applications)、传记(Biographical)、经济(Economic)、实验(Experimental)、一般性综述(General Review)、历史(Historical)、文献综述(Literature Review)、管理(Management Aspects)、数值(Numerical)、理论(Theoretical)。

(2)专家检索。专家检索则提供灵活、广泛的检索平台,用户可以使用更复杂的布尔逻辑,该检索方式包含更多的检索选项,可以实现快速检索无法实现的检索要求,比较适合于熟练和专业的用户实施检索,能更快速、准确地获取所需信息。该数据库专家检索界面如图8-4所示。

(3)叙词检索。叙词是指专业的规范词,可以对同一主题不同表述的词,按照主题内容将其规范在标准的专业词汇下,避免了因词汇书写不同造成漏检,或因词义概念混淆导致错检的问题。利用叙词检索方式从主题角度检索文献不仅能够提高文献的查准率,而且能够对检索范围随意设定(扩展或缩小检索范围)。该数据库叙词检索界面如图8-5所示。

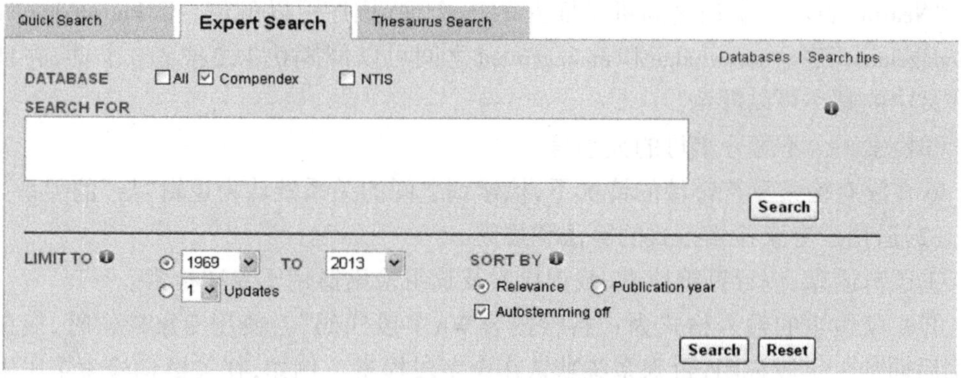

图 8-4　EI Compendex 数据库的专家检索界面

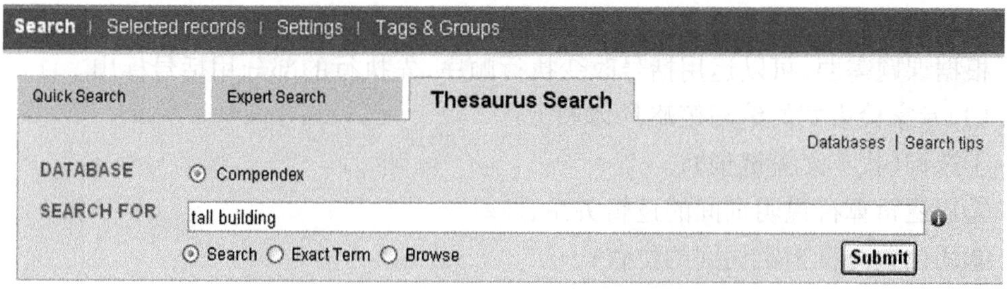

图 8-5　EI Compendex 数据库的叙词检索界面

Search 选项表示查找检索词在叙词表中的正确写法；Exact Term 表示已知某叙词，查找列出该叙词的详细信息；Browse 表示查看检索词在叙词表中的位置，显示其附近的叙词。

EI Compendex Web 数据库的检索算符和规则如下：

（1）适用于 3 种检索方式的算法和规则。

①逻辑算符：逻辑算符用 AND、OR、NOT 表示。例如，information AND retrieval，sensor web OR sensor network，energy NOT nuclear。

②截词符：用星号"*"表示，"*"可代表 0 个、1 个或多个字符，可找到该单词的所有变化形式或不同拼法，分词尾截断和词间截断。如 librar*，相当于利用 library，librarian，libraries，librarians 等作为具体的检索词。

③词组检索：做精确检索时，两个词之间紧挨着，位置不颠倒，词组或短语需用引号""或括号{ }标引。如 Scientific collaboration 或者{Scientific collaboration}。

④位置算符："Onear/n"表示两个词之间可以插入 0～n 个词，词序不能颠倒，如"knowledge Onear/3 management"表示 knowledge 和 management 之间可以间隔 0、1、2 或者 3 个词，但是二者在文中的顺序不能颠倒。

"Near/n"表示两个词之间可以插入0~n个词,词序可以颠倒,如"knowledge Near/3 management"表示knowledge和management之间可以间隔0、1、2或者3个词,并且二者在文中的顺序可以颠倒。

⑤检索平台不区分字母的大小写。

⑥在没有检索算符链接的情况下,检索词之间的关系默认为逻辑"与"的关系。

(2)适用于专家检索方式的算法和规则。

①逻辑运算、位置算符检索、截词检索及词组检索适用于专家检索。

②专家检索的输入格式为:"待检内容 Wn 字段代码"。使用专家检索时,应在检索词后面加入字段说明,否则系统默认在全字段检索。例如,在关键词检索字段中检索"sensor network",可构造检索式:sensor network Wn ky。

③如果一个提问式中有多个逻辑运算符,则它们的逻辑运算顺序是:NOT、AND、OR。

根据课题需要,可以运用括号改变执行顺序,先执行的部分用括号标出。

(3)专家检索式的编写策略具体如下:

①选词(找英文关键词);

②用逻辑算符说明词间的逻辑关系;

③用位置算符指定词间的位置;

④用截词符描述词尾的变化;

⑤用检索字段来限定检索范围。

除上述3种基本检索功能外,EI数据库还有一些重要的辅助功能。

(1)过滤检索结果:可以依据类别筛选想要的结果,如作者、作者机构、学科分类等,快速排除无用信息。

(2)分析检索结果:可以通过图表或者下载文字文件,获得各项目结果数据。

(3)管理检索结果:有5种选择保存需要的文章,包括 Share、Export、Print、Cite、Folders。

第四节　Web of Science 数据库

一、概况

Web of Science(WoS)是全球最大、最值得信赖的出版机构中立的引文索引数据库及独立的研究信息平台。该平台提供全球科研信息和数据,推动学术界、企业、出版机构和政府加快研究步伐。其具有以下特点:

1. 收录权威、广泛

Web of Science 收录了254个学科的22 000多种世界权威的、高影响力的学术期刊,内容涵盖自然科学、工程技术、生物医学、社会科学、艺术与人文等领域,最早可回溯至1900年。

2. 严格的筛选机制

Web of Science核心合集拥有严格的筛选机制,其依据文献计量学中的布拉德福定律,只收录各学科领域中的重要学术期刊。其收录过程毫无偏见,且已历经半个多世纪的考验。

3. 独特的引文索引

Web of Science还收录了论文中所引用的参考文献,并按照被引作者、出处和出版年代编制成独特的引文索引,用户可以轻松回溯某一研究文献的起源与历史,或者追踪其最新进展;可以越查越广、越查越新、越查越深,如图8-6所示。

Science Citation Index-Expanded™ (SCIE,科学引文索引)	1900年-
Social Sciences Citation Index™ (SSCI,社会科学引文索引)	1900年-
Arts & Humanities Citation Index™ (AHCI,艺术与人文引文索引)	1975年-
Conference Proceedings Citation Index™ (CPCI,会议论文引文索引)	1900年-
Book Citation Index™ (BKCI,图书引文索引)收录了近146000种图书,同时每年增加10,000种新书	2005年-
Current Chemical Reactions™ 收录了最新化学反应	1985年-
Index Chemicus™ 收录了化学物质的事实型数据	1993年-
Emerging Sources Citation Index™ (ESCI)展示重要的新兴研究成果	2005年-

图8-6 Web of Science组成部分

ISI Web of Science是Thomson ISI建设的五大引文数据库的Web版,由若干独立的数据库组成(既可以单库检索,也可以跨库检索),主要包括Science Citation Index Expanded(SCI Expanded)、Social Sciences Citation Index(SSCI)和Arts & Humanities Citation Index(A&HCI)、Conference Proceedings Citation Index-Science(CPCI-S,即原来的ISTP)和Conference Proceedings Citation Index-Social Science & Humanities(CPCI-SSH,即原来的ISSHP)等。内容涵盖自然科学、工程技术、社会科学、艺术与人文等诸多领域内的8500多种学术期刊。

三、Web of Science数据库功能及检索方法

进入Web of Science数据库检索界面,该数据库会根据用户所在的地理位置,自动弹出适合当地用户的检索界面语言,用户可以自行选择所使用的界面语言。

Web of Science 数据库主要有主题(Topic)、题名(Title)、作者(Author)、作者识别号(Author Identifiers)、编者(Editor)、团体作者(Group Author)、出版物名称(Publication Name)、DOI、出版年(Year Published)、地址(Address),还可以进行时间跨度(Time Span)选择。除了进行基本检索(Basic Search)外,还可以进行高级检索,通过"添加另一字段"(Add Another Field)功能来实现,如图8-7所示。

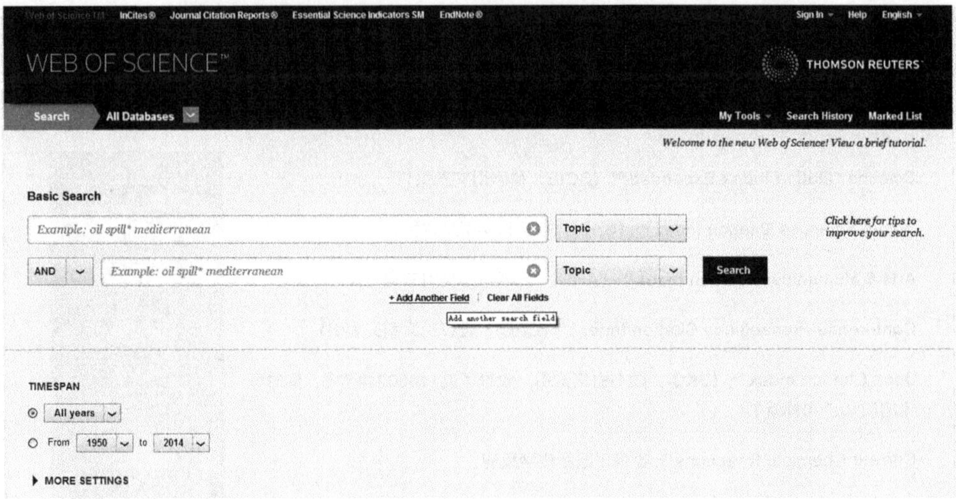

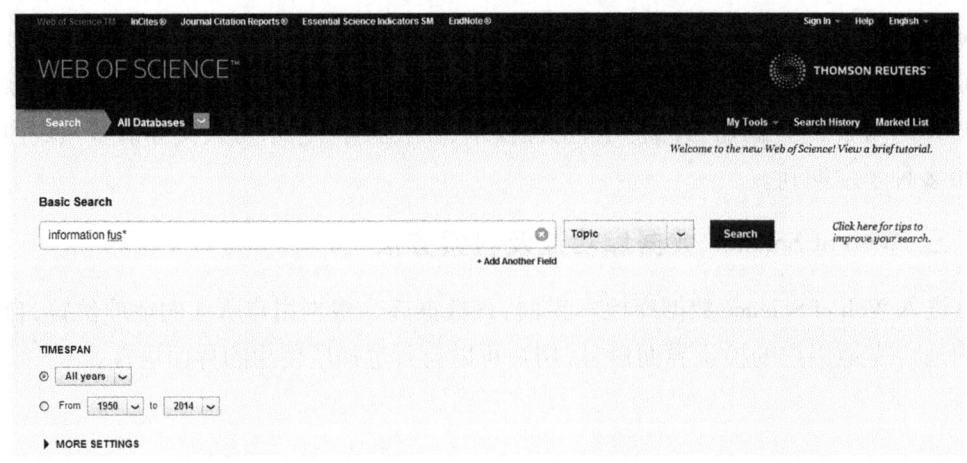

图8-7 Web of Science数据库的检索界面

如果想检索主题是"信息融合"(information fusion)的所有英文文献,可选择主题(Topic)为基本的检索字段。而"information fuser(信息融合器)"也属于"information fusion"的研究范畴,因此如果想获取较全的文献集合,必须进行模糊检索,于是以"information fus*"作为基本检索词进行检索,如图8-8所示,检索结果列表如图8-9所示。

图8-8 以"Information fus*"作为检索词进行基本检索

第八章 国外主要数据库检索工具

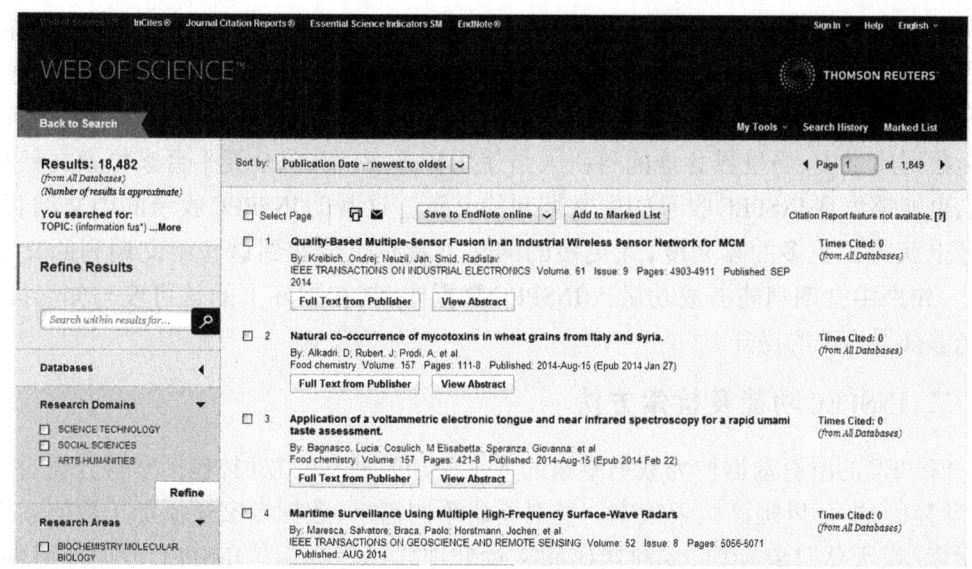

图 8-9 以"Information fus*"作为检索词进行基本检索

第五节 INSPEC 数据库

一、概况

INSPEC 数据库，全称为 Information Service in Physics，Electro-Technology，Computer and Control，是由英国工程技术学会（The Institution of Engineering and Technology，IET）编辑的一种大型技术文献检索系统。

INSPEC 数据库的前身是"科学文摘"（Science Abstracts，SA），始于1898年，历史悠久，是物理学、电气电子学、计算机控制及信息技术等学科领域的权威性文摘数据库。截至2024年，INSPEC 数据库中含有超过2100万条文献，并以每周近2万条的速度更新，每年更新近百万条数据。INSPEC 数据库涵盖的学科范围非常广泛，是在物理学、电气电子学、计算机控制及信息技术等学科领域具有权威性的大型技术文献检索系统，其丰富的数据资源、广泛的学科覆盖和强大的检索功能为科研人员提供了强有力的支持。INSPEC 数据库包含的文献类型有4500多种科技期刊的摘要与索引，超过3000条会议记录的文摘信息，还包括图书、专利、研究报告和学位论文的相关信息。

INSPEC 对于收录期刊的出版语言没有限制，目前我国已经有许多优秀的理工学科领域的中英文期刊成功录入到了该数据库中。截至2022年1月，INSPEC 数据库收录的期刊数量达到了4556种。其中，由我国主办的期刊共有137种，包括14种英文期刊，122种中文期刊，以及1种中英文双语期刊。虽然中文期刊也可以申请录入 INSPEC 数据库，但是 INSPEC 要求申请收录的非英文期刊至少要具备英文版的文章标题与摘要。否则，INSPEC 的审核编辑将无法对申请的中文期刊进行审查，进而导致期刊被拒录。

值得注意的是，INSPEC 与其他很多国际一流数据库达成了合作关系，如在世界范围内享有盛誉的 Web of Science(WoS)、工程领域极具权威的 EI Compendex、世界最大的期刊数据库之一的 EBSCOhost 等。INSPEC 收录的期刊文献数据整合到了上述各大国际数据库之中，当世界各地的科研人员使用 WoS、EI、EBSCO 等平台来检索文献时，他们也能够发现 INSPEC 收录的中文期刊的文章。这帮助 INSPEC 收录的中文期刊在国际上获得了更多的曝光度，让更多的国际学者有机会看到这些中文期刊的文章。因此，如果中文期刊能够成功录入 INSPEC 数据库，其在国际上的认可度与知名度往往能够获得显著的提升。

二、INSPEC 功能及检索方法

INSPEC 的所有数据均为数据专家的人工添加的独有的叙词，包括学科分类、控制词、非控制词等，以提高检索效率。针对科研不同需求，数据专家还添加了数值索引、化学索引、天体对象标识、专利代码和文章处理代码等标识。INSPEC 数据库提供多种检索功能，包括基本检索、被引参考文献检索和高级检索等。用户可以根据主题、标题、作者、出版物名称、出版年等字段进行检索，并可以选择"入库时间"和"引文数据库"等限制条件。此外，INSPEC 还提供了定题与跟踪服务功能、跨库检索功能及个性化的服务功能。

INSPEC 数据库检索算符包括。

（1）布尔运算符（Boolean Operators）。在实施检索的过程中，在检索框中将布尔运算符 AND、SAME、OR 和 NOT 连接起来，进行联合检索。如算符 SAME 连接两个检索词表示两个词必须出现在同一句子里，但没有次序上的限制。例如，输入 Information SAME Fusion 将检索出 Information 和 Fusion 出现在同一句子里的文献。

（2）通配符（Truncation）包括。

①星号（*）：为右通配符，可用它检索到以通配符为止的前几个字母相同的所有词，例如，输入 Information Fus* 得到 Information Fusion，Information Fuser 等。

②问号（?）：可以检索到一个字母的变化。例如，输入 organi?ation. 可以检索到 organization 和 organisation 等。

③$：可以检索到零个或一个字母变化的词。例如，输入 Colo$r 得到 color，colour。

INSPEC 普通检索（Search）能够进行直接快速的检索，其界面简洁，默认可进行 3 个字段的布尔运算检索，也可根据读者需要通过"增加检索字段"（Add another field）进行扩充至多达 25 个检索字段。

主题检索包括标题、摘要、控制词、非控制词和分类代码等字段。

INSPEC 的控制词（叙词表，Inspec Thesaurus）是由专家择选的规范化的专业术语，因而使用控制词检索可以获取 Topic 检索中无法获取的相关文献并剔除 Topic 检索里获得的相关性不大的文献，使用控制词检索会提高检索效率。

第六节 Elsevier ScienceDirect 数据库

一、概况

爱思唯尔(Elsevier)是著名的科技出版公司,其核心产品 ScienceDirect 数据库是全球最大的科学文献全文数据库,涵盖理工类(数学、化学、物理、生命科学、天文学、计算机科学)、医学、商业及经济管理、社会科学等学科文献。用户不仅可以按照主题类别和字母顺序来浏览所有科技期刊,而且通过"最热点文章"(Top 25 Hottest Articles)功能可以浏览科学研究的最新进展情况,该项功能不仅提供了主题领域浏览模式和发表时间浏览模式,而且可以列出下载量最多的相关论文。

二、ScienceDirect 数据库功能及检索方法

ScienceDirect 数据库提供了 3 种检索模式。

(1)简单快速检索(Simple quick search)。将在所有检索字段中查找用户输入的检索词,检索框就设在该数据库的主页面中;

(2)高级检索模式(Advanced search)。可设定特定的检索字段(诸如题名、著者、期刊名称或文献的发表时间)来查找用户所输入的检索词,检索框设在该数据库的高级检索界面中;

(3)专家检索模式(Expert search)。在该种检索模式中,用户可以采用布尔逻辑算符等检索命令对各种检索字段进行自由组合。专家检索的基本检索命令模式是 Field_name(Search_terms),如在摘要字段中检索"Information retrieval"的同时在机构中检索"HEilongjiang University",需要采用的检索式是:Abstract(Information retrieval) AND Affiliation(HEilongjiang University)。

为了获得较为全面的检索结果,该数据库的搜索引擎会实施扩展检索,即词语的单复数问题或不同时态的表达形式都可以在检索式中自动实施。例如,如果检索词是"criteria",在具体的检索字段中包括"criteria"和"criterion"的文献都将出现在检索结果中。

三、ScienceDirect 数据库的检索字段和检索字符

(1)ScienceDirect 数据库常用的检索字段如表 8-1 所示。

表 8-1 ScienceDirect 数据库常用的检索字段

检索字段中文名称	检索字段英文名称(Field Name)	
	字段英文全称	字段英文缩写
所有字段	all	all
题名/摘要/关键词	title-abs-key	tak
标题	title	ttl

续表

检索字段中文名称	检索字段英文名称（Field Name）	
	字段英文全称	字段英文缩写
摘要	abstract	abs
关键词	keywords	key
作者	authors	aut
特定作者	specific author	aus
参考文献	references	ref
文献来源	srctitle	src
作者机构	affiliation	aff

（2）ScienceDirect数据库常用的检索字符具体包括。

①布尔逻辑算符。主要包括"与（AND）""或（OR）"和"非（NOT）"。"与（AND）"是默认算符，要求多个检索词同时出现在文章中；"或（OR）"表示其所连接的任意一个检索词出现在文章中即符合检索要求；"非（AND NOT）"后面所连接的词语不出现在文章中。

②通配符。主要包括"星号（*）"和"问号（?）"。检索词中出现"星号（*）"表示取代单词中的任意个（0,1,2…）字母，如librar*可以检索到librarian，library，libraries…检索词中出现"问号（?）"表示取代单词中的1个字母，如wom?n可以检索到woman，women。

③相隔词序符。"W/n"和"PRE/n"。"W/n"表示两词相隔不超过n个词，词序不固定，如Knowledge w/3 integration 表示两个词之间相隔不超过3个词，而且两个词的顺序不是固定的，任意一个在前面都可以；PRE/n表示两词相隔不超过n个词，词序是固定的，例如：Knowledge PRE/3 integration表示两个词之间相隔不超过3个词，而且两个词的顺序是固定的。

④短语检索控制符。双引号""表示宽松短语检索控制符，标点符号、连字符、停用字等会被自动忽略，如检索词是"heart-attack"时，heart和attack之间的连字符会自动被忽略掉。单引号' '表示精确短语检索，所有符号都将被作为检索词进行严格匹配Knowledge integration。

四、ScienceDirect数据库检索案例分析

1. 基本检索

ScienceDirect数据库的主界面不仅提供了基本检索功能，而且还提供了按照主题分类的各个学科按照字顺排列的各个学科的期刊及高级检索链接。ScienceDirect数据库的主界面如图8-10所示。搜索框内的表示基本检索功能，椭圆形内的表示高级检索链接，页面下部为期刊浏览列表。

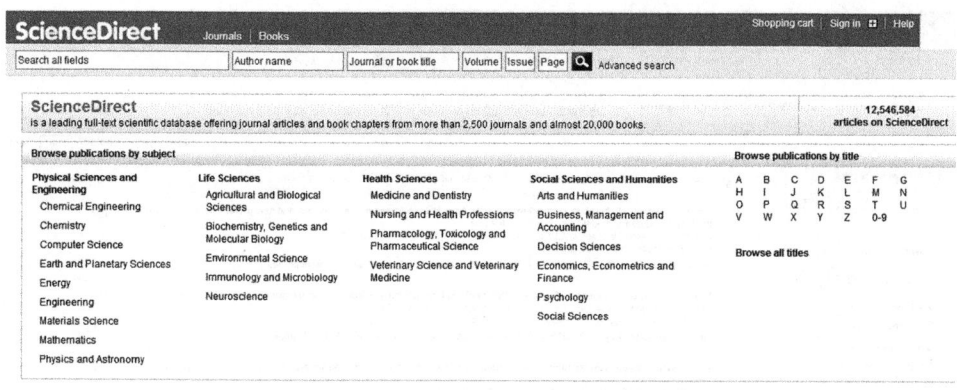

图 8-10　ScienceDirect 数据库的主界面

2. ScienceDirect 数据库的高级检索

ScienceDirect 数据库的高级检索界面不仅包括检索字段的逻辑组合,而且还包括文献或信息类型的选择,包括期刊(Journal)、专著(Book)、参考文献(Reference Work)和图片(Image)。以"Knowledge integration"为检索词,以"Abstract,Title and Keywords"(摘要、题名和关键词)为检索字段,以期刊论文和专著为检索的文献类型,不限定文献的出版时间实施高级检索,如图 8-11 所示。

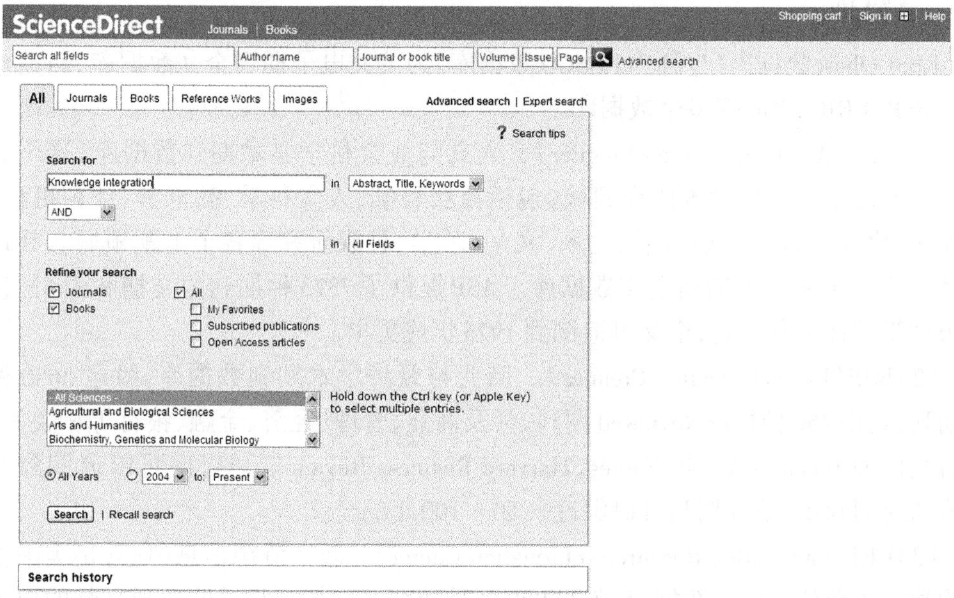

图 8-11　ScienceDirect 数据库的高级检索界面

检索结果列表如图 8-12 所示。在检索结果列表上方,有"Export"(导出)功能,可以导出相应的题录信息。

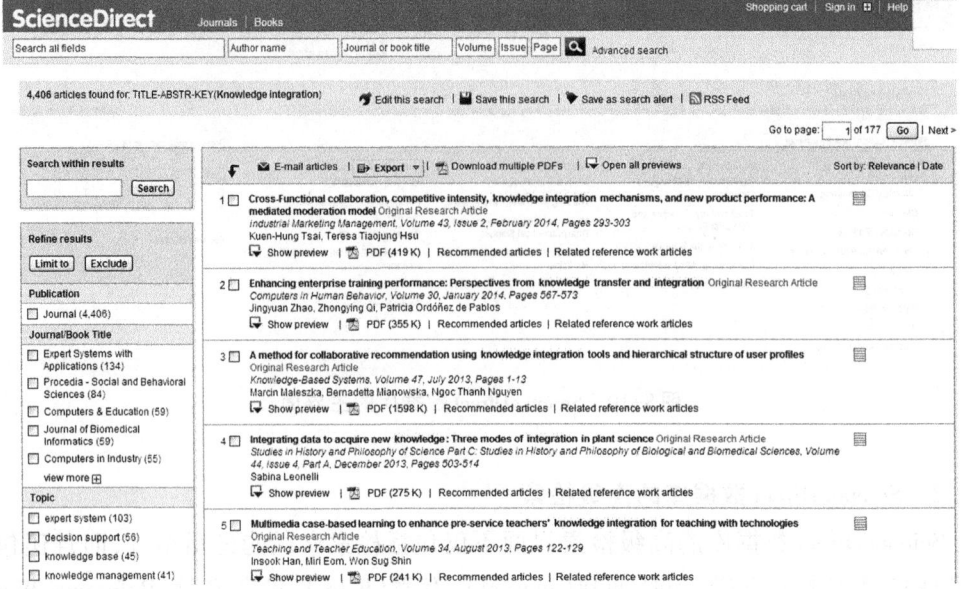

图 8-12 检索结果列表

第七节 EBSCO 数据库

一、概况

EBSCOhost 数据库(也称为 EBSCO 数据库)为英文电子期刊全文数据库,目前包括 ASP、BSP、ERIC、PDC 等多个数据库。

(1) ASP(Academic Search Premier)。人文与社会科学学术期刊数据库,这个数据库几乎覆盖了所有的学术研究领域,包括社会科学、人文科学、教育学、计算机科学、工程学、物理学、化学、语言学、艺术、文学、医学、种族研究等各个主题领域。其是当今最大的多学科学术期刊全文数据库。ASP 提供了 7373 种期刊的文摘和索引,包含 3970 种学术性全文期刊,全文可追溯到 1975 年或更早。

(2) BSP(Business Source Premier)。商业与经济学术期刊数据库,收录 3650 种全文期刊,其中 450 种 Peer Reviewed 期刊,涉及商业、管理、经济、金融、银行等相关领域,较著名的有 Business Week, Forbes, Harvard Business Review 等。时间可以追溯到 1965 年或期刊创刊年,部分期刊可提供过去 50—100 年的全文。

(3) ERIC(Education Resource Information Center)。教育资源信息中心,是美国教育部的教育资源信息中心数据库,收录 980 多种教育及和教育相关的期刊文献的题录和文摘,数据为 1967 年至今。

(4) PDC(Professional Development Collection)。教育类全文期刊数据库,提供 600 多种全文期刊,其中 350 种 Peer Reviewed 期刊,大部分包含于 ASP 数据库中。

二、EBSCO 数据库的功能及检索方法

1. 常用检索模式

(1)高级检索(Advanced Search)。在高级检索中,可直接在搜索框内输入检索词和逻辑关系进行组配检索,也可以用字段代码(Field Code)进行限定,且每一个检索步骤在单击"Refine Search"功能按钮后,在下面 Search History 中以 S1,S2,S3 等次序显示,这些检索步骤可再度用于组配检索。如 ti:education and S2 可在搜索框内直接输入检索词或词组,检索词之间可用逻辑关系 AND,OR,NOT 进行组配检索。

(2)基本检索(Basic Search)。"基础检索"方式,可以随意输入词组或句子进行检索,适用于检索初学者。空格用来分割每一个检索词,词间关系默认为逻辑"或",引号可用来表示该检索词必须在检索结果中出现,但此检索方法不适宜于复杂的检索提问。

2. 常用检索算符

(1)逻辑算符。AND(与),OR(或),NOT(非)。

(2)通配符。"?"和"*""?"只替代一个字符,例如,输入 ne?t,检索结果为 neat,nest,next*可替代一个字符串,例如,输入 computer*,检索结果为 computer,computing 等。

(3)位置算符。N 算符和 W 算符。N 算符表示检索词之间可以加入其他词,词的数量根据需要而定,词的顺序任意,例如,tax N5 reform 表示在 tax 和 reform 之间最多可以加入 5 个任意词,检索出:tax reform,reform of income tax 等。W 算符表示检索词之间可以加入其他词,词的数量根据需要而定,词的顺序依输入词的顺序,例如:tax W8 reform 可以检索出 tax reform,但不能检索出 reform of income tax。"-"等同于空格,例如输入"waste N0 water"检出结果中有 waste-water,waste water。

3. 检索结果及处理

(1)检索结果列表。发出检索命令后,若有检索结果,系统显示检索结果的简单题录信息列表。若该文献具有全文信息,则在下面出现图标。"HTML Full Text"图标显示文本信息,"PDF Full Text"图标表示 PDF 格式的文件,必须装有 Acrobat Reader 软件才能浏览。单击题目可显示文本型的详细信息。

(2)"Search Web Link"按钮。单击该功能按钮,系统将输入的检索词在 EBSCOhost 数据库以外的相关 Web 站点上检索,检索结果返回站点地址。

(3)检索结果处理。可使用"Print/E-mail/Save"功能按钮来处理检索结果。单击该按钮后,根据个人需要,选择以何种形式打印、保存或电子邮件发送检索结果,若使用电子邮件,则请输入电子邮件地址和文件主题,注意电子邮件只能传输文本,不包括全文中的图片。

4. 其他功能

EBSCOhost 页面最上方有一些固定功能按钮,功能如下。

①New Search:清除所有的检索步骤,重新开始新的检索。

②Subject terms:对数据库中标引的主题词进行检索。

③Publications:按期刊名字母顺序排列,可选择一种或多种期刊进行检索,或按检索结果相关度排序期刊。

④Index:浏览或查找某个检索词。

⑤Image:可检索人物、自然科学、地理、历史、地图和旗帜等类别的图片。

⑥References:可根据作者、题名、文献来源等检索参考文献。

⑦Choose Database:回到数据库选择页面。

三、EBSCO 学术信息、商业信息数据库检索案例分析

1. 基本检索

图 8-13 所示的是 EBSCO 检索平台的主页面,选择任何一个数据库进入检索平台的基本检索界面。单击基本检索界面中的检索选项,就可以设置多种检索条件实施限定性检索。

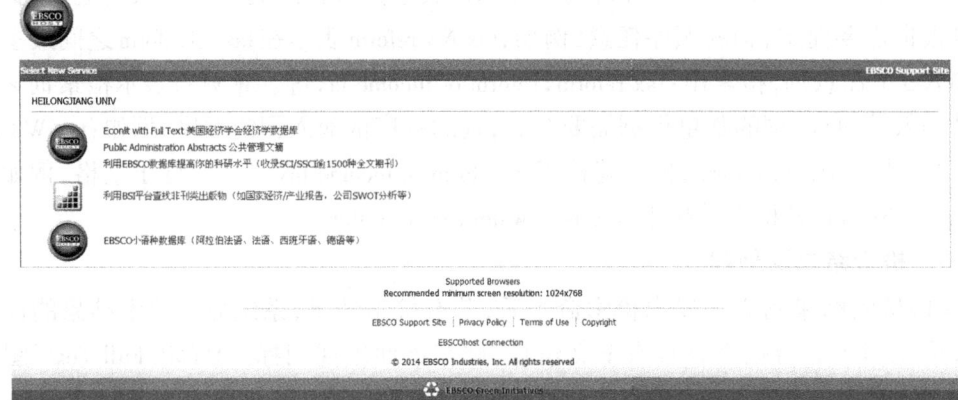

图 8-13　EBSCO 数据检索平台的主界面

2. 高级检索

在该数据库的主页面中单击"高级检索"(Advanced Search)(图 8-14)链接,即可进入高级检索界面。高级检索界面的检索字段菜单,在高级检索界面中实施逻辑与(AND)。

第八章　国外主要数据库检索工具

图 8-14　EBSCO 平台的高级检索界面

第八节　Scopus 数据库

一、概况

Scopus 数据库是由爱思唯尔（Elsevier）开发并运营的一款全球知名的综合性学术文献数据库，是目前规模最大的同行评议文献（科学期刊、书籍和会议记录）的摘要和引文数据库，提供了全球科学、技术、医学、社会科学、艺术和人文等 240 个学科领域研究成果的全面概述，并提供跟踪、分析和可视化研究的智能工具。自 2004 年 11 月上线以来，其已成为评估研究成果和寻找文献资料的重要平台。

Scopus 数据库中的资源覆盖了自然科学、医学、社会科学和生命科学等多个学科领域，为研究人员提供了极为丰富的学术资料库。它的学科分类体系非常详尽，涵盖了 27 个大学科和 334 个小学科。这些学科被归类到生命科学、社会科学、自然科学和医学 4 大类，使得研究人员能够轻松地在各自的专业领域内找到相关的文献资源。

Scopus 数据库中的大部分内容都是同行评审的期刊，这些期刊是根据内容覆盖政策选择的。截至 2023 年 7 月，Scopus 数据库已经收录了超过 44 700 本学术期刊，其中包括许多国际顶级学术期刊和相对普通的学术刊物。会议材料以两种不同的方式进入 Scopus 数据库：作为常规期刊的特刊，或作为专门的会议论文集。Scopus 数据库涵盖的一次性书籍出版物包括专著、编辑卷、主要参考书和研究生水平的教科书。此外，Scopus 数据库还收录了来自多个专利局的专利记录。

Scopus 数据库提供了高水平的索引服务，不仅提供了收录文章的引文信息，还整合了网络和专利检索,直接链接到全文、图书馆资源及其他应用程序,如参考文献管理软件。此外,Scopus数据库还提供了多元化的期刊评价指标,如引用分(CiteScore)、SCImago Journal Rank(SJR)、Source Normalized Impact per Paper(SNIP)等,帮助用户评估期刊的影响力;Scopus数据库的界面简洁而直观,用户可以轻松地进行文献检索、浏览和管理。

Scopus数据库使用多元指标,提供许多不同类型的指标,供使用者针对研究文献、期刊、研究者从不同角度评估文献与期刊的影响力、研究的学术产出。为每个期刊提供了4种类型的质量度量:H-index、CiteScore、SJR(SCImago Journal Rank)和SNIP(Source Normalized Impact per Paper)。此外,Scopus还给予平台上2000万的作者每人一个特有的作者ID(Author ID)——与某一位作者类似或者关系相近的150位其他作者可以在引文追踪时同时识别出来,再结合H-index,作者的个人文献输出图表等完善的评价工具就可以精确地对特定文献的影响进行分析。

二、Scopus数据库功能及检索方法

Scopus数据库的数据每日更新,确保用户能够获取到最新的学术研究成果。这种实时更新的特性使得Scopus数据库成为跟踪学科前沿动态和研究趋势的重要工具。

Scopus数据库提供了多种检索方式,包括基本检索、高级检索和作者检索等。用户可以根据需要选择适当的检索方式,通过关键词、作者名、文章标题等字段进行精确或模糊搜索。此外,Scopus数据库还支持布尔逻辑运算和限制选项等高级功能,帮助用户更准确地定位所需文献。

Scopus数据库收录的文献类型有两种:会议检索CA(Conference Article)和期刊检索JA(Journal Article)。

Scopus数据库首页提供了标题、摘要、关键词、作者、机构等基本检索字段,能够满足简单的文献检索需求,如图8-15所示。

但很多科研人员更需要的是检索某一特定主题的文献,而且尽可能全面和精确,那就需要通过高级检索来实现了。

以"电动汽车锂电池安全性能"为例,以下介绍Scopus数据库高级检索的使用方法。

(1)分析检索主题,"电动汽车锂电池安全性能"主题需要检索3个维度,分别是电动汽车、锂电池和安全性能。然后就需要确定每个检索词的英文表述方式。

比如电动汽车可翻译为electric vehicle、electric vehicles、new energy vehicle、new energy vehicles;

锂电池可翻译为 lithium battery，lithium batteries，lithium cell，lithium cells，lithium ion battery，lithium ion batteries，lithium metal battery，lithium metal batteries，ternary lithium battery，ternary lithium batteries，ternary lithium-ion battery，ternary lithium-ion batteries；

安全性能可翻译为 safety，thermal runaway，leakage，explosion，fire。

（2）结合 Scopus 的运算符使用方法，可将上述检索式简化为：

"electric vehicle*" OR "new energy vehicle*"

lithium PRE/1 batter* OR "lithium cell*" OR "ternary lithium* batter*"

safety OR "thermal runaway" OR leakage OR explosion OR fire

（3）将上述3个检索词组放入检索框内，可限定在"论文标题、摘要、关键词"字段，用"AND"组合检索，如图8-16所示。单击"检索"按钮就可以直接查看检索结果。

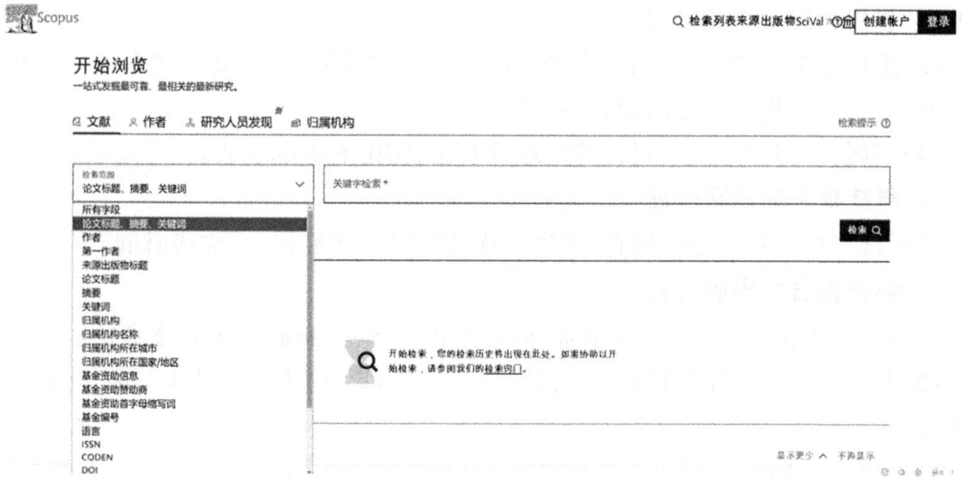

图 8-15　Scopus 数据库首页

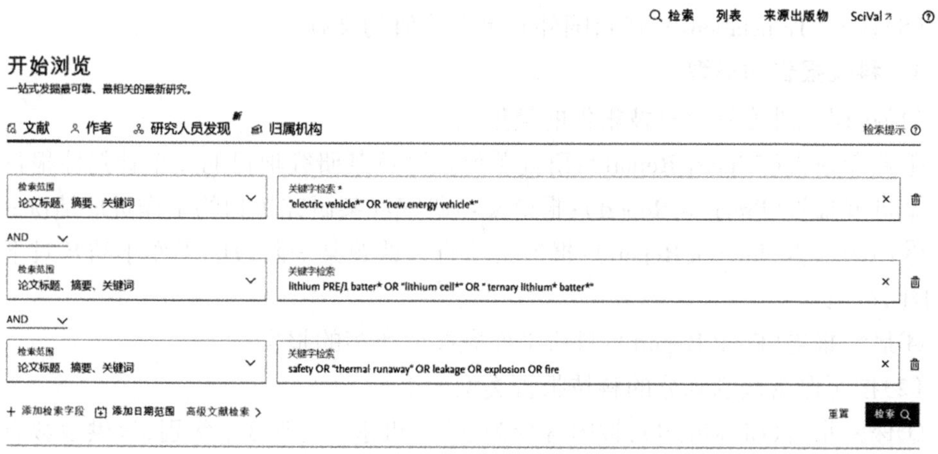

图 8-16　Scopus 高级检索页面

第九章 国内外主要特种信息检索工具

第一节 科技报告的检索

一、科技报告检索概述

1. 科技报告的格式

科技报告的结构一般由标题、正文(前言、主体)、结尾组成。

(1)科技报告的标题由研究课题和文种组成,标题下面为署名。

(2)正文的前言要写成果名称、任务的来源、综述研究情况,说明研究所依据的技术原理,也可列出报告的简目。

(3)主体是报告的中心内容,主要写研究的主要成果,如主要的技术指标、同国内外技术水平比较、用途及经济效益、社会效益等。

(4)结尾,写出结论或所讨论的问题及看法,常附有关的图表。

2. 科技报告的识别依据

识别科技报告的主要依据有:报告名称、报告号、研究机构、完成时间。

3. 科技报告的出版形式

(1)报告(Report):一般公开出版,内容比较详尽,是科研成果的技术总结。

(2)札记(Notes):内容不太完善,是编写报告的素材,也是科技人员编写的专业技术文件。

(3)备忘录(Memorandum):内部使用,限制发行,包括原始试验报告,有数据及一些保密文献等,供行业内部少数人沟通信息使用。

(4)论文(Paper):指准备在学术会议或期刊上发表的报告,常以单篇形式发表。

(5)译文(Translations):译自国外有参考价值的文献。

4. 科技报告的类型

(1)按研究进度划分科技报告的类型如下。

①初期报告(Primary Report):研究单位在进行某研究项目的一个计划性报告;

②进展报告(Progress Report):报道某项研究或某研究机构的工作进展情况;

③中间报告(Interim Report):报道某项研究课题某一阶段的工作小结及对下一阶段的建议等;

④最终报告(Final Report):科研工作完成后所写的报告。

(2)按照保密级别划分的科技报告类型如下。

①保密报告(Classifical):按内容分为绝密、机密和秘密3个级别,只供少数有关人员参阅;

②非保密报告(Unclassifical):分为非密限制报告和非密公开报告;

③解密报告(Declassfical):保密报告经一定期限,经审查解密后,成为对外公开发行的文献。

二、国内科技报告检索

我国国家科技计划项目所产生的政府科技报告主要收录于"国家科技报告服务系统",即NSTRS(National Science and Technology Report Servive),访问网址:http://www.nstrs.cn/index。实名注册并认证身份后可检索、浏览科技报告全文,但不能下载。

三、国外科技报告检索

1. NTIS数据库

检索美国政府报告的常用数据库是美国国家技术情报社出版的美国政府科技报告数据库(National Technical Information Service,NTIS),以收录美国政府立项研究及开发的项目报告为主。NTIS报道的科技报告除了美国的四大报告外,还包括美国农业部、教育文化部、国家环境保护局、健康与人类服务部、住房与城市发展部等的科技报告,同时也收录世界其他许多国家,如中国、加拿大、日本及一些国际组织的报告,包括项目进展过程中所做的一切初期报告、中期报告、最终报告等,反映最新政府重视的项目进展。该库75%的文献是科技报告,其他文献有专利、会议论文、期刊论文、翻译文献;25%的文献是美国以外的文献;90%的文献是英文文献。专业内容覆盖科学技术各个领域,检索结果为题录和文摘。

读者可以通过NTIS网络版数据库,检索到其提供的有关由美国政府资助的科研及发展项目的信息,其中包括300家政府机构解密的文摘、公开的报告和分析。由于该库中提供报告编号,据此可向有关机构索取报告的全文。NTIS可以用于判定由政府报告或政府资助的研究项目是否存在;了解政府机构所从事的研究类别及找到源于西欧、日本及美国方面可能会感兴趣的资料。

NTIS提供两种检索途径:快速检索(Quick Search)、高级检索(Advanced Search)。

(1)快速检索:提供产品编号(Product No.)、检索编号(Accession No.)、关键词(Keyword)、摘要(Abstract)、作者(Author)等几种常规的字段查询方式。

(2)高级检索可以通过限定检索字段、时间范畴、排列方式、所属学科类别、收集地点(Limit Results By Collection)等进行搜索,不能够选择多个检索字段,只能逐个字段检索,逐条排除。

NTIS的搜索结果只提供报告编码(Product Code)、题名,需要单击检索结果列表中的更多细节(more details)链接,才能看到作者、年份、收集地点等信息。

2. 其他免费获取科技报告的来源

(1)NASA Technical Reports Server(NTRS):提供有关航空航天方面的科技报告,可以检索并浏览,部分有全文。网址为 https://ntrs.nasa.gov/search。

(2)DOE Information Bridge:可以检索并免费获得美国能源部(United States Department of Energy)提供的研究与发展报告全文,内容涉及物理、化学、材料、生物、环境、能源等领域。网址为 http://www.osti.gov/。

（3）Scientific and Technical Report Collection：美国国防部（United States Department of Defense）提供的科技报告，涉及国防及其相关领域，多数可以看到摘要，有些只能得到题录，个别能看到全文。

（4）Documents & Reports of the World Bank Group：世界银行组织的文件与报告库，可以免费看全文。

（5）美国政府科学信息门户：网址为 https://www.science.gov/。

（6）科技报告档案和图像数据库（Technical Report Archive & Image Library，TRAIL）：网址为 https://technicalreports.org/trail/search/。

第二节　专利信息的检索

一、专利信息检索概述

1. 专利信息检索的类型

（1）主题检索，包括专利技术信息检索、新颖性检索、侵权检索、创造性检索等。专利技术信息检索是指根据客户的要求，针对某企业或某技术进行世界范围的专利检索；新颖性检索是指对已申请专利但尚未授权的技术，或尚未申请专利的完整技术方案或申报项目，进行世界范围的专利检索和非专利文献检索，评价该技术的新颖性和创造性；侵权检索是指针对技术创新成果进行侵权判断，帮助了解存在的侵权风险和面临的侵权危机，并指导如何正确应对侵权诉讼；创造性检索是在新颖性检索的基础上进行的，只有当新颖性检索中未发现破坏新颖性的文献时，再继续进行创造性检索，目的是要找出与创造性相关的文献。

（2）著录项目检索，包括法律状态检索、同族专利检索等。法律状态检索是指检索各国专利的法律状态，得到专利目前是否有效等信息，为企业合并、合资等决策提供帮助，发现有价值的"过期专利"，既降低企业的研发成本，又可以增加企业的效益；同族专利检索是指检索同一主题的技术在哪些国家或地区申请了专利，以确定这一技术的区域保护范围，了解专利权人的市场动向，同时得到这一技术的区域分布的空白点，为企业的产品出口等决策提供参考信息。

（3）综合性检索，包括技术跟踪检索等。技术跟踪检索是指根据客户的要求，对某技术、某企业的国内外专利进行定期检索，使客户实时掌握最新的专利信息，了解相关技术的发展动向，有利于研发人员正确地运用专利技术加快创新开发，激发研发团队产生新的创意，及时调整研发方向。

2. 专利信息的检索途径与方法

（1）号码检索。主要通过申请号、专利号、国际专利分类号检索特定的专利文献。专利号由国别代码（2位字母）+顺序号（7位数字）+法律状态码（1位字母）组成，如 US 5489846 A。

（2）名称检索。主要通过发明人、专利申请人、专利受让人、专利权人的名称来查找特定的专利。

（3）主题检索。主要通过选取关键词查找相关技术主题的专利。

（4）组配检索。跨字段进行逻辑组配（与、或、非）。

二、国内专利信息检索

国家知识产权局专利检索及分析系统（Patent Search and Analysis，PSS），面对公众用户免费开放，注册之后登录便可免费使用，提供多样化的检索功能包括关键词检索、分类号检索、申请人或发明人检索等。用户可以根据自己的需求选择合适的检索方式，以获取精确的检索结果。网址为：https://pss-system.cponline.cnipa.gov.cn/conventionalSearch。

进入国家知识产权局专利检索及分析系统页面后，系统默认显示常规检索页面，在常规检索页面中有7个检索字段模式，包括自动识别、检索要素、申请号、公开号、申请人、发明人、发明名称可供选择。

（1）自动识别检索字段模式。在根据一个或者多个关键词进行简易检索时，可选用此字段模式，帮助快速检索。在检索前可选择数据范围，包括专利类型和国家/地区/组织。

（2）申请人、发明人与发明名称检索字段模式。要检索某一位发明人或者某一个单位公司的专利现状及某一项发明的具体情况时，就可以直接使用这3个检索字段模式。如查询与华为技术有限公司及其相关公司有关专利时，选择"申请人"检索字段模式，输入"华为"之后出现以下检索结果。

在此页面，可以进行二次筛选，筛选专利类型、有效专利及申请日、公开日、授权日等，方便找到需要的专利信息。

（3）在申请号与公开号检索字段模式中，申请号的格式为。文献的申请国家/地区/组织+申请流水号，例如，CN200410082265。申请号有时还包括校验位，校验位前的圆点去不去掉都可以，系统会自动修正及兼容；专利公开（公告）号的格式为：文献的公开国家/地区/组织+公开流水号+公布级别，如CN1572277A。申请号和公开号都可以在专利文献中找到。

（4）检索要素检索字段模式主要包括关键词与分类号。其优势在于可以在标题、摘要、权利要求、IPC分类号和说明书中同时检索，支持二目逻辑运算符"AND""OR""NOT"。

①关键词：专利检索的核心手段之一，可以体现技术主题的技术特点。

关键词的获取途径有：

a. 科技文献：从中国知网或者万方数据库等页面上的相关技术文献、教科书等；

b. 技术字典：比如《药用辅料》手册等；

c. 分类号的释义：IPC分类号的释义；

d. 技术专家：调研专家或者技术人员。

②分类号：国际专利分类（IPC）、欧洲专利分类号（ECLA）、美国专利分类号（CCL）、日本的分类法（FI/F-TERM）、联合专利分类（CPC）等。IPC 依据《国际专利分类表》，是根据 1972 年签订的《国际专利分类斯特拉斯堡协定》编制的，是唯一国际通用的专利文献分类和检索工具，为世界各国所用分类号检索方法。

专利检索页面上方单击菜单导航中的检索，选择下拉菜单中的"导航检索"命令，进入导航检索页面。

其中有 IPC 导航、CPC 导航、国民经济分类导航这 3 种方式。选择需要导航的方式。以 IPC 导航为例，可进行分类号查含义或者输入关键词查分类号，可快速查到想要的 IPC 分类号。

如查询 A01 的结果，在图 9-1 所示页面中可以查看具体解释包括中文解释、英文解释、德文解释。如果需要浏览关于某一分类的相关专利，单击相应选项，会出现中国专利和世界专利按钮，选择想查看的专利，单击进行二次检索。

三、国外专利信息检索

1. 德温特专利数据库

德温特专利数据库（Derwent Innovations Index，DII）是由 Thomson Derwent 与 Thomson ISI 公司共同推出的基于学术信息资源整合平台（ISI Web of Knowledge，SCI）的专利信息数据库，这一数据库将德温特世界专利索引（Derwent World Patents Index，WPI）与专利引文索引（Derwent Patents Citation Index）加以整合，以每周更新的方式，提供全球专利信息。

DII 收录来自全球 40 多个专利机构（涵盖 100 多个国家）的 1000 多万项基本发明和 2000 万项专利，2000 多万条专利信息，资料可回溯至 1963 年。每周增加来自全球 40 多个专利机构授权的、经过德温特专利专家深度加工的 20 000 篇专利文献，主要涉及化学、电子与电气和工程 3 大领域。同时，每周还要增加来自 6 个主要的专利授权机构的被引和施引专利文献，大约有 45 000 条记录。这 6 个专利授权机构是：世界知识产权组织（World Intellectual Property Organization，WIPO）、美国专利及商标局（United States Patent and Trademark Office，USPTO）、欧洲专利局（European Patent Office，EPO）、德国专利商标局（Deutsches Patent-und Markenamt，DPMA）、英国知识产权局（United Kingdom Intellectual Property Office，UKIPO）和日本专利局（Japan Patent Office，JPO）。

DII 提供专业的专利信息加工技术，汤姆森科技信息集团（Thomson Scientific，TS）组织了 350 多名专家，对来自全球 41 个国家和地区的专利进行深加工，TS 的专家对每篇专利进行标引，根据专利的权利要求、说明书等，去除了晦涩难懂的技术性词汇，利用通用的技术词汇重新对标题和文摘进行了改写，并增加了经过规范化的公司代码、Derwent 分类和 Derwent 手工代码等标引字段，协助研究人员快捷有效地检索和利用专利信息，全面掌握工程技术领域创新科技的动向与发展。

DII 检索途径包括快速检索（Quick Search）、一般检索（General Search）、高级检索（Advanced Search）、被引专利检索（Cited Patent Search）、化合物检索（Compound

Search)。

(1)快速检索是类似 Google 的检索,只需要在检索框中直接输入检索词执行检索即可,检索词默认在所有字段进行检索。

(2)一般检索包括主题(Topic)、专利权属人(Assignee)、发明人(Inventor)、专利号(Patent Number)、国际专利分类号(International Patent Classification)、德温特分类代码(Derwent Class Code,DC)、德温特手工代码(Derwent Manual Code,MC)、德温特专利入藏登记号(Derwent Primary Accession Number)、环系索引号(Ring Index Number)、德温特化合物号(Derwent Compound Number)、德温特登记号(Derwent Registry Number)等检索字段。

①主题是在题目或者摘要中进行检索,也可以单独限制在题目中检索。

②专利权人(Assignee)指有权享受专利的个人或团体,可用受让人名称或 Derwent 机构代码检索,单击检索框后的放大镜图标可以进行辅助检索,以独特的机构代码确保检索该机构所有的专利情况。专利权属机构代码是指许多全球性的跨国公司或机构设在不同地区、国家的分支机构有可能会使用截然不同的名称,DII 中对这些机构的名称做了标准化处理,即专利权属机构代码。例如:诺基亚公司有很多分公司,但是他们的专利权属机构代码是 OYNO,诺基亚公司在不同地区、国家的分支机构用不同的名称做出的专利申请,在 DII 中,都会对其名称进行标准化(OYNO),这样可以很容易地找到属于诺基亚公司的专利申请。如要检索诺基亚公司有关第三代通信技术的专利,可以使用 OYNO 专利权属机构代码进行检索,只需要在 Assignee 下面的检索字段中输入 OYNO 就可以检索到所有的诺基亚公司的专利,而不会漏掉一些非常重要的专利。

③国际专利分类号检索:是根据世界知识产权组织 WIPO 的 IPC 分类法对专利进行分类,并由各国专利局分配给予每个专利的分类号。IPC 分类体系是由高到低依次排列的等级式结构,是把与发明创造有关的全部技术领域按不同的技术范围设置成部(英文大写字母 A~H)、大类(两位数字)、小类(英文大写字母)、大组(1~3 位数字)或小组(斜线加 1~3 位数字),由大到小地降序排列。一个完整的 IPC 分类号由代表部、大类、小类、大组或小组的符号构成,如车辆及零部件的 IPC 分类号为 G07B13/02。

④德温特分类代码检索:德温特(Derwent)分类系统是应用于所有专利的一个独特的系统,所有的技术领域按学科分为 20 类,A~M(化学类)、P 和 Q(工程技术类)、S~X(电子与电气)。每个学科又进一步细分,并用 3 个字符表示。A~M、S~X 的分类是由 Derwent 的专家提供的,P 和 Q 的分类参照国际专利分类号。每个学科类再进一步细分成不同的小类。每个小类由学科类的代码及两位数字组成。如 X22 是 Automotive Electrics(汽车电工学)的分类代码,C04 是所有化肥的分类代码。

⑤德温特手工代码:又称指南代码,比德温特分类代码更为详细,相当于广义的叙词表,根据专利文献的文摘和全文对发明的应用和发明的重要特点进行独家标引。它主要是能提高检索的全面性和准确性,非常适应于科研人员的习惯和应用,并且能

215

直接提供手工代码的检索辅助工具。

⑥德温特入藏登记号检索:德温特入藏登记号是Derwent给每个专利族的第一个专利分配的独特的标识号码,然后应用到该专利族的其他记录中。格式为用四位数表示的年份、连字符,然后是一个6位数字的序号。如2006-612782,通过德温特入藏登记号检索可方便地找到同族专利。

(3)高级检索。适合熟练使用者使用,利用检索界面右侧给出的字段标识符构成复杂的检索式。如TS=(CDMA OR GSM)NOT(AN=Nokia OR AE=OYNO)。

(4)被引专利检索。许多专利发明人在提交专利申请说明书时,会列出自己发明过程中所参考过的论文及已有专利;同时有的专利授予机构的专利审核员也会列出自己审核某一项专利授予权过程中所参考过的文献及已有专利。DII中会有专门的链接,显示这些有关某一项专利的参考文献及参考专利情况(来自发明者和专利审核员的)。同时,DII中还会有Citing Patent的链接,显示某一项专利自发明以来,被哪些专利引用过,借助专利与专利间,以及专利与论文间的引用与被引用关系,可以揭示出一项专利的理论、技术起源。利用Citing Patent的链接,可以迅速追踪到一项技术自诞生以来,最新的进展情况。

在专利的引文中进行检索,可供检索的字段包括:被引专利号(Cited Patent Number)、被引专利权属人(Cited Assignee)、被引专利发明人(Cited Inventor)、被引专利德温特入藏登记号(Cited Derwent Primary Accession Number)。

(5)化合物检索。在Structure Details区域选择Transfer to ISIS/Draw选项,就可以利用下载的绘图软件绘制结构图,并且能指定所画出的化学结构与化合物的关系或相似性,还可以进行如下文本检索和化学结构检索组合检索:Compound Name(化合物名称)、Substance Descriptor(物质描述词)、Structure Description(结构描述词)、Standardized Molecular Formula(标准分子式)、Molecular Formula(分子式)、Molecular Weight(分子量)、Derwent Chemistry Resource Number(德温特化学资源号)。

DII的特点主要集中在3个方面,第一,DII对来自40多个专利机构的将近25 000个专利文件进行回顾,由专家对文件进行高附加价值的加工,提供增值的专利信息。第二,每周还添加约45 000个最新的被引用参考及引用参考的专利信息,提供专利引文标引及检索功能。第三,DII直接链接到Delphion知识产权网络,用户可在线阅读并下载专利说明书的全文图像。

通过对专利文献的深度加工,DII大大丰富了专利信息资源,加速了专利信息的检索过程,提高了检索的准确性,提供了方便精确的检索机制和简明清晰的专利发明解释。DII提供的增值信息包括。

(1)描述性的标题与摘要。由于专利文献所具有的法律性质,以及专利申请人为了有效地保护其发明创造,在专利文献中往往会用一些繁复晦涩、意义含混的专用术语(或法律术语),与一般科技论文中的通用技术用词不同,因此用习惯的常用词检索时,很难找全相关的技术专利文献,了解某项技术的全貌。DII的技术专家根据专利内容重新撰写了简明精确的标题,揭示发明内容与创新性,同时DII的技术专家们还根据专利全文写出一份 200~250 字的摘要，详细介绍专利的声明、用途和优势。

例如，专利文献的原标题为"etting machine"，重新撰写的 Derwent 描述性标题为 "Seedling setting machine – has transportation unit for using vacuum to suck withdrawn seedling into predetermined position"。

专利文献的原有摘要为：

"The present invention relates to capsules encapsulating antibody-producing cells, and to the use of such capsules and encapsulated cells"，

重新撰写的描述性摘要为：

"Capsule(A)comprises a core containing antibody-producing cells(B), surrounded by a porous wall that is permeable to antibodies(Ab)produced by the cells.

USE – Ab may bind to and block the receptors essential for viral infection, or they bind to viruses or other circulating antigens. The capsules are implanted for treatment or prevention of disease, particularly cancer, autoimmune disease(including multiple sclerosis …).

ADVANTAGE – respectively, for implantation in vivo for long term delivery or sustained delivery of antibodies of therapeutic interest.

The capsules, from which no anti-idiotype response is elicited provide long-term or sustained release of Ab and after implantation do not cause an inflammatory response in the host…"

（2）其他语种文献的翻译。DII 将所有英语以外的其他语种出版的专利文献翻译成英文，对于克服语言障碍，了解世界各国的科技进展非常有用。例如，日本每周公布 4000 件专利，全部是日语，DII 的研究人员将其第一页翻译成英文并编制英文索引与摘要。

（3）专利家族。由于专利审查制度程序的规定，以及专利的保护具有国家性，常常造成相同的技术文献多次重复出版，为此，DII 会将同族专利合并成一条记录，在同一条记录页里会列出同族专利中不同国家授予同一项技术的不同的专利号，从而对某一个具体专利的全球专利授权情况一目了然。另外，对于非英文、非中文的专利，可以通过同族专利的记录，找到同一项技术的英文专利，了解技术细节。

DII 中专利家族的规模大小，会反映出某一项技术的重要程度；同时，专利家族的区域分布情况可以反映出专利权所属机构的市场发展计划；这种区域分布的变化，也可以反映出专利权属机构市场战略的改变。

（4）专利发明图示。在可能的情况下提供专利技术中最关键的图示或化学结构图。

（5）DII 独特的分类代码。这个重要的高附加值的编码过程适用于所有的技术领域，在世界范围内得到广泛应用，使用户可以快速找到专利文献。

（6）DII 手工代码。

（7）专利全文在线获取。从 DII 直接连接到 Delphion 知识产权网络，阅读并下载专利说明书的全文图像。

(8)采用 DII,用户可以得到完整的专利书目信息,以及所有引用该专利的专利和该专利所引用的专利。实现与美国科学信息研究所(Institute for Scientific Information,ISI)其他信息产品,如 ISI Web of Science、ISI Proceedings、BIOSIS Previews、ISI Current Contents Connect、ISI Chemistry、ISI Essential Science Indicators、ISI Journal Citation Reports on the Web 等的互联。

2. Internet 上的其他国外专利数据库

在各种网络信息资源中,专利信息的时效性几乎是最强的。因此,传统的手工检索方式的费时费力很难满足相应的信息需求。网络专利信息的主要数据源分为商业专利数据库和网上专利数据库。由于商业专利数据库多为收费数据库,一般的用户是难以承受的;而许多网上的专利数据库可以免费获取专利信息,基本能满足用户的获知要求,是一种较好的专利信息检索途径。因此,这里主要介绍一些比较著名的、典型的国外专利信息检索工具。

(1)欧洲专利局的(Espacenet)专利检索系统(https://worldwide.espacenet.com)。

欧洲专利局网站是由欧洲专利局、欧洲专利组织成员国及欧洲委员会共同研究开发的专利信息网上检索系统。该专利检索系统数据收录时间跨度大、涉及的国家多,不仅可免费检索欧洲专利局成员国各种语言的专利文献[1998 年开始,欧洲专利局的 Espacenet 开始向 Internet 用户提供免费的专利服务,服务内容包括:检索最近两年内由欧洲专利局和欧洲专利组织成员国出版的专利及世界知识产权组织 WIPO 出版的专利合作条约(Patent Cooperation Treaty,PCT)专利的著录信息及专利的全文扫描图像],还可以检索世界上其他主要国家和地区的专利信息,是目前网上最大的免费专利信息检索系统。

①收录范围。该网站收录了自 1920 年以来(各国起始年代不同)80 多个国家和地区公开的共计 3000 万条英文的专利申请和 1.5 亿多万页的专利申请全文供查询,是检索世界范围内专利信息的重要平台。但其检索数据不完整,只有 1970 年以后所收集的有英文标题和英文摘要的题录数据可供检索,这样造成如果从英文发明名称或英文文摘字段进行检索就会漏检。

②检索途径与方法包括:快速检索、高级检索、号码检索、分类号检索。

其中快速检索(Quick Search):分为关键词(Words in the Title or Abstract,或者 Words in the Full Text of Description and Claims)快速检索和人名或组织名称(Persons or Organisations)快速检索。

(2)美国专利数据库(https://www.uspto.gov/patents)。

①美国专利数据库简介。该数据库是由美国专利商标局提供的,分为授权专利数据库(PatFT:Patents)和公开专利数据库(AppFT:Applications)两部分:授权专利数据库提供了 1790 年 7 月 31 日至今已经授权的各类美国专利,其中 1975 年前的专利只提供图像格式(TIFF 格式)专利说明书,1976 年后还提供了 HTML 格式专利全文;公开专利数据库可检索 2001 年 3 月以来公开的专利申请,全部免费提供图像格式和 HTML 格式全文。专利类型包括:实用专利(Utility Patent)、外观设计专利(Design Patent)、植物

专利（Plant Patent）、再公告专利（Reissued Patent）、防卫性公告（Defensive Publication）和法定发明登记（SIR），美国专利数据库每周更新。

美国专利数据库的检索界面分为两部分：左面部分是检索授权专利数据库的几种方式及有关项目的链接（PatFT: Patents），右面部分是检索专利申请数据库的几种方式及有关项目的链接（AppFT: Applications），如图9-1所示。

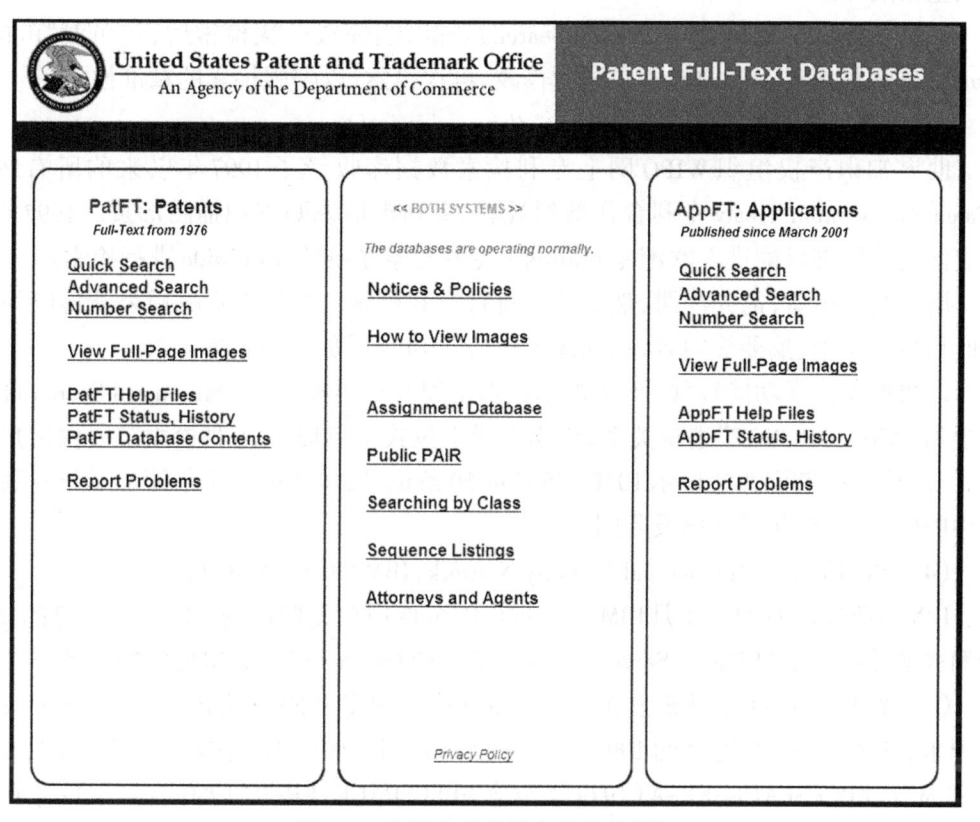

图9-1　美国专利数据库的检索界面

②美国专利数据库的检索功能。美国专利数据库系统检索功能较强，检索途径众多，使用简单方便。其支持加双引号的词组检索；用截词符"$"进行右截断检索，可取代任意数量的字符（加引号的词组用截词符无效）；在高级检索中，可利用各种字段代码限定在发明名称、文摘等字段检索，使检索提问式能够充分、灵活地表达多种多样的信息需求。

美国专利数据库系统的授权专利数据库和专利申请数据库均提供了3种检索方式，即快速检索、高级检索和专利号检索。

快速检索是字段框检索，可输入两个检索词，分别选择不同的检索字段，选择布尔逻辑关系进行检索。

在高级检索页面可输入复杂的布尔逻辑检索式进行检索。高级检索的特点是：支持复杂的布尔逻辑运算，其逻辑运算符"AND、OR、NOT"可同时使用；用检索字段限制检索词，用户可根据不同的检索需求在检索词前加不同的字段限制以达到查准的目的。

专利号检索必须是规定期限内的专利，若同时输入两个专利号，两个专利号之间应用空格隔开。

系统还提供了精确检索（Refine Search）功能，当完成一次检索后，还可对"Refine Search"输入框内显示的原检索式进行修改，再次检索，以增强检索的精准性。

（3）世界知识产权组织 WIPO（https://www.wipo.int/）。

世界知识产权组织 WIPO 网上专利检索数据库收录了 1997 年以来的所有 PCT（Patent Cooperation Treaty 专利合作条约）国际专利申请说明书扫描图形页。1997 年 1 月之前的说明书只能进入欧洲专利局网上专利检索系统的 worldwide 进行检索。

用户在使用前，需先注册，然后才能进行专利检索。数据库在每周公开日（周四）及时更新著录项、摘要等内容，扫描图形在公开 14 天后放入数据库。

该数据库检索功能较强，支持布尔逻辑组配及短语检索，在 Structured Search 页面中提供"AND、OR、NOT"逻辑关系；检索字段下拉式菜单提供 26 种检索字段供用户选择，一次检索结果可选择显示 10 条、25 条或 50 条记录，单击所选记录即显示该专利扉页中的所有内容，包括文摘及附图。

（4）IPN（The IBM Intellectual Property Network，IBM 知识产权网）。

IPN 的前身是 1997 年 1 月 IBM 公司推出的全球用户免费查询美国专利信息的 IBM 专利服务器（The IBM Patent Server），IPN 目前可向 Internet 用户免费提供的服务有：

①免费检索 1971 年以来发布的 200 多万篇美国专利的有关著录项目、摘要及权利要求；②检索 WIPO 提供的 1997 年以来的 160 万篇 PCT 的申请文档数据，以及 EPO 的欧洲专利库 ESPACE-EP-A（1979 年至今）和 ESPACE-EP-B（1980 年至今）；③利用一种标准的 Web 浏览器浏览专利的扫描图像，包括美国专利全文共 4000 万页（1974 年至今）、欧洲专利局的 ESPACE-EP-A（1979 年至今）和 ESPACE-EP-B（1980 年至今）及 WIPO 的 PCT 文档（1998 年至今）。

IPN 提供了四种检索专利的途径，第一种为简单检索，按用户选择的时间和输入的关键词查询相关的专利号和专利名称；第二种为布尔检索，专利的文献著录项目如专利发明人、发布者、名称、摘要、专利号、专利发布的类型和国家、申请号等均可作为被检索的字段；第三种为专利号检索，按用户输入的专利号提取专利摘要及专利文件全文；第四种为高级检索，用户可以在任意项、发明人、受让人、专利名称、摘要等相应项填入关键词，检索特指的专利。高级检索与布尔检索的不同之处是：可以进行两个项以上的"与"（AND）检索，其优点是查准率更高；但各项之间无法执行"或""非"（OR、NOT）操作。IPN 所提供的专利全文的扫描图像的分辨率不是很高，大致能够看清楚专利的内容。如果需要下载较高清晰度的图像，就需要缴纳相应的费用。

(5) Delphion 知识产权网站。

Delphion 知识产权网站是在原 IBM 公司的 IPN 基础上进行了扩大和发展,收集了若干国家的专利文献,包括美国专利、欧洲专利、日本专利、IBM 公司的技术公开说明书、德温特公司的世界专利索引和国际专利文献中心(International Patent Documentation Center, INPADOC)等,是目前因特网上检索专利信息的最大网站,大部分检索结果可直接从网上下载专利说明书全文及附图,但有些数据库要进行注册,是收费服务。

(6) 日本专利局数据库(https://www.jpo.go.jp/)。

日本专利局数据库由日本特许厅工业产权数字图书馆(Industrial Property Digital Library, IPDL)提供,收集了各种公报的日本专利(特许和实用新型)。该数据库目前可使用日文和英文两种语言,有 4000 余万份专利说明书供检索。日文版收录 1921 年(大正十年)开始至今的公开特许公报、公开实用新型公报等,1885 年至今的特许发明明细书,1979 年至今的公表特许公报(国际申请说明书日文译本)等专利文献。英文版可检索 1976 年 10 月至今所有公开的日本专利说明书(包括专利和实用新型)全文。其中 1976—1992 年的专利说明书为扫描后图片格式;1993 年至今的专利说明书为文本格式。

日本专利局已将自 1885 年以来公布的所有日本专利、实用新型和外观设计电子文献及检索系统通过其网站上的工业产权数字图书馆在因特网上免费提供给全世界的读者。作为工业产权数字图书馆的工业产权信息数据,英文版网页上只有日本专利、实用新型和商标数据,日文版网页上还包括外观设计数据。

日本专利英文文摘数据库(Patent Abstracts of Japan, PAJ)是自 1976 年以来日本公布的专利申请著录项目与文摘(含主图)的英文数据库,每月更新一次。

PAJ 检索页面提供两种检索方式:"Text Search"和"Number Search"。

①Text Search。进入 PAJ 的"Text Search"检索界面,该界面设有 3 组检索式输入窗口:"Applicant, Title of invention, Abstract"(申请人、发明名称、文摘)、"Data of Publication of Application"(申请公布日期)和"IPC"(国际专利分类号)。

具体的输入方式可参考示例或"Help"。

②Number Search。提供 4 种号码选项:"Application number"(申请号),"Publication number"(公布号),"Patent number"(专利号)和"Number of appeal against examiner's decision of rejection"(审查员驳回决定诉讼案号)。输入相应号码后,可直接检索。

(7) 加拿大知识产权局专利数据库(https://ised-ised.canada.ca/sife/ised/)。

加拿大知识产权局的专利数据库收录了 1920 年至今的专利全文文本和图形。其检索语言与 Delphion 知识产权网相同。数据库提供了基本检索、专利号检索、布尔检索和高级检索 4 种方式。所运用的逻辑运算符为:逻辑"与"(AND)和逻辑"或"(OR)。专利说明书的显示方式有两种:PDF 和图像显示方式。

第三节 标准信息检索

一、标准信息检索概述

1. ISO

国际标准化活动最早开始于电子领域,1906年成立了世界上最早的国际标准化机构——国际电工委员会(International Electrotechnical Commission,IEC)。其他技术领域的工作最初由成立于1926年的国家标准化协会的国际联盟(International Federation of the National Standardizing Associations,ISA)承担,重点在于机械工程方面。ISA的工作由于第二次世界大战的因素在1942年终止。1946年,来自25个国家的代表在伦敦召开会议,决定成立一个新的国际组织,其目的是促进国际合作和工业标准的统一。于是,国际标准化组织(International Organization for Standardization,ISO)这一新组织于1947年2月23日正式成立,总部设在瑞士的日内瓦。国际标准化组织的全名与缩写之间存在差异,其实,ISO并不是首字母缩写,而是一个词,来源于希腊语,意为"相等",现在有一系列用其作前缀的词,诸如isometric(意为"尺寸相等")、isonomy(意为"法律平等")。从"相等"到"标准",内涵上的联系使ISO成为组织的名称。

ISO是世界上最大的非政府性标准化专门机构,ISO成立的宗旨是消除不同国家、地区间相同技术因非协调标准的存在而形成的技术贸易的障碍,在国际标准化领域占主导地位。ISO主要制定国际标准,协调世界范围内的标准化工作,组织各成员国进行信息交流,促进世界范围内标准化工作的发展。ISO下设2000多个技术委员会(Technical Committee,TC)、分会和工作组,分别负责研究制定某一类标准。

ISO标准是国际标准化组织制定的标准。ISO标准的检索工具为《国际标准化组织目录》(简称"ISO目录"),为年刊,收录上一年的全部现行国际标准。ISO目录采用国际标准分类表编排,包括5个部分,即主题分类目录、字顺索引、标准号索引、技术委员会序号索引和废弃目录,中文版《ISO国际标准目录》按TC号编排。

2. IEC

国际电工委员会(International Electrotechnical Commission,IEC)起源于1904年美国圣路易召开的一次电气大会上通过的一项决议。根据这项决议,1906年IEC在伦敦成立。其是世界上成立最早的非政府性国际电工标准化机构,是联合国经济及社会理事会(United Nations Economic and Social Council,ECOSOC)的甲级咨询组织,总部设在日内瓦。网址为https://www.iec.ch/homepage。

IEC的宗旨是促进电工标准的国际统一,电气、电子工程领域中标准化及有关方面的国际合作,增进各国的相互了解。为实现这一目的,IEC出版了包括国际标准在内的各种出版物,并希望各国家委员会在其本国条件许可的情况下,使用这些国际标准。IEC的工作领域包括电力、电子、电信和原子能方面的电工技术。1947年ISO成立后,IEC曾作为电工部门并入ISO,但在技术上、财务上仍保持其独立性。根据1976年ISO与IEC的新协议,两组织都是法律上独立的组织,IEC负责有关电工、电子领域的国际标准化工作,其他领域则由ISO负责。

目前IEC成员国包括了绝大多数的工业发达国家及一部分发展中国家。这些国家拥有世界99%的人口,其生产和消耗的电能占全世界的99%,制造和使用的电气、电子产品占全世界产量的90%。IEC目前有173个成员国,称为IEC国家委员会,成员分为3类,第1类是正式成员,一个国家只有一个机构可以以国家委员会的名义被接纳为IEC成员,可参加IEC活动,有投票权。如要成为IEC成员,该委员会必须声明向本国所有有兴趣参加IEC活动的政府或非政府机构开放。第2类成员是协作成员。由于资源有限,协作成员只参加部分活动,可以观察员的身份参加所有的IEC会议,但没有投票权。第3类成员是预协作成员,是由IEC中央办公室或某邻国的IEC国家委员会帮助建立的国家委员会成员。其在5年内可以成为IEC的协作成员。

IEC与ISO有许多共同之处,它们都是制定国际标准的机构,使用共同的技术工作守则,遵循共同工作程序。为此,ISO与IEC共同建立了ISO/IEC信息中心(ISO/IEC Information Centre),该中心由ISO和IEC共同管理,目标是提供有关标准化、标准及与标准有关的其他事务方面的信息。ISO/IEC信息中心作为一个国际标准化的信息门户,提供来自ISO和IEC网站上的重要标准信息,例如ISO和IEC目录,在这个信息门户网站上,用户不但可以享受到标准信息的检索服务,而且还可以通过世界标准服务网(World Standards Services Network,WSSN)对一些国家标准化组织的网站进行信息存取。该网站还提供了WTO、ISO和IEC之间在世界贸易和标准化组织等领域的合作关系的信息。该网站一站式检索的能力比较强,在该网站上不仅可以检索到各种标准信息,而且还提供了有关标准研发的参考文献的链接、标准信息的传播和使用情况及获得标准信息的来源。

IEC与ISO最大区别是运作模式不同。ISO的工作模式是分散型的,技术工作要由承担各工作的技术委员会秘书处管理。标准制定计划确定后,由ISO中央秘书处负责协调。只有到了国际标准草案(Draft International Standard,DIS)阶段,ISO才予以介入。随着电子技术的应用,ISO进行了机构改革,从标准制定开始,中央秘书处就以电子形式跟踪制定过程,以便加快标准制定周期。而IEC采取的集中管理模式,即所有文件从开始就由IEC中央办公室负责管理。

3. ANSI的由来

美国国家标准学会(American National Standards Institute,ANSI)成立于1918年。当时,美国的许多企业和专业技术团体已开始了标准化工作,但因彼此间没有协调,存在不少矛盾和问题。为了进一步提高效率,数百个科技学会、协会组织和团体,均认为有必要成立一个专门的标准化机构,并制定统一的通用标准。1918年,美国材料试验协会(American Society of Testing Materials,ASTM)、美国机械工程师学会(American Society of Mechanical Engineers,ASME)、美国矿业与冶金工程师协会(ASMME)、美国土木工程师协会(American Society of Civil Engineers,ASCE)、美国电气工程师协会(Institute of Electrical and Electronics Engineers,AIEE)等组织,共同成立了美国工程标准委员会(American Engineering Standards Committee,AESC)。美国政府的3个部门(商务部、陆军部、海军部）也参与了该委员会的筹备工作。1928年，美国工程标准委员会改组为美国标准协会（American Standards Association，ASA）。为致力于国际标准化事业和消费品方面的标准化，1966年8月，又改组为美利坚合众国标准学会（United States of America Standards Institute，USASI）。1969年10月6日改成现名：美国国家标准学会（ANSI）。

美国国家标准学会ANSI是美国标准化中心，负责制定美国标准或将其他团体制定的专业标准经审批后作为ANSI标准。其网站可检索ISO、IEC、NCITS、IEEE、AAMI、ASQ等标准。网址为http://www.ansi.org/。

二、国内标准信息检索

国内查找国家标准的途径如下。

1. 国家标准全文公开系统

其主要收录现行有效强制性国家标准2078项。其中非采标1523项可在线阅读和下载，采标555项只可在线阅读。现行有效推荐性国家标准43 153项。其中非采标28 197项可在线阅读，采标14 956项只提供标准题录信息。

网址：https://openstd.samr.gov.cn/bzgk/gb/index。

2. 全国标准信息公共服务平台

其提供国内所有的国家标准（7万多）、行业标准（8万多，其中电力DL行业标准2千多项）、地方标准（7万多）、团体标准、企业标准、国际标准（近8万）的查阅，提供大部分国家标准的在线阅读。

网址：https://std.samr.gov.cn。

3. 国家标准化管理委员会

登录国家标准委官网，通过通道可以进入国家标准全文公开系统、全国标准信息公共服务平台及标准化业务协同系统等。

网址：https://www.sac.gov.cn。

4. 国家市场监督管理总局

登录国家市场监督管理总局官网，通过服务入口可以进入国家标准全文公开系统。

网址：https://www.samr.gov.cn。

5. 中国政府网

中国政府网开通了国家标准信息查询频道，提供所有国家标准、行业标准及地方标准的查询，国家标准的在线阅读及部分下载，行业及地方标准部分能提供在线阅读。

网址：https://www.gov.cn/。

6. 全国团体标准信息平台

作为我国团体标准化工作相关政策、新闻和信息发布的重要窗口，是提供对团体标准获取、评价和监督的渠道，是社会团体和公众沟通的交流桥梁，对于实现社会团体和团体标准的信息管理、引导社会团体规范开展标准化工作、提供团体标准化工作服务和技术支撑、促进我国团体标准化工作良好发展具有重要意义,于2016年3月正式发布上线。

网址:http://www.ttbz.org.cn。

三、国内行业标准信息检索

国内查找行业标准的途径如下。

1. 工程建设标准化信息网

提供工程建设的国家标准(特别是强制性标准)及工程建设行业标准。

网址:http://www.ccsn.org.cn/。

2. 住房和城乡建设部

其提供国家、行业标准发布公告,随公告提供部分标准全文的免费阅读及下载。

网址:https://www.mohurd.gov.cn/。

3. 中国电力企业联合会

其提供电力企业联合会的企业标准在线阅读及下载。

网址:https://dls.cec.org.cn/。

4. 生态环境部

其提供1400余项生态环保国家标准、行业标准的全文免费阅读及下载。

网址:https://www.mee.gov.cn/。

5. 商务部

商务部流通标准制修订信息管理系统,可提供102项商业行业标准可下载(页面右侧)。

网址:https://ltbzh.mofcom.gov.cn/ltbzh_index.shtml。

6. 水利部国际合作与科技司

水利部水利技术标准查询系统,提供84项含强制性条文的标准文本免费阅读及816项标准题录信息的免费查询。

网址:http://gjkj.mwr.gov.cn/jsjd1/bzcx。

7. 国家广播电视总局

国家广电总局标准信息查询系统,公开66项广播电视和网络视听行业工程建设标准可下载,其他标准提供主要内容和适用范围等信息。

网址:https://www.nrta.gov.cn/col/col2081/index.html。

8. 国家粮食和物资储备局

国家粮食和物资储备局公开粮油标准目录。

网址:https://www.lswz.gov.cn/html/zcfb/index.shtml。

9. 中国气象局

中国气象局公开466项行业标准,可免费下载。

网址:https://www.cma.gov.cn/。

10. 全国金融标准化技术委员会

中国人民银行金融标准全文公开系统，可提供61项推荐性国家标准，248项推荐性金融行业标准可查询、浏览。

网址：https://cfstc.pbc.gov.cn/。

11. 国家林业和草原局

中国林业网公开林业行业标准1510项。

网址：https://www.forestry.gov.cn/。

12. 自然资源部

国土资源标准化信息服务平台、测绘地理信息标准化服务平台、海洋标准化信息系统，免费向社会公众提供现行有效的自然资源推荐性标准题录信息和全文在线阅读服务，目前是3个网址，后期3个网址应该会整合成一个。

13. 中国卫生健康信息标准管理平台

中国卫生健康信息标准管理平台提供2199条卫生标准。

网址：https://www.chiss.org.cn/cas/login。

14. 国家食品安全风险评估中心

国家食品安全风险评估中心食品安全国家标准数据检索平台提供1610项食品安全国家标准的下载服务。

网址：https://bz.cfsa.net.cn/。

15. 国家体育总局体育器材装备中心

体育标准化信息平台提供73项体育领域的国标和行标查询服务，其中国标可在线浏览，行标只有摘要信息。

网址：https://www.sport.gov.cn/zbzx/index.html。

16. 农业农村部

农业农村部官网农产品质量安全监管局"农业标准"板块随公告公开农业行业标准和国家标准目录，设有标准全文和下载服务。

网址：http://www.jgs.moa.gov.cn/nybz。

17. 交通运输标准化信息系统

交通运输标准化信息系统，提供2967条交通运输行业标准免费阅读服务。

网址：https://jtst.mot.gov.cn/。

18. 工业和信息化部

工业和信息化部标准库，提供化工行业、石化行业、黑色冶金行业、有色行业、建材行业、机械行业、船舶行业、轻工行业、纺织行业、兵器行业、核工业行业、电子行业、通信行业等33个项目标准。

网址 https://www.miit.gov.cn/。

19. 国家铁路局

国家铁路局提供铁路技术标准、工程建设标准、工程造价标准目录，设有在线浏览和下载服务。

网址：https://www.nra.gov.cn/jgzf/bzgf/jsbz/。

20. 人力资源和社会保障部

人力资源和社会保障部官网政务公开板块规划财务栏目下设有"标准"，提供公共就业服务标准、社会保险标准、劳动定额定员标准的目录清单，部分行业标准可在线阅读，国家标准链接到了标准委全文公开平台。

网址：https://www.mohrss.gov.cn/SYrlzyhshbzb/zwgk/ghcw/bz/。

21. 公安部

公安部官网信息公开板块——机构分类——科信局中公共安全行业标准公告中提供公安行业标准目录，没有在线浏览和下载服务。

网址：https://app.mps.gov.cn/gdnps/index.jsp#。

四、地方标准和企业标准

1. 地方标准

除了国家标准、行业标准外，3.7万余项地方标准也正陆续公开（具体数目在不断变化），方便大家查询。

2. 企业标准

企业标准信息公共服务平台，网址：https://www.qybz.org.cn。

五、国外标准信息检索

1. ISO标准网

ISO标准网提供各种关于该组织标准化活动的背景和信息、各技术委员会（TC）、分委员会（Sub Committee，SC）的目录及活动、国际标准目录（包括已出版的国际标准、撤销标准和其他标准出版物）、ISO9000标准和ISO14000标准系列，还提供对其他标准化组织的链接及多种信息服务。如果需要订购全文，可单击相应的图标，填入相关的个人资料、付款方式及全文的传递方法。网址：https://www.iso.org/home.html。

ISO网站提供了诸多标准字段的检索：

（1）关键词或短语（Keyword or phrase）检索。关键词可以选择在标题、摘要和标准全文里出现的词汇。检索缺省状态为逻辑"OR"，支持"AND"和"NOT"，支持截词检索。

（2）ISO标准号和分序号检索。ISO标准号的结构如"ISO+序号-年号（ISO6989-2019）"或"ISO+序号/分序号-年号（ISO2631/2-2003）"。当某个标准由多个分标准组成时，分序号为分标准序号，"/2"即为该标准的第二部分。检索时，可直接输入标准号，如查询ISO9000，可输入9000；若检索ISO9000-2015，可在标准号内直接输入，或在标准号内输入9000，在分序号输入2015；查询某个范围的标准，如1：300，则检索到1至300号的标准；想查几个标准，用逗号分隔如9000，14001，14004。

(3)文献类型(Document type)选择。可以选择导言、国际标准、技术规范、技术报告、介绍等,默认状态为所有类型。

(4)国际标准分类号(International Classification for Standards,ICS)检索。该项检索提供利用国际标准分类法(ICS)检索标准信息。ICS 的号码可以参阅 ISO 网上提供的《国际标准分类表》。如希望了解图像技术(Image Technology)方面的国家标准,可以直接在 ICS 的检索框内输入图像技术的 ICS 号码37,将检索包含37的所有下级类标准。可以输入不同级别的分类号,检索一类标准,如12、12.040、12.040.30 得到一系列的标准;也可限定在某个范围检索,例如,如果想检索信息技术——办公设备方面的国际标准,由 ICS 分类表得知此类标准的类号是 35.02~35.260,直接输入 35.020;35.260;还可浏览国际标准分类系统,选择类目所属标准。

(5)标准发展状态代码(Stage Code)检索。标准状态检索是指采用 ISO 标准制定过程中的4位有效状态代码进行检索,此项检索不能作为独立的检索条件,必须与上述其他条件共同使用,作为辅助检索条件使用。检索时,可以查阅网上提供的标准状态代码表,直接输入状态。在检索框内输入完整的4位数状态代码,可检索出所达到的某一特定状态的标准。当前状态到达的日期只能和标准发展状态代码检索同时使用,格式为年月日,可以是某个时间或一段时间。

(6)技术委员会(TC)检索。可以选择 ISO 特定的一个委员会或其下属某一机构来进行标准检索,直接输入技术委员会代码,可以检索该技术委员会指定的所有标准。

ISO 可选择检索的范围,如 ISO 已出版标准目录或 ISO 技术项目工作条款,或两者都选。标准检索结果有4种显示方式:ISO 标准号大小顺序、ICS、标准所属 ISO 技术委员会及其下属委员会、标准所处状态代码。

2. IEC 标准的检索

IEC 标准号的组成有如下几种类型:

(1)IEC+号+(年号),如 IEC434(1973),标准名称为"飞机上的白炽灯的 IEC 标准"。

(2)IEC+序号(附加标记)+年号,如 IEC871-1-1997,附加标记有2种,一是加数字,表示是该标准的分标准;二是加 A、B、C 等标记,以示与原标准有所区别,其他代码与 ISO 相同。

IEC 网站的标准信息检索途径如下:

(1)基本检索(Search)。在 Search 检索框内输入检索词或 IEC 标准号或 IEC 技术委员会代码。全文检索提供 IEC 全部出版物的检索,包括已经出版和即将出版的 IEC 标准。该项检索既支持在标准的全文中进行关键词检索,也支持对 IEC 的技术委员会代码或 IEC 标号代码进行检索。

(2)依据标准号的快速检索(Quick Access by Ref. Number)。对于比较熟悉 IEC 标准表示方法的信息用户可以用此种检索方法进行快速查询,IEC 标准的表示方法是 IEC+顺序号+(制定年代),如 IEC 61223-2-5(-1994)。

（3）高级检索（Advanced Search）：可以提供标准号（Reference）、IEC 技术委员会（Committee）、国际标准分类号码及标准名称（Subject）和标准出版日期（Date from to）等检索途径的综合检索。在标准号（Reference）检索项中，系统提供了两个检索选择框，一个是标准代码前缀（Header）的选择。例如，IEC 标准或 IEC/ISO 共同颁布的标准 ISO/IEC 等；另一个是标准代码（Number）的输入框，系统可以按照选定的标准显示检索结果。在 IEC 技术委员会（Committee）项的检索中，信息用户需要分别选择 IEC 技术委员会的代码（如 TC/SC）和名称（Technical Committee title，如 Electric cables）。对于 Subject 项的检索，用户需要选择国际标准分类号以及该分类号对应的号码名称。

3. ANSI 标准的检索

美国国家标准学会（American National Standards Institute，ANSI）标准网站是 https://webstore.ansi.org/ansidocstore/default.asp。

ANSI 标准的检索网站提供两种检索途径。

（1）关键词检索（Keyword Search）。关键词可以选择在标题、摘要里出现的词汇。ANSI 的关键词检索还采用了词干检索技术。在默认的情况下，关键词检索自动采取逻辑"与"检索，返回的记录会包括所有的检索词，检索词的输入顺序不会影响最终的检索结果。

精确检索（Exact Phrase Searching）：如果希望检索结果包含所输入的特定短语，可以将该短语放入引号内。例如，如果想检索含有短语"Fire Service Professional"，则需要构造的检索式为"Fire Service Professional"。

另外，在该网站中，文本检索不区分大小写。所有的字母，无论输入形式如何，检索系统都将按照小写字母处理。例如，输入的检索词如为"Programming""programming""PROGRAMMING"或"ProGraMMinG"，返回的检索结果都是一样的。

（2）文献号检索（Document Number Search）。文献号检索是指对标准记录中的文献号字段进行检索。将文献号检索与关键词检索分离的目的是为增加信息检索的灵活性，力求更准确的检索结果。检索时，可以输入完整的文献号，也可以输入文献号的部分内容。如果为了得到最好的检索结果，应该输入文献号的核心部分即去掉文献号的前缀和后缀。例如，完整的文献号码为"ANSI/SAAMI Z299.4-1992""ASTM B896-99""DOD-C-63537A NOT 2"，其核心部分分别为"Z299.4""B896""63537"。当然，并不要求信息检索者一定要输入文献号的核心部分才能得到预期的检索结果，可以使用文献号的任何部分予以检索。例如，当采用文献号检索时，输入"896-99"，返回的检索结果仍然是"ASTM B896-99"。

第四节　会议文献检索

一、会议信息检索概述

会议论文在学术界和专业领域中承担着重要职责，通过会议，学者和研究人员能够分享和交流最新研究成果，快速传播新知识、新技术和新理念。由于会议论文通常涉及最新的研究，是获取前沿信息的重要渠道，在推动相关学科的发展中发挥着不可或缺的作用。

二、国内会议文献检索

1. 万方数据知识服务平台—中国学术会议文献数据库

网址：https://c.wanfangdata.com.cn/conference。

"中国学术会议文献数据库"（China Conference Proceedings Database），资源囊括中文会议和外文会议，中文会议收录始于1982年，年收集约2000个重要学术会议，年增15万篇论文，每月更新。外文会议论文主要来源于国家科技图书文献中心外文文献数据库，收录自1985年以来世界各主要学协会、出版机构出版的学术会议论文共计1100万篇全文，每年增加论文约20万篇，每月更新。网页提供会议导航、会议速递等快捷功能，精准定位需要检索的会议论文。

2. 中国知网—国内外重要会议论文全文数据库

网址：https://kns.cnki.net/kns/advsearch?dbcode=CIPD。

"国内外重要会议论文全文数据库"是中国知网出版的CNKI（China National Knowledge Infrastructure）系列数据库之一，收录国内外会议主办单位或论文汇编单位书面授权并推荐出版的重要会议论文，重点收录1999年以来中国科协系统及国家二级以上的学会、协会，高校、科研院所与政府机关举办的重要会议，以及在国内召开的国际会议上发表的文献。目前，该数据库已收录出版国内外学术会议论文集3万本，累积文献总量300万篇，专辑分为168个专题。

三、国外会议文献检索

1. OCLC FirstSearch-PapersFirst

网址为https://www.oclc.org/zh.Hans/first search.html。

OCLC（Online Computer Library Center, Inc.，联网计算机图书馆中心）FirstSearch Service（第一检索）现称"信息第一站"，是大型综合的数据库平台，涉及广泛主题范畴，覆盖各领域，共有数10个子数据库。PapersFirst是其中一个索引数据库，专门收录在世界各地会议上发表的论文，涵盖自1993年以来所有来自大英图书馆文献供应中心的发表过的研讨会、大会、博览会、研究讲习会和其他会议的资料。该数据库记录了会议中讨论的各种主题，并通过馆际互借服务提供全文获取的途径。其主要关注会议中的单篇论文，而不是整体记录。

2. OCLC FirstSearch-Proceedings

网址：https://libproxy.ruc.edu.cn/ermsClient/eresourceInfo.do?rid=239。

Proceedings同为OCLC FirstSearch Service旗下的索引数据库，专注于收录会议的整体记录。同样涵盖了自1993年以来的会议资料，但与PapersFirst不同的是，其提供了每次会议上所呈交的文件的清单，从而提供了会议活动的概貌。该数据库不仅包括单独的论文，还包括会议的完整记录，如会议论文集、讨论摘要、会议报告等，为研究人员提供了一种方式来获取整个会议的学术成果,而不仅仅是单篇论文。

3. Web of Science-CPCI

网址:https://libproxy.ruc.edu.cn/ermsClient/eresourceInfo.do?rid=281。

CPCI,即"会议论文引文索引"(Conference Proceedings Citation Index),属于Web of Science核心合集,主要收录世界上各种重要的会议文献,汇聚全球最重要的学术会议信息,包括专著、丛书、预印本及来源于期刊的会议论文,提供了综合全面、多学科的会议论文资料。其每年收录12 000多个会议的内容,年增加超过22.5万条记录,用户能够看到论文的题录和文摘,数据更新较为及时。

4. CPCI-SSH

CPCI-SSH即"社会科学及人文科学会议录索引"(Conference Proceedings Citation Index - Social Sciences & Humanities),主要收录社会科学、艺术及人文科学的会议录文献,包括会议、座谈、研究会和专题讨论会的资料,涵盖了艺术、经济学、历史、文学、管理学、哲学、心理学、公共卫生学、社会学等多个领域。

5. CPCI-S

CPCI-S即"科技会议录索引"(Conference Proceedings Citation Index - Science),同属于Web of Science核心合集,主要收录世界上各种重要的科学会议文献,包括国际上著名的学会会议、一流的公司会议以及重要的科学杂志等所举办的会议,覆盖的学科范围包括生命科学、临床医学、物理学、化学、工程技术、应用科学、生物学、环境与能源科学等。

6. EBSCO-Academic Search Complete

Academic Search Complete即"综合学科学术文献大全",是一个广泛使用的学术研究资源,提供跨学科的全文期刊、杂志、会议论文和报纸文章。数据库由EBSCO Information Services公司支持,是全球最大的综合性学术数据库之一。其覆盖广泛的学科领域,检索功能强大,可以根据文章来源进行特定检索,用户可以通过关键词、作者、标题等多种方式进行。数据库还提供了引文链接功能,方便用户追踪引用了特定文章的其他文献。

网址为https://www.ebsco.com/。

7. IEEE/IET Electronic Library

IEEE/IET Electronic Library(IEL),即"电气与电子工程师协会&国际工程和技术学会联合电子图书馆",也是IEEE旗下最完整、最有价值的在线数字资源,通过智能的检索平台为用户提供创新的文献信息。其权威内容覆盖电气电子、航空航天、计算机、通信工程、生物医学工程、机器人自动化、半导体、纳米技术、电力等各种技术领域。其内含149种IEEE和23种IET出版的期刊与杂志,还有每年900多种IEEE会议录和40多种IET会议录,总量超过12 000卷。对于工程、技术和科学研究领域的专业人士和学者来说,是一个不可或缺的信息来源。

网址:https://libproxy.ruc.edu.cn/ermsClient/eresourceInfo.do?rid=209。

第五节 学位论文检索

一、学位论文检索概述

学位论文（Thesis, Dissertation, Degree Dissertation）是高等学校或研究机构的学生为取得学位，在导师指导下完成的科学研究、科学试验成果的书面报告，是学位授予的重要依据之一。其分为学士论文、硕士论文、博士论文三个级别，具有保密（绝密、机密、秘密）、无密级之分，还具有规范性、独创性、选题新颖、内容完整、参考文献数量多的特点。学位论文一般不公开出版，属于灰色文献，全文获取不易。学位论文收藏分散，一般收藏于学位授予单位（图书馆、档案馆）。我国及很多国家均有学位论文的呈缴制度。

二、国内学位论文检索

国内学位论文一般获取途径包括两个：①培养机构的档案馆、研究生院：可以通过向高校图书馆机构申请来获取高校内部的学位论文，不同高校的具体流程各不相同。另外，不同高校对于来自校外的文献请求的开放程度也是各不相同的，而且目前总的趋势是开放程度越来越小。②各类硕博论文数据库：国内收录硕博论文的数据库主要分为两大类，a. 由国家相关机构牵头建设的数据库，如中国国家数字图书馆、NSTL国家科技图书文献中心等，该类数据库最为权威；b. 各类第三方数据库，如知网、万方数据知识平台、大学数字图书馆国际合作计划（China Academic Digital Associative Library, CADAL）、华艺学术文献数据库等。

1. 中国国家图书馆·中国国家数字图书馆博士论文库

网址为http://read.nlc.cn/allSearch/searchList?searchType=65&showType=1&pageNo=1。

该数据库是以国家图书馆20多年来收藏的博士论文为基础建设的学位论文全文影像数据库，提供25万多篇博士论文展示。这个数据库有两个缺陷，第一是只提供了博士论文，没有收录硕士论文；第二是在线浏览只提供了前24页的阅读权限，全文资源需要通过文献传递的手段获取。

2. NSTL国家科技图书文献中心

网址为https://www.nstl.gov.cn/index.html。

NSTL是科技部联合财政部等六部门，经国务院领导批准成立的科技文献服务机构，由中国科学院文献情报中心、中国科学技术信息研究所等9个文献信息机构组成。从使用体验上来讲其在学位论文检索方面是最为权威和全面的一个数据库。该数据库不提供文章正文的在线浏览服务，全文获取需要提交购买申请。

3. 万方数据知识服务平台——中国学位论文全文数据库

网址为https://c.wanfangdata.com.cn/thesis。

该库收录了1980年以来国内高等学校或科学研究机构（85%）的博硕士学位论文近600万篇，涵盖各学科领域，可"在线阅读"全文，或直接下载。对于部分无全文的学位论文，该库提供"原文传递"服务获取全文。单击论文详情页的"原文传递"按钮（图9-2），输入邮箱和手机号后申请获取全文，一般在两个工作日内回复。

图9-2　万方学位论文原文传递功能

4．中国知网——中国博士学位论文全文数据库（Chinese Doctoral Dissertations Full-text Database，CDFD）**及中国知网——中国优秀硕士学位论文全文数据库**（Chinese Master's Theses Full-text Database，CMFD）

网址为https://cnki.net/。

CDFD收录了520余家博士培养单位的博士学位论文全文50万余篇，CMFD收录800余家硕士培养单位的硕士学位论文全文520万余篇，最早回溯至1984年，动态更新。

5．E读学术搜索——CALIS学位论文检索系统

网址为http://www.yidu.edu.cn/。

CALIS学位论文数据库（已整合至"E读学术搜索—开元知海e读"）收集了国内高校学位论文、高校联合采购的PQDT（ProQuest Dissertations & Theses，数字化博硕士论文文摘数据库）学位论文，以及由美国国家自然科学基金支持的学位论文共建共享项目NDLTD（Networked Digital Library of Theses and Dissertations，网络数字图书馆学位论文）学位论文数据，涉及文理工农医等多个学科领域。资源包括中文学位论文324万余篇，外文学位论文223万余篇，数据更新至2018年。

全文获取:与本机构购买的学位论文数据库无缝链接(万方、知网),未购买的学位论文,可通过CALIS馆际互借与文献传递服务网申请获得全文。

6. CADAL数字图书馆——学位论文

网址为https://cadal.edu.cn/。

其收录了CADAL资源共建单位的学位论文16万余篇,包括当代学位论文、民国学位论文。当代学位论文含武汉大学1981—2005年博硕士学位论文全文,民国学位论文主要为民国时期国立武汉大学的学位论文,数据更新至2006年,如图9-3所示。

图9-3　CADAL数字图书馆学位论文

部分学位论文提供在线全文阅读,不提供下载。即注册CADAL个人账号并登录后可在线阅读全文。

三、国外学位论文检索

1. ProQuest Dissertations and Theses(PQDT)

ProQuest Dissertations and Theses(PQDT)是世界上最权威的学位论文数据库,收录有欧美2000余所大学文、理、工、农、医等领域的博士、硕士学位论文,是学术研究中十分重要的信息资源。近几年,其收录了国内40余所高校的学位论文。

该数据库提供基本检索(Search)和高级检索(Advanced Search)两种检索模式。在基本检索中,只要数据库所提供的多个检索字段中的任意一个包含所输入的检索词,即符合检索要求。在高级检索模式中,主要有题名(Title)、摘要(Abstract)、全文(Full Text)、作者(Author)、学校(School)、导师(Advisor)、文献来源(Source)、ISBN号(ISBN)、出版号(Publication Number),并提供与(AND)、或(OR)、非(NOT)三种算符对上述字段进行组合检索。此外,针对短语式检索词,该数据库还提供了词语限定式检索,诸如所有词(All Words)限定、任意词(Any Words)限定和精确词语(Exact Words)限定或短语限定,其中在所有词(All words)限定中,检索词的顺序可以改变,而在精确词语(Exact Words)限定或短语限定中,检索词的顺序不可以改变。

PQDT数据库的检索算符包括。

(1)逻辑算符。

①与(AND):要求检出的结果中必须同时包含输入的所有检索词,如title(knowledge integration)AND school(Harvard University)。

②或(OR):要求检出的结果中至少包含输入的所有检索词之一,如title(social network)OR subject(knowledge management)。

③非(NOT/AND NOT):要求检出的结果中应排除NOT/AND NOT后的检索词,如title(knowledge integration)AND NOT school(Harvard University)

(2)位置算符。

①W/n:检索词必须出现在接近位置,或两个检索字之间含有n个字符,但词序可以颠倒,n必须为整数,位于W之后,且与W之间必须以"/"隔开,如"knowledge W/10 integration"表示"knowledge"和"integration"之间间隔10个词,但是二者的顺序可以颠倒。

②PRE/n:PRE前的检索词必须出现在n后的检索词左边n个字符数内,如"knowledge PRE/1 integration"表示knowledge必须在integration左边,而且二者之间间隔1个字符。

(3)其他算符。

①截词符(?):表示任意个字符(0-n个字符),如"keyword(network?)"会检索到network、networks和networked。

②语言范围算符(text):主要用于检索题名和文摘是非英语的论文,在语种单词后加字段"text",如(ti(French text)),表示检索题名是法语的论文。

③括号:用括号对检索词进行逻辑分组,然后用逻辑算符连接进行复杂检索。如"ti((integration or fusion)and knowledge)and sc(Harvard)"。如果检索词是短语时,需要将短语输入到字段代码后面的括号中,如"keyword(knowledge integration)"表示可以检索到关键词中含有"knowledge integration"的文献。

国内有关PQDT数据库有3个镜像服务器,分别是CALIS服务器、中信所服务器和上海交大服务器。以下检索案例均以中信所服务器为例,阐述该数据库的检索方法。

(1)基本检索。基本检索模式位于该数据库的主页面中。

在实施基本检索时,直接在主页面的检索框中输入检索词即可(图9-4),单击检索(Search)按钮,即可提交检索请求,检索结果列表页面就会展示出来。

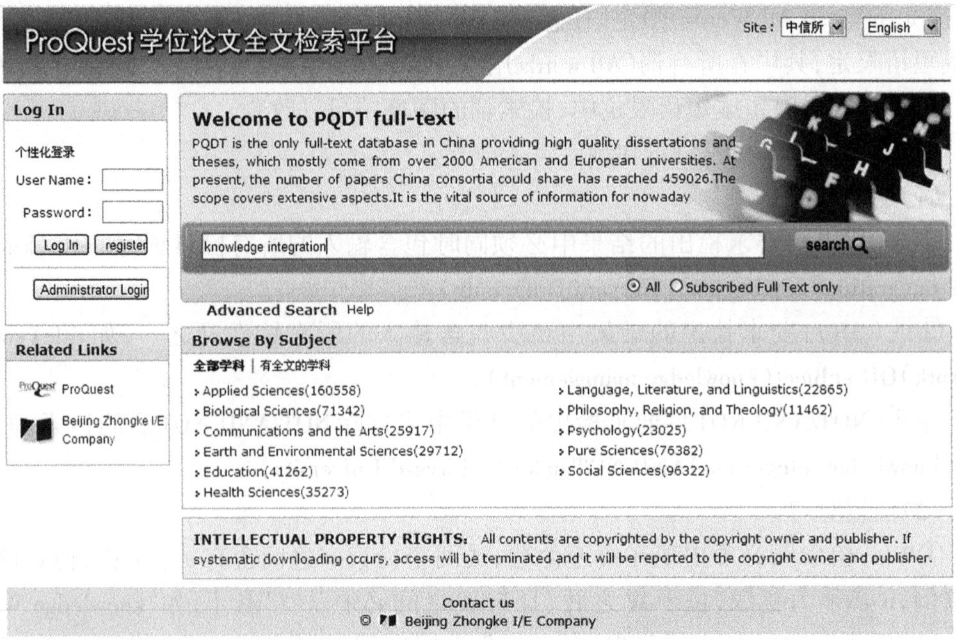

图 9-4 PQDT 数据库主页面的检索框

（2）高级检索。在数据库的主页面上单击高级检索（Advanced Search）的超链接，就可以进入该数据库的高级检索界面。进入到高级检索界面后，可同时利用多个字段采用布尔逻辑算符进行组合检索。

在高级检索中，通过 Subjects 字段可以选择不同的主题范畴，包括 2 级和 3 级主题范畴，如图 9-5 所示。

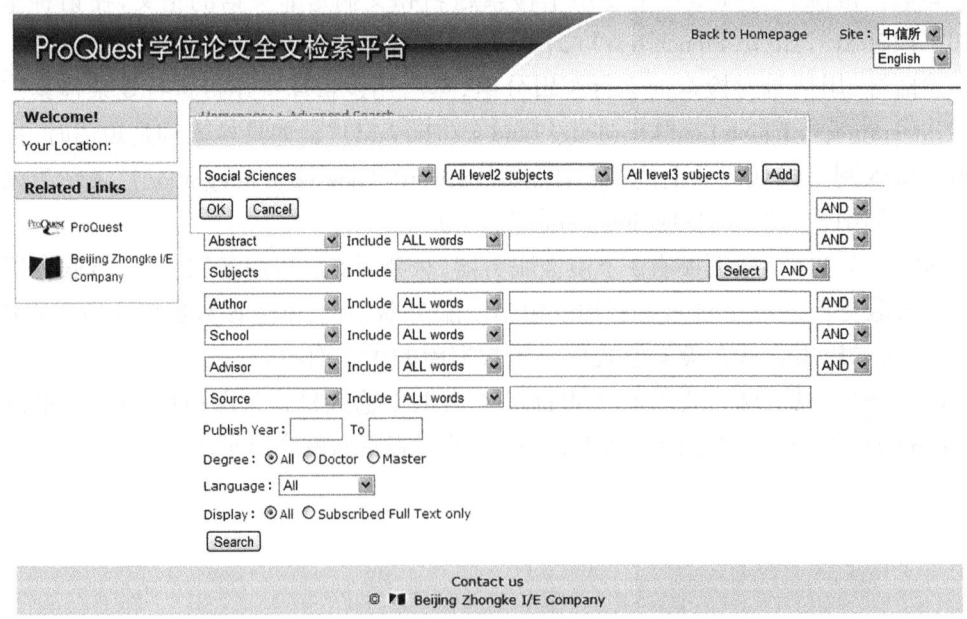

图 9-5 PQDT 数据库中高级检索界面中的主题检索功能

2. MIT Theses

网址为 https://dspace.mit.edu/handle/1721.1/7582。

MIT Theses 是麻省理工学院（Massachusetts Institute of Technology，MIT）的学位论文库，其中的论文由麻省理工学院图书馆扫描或由论文作者以电子格式提交。自2004年起，所有的硕士和博士在授予学位后，其论文都会被扫描并添加到这个数据库中。

3. Stanford Libraries

网址为 https://searchworks.stanford.edu/catalog?f%5Bgenre_ssim%5D%5B%5D=Thesis%2FDissertation。

斯坦福大学的学位论文库，截至2021年，有5万多名斯坦福毕业生的学位论文。

4. 学位论文开放获取资源

台湾博硕士论文知识加值系统：https://ndltd.ncl.edu.tw/。

英国学位论文库（The Electronic Theses Online System，EThOS）：https://www.bl.uk。

开放获取学位论文数据库（Open Access Theses and Dissertations，OATD）：http://oatd.org。

数字空间（MIT DSpace）：http://dspace.mit.edu/。

欧洲学位论文数据库 The DART-Europe E-theses Portal：https://www.dart-europe.eu/basic-search.php。

第六节　档案信息检索

一、档案信息检索概述

档案信息检索，是将档案材料中的情报信息加以存储，编制检索工具，建立检索系统，并按一定的方法查找和利用档案材料的一种档案管理业务活动。

档案信息检索工作的内容包括两大部分：一是档案信息检索系统的建立，即对档案信息进行存储和加工，编制各种手工的档案检索工具，进而建立计算机档案信息检索系统；二是根据利用者的要求，从已建成的检索工具或检索系统中查找所需要的档案材料。

档案信息检索的基本原理是实现档案需求与相关档案信息的匹配，即将特定的档案需求与存储在检索系统中的档案信息进行相符性比较，并根据一定标准从中选择出符合需求的档案信息。

二、档案信息检索途径

档案信息检索途径分为档案内容检索途径和形式检索途径两大类。

1. 档案内容检索

档案内容检索途径是用直接表达档案主题内容的档案信息特征作为检索入口的检索途径，有下面几种：

(1) 分类途径。分类途径是将档案分类号作为检索入口查找档案信息的一种途径。分类号是表达档案主题内容在档案分类体系中的类别的一种特征信息,档案分类体系是根据档案的内容和本质特征,将档案分门别类,揭示其在内容上的相互关系所形成的一种等级体系。从分类途径入手检索可以系统、全面地查到有关档案信息,是档案信息检索的主要途径。

(2) 主题途径。主题途径是指通过档案的内容主题进行检索的途径。检索者只要根据项目确定检索词(主题词或关键词),便可以实施检索。

主题途径检索档案信息关键在于分析项目、提炼主题概念,运用词语来表达主题概念。通过主题途径可以直接查找到涉及某一问题、某一对象和某一事物的档案材料。

(3) 题名途径。规范的档案题名一般都反映了档案的内容特征,如"中共中央统一管理党、政档案工作的通知"。但也有一些档案的题名不能正确地反映档案内容,如"××县计划委员会通告"这类题名就只是文件形式特征的描述。所以,对于题名特征是否属于内容特征,不能一概而论。题名途径在档案检索中用得相对较少。

2. 档案形式检索途径

档案形式检索途径是以档案的形式特征为检索入口的检索途径。

(1) 责任者途径。责任者代表了档案的形成者,包括单位和个人等。同一责任者形成的档案,在内容上反映某一特定职能活动,具有一定阶段性,在内容和时间上互有联系。通过责任者途径,可以检索到同一责任者形成的全部档案,是一种较方便适用的检索途径。

(2) 文号途径。文号是一份普通档案文件固有的并具有唯一性的特征。在已知一份文件的编号的情况下,采用文号途径检索档案最为简便。

(3) 人名途径。这是从档案中涉及的人物入手检索档案信息的一种途径,对于检索某一特定人物的档案材料很有效。

(4) 地名途径。地名途径是从档案中所涉及的地名入手检索档案信息的一种途径,对于检索有关某一特定地区的档案材料比较方便。

(5) 机构名途径。机构名途径是从档案中所涉及的机构特征入手检索档案信息的一种途径,对于检索某一特定机构的档案材料比较方便。

三、国内档案信息检索

国家档案局对全国档案工作实行统筹规划、宏观管理。依据党和国家的政策、法规,拟定档案工作的方针、政策、法规和规章制度;组织、指导、检查、监督、协调中央、国家机关、军队、群众团体和省、自治区、直辖市的档案业务工作。集中统一管理党和国家中央机关的重要档案资料,保守党和国家机密,维护档案的完整,确保档案资料的安全。负责接收、征集、整理、保管党和国家中央机关的重要档案资料,推进档案工作的科学化管理和现代化建设,做好档案编研出版工作,为社会提供利用。收集散失在国外的中国档案材料及与中国有关的档案文件和史料。

国家档案局官网:https://www.saac.gov.cn/。进入国家档案局官网的"全国档案查询利用服务平台",单击"用户登录"按钮,登录后单击"我要查档"或"我要咨询"进行查档业务,单击"我要查档",按要求填写《查档登记表》后,单击"提交"。

四、国外档案信息检索

1. 加拿大国家档案馆(National Archives of Canada)

加拿大国家档案馆是全国唯一的中央级档案馆,馆址在首都渥太华,负责保管1867年成为自治领(Dominion,是英国殖民地制度下一个特殊的国家体制,是殖民地走向独立的最后一步)之前的殖民地历史档案,负责接收和保管1867年以来政府各机关的档案。加拿大国家档案馆的内部机构包括行政管理司、文件管理司、档案司、档案保护司、公共项目司、信息技术司、政策司等职能机构,其中行政管理司、文件管理司和档案司的地位最重要。档案司是最大的职能机构,负责馆藏档案的收集、整理、编目、保管和提供利用,其下还设有7个处——联邦档案处、手稿处、图片处、照片处、图表处、音像档案处、电子文件处及一个图书馆。其网址为https://www.collections-canada.gc.ca/,主页页面有英语和法语两种语言入口(图9-6)。

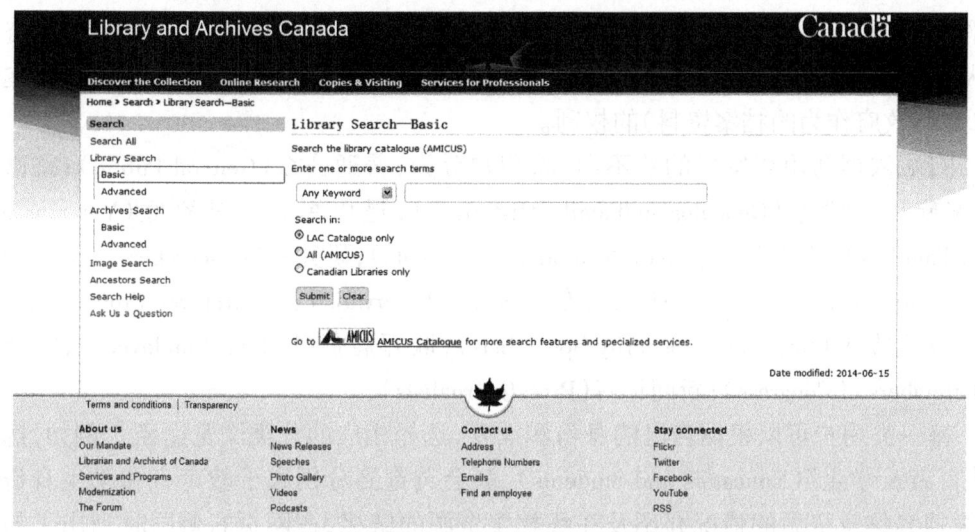

图9-6 加拿大国家档案馆网站档案信息的基本检索界面

基本检索(Basic Search):基本检索中除了图9-7中所示的检索词输入框之外,还设定了限制型检索功能,即档案资料类型(Type of Material)限定和案卷等级水平(Hierarchical Level)限定。

可检索的档案资料类型包括建筑和技术图纸(Architectural and Technical Drawings)、艺术品(Art)、影片和视频(Films and Videos)、地图及制图资料(Maps and Cartographic Material)、摄影作品(Photographic Material)、邮票及邮政用品(Stamps and Postal Material)、录音制品(Sound Recordings)、文字档案(Textual Material)等。

可检索的案卷等级水平包括档案全宗（Fonds/Collections）、系列（Series）、案卷（Files）、项目（Item）、收存地点（Accession）等。

高级检索（Advanced Search）：用户可通过关键词等多项限定和组合检索相关档案，并可阅读档案原文。

2. 美国NARA在线档案信息检索系统

美国国家档案与文件署（National Archives and Records Administration，NARA）是美国联邦政府系统内档案和档案工作的最高管理机构，由国家档案管理处、总统图书馆管理处、联邦文件中心管理处、联邦登录处、人事处及国家历史出版物与文件委员会组成。下辖国家档案馆和国家第二档案馆两个中央级档案馆、15个文件中心、13个地区档案馆、9个总统图书馆和两个总统资料部及其下属机构形成一个全国性的联邦政府档案管理网络。NARA是美国国家档案馆、文件中心和总统图书馆的业务指导机构，1949年由国家档案馆改组而成，之后国家档案馆成为其一个组成部分。因此，美国国家档案与文件署现与美国国家档案馆（http://www.archives.gov/）为同一站点。

NARA的主要任务是保存美国联邦政府的国家档案资料，这些档案资料都产生于政府工作的具体业务过程，诸如美国的《独立宣言》《美利坚众合国宪法》和《权利法案》的档案资料都保存在这里。NARA还保存一些普通民众的档案资料、战争中为美国作出重要贡献的男女军人的英雄事迹及为美国发展作出贡献的外国移民档案资料和从阿拉斯加购买的废旧货币。总之，NARA的存在确保了美国民众检索国家档案资料（包括政府作为的档案资料）的权利。

网站依据利用档案目的的不同，将用户分为：普通公众（General Public）；家谱学者/家族历史学家（Genealogists/Family Historians）；退伍军人及其家庭（Veterans and their Families）；教育者及学生（Educators and Students）；研究者（Researchers）；文件管理者（Records Managers）；保存和档案专业人员（Preservation and Archives Professionals）；信息安全专家（Information Security Specialists）；联邦雇员（Federal Employees）；国会议员（Members of Congress）；新闻记者（Press/Journalists）。

每一类用户可以根据自己的身份和需要，选择相应的分类浏览途径。例如，选择"教育者及学生"（Educators and Students），就会浏览到分别属于教育者和学生身份的在线档案信息资源的情况介绍及在线档案资源的链接，在网页右侧同时列出了与教育类档案相关的分类导航。

NARA网站提供了10种在线数据库和检索工具（On Line Databases and Tools），这是获取美国在线档案信息资源的最重要方式。具体如下：

（1）档案目录检索系统（Archival Research Catalog，ARC）。

ARC是在美国全国范围的档案信息导航系统（NARA Archival Information Locator，NAIL）的基础上于2002年建设起来的，收录了美国国内所有数字化档案信息资源。

其功能与NAIL相比更加强大，可检索到63%的美国档案条目信息，提供了多种检索途径，如关键词、收藏地点、机构、人物、主题及档案的数字化图片。

(2)档案数据库检索系统(Access to Archival Databases, AAD)。

AAD 是美国电子档案的搜索引擎检索系统,其收录的档案文件只是 NARA 保存的历史档案的一部分,目前该检索系统可提供大约 30 个档案系列的数据库和索引,收录的档案数量仍然在增长。其提供的检索途径包括人物、地理区域、组织或日期等。

AAD 提供分类浏览和关键词检索两种查找方式。分类浏览允许用户按照类别(Browse by Category)、主题词(Browse by Subjects)、时间范畴(Time Spans)来查找档案。其中,主题词浏览包括 171 个主题分类,按照字母顺序排列,用户可依据主题类目,然后逐层单击查找。关键词检索分为"基础检索"(Basic Search)和"高级检索"(Advanced Search)。在"基础检索"中,用户通过输入关键词检索出相关档案。在"高级检索"中,用户可通过关键词多项限定和组合检索相关档案,并可阅读档案原文。

(3)联邦文件指南(Federal Records Guide)。

联邦文件指南(Federal Records Guide)全称为"美国国家档案馆联邦文件指南"(*Guide to Federal Records in the National Archives of the United States*),该数据库的网络版以 1995 年罗伯特 B. 马切特(Robert B. Matchette)等编撰出版的同名印刷版文件为依据,增加了 1995 年后出版的国家档案馆收藏的档案文件的描述信息,数据定期更新以反映新收录的联邦文件的状况。这些联邦文件来自美国立法、司法和行政各个部门。

(4)缩微档案目录(Microfilm Catalog)。

该数据库可以检索 NARA 的 3000 多种缩微档案,这些缩微档案由 NARA 自行生产或者由 NARA 购买,主要使用者是一些研究人员,因此确定这些缩微档案的案卷是与研究者相关度最大的业务。其提供目录浏览(Browse NARA's Microfilm Catalog)、简单检索(Search)和高级检索(Advanced Search)三种查询途径,目录浏览途径允许用户按照档案号、档案名称等顺序查找各条记录;简单检索可以通过缩微档案号(Microfilm Publication Number)、关键词等检索相关的缩微目录;高级检索为用户设置了更多的查询路径,包括档案号、档案名称(Publication Title)、馆藏地(Location)、主题词(Subject Term)、分类、日期等。用户可以根据查找的结果来决定是否在线订购相关缩微档案原文。

(5)研究选题列表(Browse list of Research Topics)。

研究选题列表中直接列出了许多档案选题的相关文章、在线帮助工具和检索提示信息等,这些选题包括非裔美国人历史、移民、美国历史、航空、破产、制图与建筑文件、华人移民、公民权利、联邦法律与条例、国际主题、土地文件、军事文件、土著美国人、新政、妇女等 40 多个。在每个题目下面汇集了相关的美国国家档案馆收藏的在线档案信息资源。例如,在"华人移民"的选题中有这样一些资源:ARC 中的相关目录、在美华人移民和中国人记录、部分排华案件档案及 NARA 在旧金山的种族研究档案。

(6)档案出版物及资料检索(Published Research Guides, Articles and Papers)。

该检索工具允许用户按照出版物字母顺序(Alphabetical List of Publications)、主题(Publications by Topic)、专业(Profession)、类型(Type)、文件组合(全宗,Publications by Record Group)、海报和传真(Posters & Facsimiles)、在线出版物(Online Publications)、绪

论杂志(Prologue Magazine,NARA出版的季刊,该杂志主要讲述了全美国家档案的丰富馆藏和档案方面的项目信息)等多种途径,来浏览档案的名称、摘要,如果有需要,可以直接在线订购相关档案,部分档案可以免费订购。主题途径主要包括家谱(Genealogy)、大众感兴趣的档案(Popular Interest)、军事史(Military History)、黑人研究(Black Studies)、总统资料(Presidential Materials)、法规条例(Laws and Regulations)、地图(Maps)、信息安全(Information Security)等。

(7)地区档案馆馆藏检索指南(Finding Aids for Holdings in the Regional Archives)。

美国各地区档案馆的馆藏可以先通过档案目录检索系统(ARC)和缩微档案目录(Microfilm Catalog)进行目录查询,然后根据其馆藏地址,在具体的地区档案馆中查找档案原件。

在该检索工具中,除了直接链接了以上两个检索系统外,还对一些常用档案、档案的使用指南、相关文章、档案列表及档案索引等进行了说明和链接,此外,还提供了各州档案的检索和获取工具,满足了用户对各州档案馆馆藏的查询需求。

(8)档案图书馆信息中心(Archives Library Information Center,ALIC)。

该中心非传统意义上的图书馆,因为服务对象已经面向全美国的档案工作者和研究人员,而且提供的信息内容不仅仅局限于两个传统图书馆的物质资源。

该中心可供检索的信息内容有美国历史和政府信息、档案管理、信息管理、面向NARA工作人员的政府出版物等,提供图书检索、文章检索、问题咨询三种检索方式。"图书检索"允许用户查找图书馆在线目录、查阅NARA全文电子出版物、翻阅特色电子馆藏、图书目录和检索途径简介、浏览虚拟图书馆等;"文章检索"包括期刊浏览,可查看最近出版的期刊文献;"问题咨询"为美国档案专业人员提供相关参考工具及咨询电子邮箱。

(9)文件组合列表(List of Record Groups)。

这里按照文件组合号顺序列出了美国国家档案馆保管的文件统计信息,包括文件组合001-100、101-200、201-300、301-400、401-500、501-578,以及捐赠物资组合字顺索引等。每个文件组合包含的信息有:该文件组合的正式名称、相关主题词、文件列表及代码和馆藏地址、文件数量和大小等,捐赠物资组合字顺索引列出了捐赠物资名称和指定者名称缩写。

(10)档案手册(Filing Manuals)。

这些手册主要介绍的是美国陆军、美国海军、美国海岸警卫队及联邦政府的各部门的工作人员曾经使用过的档案分类系统的操作及维护方法。

NARA站内检索位于其主页的右上方,提供简单检索和高级检索,方便用户快速查找到NARA网站内的相关信息。简单检索除了具有一般的关键词检索功能外,还允许用户进行词组精确检索、英文大小写区分检索、标题限定检索等,对于不熟悉该网站检索方法的用户来说,可以使用检索界面右上角的"How to Improve Search Results"获得检索帮助。高级检索可利用全文、标题、URL地址、网站名称、关键词、链接、图像链接、图像替代文本、档案文件格式、远程站点文本、档案说明等字段实现多元检索,输入的检索词可以是单字、词组或名称,还可以选择检索结果的显示形式,如结果数量的多少、结果的排列顺序(相关度、时间、标题等)、是否有摘要、检索结果的分组等。在我国境内,用户在使用NARA站内检索时,该网站会出现汉化的检索页面,这也是它的一个很明显的特征。

第十章 信息检索效果评价

第一节 信息检索效果评价概述

一、国外信息检索效果评价发展历史

信息检索效果评价起步于计算机信息检索系统问世的20世纪50年代初期。可以说,在信息检索系统的第一项设计提案和第一个系统原型出现不久,信息检索研究领域就开始关注信息检索效果评价的相关活动。

肯特(Kent)等人在1955年第一次提出了信息检索系统评价的准则和方法,用相关性(Relevance)作为系统评价的标准,用准确率和召回率作为基本的评价指标。目前这些评价标准和方法仍然是大多数信息检索效果评价的基石。在肯特等人提出上述概念不久,美国政府的许多部门就发起了信息检索的评价活动。到20世纪70年代初,英美一些国家曾经对信息检索系统的检索效果进行过一系列的评价实验与研究。

对信息检索系统的第一个评价研究是1953年由美国文献公司进行的,它比较了单元词系统和美国武装部队技术情报局编制的字顺主题目录,证实了客观评价的重要性。1954年,克莱弗登(Cleverdon)和索恩(Thorne)对单元词系统(Uniterm System)的实验。

在早期信息检索评价研究活动中,最著名的是克兰菲尔德航空学院在20世纪50—60年代中期所主持的一系列研究计划,开创了以测试集及评测指标来评测系统的模式。克兰菲尔德(Cranfield)提出了基于查询样例集、标准答案集和语料库的评测方法,被称为信息检索评价的鼻祖,肯定了评价在信息检索研究中的核心地位。其研究范式和研究方法在今天的大多数评价活动中一直使用。

克兰菲尔德研究计划被称为"标引系统比较效率研究",是世界上第一个著名的大型检索系统评测实验,由英国专业图书馆与情报机构协会制定,美国国家科学基金会资助,英国克兰菲尔德(Cranfield)航空学院图书馆的馆长克里文敦(Cleverdon),因此被称为"克兰菲尔德研究计划"。第一次克兰菲尔德试验开始于1957年,对4种索引语言的性能进行了比较。克兰菲尔德中间实验开始于1961年,对《冶金文献索引》与用英国电气公司分面法编制的手工标引进行了比较,第一次提出了失误的分析方法。第二次克兰菲尔德试验始于1963年,主要目的是研究索引语言的构成及其对检索系统性能的影响。其结论是若同时考虑召回率与准确率两个性能,检索效果最好的语言不是经过规范处理的受控词,而是在文献原文中出现的、未经规范的词为基础的自然语言。

克兰菲尔德工程所建立的基于查询样例集、标准答案集和语料库的评测方案,真正使信息检索成为一门实证性质的学科,也由此确立了评价在信息检索研究中的核

心地位,其评价框架一般称为克兰菲尔德方法(Cranfield-like Approach)。

克兰菲尔德方法一直到今天也被广泛地应用于包括搜索引擎在内的大多数信息检索系统评价工作中。由美国国防高级研究计划局(Defense Advanced Research Projects Agency, DARPA)与美国国家标准与技术研究院(National Institute of Standards and Technology, NIST)共同举办的文本检索会议(Text Retrieval Conference, TREC)(网址 http://trec.nist.gov/)就是一直基于此方法组织信息检索评测和技术交流论坛。除TREC之外,也有一些针对不同语言设计的基于克兰菲尔德方法的检索评价论坛开始尝试运作,如NTCIR(NACSIS Test Collection for IR Systems)计划与IREX(Information Retrieval and Extraction Exercise)计划等。

随着万维网的不断发展与互联网信息量的增加,如何评价网络信息检索系统的性能逐渐成为近年信息检索评价中的热点关注方向,而进行这方面评价时,克兰菲尔德方法遇到了巨大的障碍。困难主要反映在针对查询样例集合的标准答案标注上,当前搜索引擎涉及的索引页面都在几十亿页面以上,利用手工标注答案的方式进行网络信息检索系统的评价是一个既耗费人力、又耗费时间的过程。为了解决克兰菲尔德方法在网络信息检索系统评价中所面临的困境,不少研究人员提出了一些自动进行搜索引擎性能评估的方案,集中在两个方面:基于克兰菲尔德框架,并使用自动化方法进行答案自动标注;采用不同于克兰菲尔德方法的评价框架进行自动化评价。

第一方面的研究工作中,研究者尝试使用检索系统反馈的结果信息进行自动标注,撒博罗夫在基于TREC实验平台的研究中发现:评价人员对于结果池内文档的标注结果差异基本不影响检索系统性能排序的结果。因而随机挑选结果池内文档作为标准答案也有可能达到评价检索系统性能的作用。他因而提出可以在检索系统结果池中,随机挑选一定数量的结果作为答案集合进行评价。实验效果证明,按这种方式实现的检索系统评价结果与基于手工标注集合的评价结果正相关,但对于检索系统性能排序的影响较大因而难以投入使用。挪瑞提出对撒博罗夫(Soboroff)方法的修正方案,即选择结果池中原本在搜索引擎结果序列中排序较前的文档作为标准答案,他们的方法也没有取得与手工评价方法相类似的评价结果。

第二方面的研究工作中,比较有代表性的IBM海法研究院研发的"相关词集合评价方法"与詹奇姆斯(Joachims)提出的基于用户点击行为的评价方法。

安米提(Amitay)提出了"相关词集合评价方法"(Term Relevance Sets, Trels方法)。与传统的利用事先定义好的相关文档来评价检索系统性能的方法不同,该方法首先选择一定量的代表用户查询需求的查询词;随后针对每一个查询词,手工标注尽量多的与此查询词相关联的词项;施行评价时,通过待评测文档中关联词项的分布情况判定文档的相关程度及检索结果的可靠性。因此,该方法具有较好的扩展性,且不需要为每个评估文档集创建相关文档集,并且,他的论文提出了利用Trels方法进行信息检索系统性能评估的指标,实验结果表明这些指标同TREC定义的基于相关文档集的指标具有高度相关性。

Trels方法一定程度上解决了评价结果反馈时间过长的问题,不但没有减少甚至增加了相关性标注的难度。同时,词与词的相关程度本身就是一个难以界定的问题。作者基于TREC小规模数据的实验取得了一定的效果,但并没有将之使用在大规模的网络信息检索系统评价中。

詹奇姆斯第一次提出了使用用户点击行为信息来评价搜索引擎性能的思路。他设计了一个元搜索引擎,用户输入查询词后,将查询词在几个著名搜索引擎中的查询结果随机混合反馈给用户,并收集随后用户的结果点击行为信息。根据用户不同的点击倾向性,就可以判断搜索引擎返回结果的优劣,詹奇姆斯同时证明了这种评价方法与传统克兰菲尔德方法评价结果具有较高的相关性。由于记录用户选择检索结果的行为是一个不耗费人力的过程,因此可以避免传统克兰菲尔德方法反馈过慢的问题。但这之前,必须首先评判用户点击行为的可靠性,即用户的点击是否意味着其认为被点击的结果与查询相关。詹奇姆斯在这方面并没有给出一个完善的解决方案,其随机混合答案的方式尽管避免了所谓的"排序偏置"(即减少用户因为结果排列在前面就点击它的可能性),但也与用户正常使用搜索引擎的体验产生差异,因此收集到的用户行为可信程度降低;同时,使用这个元搜索引擎本身并无法为用户带来更加快捷方便的搜索体验,因此其必然无法吸引足够多的用户提供点击信息,进而影响评价结果的可信程度。

二、国内信息检索效果评价发展历史

相对于国外而言,虽然国内信息检索效果评价研究相对较少,但是也有着相对悠久的研究历史。通过检索CNKI期刊数据库发现,最早的研究开始于1982年,张保明发表于《情报学报》中的《集合的重合度与检索效果评价指标》一文,该论文从集合论观点出发,以集合的重合度为基础,提出反映查全率和查准率两方面检索性能的综合评价指标,并通过实际计算实验数据来验证所提出指标的有效性和适用性。之后掀起有关信息检索效果评价的理论与实证讨论,尤其围绕查全率和查准率两个指标的讨论,是信息检索效果评价方面的一个热门课题。为了从本质上评价信息检索效果,国内学者从系统分析视角对整个信息检索活动进行剖析,探究信息检索效果评价的约束条件和可能达到的评价水平。

首先,对各类文献数据库的检索效果进行评价及比较分析。2000年是光盘数据库与网络数据库交替并存时期,从原有光盘数据库切换到网络数据库,用户的使用习惯需要做出相应的调整,因此对不同版本数据库各自检索效果的评价研究、同一数据库不同版本检索效果之间的比较研究及不同数据库检索效果的比较研究,成为当时比较时髦的研究主题。

其次,基于数据库检索效果评价研究基础上,学者们力求提炼评价标准并将其用于网络数据库检索效果评价中,提出信息检索效果优化策略。李娟(2009)通过论证信息资源检索效果的影响因素,讨论了提高信息资源检索效果的方法和技巧。王知津等(2011)从信息检索的认知观出发,探讨用户与检索系统的交互活动,分析导致用户检索效果非满意度的产生原因,得出知识表示的复杂性及非一致性是导致检索效果非满意度的重要原因。梁少博等(2022)以湖南地方戏剧资源为研究对象,开展对湖南地方戏剧资源的中英文跨语言信息检索。通过评价跨语言信息检索结果,跨语言信息检索方法提升了检索性能,为戏曲文化资源的跨语言信息检索提供了支撑。

总之,国内信息检索效果评价研究多从微观角度开展优化策略研究,相对于信息检索其他维度的研究,信息检索效果评价研究的体量比较少。

第二节 信息检索效果评价方法

一、测试文档集合法

学术研究上对于信息检索效果评价最常用的方法就是通过测试一些标准的由文献分析专家制作的数据集合来评价系统的性能。这种评价方法主要是学术研究者们使用一些小型的、比较知名的测试文献语料或学术团体内部制作的小规模的测试数据库来进行系统的性能测试,而且主要评估的是检索算法的效率,这种状况一直持续到TREC出现。

该方法是一种黑箱操作,类似于克兰菲尔德研究计划,采取TREC、CLEF和NTCIR等评测会议的实验形式。这种评价方法实施的基础条件是标准的测试语料库(即文献数据库)、大规模的信息需求并且测试语料库中的文献能满足这些信息需求、尽可能检索出满足每一信息需求的"所有"相关文献。

基于测试文档集合的系统比较方法是信息检索效果评价中最常用的方法,下面以TREC的评估过程为例简单介绍测试文档集合法评价的实施过程。在进行评价时,将检索提问提交给参与性能比较的各个检索系统,每个检索系统返回规定数量的与检索提问相关的、并按照相关度进行排序的检出结果列表,然后计算关于该检索提问的每个系统的召回率与准确率。通常情况下,要用多个检索提问来综合比较各个系统的性能,即计算每个系统的多个检索提问的召回率与准确率,然后绘出每个系统的召回率与准确率曲线,用该曲线可以直观地比较出各个系统的性能。

该评价方法的基础设施即标准测试语料库一旦建立起来,用该方法评价信息检索系统的性能成本是很低的,因为评测实验是可以批量重复进行的、数据库是可以重复利用的,而且可以生产出满足许多不同信息需求的测试数据集合。测试文档集合法还有助于学术研究人员考察检索系统某一部分的具体性能,这对于系统研发和系统调试活动具有重要的参考价值。但该方法在进行个性化信息检索评价时却陷入了尴尬的境地。

首先,个性化信息的语料库与测试文档集合存在本质上的差异。个性化信息语料库所存储的几乎都是不希望被他人获知的私人数据,而且个性化信息检索结果的命中文献很多,因为返回结果中大部分都是网络信息。个性化信息检索要求语料库要有较快的更新速度,甚至可能因为检索目的的不同,对语料库要求的差别也大相径庭。

其次,个性化信息检索需求可能是千差万别的,而且很难表述。个性化信息检索系统的用户可能有多种检索目的,诸如简单的问题回答、词条检索和服务查询等。而且,很多情况下,在检索过程的初期阶段,用户无法准确表达出他们的信息需求。

最后,个性化信息检索的判断标准因个人习惯和具体情境而有所差异。信息用户在进行信息检索时,对满足信息需求的检索结果相关性的书面评价与个体在检索过程中对检索结果的评价是有差别的。而且,对检出文献的相关性判定上个性化信息检索也体现了与众不同的一面,执行个性化信息检索的人员无须阅读搜索引擎等检索工具返回的所有检出文献,只需快速浏览部分检索结果即可以判定目前的信息需求是否有用。

测试文档集合法产生于20世纪60年代,当时的检索速度很慢,往往是一些受过检索专业训练的信息中介人员(如图书馆员)代替用户进行检索操作。当前的信息检索系统返回结果几乎是瞬时的,多数情况下都是最终用户自己动手来搜索所需信息,测试文档集合模式的许多设想已经不再有效,因此该方法在评价交互式信息检索系统时也存在着一定的局限性。

首先,测试文档集合法执行的仍然是传统的检索模式,即通常围绕着一个单一的检索提问,信息用户提交一个问题给检索系统,系统与数据库中的内容配对,返回命中结果,如果信息用户想改善系统的最终答案,必须重新修改检索提问的结构。这种传统的信息检索模式虽然大致反映了人们在检索时的情形,却无法真实呈现出实际的信息搜寻行为,因为在信息检索过程中,检索者每次遇到新的信息都可能会产生新的观念或全新的思考方向,因此信息用户会一边搜寻有用的信息资源,一边修正其选择资源的标准。检索者往往不会满足于单一目标的检索,而是经过一系列独立的信息选择,不断修正并重新检索后,得到所需的信息资源,即用户的实际检索行为是一种演进式的信息搜寻方式。为此,美国加州大学洛杉矶分校图书馆信息学系教授贝茨在其著作 *The Design of Browsing and Berrypicking Techniques for the Online Search Interface* 中提出了采莓模式(Berrypicking)的概念,贝茨认为人的信息检索行为类似于在树林中采摘橘类植物或蓝莓,这类果实不是以一串串的形态存在,要采摘它们必须一次一个,逐步前进,由此反映了采莓模式中,重视的是一连串的搜寻行为,信息用户往往从初次检索所返回的文档中学到新的知识,在新的获知的基础上,其检索要求也会发生转变,最终其检索要求不再是一个,而是一系列相互关联的信息获取要求,这样相关信息是从这些检索操作中逐步获得的,而不是一次检索操作就可得到所有信息。测试文档集合法考查的只是与某一检索提问相关的文献数量,而不是整个搜索过程中的有用信息量。

其次,使用测试文档集合法进行信息检索效果评价依赖的相关性判断标准仅仅是检索结果与检索提问的相关程度。露易丝·苏(Louise T. Su)在其论著《用户评价中召回率与准确率的相关性研究》(*The Relevance of Recall and Precision in User Evaluation*)》中发现,准确率并不完全与用户检索提问的成功率息息相关。威廉·古博(*On selecting a measure of retrieval effectiveness, part I: The 'subjective' philosophy of evaluation.*)认为用户需要的不仅仅是相关文献,同时也需要高效用的文献,即用户需要的不仅是与检索提问主题相关的文献,而且是在文献质量、创新性、重要性、可信程度等方面都比较优越的文献。用户在信息检索时,所用的判断标准是所检索信息是否是最新的、表述是否清晰、检索成本及获得的难易程度等而非主题的相关性。而测试文档集合法进行相关性判断时,并没有考虑上述评价标准。此外,相关性是动态的主观性判断结果,只能依据某种具体情境才能判断出来。

最后,测试文档集合法评价的只是系统的检索引擎而没有考虑系统的用户界面。信息检索系统的检索引擎可能比较擅长于实现高召回率与准确率,但是缺少良好的用户界面可能会导致检索系统整体性能的下降。近年来有关信息检索评价研究通过加入用户实验的方式提出了一些改进的评价方法,这些改进的评价方法多数都论述了测试文档集合法的上述不足之处。这些改进的评价方法其实就是传统的信息检索方法和将要介绍的人机交互(Human-Computer Interaction,HCI)评价法的综合运用。与测试文档集合法相比,这些融合HCI的改进方法虽然耗时长,但检索结果质量比较高。

二、人机交互评价法

人机交互是信息检索系统的重要组成部分,它的好坏直接影响检索系统的性能和效率,进而影响信息检索工作的质量和效率。计算机处理速度和性能的提高并不一定能提高用户使用信息检索系统的效率、发挥信息检索系统的潜能,其中一个重要原因就是缺少一个与之相适应的高效、自然的人机交互界面。人机交互的研究包括设计、评价和实现供人们使用的交互计算系统及具体操作过程中的有关交互现象。

人机交互评价法主要是通过让用户操作检索系统实验的方法来评价系统的用户接口。以往人机交互评价法的研究主要有以下两个方面。

(1)如何将人机互动评价法用于检索系统的研发。

(2)专业人士认为可以采用复进式的系统设计流程,系统的未来用户就可以使用系统的原型版本执行典型的检索任务,用户在利用系统原型的过程中根据自己的亲身感受提出建议,这样在系统研发的早期阶段不断发现问题以积累研发经验。

在具体的评价实验中,参与评测活动的各个系统的交互效率由执行特定任务所需时间来测定。系统解决问题的效果也可以由质量或准确性等来评定。评测实验的参加者经常被要求填写调查问卷来展示对系统各个方面的满意程度或对系统不同版本的偏好程度。通过这种方法,可以大致比较出检索系统的用户界面。经研究发现,检索效果、检索效率和用户的满意程度并不一定是彼此相关的,在任何评价中都应该综合考虑这3个方面。并且通过执行基本的和复杂的检索任务发现,检索效率是比较有用的评价指标,因为快速的检索完成时间可能仅仅意味着解决方案是低质量的。

目前,TREC已经有了交互式评测任务,要求所有的实验参与者检索出满足给定要求的文献,但评价指标仍然是召回率与准确率。由于检索要求是固定的不是实验参与者的真正要求,所有的实验参与者扮演的角色仍然是信息中介者而非系统的最终用户。

为了更加深入理解用户是如何与系统进行交互的,评测活动要求用户在操作过程中进行出声思考(即参试用户在任务进行过程中出声表达自己的想法),记录下用户对系统的评论并对用户的评论进行分析。出声思考的测试方式可能会影响用户的工作效率,他们的注意力会分散或使他们的工作效率降低,一般在正规的测试实验中不用这种测试方法。而且,出声思考的测试方法会产生需要长时间分析的大量的测试数据,这也意味着其仅仅适用于有少数参与者的测试活动。

为了使信息检索效果评价更加接近于现实情况,波拉德(Borlund)和因文森(Ingwersen)在其论文 *The development of a method for the evaluation of interactive information retrieval systems* 中提出了模拟任务情境法(Simulated Work Task Situation),即实验模拟法。挑选被评价系统的潜在用户作为实验的参加者,设置一个他们在现实生活中可能遇到的情境(例如假设他们要写一份给上司看的设计方案),包括描述他们可能扮演的角色和所处境地,充分发挥他们的主观能动性完成所设定的工作要求。实验的参加者们只需存储能够满足他们信息需求的文献即可,而不需要存储多余的与检索主题相关的文献。

为了验证这种方法的有效性,波拉德做了交互式信息检索系统的评价实验。在实验中,参与者被分配相应的模拟检索任务,要求检索出与他们实际信息需求相关的文献。波拉德发现这些参与者在模拟任务中所投入的精力与在真实检索任务中几乎是一样的,例如所用的检索时间及检索提问的数量都和现实状况有很大的相似性。

三、用户检索日志分析法

随着网络与信息资源的飞速发展,网络搜索引擎已经成为人们获取网络信息的主要途径。从用户和访问量而言,Google仍然是全球最大的搜索引擎,月独立访客人次达到近20亿,可谓是产生用户行为数据最多的搜索引擎。微软公司旗下的Bing目前是公认排在第二位的搜索引擎,由于搜索用户界面比较美观,搜索功能导航比较友好,被认为是成为Google替代性最优的方案。百度作为全球最大的中文搜索引擎,月独立访客次数达到近5亿,用户数量和用户行为数据也是非常庞大的。Yandex创建于1997年,目前是俄罗斯最大的搜索引擎,如同百度一样,其功能也已经从单一的搜索引擎功能拓展到社交、网站运营、网络支付等功能。WebCrawler属于元搜索引擎,是一款整合了Google、Yahoo!、Bing Search、Ask、About.com、MIVA、LookSmart及其他流行搜索引擎中靠前的搜索结果的搜索引擎,搜索结果及其他搜索引擎的搜索结果统一显示在一个页面中,帮助用户完成同一个搜索关键词在不同搜索引擎中的搜索结果对比,同时也为用户提供搜索图片、音频、视频、新闻、黄页和白页的选项。目前很多搜索引擎不仅搜索已经存在于网络空间中的内容信息,而且可在搜索结果列表的第一条开展AI智能分析检索结果,向用户展示人工智能分析结果,为用户带来更精准化的搜索答案,产生的信息与数据更为庞大。

面对如此庞大的搜索需求,深入挖掘用户的行为特点,提高搜索引擎的效率和准确率是十分重要的。搜索引擎的用户检索日志是承载网络搜索引擎用户行为的重要载体,对搜索引擎用户检索日志进行分析和挖掘,从中发现用户查询特征和用户行为规律,能够为改进搜索引擎效率、提高搜索精度提供依据和指导方向。因此用户检索日志分析在信息检索评价中具有重要的研究价值。

用户检索日志是用户在某一检索系统中进行信息检索时与系统交互作用过程的电子记录。

用户检索日志可以分为两类:用户查询日志和用户点击日志。

用户查询日志是在用户提交查询请求时记录的,查询日志中记录用户查询时提交的关键词、提交时间、用户IP、页号(即查询结果的分页显示,每页显示若干个查询结果,用户首次查询页号为1,用户翻页时页号即为用户选择的结果页面号)、是否在Cache中命中等信息。用户查询日志中一个完整的记录为:

Wed Feb 10 20:58:00 2010	//提交时间
210.46.102.123	//用户IP
Database	//是否在Cache中命中
信息检索	//查询词
3	//页号

用户点击日志是用户浏览查询结果时点击页面时记录的,用户点击日志中记录了用户点击页面的时间、点击页面的URL、用户IP、点击页面的序号(该页面在查询结果中的位置)、该点击对应的查询词等信息。用户点击日志中一个完整的记录为:

Wed Feb 10 20:58:00 2010	//点击时间
210.46.102.123	//用户IP
信息检索	//查询词
http://google	//点击的URL
15	//点击页面的序号

在用户的查询日志和点击日志中蕴含着用户的多种信息检索行为,用户检索日志分析法主要是分析用户的信息查询行为来揭示信息检索工具特别是网络信息检索工具——搜索引擎的性能。通过对用户的行为分析来对搜索引擎的检索算法和性能作出评价,能够为改进搜索引擎效率、提高搜索精度提供依据。典型的分析指标如下:

(1)查询词分析。利用查询词,一方面可以分析出用户提交的查询有什么特点,如长短、频度等;另一方面通过对查询词的统计分析,揭示出用户的信息需求,寻找用户需求中的热点、词频分布规律、查询行为特点等,进而对检索系统的系统结构和算法设计作出评价和改进。

(2)用户翻页行为分析。用户在提交查询之后,浏览结果页面(可能会翻页),根据摘要来选择有价值的网页,点击感兴趣的网页。这个过程称为一个会话。假定在一个会话中的查询、翻页、点击行为是作为一个整体的,不同会话之间的翻页行为是没有相关关系的,所以考察用户的翻页行为只是考察用户在一个会话中的翻页行为。计算用户的平均翻页行为可考察用户对于检索系统的满意程度。如果绝大多数用户都只浏览第一页的结果而不再翻页,这说明网页结果的排序,尤其是结果中第一页的内容,对于用户是至关重要的。

(3)用户点击行为分析。用户提交查询之后,所返回的查询结果页面中有网页摘要,如果用户满意就会点击,所以可以把点击页面看作是用户找到满意的页面。点击页面越多,证明用户对检索系统的满意程度越高。在接受用户提交的查询之后,按照相关性对网页排序,排在第一位的网页应该是搜索引擎认为最相关的页面,如果用户点击了这样的网页,说明该搜索引擎的排序结果与用户的查询意图是匹配的,该引擎的排序算法也是合理的。

用户检索日志分析方法进行信息检索评价的优点是不需要用户的参与就可以对用户的信息需求作出判断,不会给用户带来额外的负担。

由于日志分析方法更多的是用于对搜索引擎等网络检索工具的评价,而用户在进行信息筛选时,往往选择点击的是排序比较靠前的信息条目,即使这些信息的相关度低于排序比较靠后的其他信息,在对搜索引擎进行评价时,用户的翻页行为是一项重要的考察指标,这样就产生了信息选择决策的信任偏差。由于信任偏差的存在,用翻页行为来考察用户对搜索引擎的满意程度必然不是十分恰当的。此外,由于用户的点击决策不仅取决于所点击的超链接与检索提问的相关程度及该链接的网页摘要内容,而且还受到排序结果中其他的网页摘要的影响,即检索结果的质量难以保证。

用户检索日志分析方法的数据分析还受到环境的限制。首先,用户检索日志分析方法所用数据全部来自网络检索工具,这种分析方法是否适合于分析其他类型数据并未得到验证。其次,用户检索日志分析法假设许多检索提问之间并不相互关联,但依据玛茜·贝茨(Marcia. J. Bates)的采莓模式,检索提问之间并不是毫无关联的。另外,一般情况下,检索日志属于每个搜索引擎并由单个搜索引擎维护,因此对搜索引擎做出横向比较是很困难的。

四、自然观察法

自然观察法也称为尾随法(Shadowing),跟踪用户,通过观察用户的动作行为来判断用户的信息需求,观察者只是忠实地做记录,避免影响被观察者,以便了解用户信息检索行为的发生过程。

目前,由于移动智能平台的产生,采用自然观察法对用户检索行为进行分析判断相对而言更容易实施,须事先取得被试用户的许可,从被试用户的移动终端中获取搜索行为数据,屏蔽敏感信息,为了尊重用户的个人隐私,在实验开始之前,需要签署用户个人隐私保密协议。

自然观察法作为一种社会科学常用的实证研究方法,在进行信息检索效果评价时使用该方法具有以下优势:

(1)可直接获得资料,不需其他中间环节。因此,观察的资料比较真实。

(2)在自然状态下的观察,能获得生动的资料。

(3)观察具有及时性的优点,能捕捉到正在发生的现象。

(4)观察能搜集到一些无法言表的材料。

但使用自然观察法进行信息检索效果评价时也存在着以下不可避免的欠缺：

(1)相对于测试文档集合法，评价成本较高，而且受时间的限制，信息检索行为的发生是有一定时间限制的，过了这段时间就不会再发生。

(2)容易产生实验者效应，即评价实验的组织者为了搜集到能证明其假设的结果，有意无意地将预期的要求暗示给被观察者，造成观察结果有利于证明原假设的效应。因此为了避免这种现象的发生，目前多采用专业的搜索软件来代替自然观察法去评价。

(3)受观察者本身限制。一方面人的感官都有生理限制，超出这个限度就很难直接观察；另一方面，观察结果也会受到主观意识的影响。

(4)观察者只能观察外表现象和某些物质结构，不能直接观察到事物的本质和人的思想意识。

(5)自然观察法不适应于大面积调查。在大数据时代，为了获取更多的实验数据，自然观察法的实施成本相对较大，因为要取得受试用户的信任，让其参与具体的观察实验需要设定伦理上可行、机制上有效的激励措施。

第三节 信息检索效果评价程序

信息检索效果评价的基本原理就是将检索系统返回的检索结果与用户真正需要的信息进行比对，计算实际检索结果与预期检索结果的相关性，根据相关性得分来评判检索算法的契合性及检索效果的优劣。信息检索效果评价的组织是一项严谨而繁重的工作，需要采用科学的方法，做大量的沟通协调、合理的分工和周密的安排。虽然测试文档集合法并非尽善尽美，但仍然是目前应用最多的信息检索评价方法。因此，这里主要介绍一下测试文档集合法的评价程序及组织形式。

一、评价的组织过程

通常，一项信息检索技术评价的组织周期包含以下几个过程：

(1)评价任务的确定。首先确定本次评价的主要内容。

(2)评价大纲的制定。明确定义本次评价每项任务，包括评价的指标体系、数据的规模、数据的格式、相关的规范、评价的进度、评价的方式等。通常，数据又分为训练集和测试集；评价的进度通常要规定评价的报名截止日期、各个数据集的发布时间、评测结果的提交日期、研讨会的日期；评价的方式目前通常都是网络评价，具体实现上也需要规定一些细节，如通过网页提交还是通过电子邮件提交等。

(3)评价大纲的发布。正式发布评价大纲时，通常要通过各种渠道广泛散发，尽可能让感兴趣的研究者都能获知评价大纲的相关信息。

(4)评价数据的准备。根据评价大纲准备评价数据，这个过程工作量较大，同时要保证数据的质量(是否符合规范、一致性如何等)，有些数据需要制作参考答案。

(5) 接收参评者报名。

(6) 评价数据的发布。向报名参评者发布评测数据,包括训练集、开发集和测试集,一般训练集和开发集发布的时间较早,而测试集通常在规定的结果提交日期前几天发布。

(7) 评价结果的提交。参评者运行各自的系统,并向评价组织者提交运行结果。

(8) 评价结果的评估。评价组织者对参评者提交的评价结果进行评估,这种评估有些是自动的,有些需要人工进行。

(9) 评价结果的发布。这种发布有些是公开的,有些只在参评者内部公开。这个步骤有时是在评价研讨会上进行的。

(10) 评价研讨会的举行。参评者在评价研讨会上进行交流,对评价本身进行讨论,提出改进的意见,并讨论下次评价的有关问题。

二、评价的形式

从信息检索效果评价的组织形式来看,主要有现场评价和非现场评价两类。其中现场评价是指在规定的时间,各参评单位提交参评系统,由评价组织单位运行参评系统,并产生评价结果;非现场评价则是由评价组织单位提供评价数据,参评单位自己运行系统,然后在规定时间内提交结果。在国家高技术研究发展计划(简称863计划)组织的评测中,2005年以前都是现场评测,2005年进行了基于互联网的非现场评测的试验。目前国际上组织的评测基本都是非现场评测。

三、评价的组织者

通常测试文档集合法的信息检索评测的组织者有两类。

(1) 官方机构组织的评测活动。如NIST组织的系列评测和中国科学院计算技术研究所组织的863评测。这种评测活动通常有一定的项目背景或应用背景,有一定的政府基金资助,在评测中表现优秀的研究机构更有希望得到基金支持,评测本身是完全公开的,任何人都可以参加。

(2) 学术机构组织的评测活动。这些学术机构可以是长期的正式的学术机构,也可以是多个单位参与的合作项目式的虚拟组织或某次会议的组织者。这些评测通常都是研究驱动的,组织者具有共同的研究兴趣,利用评测的机会相互交流思想。

四、评价的过程

测试文档集合将整个测试结合分割为数据训练集和数据测试集,在数据训练集合中训练某种检索算法,如果检索算法在训练集合中表现良好,即可以取得良好的检索效果,那么就可以在测试集合中测试该检索算法,如果取得良好的预判效果,那么就可以在更大规模的数据集合中推广该检索算法。

第四节 信息检索效果评价指标

信息检索效果的评价指标主要分为两类：一类是不对最终的检索文献集合做等级排序，只计算所检索的相关文献内容的百分比，对于所检索出的文献的重要程度或相关程度不做任何排序；另一类是对最终的检索文献集合做等级排序，即根据被检文献与检索目标的相关度进行等级排序，相关度大的文献往往被排在检索结果列表的前面，因为很多时候，用户并不对所有相关的文献都感兴趣，为了节省阅读时间，仅仅需要遴选几篇最相关的文献即可，因此此类检索效果评价指标是更契合此种应用情境的。第一类指标包括召回率(Recall)和准确率(Precision)、F指标评价法(单值评价方法)等；第二类指标包括插值准确率(Interpolated Precision)、平均准确率(Average Precision)、均值平均准确率(Mean Average Precision, MAP)、K处准确率(P@K, Precision At K)和R-准确率。

一、召回率(Recall)与准确率(Precision)

在信息检索效果评价中，最常见的两个评价指标就是召回率与准确率。召回率反映的是用户所需文献(即相关文献)被检出的比率，是衡量信息检索系统满足用户需求的能力指标。准确率反映的是检出文献中用户所需文献(即相关文献)的比率，是衡量检索系统抗击干扰文献的能力指标。

评价被检文献是否是相关文献的标准是该文献是否表述了用户的信息需求，而不是该文献中包含了检索式中的所有检索词。这种区分在实践中经常被误解，因为用户的检索需求的表述通常不是很清晰。如果被检的文献信息与用户信息需求的相关性是可以设定的，那么与召回率和准确率有关的数据可用表10-1的十字矩阵来表示。该矩阵的列表示被检文献是否与检索要求相关，而行表示文献是否被检索到，矩阵中的元素表示的是文献数量。

根据表10-1，召回率Recall与准确率Precision可用如下公式定义：

表10-1 召回率与准确率的定义

	被检出的文献	未检出的文献	总计
相关文献	f_{11}	f_{12}	$f_{1.}$
不相关文献	f_{21}	f_{22}	$f_{2.}$
总计	$f_{.1}$	$f_{.2}$	$f_{..} = n$

$$召回率：Recall = \frac{f_{11}}{f_{1.}} \quad (10-1)$$

$$准确率：Precision = \frac{f_{11}}{f_{.1}} \quad (10-2)$$

从上述公式可以看出，召回率反映的是检出的相关文献占所有相关文献的比率，考察系统找全答案的能力，与之相对应的是漏检率。而准确率是检出的相关文献占所有被检文献的比率,反映的是检索系统的信号噪声比,考察系统找准答案的能力。两者相辅相成,从两个不同方面较为全面地反映了系统性能。因此,召回率和准确率越高,信息检索效果越好,但实验表明,二者往往呈现负相关关系。召回率越高,准确率越低,反之亦然。检索实践表明,一个检索系统的召回率与准确率最高只能达到60%和40%。根据最著名的世界文献检索年会TREC在2000年举行的第九次会议(TREC-9)的网络检索实践,绩效最优的检索系统的召回率与准确率也只能达到40%和27%,如果接入用户的反馈机制,准确率能达到60%。

召回率与准确率两个互逆指标之所以能够同时存在,是因为很多情况下一种指标可能比另外一种指标更重要。例如上网者往往追求的是高准确率,更喜欢搜索引擎返回的第一页上的相关信息,很少对其他网页上的相关信息投以更多的目光。而各种专业的检索人员如律师和人工智能的分析员们则希望得到更高的召回率,他们的容错检索态度带来的是较低的准确率。一般情况下,检索者希望得到较高的召回率同时允许一定的错误率存在。

虽然召回率和准确率得到广泛承认和应用,但它们既不能单独反映检索系统区分文献的能力,又不能直观地对系统性能进行排序,再加上它们之间的反比关系,在对两个检索系统进行比较时,会遇到难以克服的困难。例如,一个系统的查全率平均为30%,而查准率平均为60%;另一个系统的查全率平均为50%,而查准率平均为40%,就难以判断哪个系统的检索效果更好。

为了克服以上困难,近年来国外不少学者致力于寻找一个能综合反映检索结果的单一数量指标,并已获得一定的进展,最著名的是 F 指标。

二、F 指标评价法

冯·瑞森博根(Van Rijsbergen)提出的 F 指标(即单值评价方法)成功地将召回率 Recall 与准确率 Precision 权衡融合成一种新的评价指标。F 指标的定义如下

$$F_\beta = \frac{(1+\beta^2)\text{Precision}\,\text{Recall}}{\beta^2\text{Precision} + \text{Recall}} = \frac{(1+\beta^2)f_{11}}{\beta^2 f_{1\cdot} + f_{\cdot 1}} \quad (10\text{-}3)$$

其中,β 表示准确率 Precision 对于召回率 Recall 的相对重要性,是一个加权调和平均数。

例如,当 $\beta=1$ 表示在信息用户看来准确率与召回率同等重要。当 $\beta=2$ 表示信息用户认为准确率的重要程度是召回率重要程度的2倍。

当 $\beta=1$,上述公式可简化为

$$F_1 = \frac{2\text{Precision} \times \text{Recall}}{\text{Precision} + \text{Recall}} \quad (10\text{-}4)$$

此公式表示召回率与准确率在检索者看来具有相同的重要程度。

从 F 指标的公式定义可以看出,F 值越大,检索效果越佳。

显而易见,某些情况下不同系统的准确率和召回率互有高低,不便于直接比较,而使用 F 指标就可以更直观地对系统性能进行排序。

准确率、召回率和 F 指标是最基本的信息检索效果评价指标,以往这3个指标所测定的都是未做等级排序处理的被检文献集合。网络环境下,几乎所有规范的搜索引擎都对最终的检索结果按照相关程度进行了等级排序处理,并且随着测试集规模的扩大及人们对评测结果理解的深入,很多专家对信息检索效果的评价指标进行了新的探讨,更准确反映系统性能的新评价指标逐渐出现。

三、插值准确率(Interpolated Precision)

在对检出文献进行等级排序的情况下,信息检索系统能为用户呈现任意数量的检索结果,我们就可以选取前 $k(k \in (0, +\infty))$ 个命中文献作为评价信息检索效果的测试文献集合。对于每一个这样的文献集合,可根据准确率与召回率的各个对应数值(表10-2)绘成准确率—召回率曲线,如图10-1所示。

表10-2 召回率与准确率对应表

召回率	准确率	召回率	准确率
0.0	1.00	0.6	0.36
0.1	0.67	0.7	0.29
0.2	0.63	0.8	0.13
0.3	0.55	0.9	0.10
0.4	0.45	1.0	0.08
0.5	0.41		

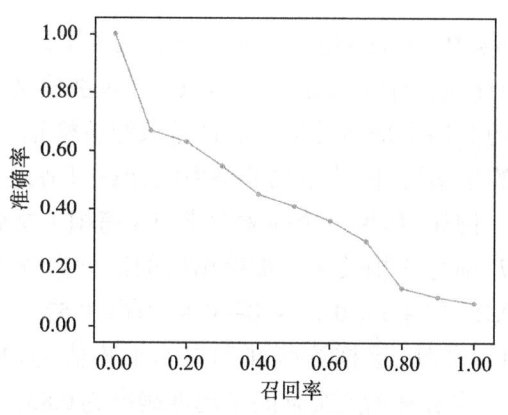

图10-1 准确率—召回率曲线

图表数据及资料来源:Christopher D.Mannin, Prabhakar Raghavan, Hinrich Schütze. Introduction to Information Retrieval[M]. Cambridge:Cambridge University Press, 2008:146.

准确率—召回率曲线之所以呈现明显的锯齿形状,具体原因如下:

(1)如果被检出的第 $(k+1)$ 篇文献是非相关文献,则召回率与由前 k 个命中文献计算的召回率是一致的,即召回率不变而准确率降低;

(2)如果被检出的第($k+1$)篇文献是相关文献,则召回率与准确率都提高,这样该曲线同时向上、向右移动。

为了便于观察,使曲线看上去更加平滑,业界人士提出了采用插值准确率(Interpolated Precision)改变该曲线的曲折程度。

插值准确率的定义可表示为:对于某一特定的召回率水平RL,有任意的召回率水平$R'(R' \geq RL)$,在R'水平下的最高准确率即为插值准确率(Interpolated Precision,P_{interp}),用公式表示为

$$P_{interp} = \max_{R' > R} \text{Precision}(R') \tag{10-5}$$

该公式表明,在不降低召回率的前提下,几乎每个人都愿意多浏览几篇被检文献。图10-1中的准确率表示插值准确率。

为了便于比较不同检索系统的绩效和方便绘出准确率—召回率曲线图表,将召回率水平划分为11个标准的等级(0.0,0.1,0.2,…,1.0),计算每一个召回率水平下所有信息需求插值准确率的算术平均值,该方法被称为"11点标准插值准确率法",又称为"11点标准召回率下的准确率"。11点插值准确率的算术平均值的计算如下

$$P_{interp} = \frac{\sum_{i=1}^{num} \text{Precision}(RL)}{num} \quad RL = \{0.0, 0.1, 0.1, 0.3, \cdots, 1.0\} \tag{10-6}$$

其中,RL表示某一召回率水平,Precision(RL)表示召回率水平RL所对应的插值准确率,i表示第i个信息需求,num表示信息需求的总量,即TREC活动中对应的Topic的数量。

四、平均准确率

平均准确率(Average Precision)是一个通过所有相关文献来测定系统绩效的单值指标。如果检索系统能快速返回所需的相关文献,并对被检文献进行等级排序,则该系统的性能较好。平均准确率是满足某一信息需求的被检相关文献的累积量与所有被检相关文献数量比的平均值,因此平均准确率的计算只考虑相关文献的数量,而与检出文献的总量无关。例如,如果一个检索要求有4篇相关文献被检出,其等级排列序号依次是1、2、4和7,则每篇相关文献被检出后的准确率依次是1/1=1、(1+1)/2=1、(1+1+0+1)/4=0.75、(1+1+0+1+0+0+1)/7=0.57。计算式中的0表示该等级序号的文献为非相关文献,这样这些准确率的平均值为(1+1+0.75+0.57)/4=0.83,则满足该检索要求的所有相关文献的平均准确率为0.83。

五、均值平均准确率

均值平均准确率(Mean Average Precision,MPA)是展现不同召回率水平下的单值质量指标。均值平均准确率是在平均准确率基础上产生的,平均准确率测定的是某一个信息需求被满足的程度,而均值平均准确率测定的是多个信息需求的平均被满足水平。首先需要计算出每个信息需求的平均准确率,再计算各个信息需求的平均准确率的算术平均值,即使有许多检出文献也可同时满足多个检索要求。

均值平均准确率的标准定义:满足某一信息需求 $q_j \in Q$ 的相关文献集合是 $\{d_{1j}, d_{2j}, \cdots, d_{m_j}\}$,$R_{jk}$ 是对应于信息需求 q_j 并经过等级排序的检出结果集合(直到第 k 篇文献 d_k 被检出),则

$$\text{MAP}(Q) = \frac{1}{|Q|} \sum_{j=1}^{|Q|} \frac{1}{m_j} \sum_{k=1}^{m_j} \text{Precision}(R_{jk}) \tag{10-7}$$

当没有相关文献被检出时,上述方程中的准确率为 0。将各个信息需求的平均准确率的算术平均值作为总体信息需求的均值平均准确率,其前提假设是各个信息需求有相同的权重,即使有些信息需求有许多相关文献被检出,而有些信息需求没有一篇相关文献可满足,在计算均值平均准确率时,它们的重要程度是一致的。

实践证明,与其他信息检索效果评价指标相比,MAP 不但灵敏度高而且稳定性好。在同一个信息检索系统中,一般情况下由于信息需求不同,计算出的 MAP 值差别是很大的,如从 0.1~0.7 变化不等,因此 MAP 的灵敏度较高。使用不同的信息检索系统时,对于同样的信息需求,计算出的 MAP 值有较好的一致性,因此 MAP 指标的稳定性较好。

六、K 处准确率和 R-准确率

插值准确率、平均准确率和均值平均准确率测定的是不同召回率水平下的准确率。在许多重要的应用中,特别是对于网络检索用户而言,其实用性不大。因为网络检索用户真正在意的是检索系统所返回的第一页或前几页中有多少自己需要的相关文献。这样就需要在少数被检结果(例如前 10 个或 30 个被检文献)所组成的集合中来测定查询的准确率,被称为 K 处准确率。

K 处准确率的优点是无须估计被检相关文献集合的规模。但在所有经常利用的评价指标中它的稳定性是最差的,同时无法反映检索系统的整体性能,因为一个检索要求的相关文献总量对 K 处准确率的影响很大。

R-准确率可以克服 K 处准确率的缺点。

R-准确率要求满足一个检索需求的相关文献数量是已知的,设该数量为 Rel,从检索系统所返回结果的前 Rel 篇文献中查找满足该检索需求的相关文献,假设找到 r 篇相关文献,则 R-准确率为 $r/|\text{Rel}|$,该检索集合的召回率也为 $r/|\text{Rel}|$。从 R-准确率的定义可以看出,其与 Break-Even 均衡点(Break-Even Point,斜率为 1 的直线与召回率-准确率曲线的交点,即召回率与准确率相等的点)所表述的意义是一致的。

R-准确率会随着相关文献集合的规模变化而变化,这样,一个优秀检索系统的准确率可以达到 1。当然也不排除类似这样的情况:当 Rel = 30 时,某检索系统所返回的前 30 条记录组成的检索结果集合中有 9 篇相关文献,则准确率仅为 0.3。

R-准确率与 K 处准确率的相似之处是都仅仅描述了召回率—准确率曲线上的一个点的信息,并没有反映出整条曲线的状况。但 R-准确率无法解释检索者为什么要把目光盯在 Break-Even 均衡点上而忽略曲线上的最优点(F 指标值达到最大的点)或某一特定应用所需要的检索水平(K 处准确率)。

TREC在利用 R – 准确率测定检索系统性能时,多数情况下使用的是平均 R – 准确率,通过计算多个检索问题的 R – 准确率的平均数即可得到平均 R – 准确率。例如,假设欲回答两个检索提问,满足第一个检索提问的相关文献有 50 篇,满足第二个检索提问的相关文献有 10 篇,而检索系统进行查询时,返回满足两个检索提问的相关记录数目分别是 25 和 7 篇,则该系统的 R – 准确率 $=(25/50 + 7/10)/2 = 0.6$。

第五节 信息检索评测

一、国外信息检索评测

1. TREC 评测

(1) TREC 概况。

TREC 是文本检索会议(Text REtrieval Conference)的简称,由美国国防高级研究计划局(DARPA)和美国国家标准与技术研究院(NIST)联合主办,是信息检索研究团体的年度评测论坛及文本检索领域人气最旺、最权威的评测会议,TREC 评测是完全自愿、免费参加的,开创了信息检索系统评价的新纪元。严格来说,TREC 不单纯是一个会议,而是信息检索界自己的"信息检索的世界技能竞赛",从 1992 年开始举行第一届一直延续至今,每年的参与者包括当今 IT 界一流学府和企业科研机构的信息检索相关部门。TREC 已从最初的面向文本信息的检索评测演进到视频检索效果评价,目前视频检索效果评价已自成一体,成为一项单独的评价竞赛,被称为 TRECVID。

TREC 的组织者认为,对不同系统的比较,其意义并不在于要证明某个系统优于其他系统,而是要把更多不同的技术放在一起公开讨论,以支持信息检索领域的基础研究,为大规模的文本检索方法提供评估办法。于是,TREC 自开办之初,就明确提出了 4 个目标:①鼓励对基于大型测试集合的信息检索方法的研究;②提供一个开放的思想论坛,与会者交流成果与心得,增进工业界、学术界和政府部门之间的互相了解;③通过展示信息检索理论在解决实际问题方面的重大进步和对真实检索环境的模拟与重要改进,提高信息检索技术从理论走向商业应用的速度;④为工业界和学术界提高评估技术的可用性,并开发新的更为适用的评估技术。

TREC 测评发展到现在,已经成为备受瞩目的标尺性测试,对信息检索研究领域产生了巨大而深远的影响。今天,在 TREC 评测中一些优秀的算法往往成为研究的焦点,很多商用搜索引擎所采用的核心技术都是由在 TREC 中被证明成功的算法发展而来的。TREC 已经成为信息检索研究人员互相交流学习的重要途径,一年一度的学术讨论和实验竞赛产生了许多新的检索方法和创意。TREC 的巨大成功影响了后续的许多评测会议,如跨语言检索评测会议 NTCIR、CLEF,机器翻译评测 TC-STAR 等。

(2) TREC 评测方法及标准。

①TREC 任务。Track:TREC 的每个子任务。TREC 的每个专题讨论会(Workshop)都有若干个子任务(Track),在具体的检索任务中定义各子任务的核心内容。最常见的 Track 是 QA(Question Answering,问答),QA Track 要求检索系统从各个方面找到一

些事实性问题的答案。QA检索系统不仅要对相关文献进行识别,还需要从文献中摘录部分相关信息作为问题的答案。目前,QA Track的服务范畴更加广泛,已经开始承担比较困难问题的回答,例如列举性问题和定义类的问题。

TREC QA Track每年的评测任务和评测指标都在不断地变化,大致包括以下几类:

Factoid任务:测试系统对基于事实、有简短答案的提问的处理能力。例如,Where is Brazil located?而一些需要汇总和概括的问题不在测试范围内。例如,如何办理国外旅游手续？如何理财等？

List任务:List任务要求系统列出几个满足条件的答案。在TREC 2003之前,任务要求被测试系统给出不少于给定数目的实例,如Name 22 cities that have a subway system。TREC 2003要求系统要给出满足条件的尽可能多实例,如List the names of chewing gums。

Definition任务:要求系统给出某个概念、术语或现象的定义、解释。例如,What is Information Retrieval?等。

Context任务:测试系统对相关联的系列提问的处理能力,即对提问i的回答还依赖对提问$j(i>j)$的理解。例如,a. 海地的哪个城市在2010年遭到地震的重创？b. 这次地震发生在哪一天？c. 有多少人在这次灾难中丧生？

Passage任务:是TREC 2003提出的新任务。和其他任务不同的是,它对答案的要求偏低,不需要系统给出准确答案,只需要给出包含答案的字符序列(a small chunk of text that contains an answer),即答案所在行文的大致位置。

Other任务:是TREC 2004才定义的任务。TREC 2004的测试集包括65个目标(Target),每个Target由数个Factoid问题,0~2个List问题和一个Other问题组成。其中,Other问题的返回答案应该是一个非空的、无序的、无限定的关于这个Target的描述,且不包括Factoid、List问题已经回答的内容。

②检索提问。

Topic:预先确定的问题,用来向检索系统提问,即由问题(Topic)自动或手工生成检索提问(Query)。

Topic的结构一般由标题(Title)、描述(Description)和相关详述(Narrative)构成。Title通常由几个单词构成,非常简短;Description通常由一句话构成,比Title详细,包含了Title的所有单词;Narrative可以更详细地描述哪些文档是相关的。具体示例如图10-2所示。

Topic的结构信息对于文档的精确定位有重要作用。使用Topic时,与会者按照会议要求,利用Topic文本中的部分或者全部字段(由于超文本分析的复杂性,多数都运用Title域),使用手工和自动两种方式构造适当的查询条件,在提交查询结果时要注明查询条件的产生方式。

Topic的构建方式为:以模拟的方式建立,并非实际搜集而来,每届的测试主题均由1~2人建构发展——描述方式及词汇运用的一致性。

```
<num> Number: 351
<title>Falkland petroleum exploration
<desc> Description:
What information is available on petroleum exploration in the South Atlantic near the Falkland Islands?
<narr> Narrative:
Any document discussing petroleum exploration in the South Atlantic near the Falkland Islands is considered relevant. Documents discussing petroleum exploration in continental South America are not relevant.
```

图 10-2　Topic 的一般结构

③文献集合。

Document：包括训练集（Training Set）和测试集合（Testing Set），收录的主要是新闻性文件及杂志期刊，文件的异质性较强，尤其是文件的长度差异很大。

④相关性评估。

Relevance Judgements（相关性评估）：主要根据主题的 Narrative 栏位进行，判断相关与否的原则是，只要文件与主题部分相关即可（即使只是数句），并不要求文件的每个部分均与主题相关。在早期的检索实验集合中，相关性评估是全方位的，就是说，由专家事先对集合中每一篇文献与每一个检索提问的相关性做出判断。但是，由于 TREC 的文献集合如此庞大，全方位的判断是不可行的。因此，TREC 使用了评判池技术，创建一个文献子集（称为 Pool）作为判断与检索提问相关性的依据。

相关性评估的过程是：首先，对于每一个 Topic，NIST 从参加者检出的结果中挑选一部分运行结果，从每个运行结果中取前 100 个命中文档，然后用这些文档构成一个文档池，使用人工方式对这些文档进行判断。相关性判断是二元的：相关或不相关。没有进行相关性判断的文档被认为是不相关的。其次，NIST 使用 TREC 检索评估软件包（Trec_Eval）对所有参加者的运行结果进行评估，给出大量参数化的评测结果（主要是准确率 Precision 和召回率 Recall）。根据这些评测数据，参加者可以比较彼此的系统性能。同时生成相应的图表，例如摘要统计表（Summary Statistics Table）、召回率与准确率对应表（Recall Level Precision Average Table）和召回率—准确率图（Recall / Precision Graph）等。

2. NTCIR 评测

（1）NTCIR 概况。

NTCIR 是由日本文部科学省下的日本国立情报信息研究所（National Institute of Informatics，NII）主办的多语言处理国际评测会议，主要关注中文、日文、韩文等亚洲语种的相关信息处理。该评测会议的主要目的就是增强信息存取（Information Access，IA）技术的研究交流，包括信息检索、问答系统（Question Answering，QA）、文本摘要

（Text Summarization）、文本抽取（Text Extraction）等。其举办目的如下：

①提供大规模可重复利用的测试文献集合，并在此基础上比较不同语言处理系统的性能，建立通用的评测体系和标准。

②为对检索系统性能比较感兴趣的研究人员提供各种用来交流思想的相同兴趣小组，讨论实验方法的论坛。

③探索研究各种信息存取技术优劣的评测方法和更科学地构建大规模可重用数据集合的方法。

首届NTCIR评测会议发起于1997年，每一年半举办一次。相比TREC等评测会议来说，虽然NTCIR评测会议举办历史不长，但发展很快，几乎每届都会根据上届情况和当前研究热点提出新的比赛项目，参与的单位数目也急剧增加，其中，在第5次NTCIR评测会议上，有来自12个国家和地区的超过100个研究小组参加了各种类型的评测，会议的影响不断扩大。

NTCIR项目从开创之初就一直关注传统的基于实验室类型的信息检索系统评测和更富挑战性的技术评测。在传统的基于实验室类型的IR系统测试部分，NTCIR研究重点包括两个方面：对包括日语在内的亚洲各语种的信息检索和跨语言信息检索（Cross Language Information Retrieval，CLIR）；而对于挑战性较强的前沿技术方面，研究重点发生了转变，以文献检索为目标的技术不再是NTCIR研究的重点，而如何从文献中检索出相关信息和如何利用文献中的信息成为NTCIR的重点攻关项目。NTCIR还进行了更接近现实需求的评价标准和体系的研究，包括对摘要抽取方法的评测、相关性等级判断及针对特定文献类型检索和处理的评价方法。

NTCIR发展的一个主要动因就是其所提供的大规模的能应用于各评测项目上的文献集合及经过整理的上千个专题。NTCIR文献集合主要来源于日本国家科学资讯系统中心（National Center for Science Information Systems，NACSIS）学术会议论文资料库中的摘要和关键词等资料，语言为英日对照，每篇文献均具有SGML（标准通用置标语言，Standard Generalized Markup Language）标示，部分文献还有词类标注。NTCIR文献集合的另一个主要来源就是各种主流新闻报刊，以及日本国内近几年发表的专利文献，文献和专题规模每届都还在不断增加。

NTCIR另一个主要的努力方向则是在信息检索评价标准的探索和完善上，每届评测会议不但提供用于实验的测试数据集合和统一的评价程序，而且还针对各主要比赛项目制定很细致的评价标准，以便于各参加单位使用不同的测试算法对NTCIR提供的统一数据集合和评价标准进行测试以评价各自检索系统的性能。

NTCIR尽量符合信息检索任务要求的宗旨。在采纳传统的基于Recall-Precision和Precision的评测体系的同时，也引入了更能反映检索内容相关性的F指标评测体系。

大规模可重复利用的标准测试集在信息存取（IA）研究中的重要性已经被普遍认可，而以提供数据集和交流论坛为特征的评测会议也被看成是有力活跃科学研究、交流研究思想创意和进行技术交换的重要形式。

(2)NTCIR跨语言信息检索评测。

NTCIR跨语言信息检索评测以亚洲语言为主,初期是以英文和日文的跨语言检索为主。2000—2001年台湾大学陈光华教授和陈信希教授与日本文部科学省日本国立情报信息研究所合作,共同举办中文信息检索评比和英中跨语言信息检索评比。2001—2002年评测范围扩大至中文、日文、韩文、英文4国语言的跨语言信息检索系统的比较。NTCIR跨语言信息检索评测的主要内容:

①评测日程安排。

NTCIR的大致评测日程是:参加评测队伍申请截止日期;文档集合发布;检索提问(查询条件)集合发布,参评队伍提交结果,英文文档集合发布,参评队伍提交英文结果,参评队伍得分发布,提交会议论文截止日,举办NTCIR Workshop会议。

②跨语言信息检索评测子任务。

一般情况下,每届跨语言信息检索评测包含以下3项子任务:

a. 单语言检索:提供给参评队伍的文献集合与查询条件集合属于同种语言,所以包括中文、英文、日文、韩文4种语言。

b. 双语检索:给定某种语言的查询条件集合,在另一种语言的文档集合中查找相关文档;参评队伍在报名时刻可以选择自己想要参加的双语检索类型。

c. 多语言检索:给定4种语言其中之一的查询条件集合,在两个或者两个以上语言构成的文档集合里面查找相关文档,比如NTCIR5就允许参评队伍任意选择4种语言中的一种语言作为查询条件,然后在中文、英文、日文、韩文所有四种语言的文档集合中查找相关文档。

(3)评测语料。

跨语言信息检索评测语料包括查询条件集合、文档集合及标准答案3个部分组成。查询条件(Topic)模拟用户需求,由若干字段组成,采用规范格式描述用户希望检索的信息;文档集合是由海量的文献构成的数据源。每个参评队伍在得到查询条件集合及文档集合后构造自己的单语言检索系统或者跨语言检索系统,并将检索结果按照指定的格式提交给NII,NII将各队提交的答案和标准答案进行比较,其得分用以评价参赛队伍检索系统的效果。

①检索提问(查询条件,Topic)。

信息检索中的检索提问是模拟真实世界中用户搜索信息的行为,NTCIR的检索提问遵循基本的格式,其格式延续TREC的检索提问定义,每一检索提问包括标题、描述和相关详述。由于NTCIR是跨语言信息检索评测会议,因此也提供不同语言的检索提问集合,在每个检索提问中加上语言的类别标签。NTCIR的检索提问是由日本、韩国、中国台湾及TREC共同制作的,因此NTCIR的检索提问集合具有国际化的特色。而且,每一个检索提问都有4种语言的版本,亦即中文、英文、日文及韩文。NTCIR使用标记表明该查询条件的制作机构采用的语言,如CH</SLANG>表示该问题是由中国台湾制作的;EN</SLANG>是由TREC制作的;JA</SLANG>是由日本制作的;KR</SLANG>则是由韩国制作的。标记则用于表明该检索提问目前所采用的语言。

②文档集合(文献集合)。

NTCIR跨语言信息检索的文档集合也同样包含中文、英文、日文及韩文4种语言,中文、英文和日文分别收集于近期中国台湾和日本报社的新闻,韩文为1994年的经济新闻。整体而言,中文和日文文件数量相当;其次是韩文、英文,其文件数量相对较少。

随着NTCIR评测的逐渐完善,其文档集合也在不断地扩展和完善。每次评测制定文档集合会根据上届各个参评队伍返回的意见不断调整语料集合并修正一些错误。在4种语言的文档集合中,日文、韩文及英文的变动相对较小,中文文档集合的变动相对较大。

NTCIR对文档集合中的每个文档均采用XML标签来对文档的不同域进行标记。

③相关判断。

NTCIR在判断文档中集合哪些文档是标准答案的时候与TREC一样采取Pooling做法。也就是说,针对每个查询主题,从参与评比的各系统所送回的测试结果中抽取出前列文档,合并形成一个Pool,视之为该查询主题可能的相关文档候选集合,将集合中重复的文档去除后,再送给该查询集的构建者进行相关判断,以此得到的相关文档作为标准答案来评价每支参评队伍检索系统的性能。

④评价指标。

参评指标主要采用MAP和R-准确率两个指标。

3. CLEF评测

CLEF(Cross-Language Evaluation Forum,跨语言评估论坛)由IST Programme of the European Union(欧盟互联网服务供应商支持项目)资助,推进了跨语言信息存取技术的研发。对运行于欧洲各国语言(单语言和跨语言)环境下的信息检索系统提供了测试、调整和评价的基础数据库,为系统的研发者创建了用于基准测试的可重复利用的测试数据集合。

CLEF是在2005年举行的TREC年会Cross-Language子任务(Track)的基础上发展而来的。在2000年,多语种信息检索系统的评价传入欧洲,第一届CLEF专题讨论会召开。从那时开始,越来越多的参加者证明了这种正确的选择。不同语种的最优信息检索方法是不一样的,因为每种语言都有其自身的词语结构规则和独具特色的词义。因此,研究每种语言的语言学规则和信息检索算法是非常有意义的,CLEF成立的目的就是为了推进这方面的研究发展。

在研究基础数据库的构造上,CLEF几乎完全仿照了TREC模式。该研究的基础设施是多语种文献集合(最初是1994、1995和2000年的法国国家报纸),CLEF一直致力于增加其他语种文献集合的努力。目前CLEF的研究资源已扩展到了以下语种的文献集合:英语、法语、西班牙语、意大利语、德语、荷兰语、捷克斯洛伐克语、瑞典语、俄语、芬兰语、葡萄牙语、保加利亚语及匈牙利语等。

与TREC相似,CLEF也设立了QA Track,并且吸引了许多参与者。除了要求查询到检索问题的简短答案外,CLEF的测试系统还需要克服语言障碍。因为大多数情况下,检索提问所使用的语种与文献集合的语种是不一致的。因此参与会议的所有语种的 Topic(检索提问)都被翻译成论坛可能使用的 Topic 语言,论坛的参与者们开始确定 Topic 时可能使用一种语言,然后在进行文献检索时要使用另外一种语言。对于文献集合中没有与检索提问相关的文献时,该类检索提问也能得到 CLEF 的妥善处理。

CLEF 提供的 Topic 语言种类要多于文献集合的语种数量。无法吸引计算机语言学研究的一些语种也可以作为 Topic 语言使用,例如阿比西尼亚语、孟加拉语、库希特语、印度尼西亚语等。参与评测的信息检索系统返回各自的检索结果,CLEF 对各个检索系统的性能进行智能评估。检索结果的相关性评测一般由讲相应文献语言的本国人来承担。CLEF 的研究成果不仅推动了科学技术的进步,而且也极大地提高了检索系统的性能,如字符 n-grams 不需要词干抽取就可以直接表示文本。

问题的正确答案的数量是评价的主要指标。在过去的几年里,参与评测的检索系统性能有了很大改善。在 2005 年,6 个检索系统的准确率都达到了 40%,甚至有两个参与评测的系统的准确率已经超过了 60%。

CLEF QA Track 定义了单语和多语两个任务,具体如下。

单语言任务:指输入提问是某种语言,输出的答案就是某种语言。到 2005 年,单语言任务大约占总任务的 61%。

多语言任务:指输入提问可以是任何一种语言,但是系统给出的答案必须是英语文本。CLEF 的多语言任务的准确率要比单语言任务准确率低 10%。单语言和跨语言检索的准确率之所以有如此大的差别,主要原因是翻译误差导致了检索结果中出现了非相关文献。当然,目标语言中也许没有检索词的同义词,这样就导致原始语言检索系统绩效的降低。应该说,检索词之间的差异要远远大于检索系统绩效的差异。

二、国内信息检索评测

20 世纪 90 年代,随着中文信息处理研究中的汉字编码、分词等基本问题取得重大突破、中文信息处理技术的长足发展和中文信息处理数据规模的扩张及国内外学术交流的增加,国内信息检索领域的研究者逐渐认识到了评测对于研究的促进作用。国内的相关研究机构开始尝试参加 TREC 国际评测,但由于中文测试项目的缺失,中文信息处理技术无法得到有效检验。为此,国内的研究机构和科研管理部门组织召开了多个面向中文信息处理技术的评测会议,其中比较有影响的是 863 评测、全国搜索引擎和网上信息挖掘会议(Symppsium of Search Engine and Web Mining,SEWM)。

1. 863 信息检索评测

(1)863 信息检索评测简介。

863 评测全称为 863 中文信息处理与智能人机接口技术评测,是由国家"863 计划"智能计算机主题专家组发起并主办的系列评测活动,旨在为中文信息处理与智能人机接口技术的研究提供一个可供比较的基准,并促进相关的研究工作进展及产业化。

863 中文与接口技术评测活动起步比较早,20 世纪 80 年代末,"国家 863 计划"智能计算机主题(现为计算机软硬件技术主题)专家组就开始酝酿通过公开的评测活动,对相关的研究工作进行客观的评价。1990年进行了一次试验性质的语音识别技术评测,共有5个系统参加评测。1991年进行了正式的第一次评测,有语音识别和汉字识别两个类别、16个系统参加评测。

863中文与接口技术评测是针对某些关键技术进行的评测,而不是对某个系统的整体水平的评测,更有别于产品的评测。其最主要的目的有3点:①了解和掌握国内外中文信息处理和智能人机接口技术领域的现状,检查"863计划"信息领域计算机主题中相关课题的进展情况,发现关键技术存在的问题,以便在后续"863计划"中有针对性地给予支持,并为863的进一步资助提供参考;②为相关技术研究提供公共的测试基准(Benchmark)和构造公共的训练和测试数据资源,为相关领域研究人员提供交流的机会;③填平研究与应用之间的鸿沟,推动技术进步和成果的应用与产业化,即对现有技术进行评测,为应用方寻找合适的技术,同时根据应用提出评测课题,对研究工作加以引导。

根据"863计划"课题设置情况,结合相关技术的成熟度和发展趋势,每次863中文与接口技术评测的内容和侧重点有所不同。总体来看,863评测有两大部分:中文信息处理和人机接口技术。其中,中文信息处理包括机器翻译(MT)、汉语分析(含汉语分词、词性标注和命名实体识别)(SEG)、信息检索(IR)、文本分类(TC)、文本摘要(TS);人机接口技术包括语音技术(语音识别(ASR)、语音合成(TTS))、文字识别(印刷体、手写体、联机、脱机等)(CR)、生物特征识别(人脸检测与识别)(FR)等。

2003年,国家"863计划"计算机软硬件技术主题设立了"中文信息处理和智能人机接口技术评测"专项课题,对包括机器翻译、语音识别、信息检索在内的中文信息处理关键技术进行评测,该课题由中国科学院计算技术研究所承办,吸引了国内外众多研究单位参加。信息检索评测的目的并不仅仅定位为863课题验收或资格认证,而是要了解国内在中文信息检索技术领域的研究现状,验证互联网环境下大规模数据的中文信息检索技术的系统有效性,推动技术进步和成果的应用和转化,成为这个领域技术评价和交流的平台。863专家组决定,从2005年开始采用国际上通行的网上评测方式,即通过Internet发布数据和提交结果的方式进行评测。

(2)863信息检索评测过程。

①确定评测项目、制定评测大纲。

这个阶段的工作主要是根据上一年度评测的情况,结合目前"863计划"相关课题的设置和技术发展趋势,确定该年度的评测内容,并制定了评测大纲(主要包括评测内容、评测方法和评测指标等)。在评测大纲的制定过程中,评测组通过专家调查法的方式,诸如开会讨论、电子邮件等充分征求往年的参评单位和一些著名专家的意见,形成比较规范合理、被参评单位所普遍认可的评测大纲。

②公告和受理报名。

863评测组将评测大纲和报名表以中英文两种形式在评测网站以及一些著名的邮件列表上公布,并受理报名。参评单位根据评测大纲选择所要参加的评测类别和评测项,分类填写报名表,并在规定的报名时间内提交。在报名表上,参评单位要给出单位和系统的基本信息,并按照评测的要求做出相应的承诺,然后将报名表以传真和电子邮件两种方式发送到评测组。

③组织评测数据。

根据评测大纲,设计和组织评测数据。评测数据包括训练集、开发集和测试集数据。

训练集数据供参评单位训练系统用。开发集数据模仿测试集数据的模式,供参评单位调试参评系统。测试数据用于正式评测。所有测试数据都由评测组开发或者由合作单位提供。这些数据都通过评测网站在网上发布,参评单位可以得到评测组提供的一个账号和密码。评测单位在网站上下载数据后,在自己的软硬件环境中运行参评系统,在规定的期限内,登录网站并通过网络提交结果。

对于测试数据,评测组(和合作单位)负责制作参考答案,用于对参评系统提交的结果进行评价。同时,评测组还为每项评测提供了评测的软件工具。

在评测结束后,评测组会将所有的数据(含参考答案和评测软件)打包整理,并通过中文语言资源联盟(Chinese Linguistic Data Consortium, ChineseLDC)向社会公开发布,以促进研究工作。

④统计和公布评测结果。

结果评价的方法依具体评测项目有所不同,总体上可以分为主观评价和客观评价两大类。

对于客观评价的评测项目,由评测软件自动统计各系统提交的运行结果,形成评测结果。

对于主观评判的评测项目,由评测单位聘请有关专家,按照评测大纲的规定对参评系统提交的结果进行人工评判,最后进行统计,形成评测结果。

由评测单位对评测结果进行核对,上报863专家组。同时,将各单位自己的评测结果和相关项目的最好结果通过电子邮件通知各参评单位,完整的评测结果在评测研讨会上公布。

⑤组织评测技术研讨会。

下面以2005年的863信息检索评测为例来介绍该评测活动的相关内容。

a. 评测项目。2005年的评测项目主要是相关网页检索,引入了链接信息的检索,类似于TREC评测的Web Track的中文版。

b. 测试数据。2005年863信息检索评测的测试数据(即评测语料)集合是由北京大学计算机网络与分布式系统实验室提供的以中文为主的Web测试集CWT100g(Chinese Web Test collection with 100GB Web pages)。该测试数据是根据天网搜索引擎截至2004年2月1日发现的中国范围内提供的Web服务的1 000 614个主机,从中采样17 683个站点,在2004年6月搜集获得5 712 710个网页,包括网页内容和Web服务器返回的信息,真实容量为90GB。

c. 评测指标。

MAP:单个主题的平均准确率是每篇相关文档检出后的准确率的平均值。主题集合的平均准确率(MAP)是每个主题的平均准确率的平均值。MAP是反映系统在全部相关文档总体性能上的单值指标。被检索出的相关文档越靠前(即Rank越高),MAP就可能越高。如果系统没有返回相关文档,则准确率默认为0。

R-准确率:单个主题的R-准确率是检索出R篇文档时的准确率。其中,R是测试集中与主题相关的文档的数目。主题集合的R-准确率是每个主题的R-准确率的平均值。

Precision@10:单个主题的Precision@10是系统对于该主题返回的前10个结果的准确率。主题集合的Precision@10是每个主题的Precision@10的平均值。

d. 评测方式。参加单位用自己的信息检索技术在CWT100g上建立一个查询系统,由评测组提供一个查询测试集,收集各个参加系统的查询结果。

e. 评测内容。给定表达用户的内在信息需求的主题,返回测试集中与该主题相关的网页并按相关度进行排序。检索结果采用的是二元评判方式,即一个网页或者与主题相关,或者不相关。一个网页与主题相关,必须同时满足两个条件:网页的内容切合主题或网页的内容符合主题的Desc域(描述)和Narr域(叙述)提出的约束条件。采用自动和人工两种方式根据查询主题构造查询条件,并通过这两种查询条件构造方式的查询结果来比较各个系统的性能。

2. SEWM中文Web信息检索评测

SEWM中文Web信息检索评测是由北京大学网络实验室主办的中文Web检索评测项目,自2004年开始在全国搜索引擎和网上信息挖掘学术研讨会(SEWM)上举办。其目标在于为中文信息检索领域的研究人员提供一个标准的评测平台,希望在国内外各个研究小组的共同参与下建立并完善以中文为主的网页测试集(Chinese Web Test collection, CWT),以改变由于大规模中文网页测试集的缺失对中文检索技术发展的制约态势,通过网页测试集来研究各种检索技术的优劣以改进检索系统在真实网页环境下的性能,一起推动中文Web信息检索技术的发展。

(1)SEWM中文Web评测的任务。

SEWM中文Web评测有TD任务(Topic Distillation,主题提取任务)和HPNP任务(Home Page Finding Task/Named Page Finding Task,主页和指定页面查询/导航搜索任务)。这两个任务能够较好地反映网页检索中用户的信息需求。其中,HPNP任务混合了主页查询(HP)和指定页面查询(NP)两个子任务。

①TD任务。TD任务的目的是对于一个特定主题发现一组关键资源,注重以站点作为资源的查询。其要求是在前10个结果中寻找尽可能多的不同站点(用它们网站的入口页面表示)。

例如,对于主题"linux",在CWT100g中的下列站点可能被认为是关键资源:

https://www.oldlinux.org/   linux org

https://www.chinavedflag.cn/   红旗Linux

被判断为是一个关键资源，返回页面应该是一个站点的优秀的首页面。判断是否一个优秀的首页面，应该考查结果是否符合下面3个条件：是否大部分切合主题，是否提供主题的可靠信息，是否是一个更大的切合主题站点的一部分。

对于"linux"这一主题，页面"www.mhdn.net"不符合第一个条件，而页面"http://www.redflag-linux.com/chanpin/Desktop/index.html"不符合第三个条件。

提供主题（Topic）格式和TREC一致，实例为：

<top>

<num> Number：

<title>linux</title>

<desc> Description：找到和linux主题相关的站点

</top>

查询（Query）可以从主题的描述中自动产生，也可以人工产生。自动方法是系统以完全自动的方式从主题中抽取出查询问句，其他任何方式都是人工的。对于大多数运行结果来说，从主题中产生查询时可以用任何一个域或者所有的域。可根据在前10个结果中有几个正确的答案来判断系统的性能。使用前10个结果的精确率和前10个结果的平均精确率（P@10）来评判。

②HPNP任务。

用户有时候会用名称来查询特定的网页。在这种情况下，一个有效的检索系统将在第一个或前几个返回结果中给出那个网页。

这项任务是两个子任务的组合：HP查询和NP查询。在这两种情况下，查询结果只有一个并且用户的查询需求常常是页面的名称。不同的是HP查询的目标通常是一个网站的主页，而指定页面查询所检索到的可以不是一个主页，而是满足用户需求的特定页面。

（2）SEWM中文Web评测流程包括：

①参赛队申请获得所需数据（包括测试集和训练集数据）。

②各参加评测单位根据训练集数据及测试集数据的链接关系建立分类系统，给出待分类文档中所有网页的类别号（对于一个网页属于多个类别的情况，只需给出至多一个分类结果类别，如果测试页面是垃圾网页或文字含糊没有明确内容，其分类结果就为空），保存为结果。

③各参加评测单位分类完成后，在规定日期内将结果提交给评测组织人员。

④各参加评测单位分类结果收集完成后，评测组织人员从待分类文档集合中随机抽取一定数量的网页作为目标网页进行评测。

⑤对于抽取的网页集，通过对各参加评测单位的分类结果进行统计，给出每个网页的候选类别结果，随后人工标注正确类别。

⑥根据人工标注分类结果，对各参加评测单位的分类结果进行综合评测。评测结束后，抽取的网页集将提供给各参评单位下载。

（3）提交和判断。

①所有的结果在规定日期之前,提交给北京大学网络实验室。

②提交信息。

主题提取:提交若干组运行结果。对于每个查询,列出一定数量的结果。

主页/指定网页查询:提交若干组运行结果。对于每个查询,列出一定数量的结果。格式如下(一个结果一行):

topic-id rank sim url

topic-id:topic 主题的编号。

rank:在返回结果中文档的位次。

sim:主题与文档的相似度计算值。

url:结果的 url(为文档数据中的 URL 字段内容)。

③针对每个任务,接收每个参赛队的若干组正式提交结果,但是否能够全部被评测则依赖于提交数目、重叠度和可获得的判断资源。对于每个任务(主题提取和两个主页/指定网页查询),选择每支参赛队提交的运行结果中有部分结果被评估。

④所有的评测工作将由评测组的评估人员完成。

⑤评估的标准是二元的:是关键资源或者非关键资源,是主页/指定网页或者非主页/指定网页。

⑥评估是基于文档内容完成的。此外,文档的 URL 也是评估的依据,特别对于主题提取,文档中包含的链接(特别是在同一个网站上)所指向的文档也是评估的依据。

参考文献

著　　作

[1] 饶宗政. 现代文献检索与利用[M]. 2版. 北京:机械工业出版社,2016.

[2] 冯惠玲,王立清. 信息检索教程[M]. 北京:机械工业出版社,2004.

[3] 刘绿茵. 电子信息检索与利用[M]. 北京:机械工业出版社,2007.

[4] 唐丽聪,韩玲. 我的图书馆[M]. 成都:电子科技大学出版社,2014.

[5] 戴守义. 法学文献信息检索[M]. 北京:中国政法大学出版社,2002.

[6] 司莉. 信息组织原理与方法[M]. 武汉:武汉大学出版社,2011.

[7] 曾伟忠. 信息组织[M]. 北京:人民邮电出版社,2013.

[8] 葛怀东. 文献检索与利用(人文社科)[M]. 上海:上海交通大学出版社,2010.

[9] 闫瑜. 大学生信息检索与论文写作[M]. 哈尔滨:哈尔滨工程大学出版社,2010.

[10] 国家图书馆《中国图书馆分类法》编委会. 《中国图书馆分类法》(第五版)使用手册[M]. 北京:国家图书馆出版社,2012.

[11] 阿培丁. 机器学习导论[M]. 北京:机械工业出版社,2009.

[12] 王晓光. 数字资产管理[M]. 北京:电子工业出版社,2014.

[13] 杨志芳. 信息管理基础[M]. 西安:西安交通大学出版社,2008.

[14] 卢小宾,李景峰. 信息检索[M]. 2版. 北京:科学出版社,2009.

[15] 柯平,高洁. 信息管理概论[M]. 北京:科学出版社,2002.

[16] 黄丽霞,周丽霞,赵丽梅. 信息检索[M]. 哈尔滨:黑龙江人民出版社,2010.

[17] 吴慰慈,刘兹恒. 图书馆藏书[M]. 北京:书目文献出版社,1991.

[18] 卢向群,潘淑文,常晓鹏. 物联网技术与应用实践[M]. 北京:北京邮电大学出版社,2021.

[19] 叶继元,魏瑞斌. 信息检索(第3版)[M]. 北京:电子工业出版社,2023.

[20] 杜尔森·德伦作. 预测性分析　基于数据科学的方法(原书第2版)[M]. 杜炤,邓双,译. 北京:机械工业出版社,2023.

[21] 吴岳忠,等. 智能信息检索[M]. 长沙:湖南大学出版社,2023.

[22] 周运丽. 数字图书馆创新与发展研究[M]. 长春:吉林出版集团,2019.

[23] 王健,赵国生,赵中楠. 人工智能导论[M]. 北京:机械工业出版社,2021.

[24] 安俊秀,叶剑,陈宏松,等. 人工智能原理、技术及应用[M]. 北京:机械工业出版社,2022.

[25] 宋衍武. 文献信息检索教程[M]. 西宁:青海人民出版社,2006.

[26] 陈丽. 档案信息检索[M]. 成都:四川人民出版社,2010.

[27] 黄丽霞,周丽霞,赵丽梅. 信息检索教程[M]. 北京:知识产权出版社,2014.

[28]张波.信息检索与利用[M].西安:陕西师范大学出版社,2016.

[29]严怡民.情报学概论[M].武汉:武汉大学出版社,1983.

[30]中国大百科全书总编辑委员会《本卷》编辑委员会,中国大百科全书出版社编辑部.中国大百科全书:图书馆学、情报学、档案学[M].北京:中国大百科全书出版社,1993.

[31]邱均平.文献计量学[M].北京:科学技术文献出版社,1988.

[32]毕强,杨文祥.网络信息资源开发与利用[M].北京:科学出版社,2002.

[33]董晓英.网络环境下信息资源的管理与信息服务[M].北京:中国对外翻译出版公司,2000.

[34]焦玉英,符绍宏,何绍华.信息检索[M].武汉:武汉大学出版社,2001.

[35]黄丽霞,刘岩芳,郑军.信息资源与网络信息检索[M].哈尔滨:哈尔滨地图出版社,2003.

[36]王立清.信息检索教程[M].2版.北京:中国人民大学出版社,2008.

[37]宋克强,许培基.冒号分类法解说及类表[M].北京:书目文献出版社,1986.

[38]冷伏海,徐跃权,史继红,等.信息组织概论[M].北京:科学出版社,2003.

[39]张淇玉,刘湘生.中国分类主题词表教程[M].北京:华艺出版社,1994.

[40]赖茂生,赵丹群,韩圣龙,等.计算机情报检索[M].2版.北京:北京大学出版社,2006.

[41]苏新宁.信息检索理论与技术[M].北京:科学技术文献出版社,2004.

[42]孙建军,成颖,等.信息检索技术[M].北京:科学出版社,2004.

[43]樊爱国,薛德钧.现代信息检索[M].北京:北京大学出版社,2006.

[44]陈雅芝,等.信息检索[M].北京:清华大学出版社,2006.

[45]洪漪.档案信息组织与检索[M].武汉:武汉大学出版社,1998.

[46]马海群,刘俊英,周丽霞.信息检索与网络利用[M].哈尔滨:哈尔滨工程大学出版社,2003.

[47]Ricardo Baeza-Yates,Berthier Ribeiro-Neto.现代信息检索[M].王知津,贾福新,郑红军,译.北京:机械工业出版社,2005.

[48]林聚任.网络分析:理论、方法与应用[M].北京:北京师范大学出版社,2009.

[49]刘则渊,陈悦,侯海燕,等.科学知识图谱:方法与应用[M].北京:人民出版社,2008.

[50]刘军.整体网分析讲义:UCINET软件实用指南[M].上海:格致出版社,2009.

[51]罗家德.社会网分析讲义[M].北京:社会科学文献出版社,2010.

[52]安俊秀,叶剑,陈宏松,等.人工智能原理、技术及应用[M].北京:机械工业出版社,2022.

论　　文

[1]许欢,尚闻一.美国、欧洲、日本、中国数字素养培养模式发展述评[J].图书情报工作,2017,61(16):98-106.

[2]肖俊洪.数字素养[J].中国远程教育,2006(5):32-33.

[3] 李德刚. 数字素养:新数字鸿沟背景下的媒介素养教育新走向[J]. 思想理论教育,2012(18):9-13.

[4] 王佑镁,杨晓兰,胡玮,等. 从数字素养到数字能力:概念流变、构成要素与整合模型[J]. 远程教育杂志,2013,31(3):24-29.

[5] 黄如花,冯婕. 数字素养与技能提升:国际进展、趋势与展望[J]. 图书与情报,2023(3):1-12.

[6] 黄如花,李白杨. 数据素养教育:大数据时代信息素养教育的拓展[J]. 图书情报知识,2016(1):21-29.

[7] 张倩苇. 信息素养与信息素养教育[J]. 电化教育研究,2001(2):9-14.

[8] 刘慧. 泛信息素养的概念内涵及其内容要素解析[J]. 图书与情报,2020(4):67-73.

[9] 肖新祥. 信息素养的理论缘起、内涵及构成要素略论——兼论信息素养教育国际经验[J]. 电化教育研究,2021,42(8):116-121,128.

[10] 何高大. "美国高等教育信息素养能力标准"及其启示[J]. 现代教育技术,2002(3):24-29,78.

[11] 秦小燕. 美国高校信息素养标准的改进与启示——ACRL《高等教育信息素养框架》解读[J]. 图书情报工作,2015,59(19):139-144.

[12] 陈文勇,杨晓光. 国外信息素养的定义和信息素养标准研究成果概述[J]. 图书情报工作,2000(2):19-20,60.

[13] 曾晓牧,孙平,王梦丽,等. 北京地区高校信息素质能力指标体系研究[J]. 大学图书馆学报,2006(3):64-67.

[14] 田丰,王璐. 中国青少年网络技能素养状况研究[J]. 中国青年社会科学,2020,39(6):74-84.

[15] 王伟军,刘辉,王玮,等. 中小学生网络素养及其评价指标体系研究[J]. 华中师范大学学报(人文社会科学版),2021,60(1):165-173.

[16] 苏岚岚,张航宇,彭艳玲. 农民数字素养驱动数字乡村发展的机理研究[J]. 电子政务,2021(10):42-56.

[17] 杨江华,杨思宇. 中国公民数字素养的概念测量与特征差异研究[J]. 新闻与传播研究,2023,30(9):57-71,127.

[18] 蒋敏娟,翟云. 数字化转型背景下的公民数字素养:框架、挑战与应对方略[J]. 电子政务,2022(1):54-65.

[19] 陈秋月. 平面媒体信息资源开发利用研究[D]. 北京:北京大学,2008.

[20] 贺德方. 科技报告资源体系研究[J]. 信息资源管理学报,2013(1):4-9,31.

[21] 曹鸿清. 政府出版物中的经济文献信息及其检索利用[J]. 中国索引,2008,6(3):32-34.

[22] 汪琳. 论产品样本的情报价值、定向收集与数字化加工[J]. 图书馆论坛,2010,30(4):147-149.

[23] 肖焕忠. 图书馆开展产品样本资料搜集和利用的可行性分析[J]. 情报杂志,2007(4):

151-153.

[24]陈京莲,罗红,罗小臣,等.基于文献老化负指数方程的半衰期与普赖斯指数关系的研究[J].图书情报工作,2012,56(8):73-76,101.

[25]王征清,成全.信息检索策略研究[J].情报探索,2007(4):61-64.

[26]卜书庆.《中国图书馆分类法》发展史述要[J].图书馆建设,2019(6):16,42-57.

[27]魏武华.语义Web及其核心技术研究综述[J].信息与电脑(理论版),2021,33(11):6-9.

[28]许建华.基于移动Agent的信息检索系统的设计与实现[D].成都:电子科技大学,2012.

[29]刘兴达.计算机信息检索技术的发展及问题研究[J].科技与创新,2018(2):121-122.

[30]魏凡其.基于人工智能技术的海量计算机信息检索方法设计[J].电子技术与软件工程,2022(20):216-219.

[31]顾方,胡良勇,黄坚,等.基于机器视觉AI智能识别的计量器具信息检索系统研究与应用[J].中国计量,2022(10):47-48.

[32]张帆,单艳.计算机多媒体中信息检索查询与反馈技术研究[J].数字通信世界,2021(11):98-100,103.

[33]黎询洲.计算机信息检索对图书情报的影响分析[J].中国新通信,2020,22(17):61-62.

[34]梁丰.计算机网络信息检索中存在的问题及发展方向探讨[J].信息与电脑(理论版),2020,32(9):140-142.

[35]杜丽君.学科交叉视角下的信息检索研究主题演化分析——以情报学和计算机科学为例[J].信息技术与信息化,2020(1):178-183.

[36]丰博.Z39.50平台在全省编目数据共享中的应用——以黑龙江省图书馆为例[J].黑龙江史志,2009(21):56-57.

[37]田野.关联数据驱动的学术资源语义检索推荐系统框架[J].图书馆理论与实践,2019(02):49-54.

[38]虞松涛.基于学术知识图谱的语义检索研究[D].武汉:华中师范大学,2020.

[39]杨裕楷,赵毅,章成志.什么类型的机构合作会产生更高的学术影响力?——以自然语言处理领域为例[J].图书馆论坛,2024,44(5):40-53.

[40]车万翔,窦志成,冯岩松,等.大模型时代的自然语言处理:挑战、机遇与发展[J].中国科学:信息科学,2023(9):1645-1687.

[41]李惠娇,苏博.自然语言处理领域国内发展态势分析[J].现代信息科技,2024,8(14):30-36.

[42]杨剑锋,乔佩蕊,李永梅,等.机器学习分类问题及算法研究综述[J].统计与决策,2019,35(6):36-40.

[43]胡越,罗东阳,花奎,等.关于深度学习的综述与讨论[J].智能系统学报,2019,14(1):1-19.

[44] 张会影,刘雅林. 基于深度学习技术的研究[J]. 网络安全技术与应用,2024(8):41-43.

[45] 颜小平,严长春,马顺,等. 智能检索系统中生成语义分词的原理及调整策略[J]. 中国发明与专利,2022,19(9):42-51.

[46] 李易玮,郭婉莹. 基于智能化检索系统语义检索文本改写策略[J]. 中国科技信息,2023(13):60-62.

[47] 黄恒琪,于娟,廖晓,等. 知识图谱研究综述[J]. 计算机系统应用,2019,28(6):1-12.

[48] 周天楠. 基于图神经网络的实体对齐方法研究及应用[D]. 上海:上海财经大学,2022.

[49] 郭鹏睿,文庭孝. 大语言模型对信息检索系统与用户检索行为影响研究[J]. 农业图书情报学报,2023,35(11):13-22.

[50] 宋小康,赵宇翔,宋士杰,等. 社会技术系统范式下AI赋能的替代信息搜索:特征、理论框架与研究展望[J]. 图书情报知识,2023,40(4):111-121.

[51] 戴梦菲. 以ChatGPT为代表的自然语言AI在数据库内容检索与生成中的应用——以全国报刊索引为例[J]. 情报探索,2024(5):103-108.

[52] 黄永文,孙坦,赵瑞雪,等. 大数据与人工智能背景下新型知识服务研究与实践[J]. 图书情报工作,2022,66(19):36-46.

[53] 冯爽. 元数据在数字图书馆应用中的可行性建议[J]. 智能城市,2022,8(8):57-59.

[54] 唐志军,关升,汪跃,等. 综合电子信息系统元数据标准框架[J]. 指挥信息系统与技术,2020,11(4):21-27.

[55] 赖茂生,王婧,麦晓华. 检索语言可用性评价初探[J]. 情报理论与实践,2012,35(8):65-69,96.

[56] 王文峡. 基于网络环境下代码语言在文献检索中的特性[J]. 中州大学学报,2009,26(4):104-107.

[57] 康艳,张虹,侯汉清. 情报检索语言不是"明日黄花"[J]. 图书情报工作,2007(10):139-142.

[58] 马玉群. 语言学与情报检索语言[J]. 情报理论与实践,1988(1):22-24.

[59] 钱春新. 谈谈文献检索中的检索语言的教学问题[J]. 大学图书馆学报,1989(3):28-30.

[60] 熊爱民,张丽君. 谈情报检索语言的分类主题一体化和分面组配[J]. 贵州教育学院学报(社会科学),2004(1):88-90,103.

[61] 黄晓斌. 美国图书分类法的发展趋势[J]. 图书馆论坛,2001(5):69-70.

[62] 张余. 知识分类新探——关于利用《中图法》的体系和方法进行知识分类的思考[J]. 图书馆论坛,2006(3):175-177.

[63] 熊爱民. 《冒号分类法》与《中图法》整体结构比较[J]. 贵州教育学院学报:社会科学版,2005(1):85-88,104.

[64] 郭绍华. 网络信息检索技术的现状及发展趋势[J]. 黑龙江教育学院学报,2011,30(6):200-202.

[65]魏海霞.计算机信息检索的方法、策略与技巧[J].情报探索,2009(5):74-76.

[66]刘斌.Z39.50标准协议在西文联合编目工作中的应用[J].中国科技信息,2005(12):90,89.

[67]于咏.Z39.50技术在天津地区联合目录共享服务系统及其他方面的应用[J].图书馆工作与研究,2005(1):42-44.

[68]刘璇.Z39.50协议在我国数字图书馆建设中的应用[J].河南图书馆学刊,2006,26(1):90-92.

[69]李明伍.基于DLL的Z39.50客户端的实现[J].现代图书情报技术,2005(5):30-32.

[70]张文进.文本信息检索中的概率模型[J].情报杂志,2005(3):107-110.

[71]侯芹英.信息检索——联机、光盘、网络三种类型的对比研究[J].图书馆学研究,2003(4):67-70.

[72]赵霞,李广利.如何降低Dialog联机检索费用[J].情报杂志,2009(S1):197-198,152.

[73]张静.Dialog国际联机检索费用控制研究[J].科技情报开发与经济,2005,15(8):72-74.

[74]张永梅.用dialoglink 5进行联机检索的方法[J].农业图书情报学刊,2010,22(5):104-107.

[75]刘静一,王景侠,曹兵.联机计算机图书馆中心数据库检索及服务研究[J].图书情报论坛,2009(3):49-53.

[76]古明,赵茜.美国《化学文摘》纸质版、光盘版和网络版在药物信息检索中的应用比较[J].科技情报开发与经济,2010,20(8):5-7.

[77]朱文莉.网络信息资源的开发与利用[J].内蒙古科技与经济,2010(1):153,156.

[78]吴启琳.网络信息资源评价研究进展[J].河南图书馆学刊,2006,26(2):7-11.

[79]刘记,沈祥兴.网络信息资源评价现状及构建研究[J].图书情报工作,2006,50(12):88-91,43.

[80]崔双红.网络信息资源的评价方法与指标体系[J].图书馆学刊,2007(3):101-103.

[81]王芳,张晓林.元搜索引擎:原理与利用[J].现代图书情报技术,1998(6):18-21.

[82]郭少友.元搜索引擎的原理与设计[J].情报科学,2005,23(2):245-248.

[83]原福永,梁顺攀.元搜索引擎的现状与发展[J].计算机工程与设计,2005,26(12):3278-3280.

[84]刘伟成.元搜索引擎性能评价体系研究[J].高校图书馆工作,2006(1):17-19,32.

[85]夏治坤,周宁.元搜索引擎对成员搜索引擎的选择研究[J].情报探索,2007(2):75-77.

[86]王雁杰.元搜索引擎的发展悖论及建议[J].情报杂志,2004(7):91-92.

[87]杨泉.基于内容的图像检索方法的探讨[J].电脑知识与技术,2009,5(21):5757-5759,5787.

[88]李雅琳,贾世杰.基于内容的图像检索技术综述[J].科技情报开发与经济,2009,19(28):99-101.

[89] 李咏红,陶思言. 基于内容的图像检索技术研究[J]. 光盘技术,2008(11):59.

[90] 余东良,刘金瑄. 基于内容的图像检索技术研究[J]. 电脑知识与技术,2009,5(28):8037-8039.

[91] 杨继臣,王伟凝. 一种基于随机段的固定音频检索方法[J]. 计算机应用,2010,30(1):230-232.

[92] 李晨,周明全. 音频检索技术研究[J]. 计算机技术与发展,2008,18(8):215-218,222.

[93] 熊健敏. 数字图书馆中基于内容的音频检索[J]. 现代情报,2005(4):87-89.

[94] 钟宝荣,吴春辉,杜红. 音频检索方法的研究[J]. 长江大学学报(自然科学版)理工卷,2008,5(2):89-91,140.

[95] 胡唐明. 数字图书馆中的一种多媒体检索:音频检索[J]. 情报杂志,2005(2):101-102.

[96] 季春. 基于内容的视频检索中的关键帧提取技术[J]. 情报杂志,2006(11):116-119.

[97] 张婷婷. 基于内容的视频检索关键技术研究述评[J]. 农业图书情报学刊,2009,21(12):53-58.

[98] 蒲筱哥. 基于内容的视频检索关键技术研究综述[J]. 情报科学,2010,28(3):464-469,476.

[99] 寇钧锋. 论自然与人工情报检索语言[J]. 情报杂志,2000,19(3):38-39.

[100] 耿骞,赖茂生. 自然语言检索的实现及其关键问题[J]. 情报科学,2007,25(5):733-741.

[101] 熊回香,夏立新. 自然语言处理技术在中文全文检索中的应用[J]. 情报理论与实践,2008,31(3):432-435.

[102] 焦玉英,李法运. 网络环境下信息检索语言的优化研究[J]. 情报学报,2003,22(3):291-296.

[103] 张琪玉. 关于自然语言检索问题[J]. 图书馆论坛,2004,24(6):211-213,145.

[104] 黄敏. 自然语言处理与信息检索[J]. 图书情报工作,2001(4):41-44,65.

[105] 李雅琼. 自然语言检索的新发展:与Ontology相结合[J]. 情报理论与实践,2007,30(2):248-251.

[106] 王灿辉,张敏,马少平. 自然语言处理在信息检索中的应用综述[J]. 中文信息学报,2007,21(2):35-45.

[107] 郭宇锋,黄敏. 跨语言信息检索理论与应用研究[J]. 图书与情报,2006(2):79-81,84.

[108] 吴丹,李瑞芬. 跨语言信息检索技术应用与进展研究[J]. 情报科学,2006,24(9):1435-1440.

[109] 王进,陈恩红,张振亚,等. 基于本体的跨语言信息检索模型[J]. 中文信息学报,2004,18(3):1-8,60.

[110] 任成梅. 跨语言信息检索的发展与展望[J]. 图书馆学研究,2006(4):79-82.

[111] 麦淑平. 跨语言信息检索技术探析[J]. 中华医学图书情报杂志,2008,17(4):49-51.

[112]郝天侠.跨语言信息检索技术与应用研究[J].情报杂志,2007(12):130-132.

[113]郭华庚,赵英.跨语言信息检索研究与应用[J].现代情报,2008(9):142-145.

[114]王昊.跨语言信息检索实现方法与关键技术探讨[J].情报杂志,2005(7):46-49.

[115]刘伟成,孙吉红.跨语言信息检索进展研究[J].中国图书馆学报,2008(1):88-92.

[116]张金镯.基于数据挖掘的图书馆活跃读者研究[J].现代图书情报技术,2008(7):96-99.

[117]王桂芹,黄道.数据挖掘技术综述[J].电脑应用技术,2007,3(69):9-14.

[118]王锐,马德涛,陈晨.数据挖掘技术及其应用现状探析[J].电脑应用技术,2007(2):20-23.

[119]王松林,王玉媛.语义网的技术体系结构及其对图书馆的影响[J].图书馆学刊,2009,31(12):1-4.

[120]田春虎.国内语义Web研究综述[J].情报学报,2005,24(2):243-249.

[121]李洁,丁颖.语义网关键技术概述[J].计算机工程与设计,2007,28(8):1831-1833,1836.

[122]罗威.RDF(资源描述框架)——Web数据集成的元数据解决方案[J].情报学报,2003,22(2):178-184.

[123]储荷婷.语义网与信息检索[J].图书情报知识,2009(1):30-32.

[124]王宁.语义网的研究与展望[J].科技情报开发与经济,2007,17(32):1-4.

[125]王祥瑞,李力东.语义网的产生与发展[J].吉林建筑工程学院学报,2007,24(3):66-68.

[126]郭晓云,赵屹.多媒体检索技术及其在网络档案信息检索中的应用[J].兰台世界,2024(7):29-36.DOI:10.16565/j.cnki.1006-7744.2024.07.09.

[127]赵蓉英,陈瑞.跨语言信息检索的知识图谱研究[J].情报理论与实践,2011,34(10):96-100.

[128]刘铭,吕丹,安永灿.大数据时代下数据挖掘技术的应用[J].科技导报,2018,36(9):73-83.

[129]周伟,谭振江,朱冰.基于差分进化算法的大数据智能搜索引擎研究[J].情报科学,2018,36(5):85-89.

[130]吴娟仙.获取图书情报类外文免费网络学术资源的十大途径[J].图书馆建设,2006(5):91-94.

[131]怀秋萍.基于免费全文网络学术论文资源获取[J].图书情报论坛,2009(2):48-50.

[132]申舒.基于网络免费学术资源的个人数字图书馆构建[J].情报探索,2013(1):86-89.

[133]王静芳.论网络免费学术资源的挖掘[J].兰台世界,2007(4):14-15.

[134]李朝嵘,黄正刻.免费网络学术资源的获取途径与技巧[J].卫生职业教育,2010,28(3):53-55.

[135]黄永,肖冬梅.网络免费学术信息资源识别与利用[J].情报杂志,2009,28(3):

184-187.

[136] 全飞. 网络免费学术资源获取途径论析[J]. 计算机光盘软件与应用, 2012, 15(24): 39-41.

[137] 郝天侠. 网络免费学术资源利用探讨[J]. 西北工业大学学报(社会科学版), 2010, 30(1): 64-66.

[138] 李柏冬. 网络免费学术资源与高校图书馆数字资源建设[J]. 图书馆学刊, 2011, 33(6): 67-68.

[139] 杨薇, 张平国. 文献传递服务中网络免费学术资源的获取方法研究[J]. 新世纪图书馆, 2011(4): 43-46.

[140] 章云兰. Internet上专利信息的开发与利用[J]. 浙江大学学报(农业与生命科学版), 2005, 31(6): 820-824.

[141] 川蓉. 在美国专利数据库和欧洲专利数据库中查找美国专利文献的异同[J]. 现代情报, 2004(3): 145-146.

[142] 陈陶, 夏立娟. ISO、IEC、ITU标准文献的网上检索[J]. 图书馆学研究, 2004(8): 75-77.

[143] 何青芳, 陆琪青. 中外科技报告的检索方法与获取途径[J]. 现代情报, 2005(9): 116-118.

[144] 邓要武. 科技报告、专利文献和标准文献资源检索与利用[J]. 图书馆工作与研究, 2008(7): 71-74.

[145] 雷桂萍. 网络学术会议信息检索[J]. 图书馆学研究, 2004(11): 85-87.

[146] 赵屹, 陈晓晖. 可资借鉴的国外档案网站特色分析[J]. 档案管理, 2010(1): 68-72.

[147] 王立清. 美国NARA在线档案信息资源检索现状分析及启示[J]. 档案学通讯, 2009(3): 46-49.

[148] 安兴茹, 周咏仪. 检索效果评价的数学模型研究[J]. 情报杂志, 2007(1): 61-63, 66.

[149] 李静静, 闫宏飞. 中文网页信息检索测试集的构建、分析及应用[J]. 中文信息学报, 2008(1): 30-36.

[150] 刘奕群, 岑荣伟, 张敏, 等. 基于用户行为分析的搜索引擎自动性能评价[J]. 软件学报, 2008(11): 3023-3032.

[151] 余慧佳, 刘奕群, 张敏, 等. 基于大规模日志分析的网络搜索引擎用户行为研究[C]// 第三届计算语言学研讨会论文集, 2007, 21(1): 202-207.

[152] 钱跃良, 刘群, 林守勋. 自然语言处理与人机交互技术评测综述[J]. 信息技术快报, 2005, 3(8): 27-19.

[153] 张秀坤, 赵丹群. TREC概况及其最新发展研究[J]. 情报理论与实践, 2004(5): 537-540.

[154] 张俊林, 曲为民, 杜林, 等. 跨语言信息检索研究进展[J]. 计算机科学, 2004(7): 16-19.

[155] 谢萦, 陶建华, 钱跃良. 中文信息基础资源平台的共享机制探讨[J]. 科研信息化技术

与应用,2012,3(4):86-92.

[156]钱跃良,林守勋,刘群等.863计划中文信息处理与智能人机接口基础数据库的设计和实现[J].高技术通讯,2005,15(169):107-110.

[157]钱跃良,林守勋,刘群,等.2005年度863计划中文信息处理与智能人机接口技术评测回顾[J].中文信息学报,2006,20(B03):1-6.

[158]张俊林,刘洋,孙乐,等.2005年度863信息检索评测方法研究和实施[J].中文信息学报,2006(B03):19-24.

[159]张勤,马费成.国外知识管理研究范式——以共词分析为方法[J].管理科学学报,2007,12(6):65-75.

[160]仲秋雁,曲刚,宋娟,等.知识管理流派特征分析及内涵界定[J].研究与发展管理,2010,22(2):80-88.

[161]王云昌.企业战略管理思想演变的比较分析[J].武汉市经济管理干部学院学报,2002,16(1):20-23.

[162]高巍,倪文斌.学习型组织知识整合研究[J].哈尔滨工业大学学报(社会科学版),2005,7(3):86-91.

[163]丁蔚.从信息管理到知识管理[J].情报学报,2000(2):124-129.

[164]张子刚,周永红,刘开军.企业技术创新过程中知识管理的能动效应[J].科技进步与对策,2004(10):89-91.

[165]于洋.企业成长理论中资源观与能力论的反思[J].经济研究导刊,2008(10):33-36.

[166]张建华.企业知识管理中的知识进化[J].武汉理工大学学报(信息与管理工程版),2007,29(10):121-125.

[167]张保明.集合的重合度与检索效果评价指标[J].情报学报,1982,1(1):44-49.

[168]吴裕宪.检索效果评价问题钩玄[J].情报学刊,1985,(4):32-35.

[169]王永久.《中国学术期刊(光盘版)》的检索效果与利用率研究[J].情报杂志,2001,(2):67-69.

[170]刘亚茹.Ei CompendexWeb数据库检索方法及检索效果的研究[J].情报科学,2000,(1):65-67.

[171]熊武金.不同数据库文献分布状态及检索效果比较[J].情报杂志,2002,(11):35-36.

[172]李娟.提高网络信息资源检索效果的方法和技巧[J].情报杂志,2009,28(B06):3.

[173]王知津,范淑杰,王春燕.基于认知角度的信息检索效果影响因素分析[J].新世纪图书馆,2011,(3):3-7.

[174]梁少博,朱慧宁,吴丹.基于公共数字文化资源命名实体识别与翻译的跨语言信息检索研究[J].图书馆建设,2022,(1):87-95.

外　　文

[1] ZURKOWSKI P. The Information Service Environment Relationships and Priorities[A]. US National Comission on Libraries and Information Science,1974.

[2] Presidential Committee on Information Literacy:Final Report | Association of College and Research Libraries[EB/OL]. (1989-01-10)[2024-08-07]. https://www.ala.org/acrl/publications/whitepapers/presidential.

[3] ESHET-ALKALAI Y. Digital Literacy:A Conceptual Framework for Survival Skills in the Digital era[J]. Journal of Educational Multimedia and Hypermedia, US:Assn for the Advancement of Computing in Education,2004,13(1):93-106.

[4] GILSTER P. Digital literacy[M]. New York:Wiley and Computer Publishing,1997.

[5] MARTIN A,GRUDZIECKI J. DigEuLit:Concepts and Tools for Digital Literacy Development[J]. Innovation in Teaching and Learning in Information and Computer Sciences, 2006,5(4):249-267.

[6] GROSJEAN M. DIGCOMP:A Framework for Developing and Understanding Digital Competence in Europe.[EB/OL]. FUTURIUM - European Commission. (2015-05-06)[2024-08-07]. https://ec.europa.eu/futurium/en/content/digcomp-framework-developing-and-understanding-digital-competence-europe.

[7] Framework for Information Literacy for Higher Education. Association of College and Research Libraries[EB/OL]. (2016-01-11)[2024-08-06]. https://www.ala.org/acrl/standards/ilframework.

[8] A Global Framework to Measure Digital Literacy[EB/OL].(2018-03-19)[2024-08-07]. https://uis.unesco.org/en/blog/global-framework-measure-digital-literacy.

[9] ESHET-ALKALAI Y. Thinking in the Digital Era:A Revised Model for Digital Literacy[J]. Issues in Informing Science and Information Technology,2012(9):267-276.

[10] American Association of School Librarians, Association for Education Communications and Technology. Information Power:Building Partnerships for Learning[M]. Chicago: American Library Association,1998:8.

[11] OAKLEAF M. A Roadmap for Assessing Student Learning Using the New Framework for Information Literacy for Higher Education[J]. The Journal of Academic Librarianship, 2014,40(5):510-514.

[12] Research Gate. The SCONUL Seven Pillars of Information Literacy:Core model[EB/OL]. [2024-08-07]. https://www.researchgate.net/publication/259341007_The_SCONUL_Seven_Pillars_of_Information_Literacy_Core_model.

[13] Australian and New Zealand Information Literacy Framework - principles,standards and practice[EB/OL]. [2024-08-07]. https://www.readkong.com/page/australian-and-new-zealand-information-literacy-framework-8651273.

［14］DigComp 2.2: The Digital Competence Framework for Citizens［EB/OL］.［2024-08-07］. https://pact-for-skills.ec.europa.eu/community-resources/publications-and-documents/digcomp-22-digital-competence-framework-citizens_en.

［15］UNESCO. UNESCO: "Think Critically, Click Wisely"［EB/OL］. United Nations Western Europe.（2024-04-03）［2024-08-07］. https://unric.org/en/unesco-think-critically-click-wisely-podcast/.

［16］PALETTA F C, Wijesundara C. Metadata Principles, Guidelines and Best Practices: A Case Study of Brazil and Sri Lanka［C］.//Proceedings of the International Conference on Dublin Core and Metadata Applications. Dublin Core Metadata Initiative, 2024.

［17］Sheriffdeen Olayinka Kayode. Enhancing and Scaling AI-Driven Semantic Search Solutions［EB/OL］.［2024-07-19］. https://www.researchgate.net/publication/382394745.

［18］GHALI M K, FARRAG A, WON D, et al. Enhancing Knowledge Retrieval with In-Context Learning and Semantic Search through Generative AI［J］. arxiv preprint arxiv: 2406.09621, 2024.

［19］Giomelakis Dimitrios. Semantic search engine optimization in the news media industry: Challenges and impact on media outlets and journalism practice in Greece［J］. Social Media+ Society, 2023, 9(2).

［20］NGO V M, MUNNELLY G, ORLANDI F, et al. A Semantic Search Engine for Historical Handwritten Document Images［C］//International Conference on Theory and Practice of Digital Libraries. Cham: Springer International Publishing, 2021: 60-65.

［21］YOSHIGA N, WATANABE K, TADAKI S. A Visual Search System with Semantic Web Technologies on Digital Archives for Historical Documents［J］. 한국콘텐츠학회 ICCC 논문집, 2012, 10(2): 23-24.

［22］BUCHMANN O, SIEGMUND M, KADEN R, et al. CITYTWIN-AI-based Decision Support System for Semantic Search and Analysis of Location-based Information for Urban and Site Planning［J］. ISPRS Annals of the Photogrammetry, Remote Sensing and Spatial Information Sciences, 2024(10): 63-69.

［23］TEAGAN ZOLDOSKE. Metadata for Discovery. Planning for an Information Network［EB/OL］.［2024-07-19］. https://intarch.ac.uk/journal/issue65/6/index.html.

［24］SUN N, ZHANG J, GAO S, et al. Cyber Information Retrieval Through Pragmatics Understanding and Visualization［J］. IEEE Transactions on Dependable and Secure Computing, 2023(2): 1186-1199.

［25］GOMROKI G, BEHZADI H, FATTAHI R, et al. Identifying effective cognitive biases in information retrieval［J］. Journal of Information Science, 2023(4): 348-358.

［26］VENCIA H, STEFAN S. Bridging the Gap between Geometry and User Intent: Retrieval of CAD Models via Regions of Interest［J］. Computer-Aided Design, 2023, 163(10), 103573.

[27] Thorsten Joachims. Evaluating Retrieval Performance Using Clickthrough Data. [EB/OL]. (2014-03-19). http://www.cs.cornell.edu/People/tj/publications/joachims_02b.pdf.

[28] GWIDZKA, J., CHIGNELL, M. Towards Information Retrieval Measures for Evaluation of Web Search Engines[EB/OL]. (1999-09-01). http://www.researchgate.net/publication/2833216_Towards_Information_Retrieval_Measures_for_Evaluation_of_Web_Search_Engines.

[29] TSUNENORI ISHIOKA. Evaluation of Criteria for Information Retrieval[C]. //Proceedings of IEEE/ WIC International Conference on Web Intelligence (WI2003), Washington: IEEE Computer Society Press, 2003(11): 425-431.

[30] TEFKO SARACEVIC. Evaluation in information retrieval[EB/OL]. (2009-04-07). http://nlp.stanford.edu/IR-book/html/htmledition/evaluation-in-information-retrieval-1.html.

[31] EINAT AMITAY, DAVID. CARMEL, RONNY LEMPEL, et al. Scaling IR-system evaluation using termrelevance sets[EB/OL]. (2004-07-01). http://www.researchgate.net/publication/221301169_Scaling_IR-system_evaluation_using_term_relevance_sets.

[32] LOUISE. T. SU. The relevance of recall and precision in user evaluation[J]. Journal of the American Society for Information Science, 1994, 45(3): 207-217.

[33] W. S. COOPER. On selecting a measure of retrieval effectiveness, part: The 'subjective' philosophy of evaluation[J]. Journal of the American Society for Information Science, 1973, 24(2): 87-100.

[34] CHRISTOPHER D. Mannin, Prabhakar Raghavan, Hinrich Schütze. Introduction to Information Retrieval[M]. Oxford: Cambridge University Press, 2008.

[35] NONAKA, I. A Dynamic Theory of Organizational Knowledge Creation[J]. Organization Science, 1994, 5(1): 14-37.

[36] DAVENPORT T, PRUSAK L. Working Knowledge: How Organizations Manage What They Know[M]. Boston: Harvard Business School Press, 1998.

[37] JAY BARNEY. Firm Resources and Sustained Competitive Advantage[J]. Journal of Management, 1991, 17(1): 99-120.

[38] PRAHALAD C. K., G. HAMEL. The Core Competence of the Corporation[J]. Havard Business Review, 1990(68): 79-91.

[39] AMITAY E, CARMEL D, LEMPEL R, et al. Scaling ir-system evaluation using term relevance sets[C]. Proceedings of the 27th annual international ACM SIGIR conference on Research and Development in Information Retrieval, 2004: 10-17, New York.

网　　址

[1]提升全民数字素养与技能行动纲要[EB/OL].[2024-08-07](2021-11-05). http://

www.cac.gov.cn/2021-11/05/c_1637708867754305.htm.

[2] 中华人民共和国教育部. 教育部关于印发《中小学信息技术课程指导纲要(试行)》的通知[EB/OL]. [2024-08-07](2021-11-05). http://www.moe.gov.cn/s78/A06/jcys_left/zc_jyzb/201001/t20100128_82087.html.

[3] 中华人民共和国教育部. 教育部关于发布《高等学校数字校园建设规范(试行)》的通知[EB/OL]. [2024-08-07](2021-11-05). http://www.moe.gov.cn/srcsite/A16/s3342/202103/t20210322_521675.html.

[4] 计算机信息检索的发展阶段[EB/OL]. [2014-01-16](2021-11-05). http://zhidao.baidu.com/question/13057582.html.

[5] 百度百科 Internet[EB/OL]. [2014-01-19](2021-11-05). http://baike.baidu.com/view/11165.htm?fr=ala0_1_1.

[6] 中国互联网络信息中心. 第54次《中国互联网络发展状况统计报告》[EB/OL]. [2024-08-29](2021-11-05). https://www3.cnnic.cn/n4/2024/0829/c88-11065.html.

[7] NISO Press. Z39.50 A Primer on the Protocol.[EB/OL]. [2024-08-20](2021-11-05). https://www.niso.org/sites/default/files/2017-08/Z3950_primer.pdf.

[8] Information Retrieval(Z39.50): Application Service Definition and Protocol Specification. [EB/OL]. [2024-08-20](2021-11-05). https://www.loc.gov/z3950/agency/Z39-50-2003.pdf.

[9] 中国知网[DB/OL]. [2024-10-04](2021-11-05). http://www.cnki.net/.

[10] 万方数据[DB/OL]. [2024-10-04](2021-11-05). http://www.wanfangdata.com.cn/.

[11] 维普资讯网[DB/OL]. [2024-10-04](2021-11-05). https://www.cqvip.com/.

[12] 中国人民大学复印报刊资料全文[DB/OL]. [2024-10-4](2021-11-05). http://book.zlzx.org/.

[13] 中文社会科学引文索引[DB/OL]. [2024-10-04](2021-11-05). http://cssci.nju.edu.cn/.

[14] 高等教育文献保障系统[DB/OL]. [2024-10-04](2021-11-05). http://www.calis.edu.cn/.

[15] 超星数字图书馆[DB/OL]. [2024-10-04](2021-11-05). http://wyfx.jichu.chaoxing.com/imdex.

[16] 方正阿帕比公司[DB/OL]. [2024-10-04](2021-11-05). http://www.apabi.cn/.

[17] NetLibrany 电子图书[DB/OL]. [2024-10-04](2021-11-05). http://www.netLibrany.com.

[18] EBSCO电子图书[DB/OL]. [2024-10-04](2021-11-05). http://www.netlibrary.com/.

[19] 鸠摩搜索[DB/OL]. [2024-10-04](2021-11-05). https://www.jiumodiary.com/.

[20] 北大法宝[DB/OL]. [2024-10-04](2021-11-05). https://www.pkulaw.com/.

[21] 国务院发展研究中心信息网[DB/OL]. [2024-10-04](2021-11-05). https://www.drcnet.com.cn/.

[22]读秀学术网[DB/OL].[2024-10-04](2021-11-05).https://www.duxiu.com/.

[23]国务院发展研究中心信息网[EB/OL].[2014-03-10](2021-11-05).http://www.drcnet.com.cn.

[24]Dialog[DB/OL].[2024-10-4](2021-11-05).http://dialog.proquest.com/professional/.

[25]WorldCat Services[DB/OL].[2024-10-04](2021-11-05).https://firstsearch.oclc.org/fsip.

[26]Engineering Village[DB/OL].[2024-10-04](2021-11-05).https://www.engineeringvillage.com.

[27]EBSCO[DB/OL].[2024-10-04](2021-11-05).https://search.ebscohost.com/.

[28]ScienceDirect[DB/OL].[2024-10-04](2021-11-05).http://www.sciencedirect.com/.

[29]Scopus Preview[DB/OL].[2024-10-04](2021-11-05).https://www.scopus.com.

[30]美国工程索引网站[EB/OL].[2013-12-19](2021-11-05).http://www.engineeringvillage.com/home.url.

[31]Web of Science[EB/OL].[2014-01-10](2021-11-05).http://apps.webofknowledge.com/.

[32]科学文摘与INSPEC数据库的检索.[EB/OL].[2010-03-25](2021-11-05).http://www.docin.com/p-37861800.html.

[33]ELSEVIER(SD)爱思唯尔电子期刊全文数据库[EB/OL].(2014-01-25)(2021-11-05).http://www.sciencedirect.com/.

[34]EBSCO数据库[EB/OL].(2014-01-25)(2021-11-05).https://www.ebsco.com/.

[35]中国知识产权网[EB/OL].(2014-01-10)(2021-11-05).http://www.cnipr.com/.

[36]国家科技报告服务系统[DB/OL].[2024-10-04](2021-11-05).http://www.nstrs.cn/index.

[37]美国国家技术信息服务中心[DB/OL].[2024-10-04](2021-11-05).https://www.ntis.gov/.

[38]国家知识产权局.专利检索及分析平台[DB/OL].[2024-10-04](2021-11-05).https://pss-system.cponline.cnipa.gov.cn/conventionalSearch.

[39]中国国家图书馆[DB/OL].[2024-10-04](2021-11-05).https://www.nlc.cn/web/index.shtml.

[40]中华人民共和国国家档案局[DB/OL].[2024-10-04](2021-11-05).https://www.saac.gov.cn/.

[41]United States Patent and Trademark Office[DB/OL].[2010-03-30](2021-11-05).https://www.uspto.gov/patft/index.html.

[42]WIPO网站[EB/OL].[2010-04-30](2021-11-05).http://www.wipo.int/.

[43]IBM-Intellectual Property Licensing[EB/OL].[2010-05-30](2021-11-05).http://www.patents.ibm.com/.ibm.html.

[44]Japan Patent Office[EB/OL].[2010-05-30](2021-11-05).http://www.jpo.go.jp/.

[45] Office de la propriété intellectuelle du Canada[EB/OL]. [2010-05-30](2021-11-05). http://opic.gc.ca/.

[46] IEC Webstore[EB/OL]. [2011-09-18](2021-11-05). https://webstore.iec.ch/.

[47] ANSI Web store[EB/OL]. [2011-03-18](2021-11-05). http://webstore.ansi.org/ansidocstore/default.asp.

[48] 美国国家航空航天局NASA[EB/OL]. [2013-10-23](2021-11-05). http://www.nasa.gov/.

[49] 中国科技论文在线[EB/OL]. [2013-09-23](2021-11-05). http://www.paper.edu.cn/.

[50] National Archives of the united States[EB/OL]. [2013-02-21](2021-11-05). http://www.archives.gov/.

[51] Guide to Federal Records in the National Archives of the United States[EB/OL]. [2013-02-21](2021-11-05). http://www.archives.gov/research/guide-fed-records/.

[52] Online Research Tools and Aids[EB/OL]. [2012-03-21](2021-11-05). http://www.archives.gov/research/start/online-tools.html.

[53] Chinese Henitage[EB/OL]. [2013-12-21](2021-11-05). http://www.archives.gov/research/chinese-americans/index.html.

[54] Finding Aids[EB/OL]. [2013-12-27](2021-11-05). http://www.archives.gov/publications/finding-aids.html.

[55] Visius[EB/OL]. [2014-02-20](2021-11-05). http://www.archives.gov/locations/finding-aids/.

[56] ALIC网站[EB/OL]. [2010-02-20](2021-11-05). http://www.archives.gov/research/alic/.

[57] Military Records[EB/OL]. [2013-04-20](2021-11-05). http://www.archives.gov/research/military/filing-manuals.html.

[58] TREC网站[EB/OL]. [2009-05-20](2021-11-05). http://trec.nist.gov/.

[59] NTCIR网站[EB/OL]. [2009-04-20](2021-11-05). http://research.nii.ac.jp/ntcir/workshop/.